MCKINSEY,
POUR LE MEILLEUR ET POUR LE PIRE

WALT BOGDANICH
MICHAEL FORSYTHE

MCKINSEY, POUR LE MEILLEUR ET POUR LE PIRE

Une enquête sans concession
sur le cabinet de conseil le plus influent au monde

Préface de Pierre-Henri de Menthon

Traduit de l'anglais (USA)
par Carla Lavaste

BUCHET • CHASTEL

Titre original :
When McKinsey Comes to Town

Éditeur original :

ISBN : 978-2-283-03822-2

Pour Stephanie, Nicholas et Peter
Pour Leta, Aidan et Liam

Préface

Voici ce qu'on appelle du journalisme à l'anglo-saxonne. Précis, anglé, travaillé et retravaillé. Michael Forsythe et Walt Bogdanich, deux des vedettes de la rédaction du *New York Times*, depuis plus de quatre ans, creusent le même sujet, sortant au fil de leurs enquêtes des révélations sur le rôle de ce qui est sans doute la « firme » la plus puissante du monde.

Elle a été fondée par James Oscar McKinsey (1889-1937), qui s'est mis à son compte à Chicago en 1926. L'Amérique connaît alors une croissance un peu folle, les opportunités de business sont multiples et les dirigeants d'entreprises ne savent plus trop où donner de la tête. L'expert-comptable a compris la mine que constituent les bilans et les comptes certifiés qu'il livre à ses clients. Le jeune homme qui enseigne à l'Université de Chicago est passionné par la pédagogie, et sa force est de pouvoir donner de la chair aux longues colonnes de chiffres qu'il noircit pour le compte des entreprises. Il décrypte, synthétise, explique tant et si bien qu'il se propose d'établir à partir de ce matériau une stratégie pour conquérir les marchés.

Quelle est l'activité la plus rentable ? L'emplacement le plus prometteur pour s'implanter ? Le nombre de salariés adapté pour servir la clientèle, sans rogner les marges ? L'organisation hiérarchique la plus efficace ? La direction des grands magasins Marshall Field est l'une des premières à travailler main dans la main avec le cabinet McKinsey. La grande crise et la récession auraient pu mettre un terme à l'aventure. Mais elle va au contraire doper le modèle mis en place par l'universitaire et expert-comptable. Dans la tourmente, les patrons ont besoin d'être rassurés, de s'appuyer sur des tableaux de bord fiables pour trancher, de s'appuyer sur une expertise extérieure.

L'activité de conseil a cette particularité qu'elle se révèle indispensable, quelle que soit la conjoncture. Croissance ou crise, on a toujours besoin d'un McKinsey avec soi. Un très grand nombre de gouvernements se sont ainsi jetés dans les bras du cabinet américain quand survint en 2020 la crise sanitaire mondiale. Il est vrai que, grands seigneurs, les experts de McKinsey, au nom de l'intérêt général, proposaient souvent de livrer des conseils *pro bono*. Mais la gratuité n'a qu'un temps. Ils étaient ensuite là pour remettre au carré les politiques sanitaires. Encore là pour épauler les patrons à sauver leurs marges face à la flambée de l'inflation en supprimant des emplois, comme chez Carrefour. Et bien sûr à la pointe sur la transition énergétique, ou pour piloter la propagation de l'intelligence artificielle. Début juillet 2023 s'organise un *workshop* avec une kyrielle de patrons aux Rencontres économiques d'Aix, rendez-vous estival de l'establishment français. Et peu importe si le lendemain un rapport de la Cour des comptes confirme que les marchés passés à McKinsey pendant la crise sanitaire l'ont été, non de façon illégale, mais selon « un usage inapproprié du cadre contractuel ».

Toujours prêt, toujours efficace. Toujours dans l'ombre. Partout présent, à souffler à l'oreille des gouvernants et des patrons, mais aussi en s'installant à leur place, créant un puissant réseau informel d'anciens. La force de la « firme » est de s'être infiltrée depuis un siècle au plus haut niveau du capitalisme. De l'avoir modelé. L'enquête de Michael Forsythe et Walt Bogdanich démontre parfaitement cette mainmise mondiale du plus important des cabinets de conseil en stratégie, comme l'avait fait – pour le cas français – un autre duo de journalistes (*Les Infiltrés*, Matthieu Aron et Caroline Michel-Aguirre, Allary éditions, 2022). La clé de ce modèle « d'infiltration » est dans les gènes de McKinsey. L'associé-fondateur l'inaugura en se faisant embaucher par son plus gros client : il est devenu directeur des magasins Marshall Field.

Des milliers de transferts de ce genre eurent lieu ensuite. Au point que McKinsey se revendique comme une école. Y être embauché est un formidable accélérateur de carrière, une étape nécessaire pour les ambitieux surdiplômés. Malgré les polémiques qu'ont pu engendrer les révélations du *New York Times* sur ses agissements, la société de conseil aimante encore et toujours les meilleurs. Très peu diserte, la direction ne lésine pas lorsqu'il s'agit de communiquer sur le sujet. Alors que Michael Forsythe considère que la France est sans doute le pays où « l'effet repoussoir » est le plus prononcé, le bureau parisien affirme avoir reçu « 13 000 candidatures en cinq mois, soit 30 % de plus que sur la période équivalente l'an dernier ». Le maelstrom politico-fiscal dans lequel s'est retrouvée l'équipe française pendant la dernière campagne présidentielle n'aurait eu aucun impact, bien au contraire : « Depuis 2020 nous avons embauché 220 personnes, nos activités se développent. » La patronne du bureau, Clarisse Magnin, a vu son domicile perquisitionné par la police dans le cadre d'une enquête de justice, mais elle est toujours en place. La firme fait face. Les communicants de McKinsey de l'agence Plead (Havas) lui délivrent toujours des conseils. Comme si rien ne s'était passé. La fermeture de l'activité de conseil aux pouvoirs publics français ? Un non-événement, puisque McKinsey n'a cessé de marteler combien elle était marginale. Et le départ de celui qui la dirigeait, Karim Tadjeddine, n'est pas une très grande perte. Bien au contraire.

Le polytechnicien, réputé proche d'Emmanuel Macron, a perdu son job (« d'un commun accord ») en raison d'un épisode qu'on n'hésite pas chez McKinsey à qualifier aujourd'hui d'« accident industriel ». La scène se passe au Sénat en janvier 2022. La haute chambre a ouvert une enquête sur les relations entre les cabinets de conseil et les pouvoirs publics, notamment pendant la période de gestion de crise sanitaire. Entre mars et août 2020, pris de panique, le ministère de la Santé aura commandé dans l'urgence une cinquantaine de missions à McKinsey et ses concurrents pour l'épauler. Une façon de mettre le pied dans la porte. La société américaine est vite récompensée, puisque durant la phase suivante, de décembre 2020 à octobre 2021, elle va facturer au ministère de la Santé une dizaine de millions d'euros. De quoi interpeller les parlementaires.

Les éléments de langage ont bien été répétés. Lunettes vissées au-dessus d'un masque blanc immaculé, Thomas London, responsable du pôle santé du bureau français de McKinsey, s'en sort bien. Sûr de lui, il minimise, comme il a été convenu, son rôle dans la gestion de la pandémie : « Les choix tels que "qui vacciner, dans quel ordre", ceux sur le pass vaccinal, les actions de communication : tous ces éléments-là étaient exclus de notre périmètre d'intervention. » La prestation de Karim Tadjeddine, elle, se passe mal. Très mal. Il avoue d'ailleurs volontiers aujourd'hui à ses proches qu'il a été « mauvais ».

Ramassé sur lui-même, en position défensive, il a choisi un épais masque noir derrière lequel on peine à entendre ses explications laborieuses. Incisive, la sénatrice communiste Eliane Assassi porte le fer là où il ne s'y attendait pas : sur une commande de seconde zone à l'échelle du cabinet. L'organisation d'un séminaire non pour le compte du ministère de la Santé, mais pour celui de l'Éducation nationale. Un contrat à moins de 500 000 euros, presque une misère. Le problème est que ledit séminaire n'a jamais eu lieu. Tadjeddine, déstabilisé, répond à côté de la plaque en récitant les acronymes des directions et sous-directions du ministère qui lui ont passé commande. Taclé en raison du caractère « imprécis » de sa réponse, il change de braquet et se défausse : « Je n'ai pas directement piloté ces travaux. »

L'effet est dévastateur, et donne une impression de manque de professionnalisme. Un comble pour un dirigeant de McKinsey. Transpirant sous son masque, il n'est pas non plus préparé à la question simple qui lui est posée par un autre sénateur, de droite cette fois : Arnaud Bazin.

« Vous êtes soumis aux impôts français, comme n'importe quelle société ?

– Bien sûr. Je le dis très nettement : nous payons l'impôt sur les sociétés en France. »

Cette fois, Karim Tadjeddine n'a pas bafouillé. Mais il s'est un peu vite avancé. Le sénateur Bazin et ses collègues de la Commission des finances vont vérifier la véracité de ses dires en réquisitionnant des documents au ministère des Finances : McKinsey est effectivement assujetti à l'impôt sur les sociétés, mais depuis une dizaine d'années il ne le paye pas en raison d'un « résultat fiscal systématiquement négatif ».

McKinsey et ses communicants allument des contre-feux. Dans *Le Figaro* et *Les Échos*, sur l'antenne de BFM Business, la patronne du bureau – à qui l'audition au Sénat a été épargnée – sort de l'ombre pour dénoncer des « contre-vérités ». Elle récite un discours validé par ses avocats et communicants : « La contribution à l'impôt d'une entreprise, ce n'est pas que l'impôt sur les sociétés. Et nous, nous avons payé quasi un demi-milliard d'euros de cotisations sociales, taxes et impôts ces dix dernières années. »

Laborieuse et tardive explication alors que les sénateurs ont déjà saisi la justice sur ce point. De son côté, Bercy a diligenté un contrôle fiscal quelques semaines après la création de la commission d'enquête. Le ministre est directement informé, et en bon politique, il se couvre en se mettant du bon côté, celui des sénateurs. Sans citer McKinsey, Bruno Le Maire n'hésite pas à enfoncer les cabinets de conseil. Le voilà qui parle à la télévision d'« abus » et de « dérives ». Il souligne au passage que sa propre administration, en raison de son excellence, a réduit d'un tiers en un an le recours à ces prestataires experts. Le porte-parole du gouvernement, Olivier Véran, ancien titulaire du portefeuille de la Santé, joue une autre partition en avouant benoîtement : « On n'avait pas le choix. »

C'est bien le problème. À lire l'enquête de Michael Forsythe et Walt Bogdanich, on réalise que nombre d'organisation publiques et privées, avant même la crise sanitaire, se sont mises sous la dépendance des cabinets de conseil, et en particulier du numéro un mondial. Les auteurs ont fait les comptes : la quasi-totalité des cent plus grandes entreprises du monde et les dirigeants d'au moins soixante-trois pays sont ou ont été conseillés par McKinsey. Dans au moins quinze de ces derniers, les missions concernent des fonctions régaliennes : la défense, la justice et l'intérieur. Dixit un ancien de la firme, cité anonymement dans le livre : « Pour ceux qui sont convaincus qu'une cabale secrète contrôle le monde, que les *usual suspects* sont les Illuminati ou les reptiliens, ils se trompent. Il n'existe pas de société secrète façonnant chaque décision majeure ou déterminant le cours de l'histoire humaine. Cela dit, il y a McKinsey & Co. »

Si, comme d'autres ministres de la Santé, Olivier Véran n'avait « pas le choix », c'est sans doute parce que son administration était mal armée pour faire face à l'impensable pandémie. Mais c'est aussi parce que McKinsey a les meilleurs experts en gestion de crise et en organisation logistique. Et c'est aussi parce que McKinsey est le cabinet de conseil le plus proche du gouvernement et du président Emmanuel Macron.

Michael Forsythe, qui a un fil Twitter pour suivre toute l'actualité de McKinsey, a réalisé que de nombreux Français réagissaient et commentaient l'actualité du cabinet de conseil. « Peut-être car cela touche au cœur de la nation française, d'une manière que vous ne pourriez pas observer dans les pays anglo-saxons. » Tout converge en effet pour que l'affaire McKinsey devienne un scandale d'État.

Bien au-delà des possibles bidouillages fiscaux, l'audition de ses responsables devant le Sénat a révélé l'incurie d'une haute administration qui a longtemps fait la fierté du pays. Un État qui aurait livré les clés à une organisation multinationale d'origine américaine. L'approche est sans doute caricaturale, le trait forcé. Mais le contexte politique français, qui baigne dans la nostalgie d'un temps où notre pays était une grande puissance, est propice aux théories autour du complot de l'étranger. Emmanuel Macron, ancien banquier d'affaires, est régulièrement accusé de continuer à rouler pour son ex-employeur, Rothschild & Co. Ou d'être un peu trop proche de Wall Street. En janvier 2020, le simple fait que le président de la filiale française du géant de la finance américaine BlackRock soit promu au grade d'officier de la Légion d'honneur a provoqué une jolie polémique.

L'affaire BlackRock retombera comme un soufflé. Ce ne sera pas le cas pour la polémique McKinsey. Le cabinet fait l'objet de pas moins de trois enquêtes ouvertes par le redouté Parquet national financier (PNF). Il y a bien sûr des soupçons d'« optimisation fiscale ». Mais l'essentiel est ailleurs. À la suite de « plusieurs signalements et plaintes d'élus et de particuliers », le PNF a décidé, comme il le fait souvent dans les affaires politico-financières, d'élargir ses investigations. De tirer le fil.

La cible, même si elle n'est pas citée, n'est plus McKinsey, mais bien Emmanuel Macron. L'information judiciaire ouverte fin 2022 concerne en effet les chefs de « tenue non conforme des comptes de campagne » et de « minoration d'éléments comptables dans un compte de campagne ». L'affaire a été confiée à plusieurs juges d'instruction, dont Serge Tournaire, doyen du pôle financier au tribunal judiciaire de Paris, qui a déjà affiché à son tableau de chasse les condamnations de François Fillon et Nicolas Sarkozy. Fort de son expérience, l'ex-président, qui aime livrer ses conseils à Emmanuel Macron, l'a prévenu : les ennuis vont commencer en 2027, dès qu'il ne sera plus couvert par l'immunité présidentielle. Il faut savoir que Nicolas Sarkozy est persuadé qu'il est victime d'une persécution judiciaire pour avoir comparé un jour les magistrats à des « petits pois ». Dixit un proche de l'ex-président, « les mêmes juges feront payer à Macron le fait d'avoir nommé leur pire ennemi à la Justice » (en l'occurrence Éric Dupond-Moretti). Le président de la République en est sans doute lui-même persuadé, même s'il affirme exactement le contraire (« Je crois que le cœur de l'enquête n'est pas votre serviteur »). Sachant que Karim Tadjeddine et une bonne partie de l'équipe parisienne étaient à l'origine d'En Marche ! on voit mal les juges s'intéresser *via* ce dossier aux comptes de campagne d'un autre candidat.

Notre conviction est qu'en France, l'affaire McKinsey est 100 % politique et on comprend que nos amis du *New York Times* – peut-être pas vraiment au fait des « petits pois » de Nicolas Sarkozy et du passif entre l'avocat Dupond-Moretti et les magistrats – n'aient pas eu le temps de s'y plonger.

Ce sera peut-être pour une prochaine édition. Le temps que les perquisitions en cours dans les smartphones et ordinateurs des collaborateurs et ex-collaborateurs parisiens de la firme prouvent qu'ils avaient tout fait pour faciliter l'élection d'Emmanuel Macron en 2017 et en 2022. Le temps que les juges d'instruction mènent leurs interrogatoires et fassent le compte des contrats publics ensuite engrangés. Il faut établir le lien ; décortiquer les appels d'offres ; les contrats obtenus dans la panique de la crise sanitaire ; les conditions de la nomination par Emmanuel Macron de l'ancien patron du bureau de Paris, Eric Faye, à la tête de l'école Polytechnique. Un travail de fourmi.

Jouant la sérénité, Emmanuel Macron a exprimé le vœu que « toute la lumière soit faite ». Avec une ligne de défense simple : tous les comptes de campagne sont en France soumis à une procédure stricte à laquelle sont associés des magistrats. Et les comptes de 2017 et 2022 ont été validés. Y compris, bien sûr, ceux du candidat Emmanuel Macron.

Côté McKinsey, on est aussi serein. Le cabinet se fait conseiller par August Debouzy, un cabinet d'avocat très renommé où officie, entre autres, l'ex-Premier ministre Bernard Cazeneuve. Il dispose par ailleurs en interne des meilleurs experts mondiaux en gestion de crise. Le français Jean-Christophe Mieszala en est un. Polytechnicien à la petite moustache façon Jean Dujardin dans *OSS 117*, il sait mixer un certain sens de l'humour, une sincérité non feinte et bien sûr la panoplie des éléments de langage de la maison, dont il est l'un des vétérans. On le retrouvera par exemple dans le chapitre consacré à l'Afrique du Sud où il est allé éteindre en présentant des excuses – une première – l'incendie qui menaçait sur place la réputation de la firme. Il est souvent à Paris – dont il a dirigé le bureau de 2009 à 2017 – pour épauler l'actuelle patronne, Clarisse Magnin. Pour maintenir également discrètement le contact avec Karim Tadjeddine, même s'il a quitté McKinsey. Les crises, c'est le job de Mieszala. Membre du *board* mondial depuis 2018, le *frenchie* y dirige, indique le site de McKinsey, « plusieurs comités relatifs à la gestion des risques ou à la conformité ». Le comité « gestion de crise » a précisément été créé en 2018 avec comme mantra le fait que les critiques pouvaient dorénavant être « justifiées ». Une révolution culturelle. Alors que traditionnellement le client est roi mais toujours responsable, la doctrine de la maison a évolué à l'image des décisions de justice : les conseils sont également en risque quand cela tourne mal.

Bref, c'est notre polytechnicien à fine moustache qui pilote la gestion de l'avalanche d'affaires qui s'est abattue sur la firme ces dernières années, le cœur du livre de Michael Forsythe et Walt Bogdanich. Il connaît le moindre détail de leurs enquêtes, leur façon d'agir, et sans doute l'identité de beaucoup de leurs sources anonymes. Le rapport de force avec les journalistes du *New York Times* est bien sûr permanent, y compris depuis la sortie du livre aux États-Unis, mais les deux parties semblent s'accorder sur leur professionnalisme respectif. Le plus grand cabinet de conseil du monde ne pouvait avoir comme adversaire que le plus célèbre des quotidiens de la planète. L'un et l'autre ne se font pas de cadeaux. Mais McKinsey n'a pas attaqué en diffamation les auteurs de ce livre, et ces derniers avouent volontiers que McKinsey « sert probablement très bien ses clients, dont les objectifs ne nuisent pas à la société ». La Cour des comptes, qui a analysé dans le détail les « livrables » fournis par le cabinet au ministère de la Santé pendant la crise sanitaire, doit bien avouer qu'ils étaient de « qualité ».

Les lecteurs découvriront presqu'exclusivement dans les pages suivantes des clients mal servis et surtout des missions qui ont nui à la société, comme la propagation des opioïdes et du tabac. Le livre est épais, car les dossiers dans lesquels McKinsey est impliqué sont nombreux et complexes. Les concurrents, à l'image de Bain ou du BCG, se sont aussi parfois fourvoyés ; mais McKinsey est le leader, et de loin. S'il ne l'avait pas été, ce livre n'aurait pas existé, ce qui pour Jean-Christophe Mieszala et ses amis du *board* est presque une source de fierté. Rationnels, ambitieux, surdiplômés, les associés de McKinsey sont conscients de leur pouvoir. Ils ne sont pas de simples *money makers* comme leurs collègues des grandes banques d'investissement qu'ils considèrent comme de tristes requins. Eux ont la capacité de façonner le monde au plus proche de ceux qui le gouvernent. Avec la volonté affichée d'éviter le pire.

Depuis 2018, le *board* a mis en place un *process* passant au tamis les prospects et les clients à risque ; mettant en balance la création de valeur et la « réputation », y compris dans la sphère publique. McKinsey a ainsi refusé de conseiller l'Ouganda dans l'exploitation de ses ressources d'hydrocarbures étant donné « le risque réputationnel » inhérent à ce projet confié à TotalEnergies. Il a aussi toujours refusé de conseiller l'homme d'affaires Donald Trump, épaulé par le BCG. Suffisamment riche pour refuser des clients, suffisamment influent pour pouvoir changer le monde, McKinsey malgré ou à cause de l'ensemble des affaires révélées dans ce livre est une entreprise exclusivement composée d'intelligences capables de se questionner. Michael Forsythe et Walt Bogdanich, qui ont interrogé une bonne centaine de collaborateurs et ex-collaborateurs de la firme, sont revenus avec la conviction qu'il ne s'agissait effectivement pas de simples requins. À la fois complexes et formatés, ce sont ces cerveaux bien faits qui ont les clés de l'avenir du capitalisme. Avec la conviction qu'il ne faut pas en sortir, car il a la capacité de se transformer. Ceux qui ne croient plus au capitalisme n'ont pas tort de clouer au pilori McKinsey.

PIERRE-HENRI DE MENTHON

Introduction

À Gary, dans l'Indiana, passé les ponts rouillés, la peinture écaillée et le poste d'aiguillage, se trouve un espace vert aussi bien entretenu qu'incongru. Ce tertre en herbe agrémenté d'arbres et de buissons est surplombé par un bâtiment délabré, lugubre et massif, autrefois une des usines de ce qui fut la plus grosse et la plus rentable des entreprises au monde : la U.S. Steel Corporation[1].

À droite, un haut-fourneau et des cheminées se dressent dans le ciel du Nord-Est. L'on y produit encore un acier basique, fondu à une température si élevée que l'on dirait de la lave chauffée à blanc. Ici, rien de doux ou de clément, que du béton, du feu et du métal. À gauche, des rangées de bâtiments aux toitures à deux pans courent vers l'ouest, jusqu'à l'horizon. La tôle y est traitée pour qu'elle soit moins cassante au moment de la conditionner en rouleaux, ensuite expédiés aux quatre coins du monde.

S'étirant sur plus de onze kilomètres tout du long du lac, le site comprend quelque 320 km de voies ferrées[2], un hôpital, une caserne de pompiers et même un poste de police. Il y a peu encore, l'entreprise faisait œuvre de citoyenneté en envoyant chaque année, à l'approche de Noël, les employés dotés d'une bonne voix et coiffés pour l'occasion d'un haut-de-forme chanter dans les écoles élémentaires de la ville.

Au sein de l'oasis de verdure se trouve un mémorial en granit, avec un registre décrivant comment cinq cent treize ouvriers ont perdu la vie dans l'usine. Ce livre des morts[3], recouvert d'un épais plastique maculé de suie, nous parle de travailleurs écrasés par des wagons, des camions ou des barres d'acier, déchiquetés par des explosions, asphyxiés, brûlés, enterrés vivants ou même noyés. Quarante-et-un sont morts électrocutés. Joseph S. Pete, le grand reporter spécialiste du monde du travail, a écrit que, bien souvent, les funérailles de ces ouvriers se déroulent cercueil fermé[4]. À parcourir le registre, on comprend pourquoi*.

À une époque, Gary a incarné la promesse de l'Amérique industrielle du xxe siècle, un creuset de groupes ethniques et raciaux en quête d'une meilleure vie, d'argent pour financer des études supérieures, de congés payés et de caisse de retraite. Il en est résulté une solide classe moyenne, deux prix Nobel[5] ainsi que les Jackson Five[6], mais aussi un air et une eau pollués.

Durant le dernier quart du xxe siècle, sous l'action conjuguée de trois facteurs – la concurrence étrangère d'un acier bon marché, des équipements vétustes et une direction défaillante –, la chance a brusquement tourné pour l'entreprise. Le nombre d'employés est tombé sous la barre des huit mille[7] et des divisions entières ont été fermées ou sérieusement réduites en taille.

De là, la décrépitude a gagné Gary. Fondée plus d'un siècle auparavant par U.S. Steel en témoignage du « triomphe de la planification scientifique »[8], la ville n'offrait plus qu'un paysage désolé d'immeubles de bureaux, de magasins et d'églises désertés. Plutôt que de dépenser de l'argent qu'elle n'avait pas pour tout démolir, la municipalité a loué ces emplacements à des équipes de tournage de films postapocalyptiques ou d'horreur[9] tels que *Les Griffes de la nuit* ou encore *Transformers*. Une scène de la minisérie *Tchernobyl* y a même été filmée.

---

* Dans les années 1970, j'ai fait partie des 27 000 employés de U.S. Steel. Mon père aussi y a travaillé, tout comme mon frère et la plupart de ma famille. À l'aide d'un long crochet en métal, je tirais de la chaîne des barres en acier brûlant pour les lier en faisceaux avec des câbles métalliques. Je savais que ce travail était dangereux. Quelques semaines à peine après que j'ai commencé à travailler à l'usine, Robert Plunk, un employé avec douze ans d'ancienneté, est mort écrasé par une barre d'acier incandescent dans d'atroces souffrances. – Walt Bogdanich.

Le taux de criminalité est monté en flèche[10] et le nombre d'habitants est tombé à 69 000 après avoir atteint un pic en 1960 avec 170 000 âmes[11]. Les panneaux publicitaires implantés en bordure sud du site de l'usine témoignaient d'une population complètement déboussolée : « Vous êtes l'esclave de vos désirs ? Laissez Jésus vous libérer » disait ainsi l'un, tandis que les autres faisaient la promotion d'un club de strip-tease, d'un avocat spécialisé en accidents du travail et d'un casino[12].

L'année 2014 a cependant apporté aux sidérurgistes une lueur d'espoir : Mario Longhi, le nouveau PDG de l'entreprise, venait d'engager McKinsey & Company[13], un cabinet de conseil d'élite connu pour sa capacité à résoudre scientifiquement des problèmes complexes. Les plus grosses entreprises du monde entier, mais aussi des gouvernements faisaient travailler ses consultants. Même la CIA, le FBI et le Pentagone avaient recours à ses services[14], tous persuadés que McKinsey avait une capacité de jugement et des moyens qui faisaient défaut à leurs dirigeants.

Avec l'aide du cabinet, U.S. Steel allait redorer son blason et retrouver son rang d'entreprise phare du pays qui avait construit ses ponts, ses immeubles et les armes qui avaient permis de vaincre ses ennemis. Pour cela, elle se concentrerait « farouchement sur la recherche de profit, sur [ses] clients, sur la structure des coûts et sur l'innovation »[15], tout cela sans sacrifier ni la sécurité ni l'environnement.

Les sidérurgistes de Gary ne savaient pas vraiment à quoi s'attendre de la part de ces consultants grassement rémunérés, pour la plupart issus des meilleurs MBA du pays. Ils ne tarderont cependant pas à apprendre, comme d'autres avant eux, ce qui se passe quand McKinsey arrive en ville.

La construction du complexe métallurgique U.S. Steel de Gary a commencé en 1906, sous la direction du président de l'entreprise, Elbert Gary, un ancien juge qui voulait que la ville porte son nom, même si lui-même ne souhaitait pas y vivre[16]. Qualifié d'« austère moraliste » par un historien, le juge Gary se souciait moins du bien-être des résidents que de l'efficacité et de la profitabilité de son aciérie[17].

Alors que cet homme fréquentait les têtes couronnées d'Europe et collectionnait des œuvres d'art de la Renaissance[18], ses employés vivotaient dans la « parcelle », un quartier miteux et insalubre qui comptait deux cents bars aux noms aussi évocateurs que « Le seau de sang ». Ces hommes et ces femmes trimaient douze heures par jour, sept jours par semaine. Selon un groupe en lien avec l'Église, cette semaine de quatre-vingt-quatre heures faisait « honte à la civilisation » ; de son côté, un comité du Congrès l'a décrit comme « un système brutal d'esclavage industriel »[19]. Mais le juge Gary n'en avait cure. Opposé aux syndicats, il considérait les dirigeants de ces derniers comme ses inférieurs[20] et pensait que ses employés préféraient travailler autant d'heures que possible.

De son côté, James O. McKinsey, un comptable originaire des Ozarks, fondateur de la société éponyme, avait lui aussi foi en l'efficacité et en la valeur des profits. Sa jeune entreprise avait commencé à conseiller U.S. Steel durant la Grande Dépression et l'aciérie n'avait pas tardé à devenir son client principal[21] ; de fait, quarante consultants travaillaient en permanence pour ce compte. À un moment, U.S. Steel a représenté jusqu'à 50 % de la facturation du bureau de New York de McKinsey. Quand la loi Wagner de 1935 a exigé des entreprises qu'elles négocient avec les travailleurs qui réclamaient des augmentations de salaire et des conditions de travail plus sûres, McKinsey a mis en place une unité spéciale pour conseiller les dirigeants sur la manière de gérer ces demandes[22]. Dans les années 1950, la firme ayant perdu son soutien principal au sein de l'aciérie, cette collaboration prit fin[23], jusqu'à ce que, soixante ans plus tard, le nouveau président de U.S. Steel, Mario Longhi[24], décide de la réactiver pour sortir l'entreprise de sa mauvaise passe.

Quand cet homme originaire du Brésil est devenu président de U.S. Steel en 2013, cela faisait des années que l'entreprise était déficitaire[25]. Empêtrée dans des pratiques inefficaces d'un autre temps, elle se faisait tailler des croupières par de petits concurrents ayant adopté de nouvelles technologies.

Comme le juge Gary, Longhi portait la moustache et aimait l'opulence, comme en témoigne sa villa de Floride avec dix salles de bains, cottage pour invités, salle de sport, espace multimédia et piscine[26], revendue ensuite pour la coquette somme de 9,8 millions de dollars[27], et sa propriété sur Fisher Island[28], l'une des enclaves les plus huppées du pays, uniquement accessible par ferry, hélicoptère ou yacht privé depuis Miami.

Longhi n'avait jamais dirigé de grosse aciérie intégrée comparable à U.S. Steel – sa carrière s'était principalement déroulée chez Alcoa, un fabricant d'aluminium –, mais il savait vers qui se tourner pour se faire épauler : son « conseiller de confiance de longue date »[29], le cabinet de conseil McKinsey & Company.

À sa demande, McKinsey mit en œuvre un business plan « transformationnel » qu'il dénomma « The Carnegie Way » (À la façon de Carnegie)[30], en l'honneur du cofondateur de U.S. Steel, Andrew Carnegie. Le jugeant crucial pour son avenir, U.S. Steel le cita pas moins de quarante-neuf fois dans son rapport annuel de 2014. Il s'agissait notamment de maintenir à moindre coût et de façon plus efficace l'infrastructure et l'équipement vétuste du sidérurgiste, une bataille que McKinsey, un expert mondialement reconnu en matière d'efficience, était particulièrement bien placé pour mener.

Le mois de janvier suivant, Longhi déclara dans une publication professionnelle que la transformation de U.S. Steel était un succès « phénoménal »[31]. Il en voulait pour preuve ses consultants qui « ont vu ce que l'on faisait » et en conclut que ce « plan de transformation n'a pas d'équivalent en termes d'envergure et de profondeur dans le pays ». Longhi mettait quiconque au défi de montrer que son entreprise n'avait pas envisagé toutes les options possibles pour accroître sa rentabilité. « Nous faisons tout ce qu'il faut – et de manière plutôt efficace, je vous prie de me croire », déclara-t-il alors.

Avec un nouveau patron à sa tête et un plan de transformation radicale en place, l'action de U.S. Steel commença à remonter[32]. En 2014, pour la première fois depuis six ans, l'entreprise engrangea un profit[33]. Mais ces progrès étaient plus illusoires que réels. Dès le premier trimestre de 2015, le sidérurgiste se retrouva à nouveau dans le rouge, avec 75 millions de dollars de perte[34]. Ce revirement impacta non seulement les investisseurs, mais aussi les travailleurs. Neuf mille employés, dont ceux du site de Gary Works, furent ainsi informés d'un possible licenciement. Les responsables de la maintenance furent durement touchés : des dizaines d'entre eux furent directement congédiés et deux cents rétrogradés au rang de travailleurs volants[35] avec une réduction de salaire importante et une affectation à des zones du site qu'ils connaissaient peu.

Pour le personnel syndiqué, il est vite devenu clair que le Carnegie Way n'était qu'une couverture destinée à masquer le projet de l'entreprise de réduire les coûts, ce qui, selon eux, ne pouvait que mettre leur sécurité en danger[36]. De plus, selon Mike Millsap, le directeur du syndicat des métallurgistes du district 7, McKinsey n'avait aucune expérience de gestion d'une aciérie ni « de ce qu'il faut faire pour assurer la sécurité des travailleurs ».

Cet avertissement s'avéra malheureusement prophétique. En juin, Charles Kremke fut retrouvé inconscient par ses collègues, avec des brûlures au troisième degré à la tête. Un porte-parole de l'entreprise annonça ensuite que l'homme n'avait pu être ressuscité. Le coroner établit qu'il avait été électrocuté[37], mais il fallut attendre des mois avant que son employeur révèle la cause de son décès.

L'accident valut à U.S. Steel d'être cité par l'État d'Indiana pour quatre violations, toutes graves, de règles de sécurité[38] : avoir manqué de « couper le courant » avant l'opération de maintenance ; ne pas avoir formé de façon adéquate les employés à identifier un circuit actif ; avoir manqué de tester l'équipement pour s'assurer que les connexions étaient désactivées avant une opération de maintenance ; et enfin, ne pas avoir fourni d'équipement de protection à ceux qui travaillent autour de ces circuits actifs dans des lieux confinés.

Les licenciements et les problèmes de sécurité ne dissuadèrent cependant pas U.S. Steel de continuer sur sa lancée et d'émettre 21,7 millions de nouvelles actions. Cette offre spéciale, qui lui permit de lever 482 millions de dollars[39], eut lieu en août, au moment même où le syndicat dénonçait le démantèlement du département responsable de la maintenance par la direction. Furieux de la manière dont l'employeur traitait les questions de sécurité, le syndicat organisa le 26 août un défilé exceptionnel (normalement, ceux-ci n'ont lieu que durant les périodes de renégociation des contrats) jusqu'à l'entrée principale du site de Gary, aux cris de « McKinsey, incapables ! McKinsey, incapables ! », message renforcé par des pancartes peu équivoques : « Hé Mario ! McKinsey, c'est ciao ! », « McKinsey voleur », « McKinsey = non-respect des règles », « Oui au syndicat, non à McKinsey », « McKinsey, dehors ! »[40].

Les jours qui suivirent la mort de Kremke, Jonathan Arrizola, un ancien combattant de la marine de trente-et-un ans père de deux jeunes enfants, se dit que le métier devenait trop dangereux et qu'il lui fallait en trouver un autre. Quelques jours plus tôt, il avait informé sa femme qu'il s'était électrocuté au travail. « Il se plaignait tout le temps que McKinsey réduisait les effectifs. Et que des accidents manquaient sans cesse d'arriver », a-t-elle ainsi confié au quotidien *The Times of Northwest Indiana*[41].

Puis, fin septembre 2016, alors qu'Arrizola travaillait à résoudre un problème électrique sur une grue avec trois autres de ses collègues, il reçut une décharge de 480 volts[42].

« Il n'y a que l'argent qui les intéresse », a déclaré sa veuve après avoir appris le décès de son mari. « Je n'ai plus de mari, mes enfants ont perdu leur père. Je ne sais absolument pas comment je vais payer ma maison, ma voiture ou mes factures. Je suis une femme au foyer, sans expérience. Jon était tout pour moi. » Grâce à une campagne GoFundMe, des amis et des sympathisants récoltèrent malgré tout 14 000 dollars pour elle[43].

Selon Billy McCall, président de la section 1066 du syndicat United Steelworker du temps de la mise en œuvre du plan Carnegie Way, Arrizola était apprécié. « C'est parce que U.S. Steel a appliqué les recommandations de McKinsey qu'Arrizola a été déplacé d'un poste qu'il maîtrisait vers un autre qu'il ne maîtrisait pas bien. Il est presque certain que c'est à cause de cela qu'il est mort », a-t-il ensuite expliqué[44].

Pour les morts par électrocution de Kremke et d'Arrizola, le gouvernement condamna U.S. Steel à une amende de 42 000 dollars, somme ramenée à 14 500 dollars[45] après négociations et un engagement du sidérurgiste à mettre en place dix actions correctrices[46] pour éviter que de tels accidents se reproduisent à l'avenir. Faisant référence à la modicité de ces amendes qui, de plus, se voient réduites à peau de chagrin, Adam Finkel, l'ancien responsable de la sécurité des travailleurs du président Clinton, en a conclu qu'en définitive, « cela coûte plus cher de harceler un âne sauvage qui vit sur des terres fédérales que de tuer l'un de ses employés »[47].

Cependant, les griefs du syndicat concernant la sécurité des travailleurs trouvèrent écho auprès d'investisseurs qui lancèrent un recours collectif contre U.S. Steel au motif que celle-ci les avait trompés sur sa santé financière[48]. S'appuyant en grande partie sur des entretiens confidentiels menés auprès de onze employés actuels ou anciens, managers ou superviseurs pour la plupart, ces investisseurs considéraient que le fameux plan Carnegie Way était une « mystification », autrement dit une couverture destinée à masquer un projet de réduction drastique des coûts au travers « de licenciements massifs et de reports d'actions de maintenance et de réparation pourtant essentiels ». Selon eux, la mise en place de ce plan avait conduit l'entreprise à se retrouver avec « une équipe squelettique d'employés inexpérimentés qui ne savaient ni réparer ni assurer la maintenance de l'outil de production et qui étaient forcés de travailler jusqu'à quatre-vingt-dix heures par semaine[49], ce qui entraînait des interruptions de service sévères et imprévues ».

Selon un ancien responsable des achats de pièces détachées pour les machines des sites américains, l'entreprise était devenue adepte de la politique « ne rien acheter, se débrouiller » qui faisait que les managers ne consentaient à dénouer les cordons de la bourse de l'entreprise qu'en cas d'absolue nécessité. Plutôt que de réaliser les réparations nécessaires, les équipes de la maintenance devaient « bricoler »[50] les machines qui rencontraient des problèmes pour qu'elles continuent à fonctionner.

Chaque commande de pièce détachée devait être approuvée par la « tour de contrôle » composée d'un consultant McKinsey et du responsable du site[51]. Selon le recours collectif, « la mise en place de la tour de contrôle a eu pour conséquence une réduction significative des approbations de demandes ». Un ancien directeur de la maintenance d'un autre site de U.S. Steel a expliqué que McKinsey ne voulait pas entendre parler de maintenance structurelle « critique » à cause du coût associé[52] et que les consultants avaient contribué à la réduction du budget de maintenance et de réparation. (McKinsey et la direction de U.S. Steel ont tous deux affirmé que les consultants n'avaient pas autorité pour approuver ou non l'achat de pièces de rechange.)

Toujours selon Billy McCall, l'ancien responsable syndical, McKinsey aurait perçu un pourcentage sur ce qu'il aurait permis à U.S. Steel d'économiser[53]. De fait, la rémunération du cabinet de conseil était en partie liée à la performance financière du sidérurgiste, ce qui pose des questions sur les raisons de sa volonté de tailler avant tout dans les dépenses.

Après la victoire de Donald J. Trump aux élections présidentielles de novembre 2016, en partie acquise grâce à ses promesses de relancer l'emploi ouvrier, Longhi et son bras droit, David Burritt, décidèrent qu'il était temps d'encaisser leurs gains. En huit jours, tous deux vendirent pour 25 millions d'actions[54]. Longhi déclara à CNBC que, compte tenu du nouveau contexte réglementaire favorable aux entreprises et de la baisse des impôts, il espérait pouvoir recréer dix mille emplois[55].

Son optimisme dura jusqu'à début 2017, lorsqu'il assura aux investisseurs que le pire était derrière eux.

Trois mois plus tard, U.S. Steel rendit publics ses résultats pour le premier trimestre de l'année. Alors que les analystes financiers s'attendaient à d'importants profits, l'entreprise surprit Wall Street en annonçant un déficit net de 180 millions de dollars, provoquant une chute de 27 % du cours de l'action[56], la baisse la plus sévère jamais enregistrée depuis plus d'un quart de siècle.

Pour Gordon Johnson, le directeur d'Axiom Capital Management, ces pertes étaient d'autant plus troublantes qu'elles se produisaient « dans un contexte où le prix de l'acier aux États-Unis était élevé comparé aux années précédentes »[57]. De plus, « l'industrie avait bénéficié, tant de la part de l'administration Obama que de l'administration Trump, d'importantes protections visant à limiter les importations ». Johnson en concluait que si, en dépit de ce contexte, les performances de l'entreprise étaient si désastreuses, le reste de l'année « ressemblerait sans doute aux *Griffes de la nuit* », un clin d'œil fortuit au rôle joué par Gary dans ce film.

Deux semaines après l'annonce de ces résultats, Longhi quitta U.S. Steel en empochant au passage un bonus de 4,54 millions de dollars[58]. Il était temps de tourner la page Carnegie Way. De fait, alors qu'il avait été cité plus de quarante fois dans le rapport annuel de U.S. Steel de 2016, celui de 2017 fut muet à son sujet[59]. L'histoire avait été effacée. À la mode soviétique.

En 2018, U.S. Steel accoucha d'un nouveau plan *et* d'un nouveau slogan :

« Guidant nos efforts, il y a notre croyance en la nécessité de prendre nos décisions sur la base d'un code de bonne conduite ancré dans nos Principes de Gary et dans nos valeurs essentielles », a écrit l'entreprise.

Ces valeurs essentielles « s'articulent autour de nos principes S.T.E.E.L.[60]* : Safety First, Trust and Respect,

* NdT : *Steel* veut dire « acier » en anglais.

Environmentally Friendly Activities, Ethical Behavior and Lawful Business Conduct »*.

S.T.E.E.L., mais avec tout de même une pincée d'Ayn Rand. David Burritt, le nouveau PDG de l'entreprise, avait ainsi offert à l'ancien responsable syndical Billy McCall en guise de cadeau de Noël surprise le roman *La Grève*. « C'est ça la philosophie de l'entreprise, nom d'un chien ! » s'exclama McCall lors d'un entretien[61].

Longhi et le Carnegie Way avaient beau être passés de mode, McKinsey n'en a pas moins continué à travailler avec le métallurgiste en empochant au moins 13 millions de dollars d'honoraires entre 2018 et 2020, selon les chiffres du cabinet de conseil[62].

Trois consultants rédigèrent même un article[63] pour expliquer, sans aucune trace d'ironie, « pourquoi la maintenance est importante » et dans lequel ils reconnaissaient que cette fonction est difficile à bien organiser en termes de compétences humaines : « Si vous réduisez à l'excès et de façon brutale les équipes, la fiabilité en pâtira. Ensuite, les erreurs seront difficiles à corriger. »

Surtout, auraient-ils pu ajouter, lorsque des gens meurent.

À Disneyland, cet endroit qui s'autoproclame « le lieu où l'on est le plus heureux au monde », il n'existe pas de registre des morts. « Je ne veux pas que le public voie le monde qu'il habite. Je veux qu'il se sente transporté ailleurs »[64], a déclaré Walt Disney, pour qui son parc d'attractions devait être semblable à un rêve éveillé. Offrant toute une variété d'attractions et notamment de montagnes russes, le parc originel conçu par Disney a joui jusqu'à la mort de ce dernier, en 1966[65], d'un bilan exemplaire en matière de sécurité, ce qui le plaçait en tête de son secteur sur ce critère[66].

Puis, portée par le succès de Disneyland, l'entreprise a commencé à se diversifier. Tout d'abord, d'autres parcs ont

* NdT : Ce qui peut se traduire par : la Sécurité d'abord, la Confiance et le respect, des Activités environnementalement durables, un Comportement Éthique et un Respect des réglementations.

vu le jour, dont le plus grand de tous, le Walt Disney World Resort d'Orlando. Ensuite, l'entreprise a investi de façon agressive dans le cinéma, l'édition, la télévision et la production de spectacles musicaux pour Broadway. En 1994, enfin, Paul S. Pressler a pris la tête de l'ensemble des parcs à thèmes[67].

Décrit comme séduisant, charismatique et comme l'un des favoris du PDG du groupe Michael Eisner[68], Pressler s'est attelé à imprimer sa marque sur l'entreprise en embauchant McKinsey pour évaluer de fond en comble les opérations des parcs.

Après plus d'une année de travail, le 13 mai 1997, McKinsey a présenté à Pressler ses conclusions dans un rapport confidentiel intitulé « Transformer la maintenance : définir les standards Disney »[69].

Le cabinet de conseil prétendait avoir trouvé le moyen d'accroître l'efficience et les profits de Disney sans sacrifier la qualité de son offre. Comment ? En repensant la maintenance de ses installations. « Intuition ou science ? » a ainsi écrit McKinsey dans son rapport, la bonne réponse étant, bien entendu, selon la firme, la science telle que lui-même la définissait.

Les décisions de maintenance ne devaient pas dépendre du jugement des employés les plus expérimentés, mais se fonder sur l'analyse de l'historique d'entretien des manèges, des pannes et des coûts associés. Dénommé « maintenance centrée sur la fiabilité », le processus trouve son origine dans l'industrie aéronautique où la sécurité est cruciale.

Chez Disneyland, cependant, la réduction des coûts devint vite l'objectif principal. En utilisant des termes tels qu'« évitement des coûts », McKinsey conseilla à l'entreprise d'économiser sur ses dépenses de maintenance en supprimant des postes, en payant moins certains employés et en ayant recours à des contractuels. La plupart des employés affectés à la maintenance furent transférés au service de nuit, créant une grogne instantanée au sein de ce groupe. Pour les aider à digérer ce changement, McKinsey recommanda de faire intervenir des conseillers spécialistes en gestion du sommeil, en nutrition et en relations familiales. Chacun des employés concernés recevrait également un abonnement gratuit à la newsletter *Working Nights*.

Seule une équipe réduite, la Maintenance Response Team, resterait en place en journée pour gérer les pannes éventuelles. Cependant, toujours selon le cabinet de conseil, même ce groupe pourrait être réduit de 30 % en termes d'effectifs.

Nul doute que les consultants connaissaient le risque associé à la réorganisation d'un parc d'attractions qui faisait l'envie de la profession. Pour ce faire, ils arguèrent que la mise en place des changements permettrait « de bénéficier d'une maintenance hors pair » qui ferait économiser des millions de dollars à l'entreprise.

Le cabinet de conseil ne laissa aucun doute tempérer son enthousiasme pour son propre projet. « L'ampleur de cette opportunité force à réfléchir », affirma-t-il à Pressler. « Un changement d'une telle ampleur ne se gère pas, il se décrète ». Pour relever le défi, « les leaders doivent inspirer et constituer une réserve de vrais champions du changement ».

Compte tenu de la piètre estime dans laquelle McKinsey tenait les différents responsables des parcs, cette tâche allait cependant s'avérer difficile. Considérant qu'ils n'avaient pas les compétences nécessaires, le cabinet recommanda le licenciement et le remplacement de 50 % d'entre eux. Parlant d'un domaine particulier qu'il avait étudié, un consultant écrivit : « Les réunions, l'administration et la gestion de la sécurité prennent trop de temps ». Pour économiser de l'argent, le cabinet de conseil recommanda aussi « d'évaluer les performances en fonction des taux de frais généraux et des taux de change » et de « tenir les managers de magasins responsables des frais généraux de leur entité ».

Quand McKinsey demanda à Bob Klostreich, un chef d'équipe de maintenance avec vingt ans d'expérience chez Disney, pourquoi les barres de sécurité des montagnes russes étaient vérifiées tous les jours alors que les rapports montraient qu'elles ne se détraquaient jamais, la question fit bondir l'employé : « si elles ne se détraquent jamais, c'est justement parce que nous les vérifions chaque soir »[70]. « Il n'y a pas de mal à vouloir économiser de l'argent », déclara ensuite Mike Goodwin, un autre ancien chef d'équipe de maintenance, au *Los Angeles Times*, « mais cela ne doit pas se faire au détriment de notre objectif principal qui est d'assurer la sécurité des attractions ».

Pour Goodwin, ne pas faire cette vérification était un risque acceptable pour Disney, alors que « c'est comme si un pilote de ligne disait "Hé, ça fait un moment qu'il n'y a pas eu de crash. Laissons tomber les vérifications de prédécollage" ».

Cinq mois après que McKinsey recommanda de réduire les coûts de maintenance, Klostreich fit part à Disney de ses inquiétudes croissantes sur la sécurité : « Comme vous le savez », leur écrivit-il, « je vous ai signalé à plusieurs reprises, à vous et à d'autres, mon inquiétude profonde concernant la préparation, la volonté et la capacité de la direction à entretenir correctement et de façon sûre les attractions à grande vitesse gérées par l'équipe des montagnes russes. La constitution de cette dernière n'a pas été et n'est toujours pas en adéquation avec une gestion préventive quotidienne efficace »[71].

Selon ses dires, il ne reçut jamais de réponse[72].

L'année suivante, la veille de Noël, un accident mortel se produisit à Disneyland[73] qui secoua profondément le secteur. Luan Dawson, un programmeur informatique de trente-quatre ans et sa femme, une pharmacienne, attendaient de monter à bord du *Columbia*, une réplique d'un trois-mâts du XVIIIe siècle, qui venait de finir son tour du parc. Accoster le lourd navire demandait de l'expérience et un doigté certain. Mais ce jour-là, un superviseur remplaçait un employé absent alors qu'il ne s'était jamais entraîné sur ce bateau ni n'avait jamais effectué de manœuvre de mise à quai.

Alors que le bateau était encore sur sa lancée – et arrivait aussi trop vite –, cette employée accrocha un cordage en nylon à un taquet en métal du bateau, lui-même apparemment fixé à du bois pourri, ce qui l'arracha et le propulsa comme du shrapnel, tuant Dawson et défigurant gravement sa femme devant leur fils, selon les dossiers judiciaires déposés par Christopher Aitken, l'avocat de la famille Dawson. Également blessée, l'employée fut aussi hospitalisée. Selon

Aitken, si le cordage utilisé avait été celui habituel, plus sûr, car capable de rompre en cas de pression intense, les choses se seraient passées différemment.

La mort du visiteur déclencha un réexamen des règles de sécurité en vigueur dans les parcs d'attractions et eut pour conséquence l'adoption d'une nouvelle loi en Californie rendant obligatoire la tenue d'une enquête indépendante en cas d'accident grave, alors que jusque-là, seuls les responsables du parc s'en chargeaient. De son côté, la famille Dawson conclut un arrangement à l'amiable avec Disney en échange d'un versement réputé être de 25 millions de dollars[74].

Pour Aitken, ce sont, entre autres choses, les mesures d'économie de McKinsey qui ont directement mené à l'accident du *Columbia*[75]. Suivant les recommandations du cabinet de conseil, Disney avait supprimé les postes des responsables chevronnés et les mieux payés sur chaque attraction[76], y compris sur le *Columbia*, alors qu'ils en assuraient la sécurité. La maintenance avait également souffert : comme les techniciens n'arrivaient plus tout de suite quand les employés les appelaient pour résoudre un problème, ces derniers avaient cessé de les solliciter, expliqua Aitken. Le fait que les employés qui avaient le plus de connaissances sur la maintenance des attractions aient été « mutés autoritairement au service de nuit »[77] n'avait évidemment rien arrangé.

En février 1999 – deux mois après l'accident du *Columbia* –, Klostreich envoya de nouveau une lettre d'avertissement à la direction de Disney. « Je m'inquiète du fait que les attractions soient encore plus détériorées aujourd'hui que quand je vous ai écrit le mémo que vous trouverez en pièce jointe »[78], écrivit-il ainsi.

Plus tard cette année-là, il fut licencié. Non pas parce qu'il refusait de travailler de nuit pour raison de santé et que son employeur n'avait aucun autre poste à lui proposer comme il le prétendit, mais, selon lui, en mesure de représailles. Klostreich attaqua Disney en justice[79], mais sa plainte fut classée sans suite.

En juillet 2000, un nouvel accident remit un coup de projecteur sur la question de la sécurité : un moyeu se détacha d'un wagon de l'attraction Space Mountain et blessa neuf personnes[80]. La maintenance défaillante fut citée comme une des causes de l'accident.

Deux mois plus tard, Brandon Zucker, un garçonnet de quatre ans, tomba du manège Roger Rabbit et resta coincé pendant dix minutes sous un wagon, en arrêt cardiaque. Affecté d'une lésion cérébrale irréversible, il ne put jamais remarcher ni parler et mourut à l'âge de treize ans[81]. Les employés du parc l'avaient installé dans un siège qui ne convenait pas à un enfant de son âge et n'avaient pas non plus complètement rabattu la barre de sécurité. L'État ordonna à Disney de mettre en place de nouvelles règles de sécurité pour ce manège.

Pour David Koenig, qui a beaucoup écrit d'articles et de livres sur Disney, si l'entreprise a voulu s'adjoindre les services d'un cabinet comme McKinsey, c'est parce que sa direction estimait que l'exploitation des parcs était devenue trop onéreuse. Le cabinet a « encouragé les responsables de Disneyland à réduire les effectifs, à réduire les temps de formation, à réduire la maintenance… à tout réduire, jusqu'à affecter la sécurité du parc », a-t-il expliqué[82]. S'il lui était difficile de dire qui de McKinsey ou de Disney était le plus coupable – l'auteur des recommandations ou l'exécutant –, une chose était cependant sûre pour lui : « ils se sont entendus pour initier ces changements et l'on sait tous où ça nous a menés ».

Pour John J. Lawler, un ancien enseignant à la faculté de l'emploi et des relations de travail de l'université de l'Illinois, les consultants en management servent avant tout à légitimer les objectifs de leurs clients[83]. « Les clients aiment bien s'entendre dire qu'ils font ce qu'il faut », a-t-il expliqué, avant d'ajouter que les techniques managériales estampillées meilleures pratiques « sont très souvent propagées par les cabinets de conseil, ce qui les institutionnalise dans le monde des affaires ».

Les accidents ont sérieusement entaché la réputation de Disneyland, mais ils n'ont en rien freiné l'avancement professionnel de son chasseur de coûts en chef, Paul Pressler. Comme l'a rapporté le *Los Angeles Times*, Pressler « a connu une ascension professionnelle foudroyante, doublant plusieurs cadres dirigeants dans sa course au pouvoir, y compris ceux de la bien plus grosse opération Disney World de Floride »[84], pour finir par faire partie de la garde rapprochée du PDG du groupe, Michael Eisner.

Il n'empêche, son CV était entaché et il ne faudrait pas longtemps avant que de nouvelles questions se posent sur le bien-fondé de sa politique de maintenance et le rôle qu'avait joué McKinsey en s'en faisant le champion.

À la fin de l'été 2003, les employés de Disney se rendirent compte que des bruits étranges émanaient du train de la montagne russe Big Thunder Mountain. Les mécaniciens remplacèrent la roue de guidage et remirent l'attraction en service. Le « même bruit de cliquet inhabituel » étant revenu, l'équipe de la maintenance remplaça une autre roue. Une étiquette jaune valant mise à l'écart pour inspection et réparation fut accolée au train[85], qui resta pourtant en circulation[86].

Le 5 septembre 2003, alors que le thermomètre grimpait vers les 30°, Marcelo Torres, un jeune homme de vingt-deux ans, et trois de ses amis montèrent à bord du train peu après 11 h. Plus tôt ce jour-là, les employés affectés à cette attraction avaient distinctement entendu le bruit suspect, sans pour autant arrêter le train pour l'inspecter. L'étiquette jaune était toujours collée dessus.

Torres et ses amis ignoraient qu'ils venaient de monter à bord d'un train avec un historique de problèmes mécaniques. Le mois précédent, des personnes avaient dû en être évacuées après une panne. Plus grave, le tour d'avant, deux écrous s'étaient détachés de l'essieu, entraînant la chute de la roue de guidage sur la voie, sans que personne ne le remarque[87].

À 11 h 17, le train endommagé se mit en branle avec vingt-quatre passagers à bord, pour son treizième tour de la journée, un circuit à sensations fortes de trois minutes avec des boucles et des tournants de douze mètres par seconde[88].

L'étrange bruit persistant, la décision venait d'être prise de mettre le train de côté pour l'inspecter dès son retour à quai.

Malheureusement, il était trop tard. Au sortir d'un virage incliné, une tige d'essieu se brisa et se coinça entre la traverse de la voie et la locomotive, faisant culbuter cette dernière sur le wagon de tête où elle écrasa Torres qui décéda sur le coup et blessa dix autres personnes. Après l'accident, des inspecteurs de l'État retrouvèrent des pièces du train éparpillées tout le long de la voie[89].

L'État mit au jour d'importantes lacunes en matière de maintenance et de formation : des employés avaient omis de serrer deux boulons qui maintenaient l'ensemble de la roue en place et d'installer un filin de sécurité faisant partie du « bloc de fixation de la roue » ; les opérateurs de manèges n'avaient pas été formés à réagir à des bruits inhabituels sur les montagnes russes et ignoraient ce que signifiait le système d'étiquetage utilisé pour mettre les trains problématiques de côté jusqu'à ce qu'ils soient réparés ; l'« équipe fiabilité » de la maintenance ne suivait pas la procédure appropriée d'étiquetage sur d'autres manèges[90] ; et les machinistes étaient autorisés à signer pour des travaux effectués par d'autres[91].

La Californie a exigé de Disney qu'elle forme de nouveau tous les machinistes contractuels de Big Thunder Mountain ainsi que ceux affectés à l'équipe volante responsable de la « fiabilité », y compris leurs responsables. Les machinistes eurent aussi interdiction de signer pour des travaux effectués par d'autres qu'eux.

Le cabinet d'avocats de Christopher Aitken a attaqué Disney au nom de la famille Torres, en accusant l'entreprise d'avoir adopté les recommandations de McKinsey. « Disney savait, ou aurait dû savoir que tailler sévèrement dans leurs programmes de sécurité et de maintenance finirait par avoir des conséquences dévastatrices sur la sécurité du public ». La plainte citait les pressions subies par les employés pour maintenir les attractions en marche, des plans incitatifs qui récompensaient les économies réalisées et une philosophie de l'« exploitation jusqu'à la défaillance »[92].

Disney a conclu un accord confidentiel avec la famille[93], tandis que McKinsey a déclaré que son travail « n'était en rien lié aux incidents tragiques survenus à Disneyland ».

Pressler, le dirigeant de Disney qui avait sollicité et mis en œuvre les recommandations du cabinet de conseil n'était plus là pour gérer les conséquences du décès survenu dans le train du Big Thunder Mountain. Il avait quitté l'entreprise un an plus tôt pour prendre la tête de Gap, la chaîne de magasins de vêtements, avec un mandat : réduire les coûts. Il est resté quatre ans en poste avant d'être remercié[94].

McKinsey n'a jamais été tenu pour responsable de ce qui s'est passé chez U.S. Steel et Disneyland. Personne n'a attaqué le cabinet en justice. Aucune agence gouvernementale ne l'a accusé de faute professionnelle. Les consultants faisaient juste ce pour quoi ils étaient payés : donner des conseils, et non pas des ordres.

Comme cela, en cas d'événement malheureux, le projecteur n'était pas braqué sur eux. S'ils ne s'enorgueillissaient pas des bons résultats de leurs clients, pendant des années ils se sont aussi dédouanés de toute responsabilité à chaque sortie de route de l'un d'eux.

U.S. Steel et Disneyland n'auraient pas pu être plus différents – l'un était le dernier vestige de ce qui fut une formidable manufacture ouvrière, l'autre un rêve sucré bâti sur les dernières technologies. Aucun des deux ne faisait partie des clients les plus lucratifs ou sujets à controverse du cabinet. Malgré tout, ils ont tous deux illustré le côté glacial d'une politique de réduction des coûts qui a transformé la firme en parrain du conseil en management.

Cette marque de fabrique essentielle n'apparaît pas dans l'énoncé de valeurs cher au cabinet de conseil, mais cela ne l'a pas empêché de prêcher régulièrement en ce sens à l'oreille de ses clients, comme les travailleurs et les communautés locales partout dans le monde l'ont vite appris chaque fois que McKinsey a débarqué chez eux.

Chapitre 1

La fortune sans mauvaise conscience

Les valeurs McKinsey

Pour les étudiants les plus brillants, un emploi chez McKinsey & Company peut autant ouvrir la voie vers la richesse et le prestige que permettre de faire ses preuves en résolvant les problèmes les plus ardus du monde des affaires.

Le cabinet de conseil n'a pas d'égal dans son secteur sur lequel il règne en maître absolu. Chaque année, seuls 1 à 2 % des quelque deux cent mille individus qui postulent sont embauchés. Un passage chez McKinsey, aussi bref soit-il, constitue un passeport à vie dans l'univers de l'industrie et des gouvernements, grâce au vaste réseau mondial d'anciens du cabinet[1].

D'autres entreprises réputées font miroiter des promesses de richesses et de statut social. Mais McKinsey ne fait pas que cela, il donne aussi à ses jeunes recrues[2] l'opportunité d'appliquer leurs talents à de nobles causes[3], pour rendre le monde meilleur. « Des changements qui comptent » dit McKinsey aux candidats, un argumentaire de vente qui s'appuie sur la promesse d'un enrichissement dénué de mauvaise conscience. « Notre organisation est guidée par ses valeurs », insiste ainsi le cabinet de conseil.

En se présentant comme une entreprise dotée d'un cœur et pas juste assoiffée de profits, McKinsey attire des étudiants idéalistes préoccupés par des problèmes tels que le réchauffement climatique, les inégalités sociales et la justice raciale. Ce discours puissant envoie par la même occasion un message fort aux futurs loups de Wall Street : passez votre chemin. Au-delà de ça, la firme offre une autre chose aussi entêtante : l'influence.

Cela fait un siècle que McKinsey fourbit méthodiquement son fronton de cabinet de conseil en vendant sa philosophie de management scientifique aux plus grosses entreprises de la planète. À un moment ou à un autre, la plupart de celles qui figurent au palmarès Fortune 500 se sont adjoint ses services, de même que plus d'une centaine d'agences gouvernementales de par le monde.

Étant donné que la firme ne fournit pas la liste de ses clients ni ne rend publics les conseils qu'elle leur prodigue, les Américains ainsi qu'un nombre sans cesse croissant d'individus ailleurs dans le monde ignorent dans une large mesure l'influence profonde qu'exerce McKinsey sur leur vie, depuis le coût et la qualité des soins médicaux qu'ils reçoivent jusqu'aux emplois qui leur permettent de financer les études de leurs enfants.

Les documents disponibles, y compris ceux internes à la firme[4], montrent qu'elle a conseillé pratiquement toutes les principales entreprises pharmaceutiques du monde – *de même que les autorités de régulation* –, ainsi que quantité d'assureurs médicaux, de compagnies aériennes, d'universités, de musées, de fabricants d'armes, de sociétés d'investissement privées, de casinos, de bookmakers, de clubs sportifs professionnels et de médias, dont le *New York Times*[5]. Nombre de ses consultants ont tout aussi volontiers conseillé le gouvernement Obama que le gouvernement Trump.

Présents dans plus de soixante-cinq pays, ils susurrent leurs conseils à l'oreille aussi bien de despotes que de gouvernements démocratiquement élus. Dans quinze d'entre eux, le cabinet a conseillé l'armée, la police et la défense et le ministère de la Justice. Ses consultants ont pesé sur des décisions de maintenance et de soutien « des blindés pour le transport de troupes[6], des dragueurs de mines, des destroyers et des sous-marins ». Certaines nations font appel à eux pour les conseiller sur des fonds souverains de plus de mille milliards de dollars. Les solides profits du cabinet lui permettent même de gérer un fonds spéculatif privé pour ses directeurs associés seniors, une proportion importante de ses quelque 31,5 milliards de dollars d'actifs sous gestion étant dissimulée derrière un enchevêtrement de sociétés-écrans domiciliées dans un paradis fiscal situé dans la Manche[7].

La réputation de McKinsey est encore accrue par les succès de ses anciens consultants[8], dont Tom Cotton, sénateur américain conservateur de l'Arkansas ; Pete Buttigieg, secrétaire américain aux transports ; Bobby Jindal, ancien gouverneur de la Louisiane ; Sheryl Sandberg de Facebook ; Lou Gerstner d'IBM et d'American Express ; et James P. Gorman de Morgan Stanley et Merrill Lynch. En dehors des États-Unis, on pourra citer Kirill Dmitriev, responsable du fonds souverain de la Russie, William Hague, ancien ministre britannique des Affaires étrangères, ou encore Tidjane Thiam, ancien PDG du Crédit Suisse.

Même si la firme porte le nom de son fondateur James O. McKinsey, c'est Marvin Bower qui, après avoir rejoint le cabinet en 1933, en a été le chef spirituel en le modelant sur ce qui se pratiquait dans le prestigieux cabinet d'avocats de Cleveland où il travaillait auparavant. Brillant, mais intraitable, il a défini la manière dont les consultants devaient travailler *et* s'habiller. Reprenant le modèle des cabinets d'avocats, il a voulu que McKinsey se définisse comme une firme plutôt que comme une entreprise et considérait que ses employés n'étaient pas des salariés payés pour effectuer des tâches liées à un poste donné, mais des conseillers engagés dans des missions. Selon l'histoire officielle de la firme telle que rapportée par l'un de ses consultants, « le terme même de *commercial*[9], appliqué à n'importe quel individu y travaillant, est l'équivalent d'un gros mot ». Grâce aux principes mis en avant par Bower – l'essentiel étant « le client d'abord » –, le cabinet de conseil a prospéré.

Diplômé de Harvard Law et Harvard Business School, Bower était aussi convaincu qu'il valait mieux recruter des consultants jeunes pour pouvoir les former parce qu'« il est plus facile et plus efficace de former des individus talentueux durant leurs années formatrices »[10]. Il ne voulait pas que les conseils donnés par les consultants soient entachés par leur expérience passée ou, pire encore, par leur intuition.

Bower a également développé des liens mutuellement bénéfiques avec la Harvard Business School en recrutant de manière agressive le top 5 % de ses diplômés, ceux auréolés de la distinction de *Baker scholar*[11]. Duff McDonald, auteur de plusieurs ouvrages très documentés sur McKinsey et la Harvard Business School, a ainsi calculé qu'en 2010, près de cinq mille anciens de l'école de management travaillaient chez McKinsey, un chiffre bien supérieur à celui de ses rivaux Goldman Sachs, Google et Microsoft[12].

La réputation de l'école de management a crû à mesure que McKinsey embauchait un grand nombre de ses diplômés tandis que McKinsey a gagné en visibilité grâce à la *Harvard Business Review* qui, depuis 1959, décerne des « McKinsey Awards » en récompense des meilleures « réflexions pratiques et novatrices en matière de management » publiées dans le magazine au cours de l'année. S'il existait un prix pour tirer le meilleur parti de ses clients, nul doute que McKinsey serait en position de favori pour le remporter. Un directeur associé senior a raconté à de jeunes recrues que lorsqu'il a débuté chez McKinsey, un manager l'a aidé en lui donnant des conseils pour nouer des relations avec les clients. « Mettez le pied dans la porte puis disséminez-vous comme une amibe »[13], lui a-t-il dit. « Une fois dans la place, vous devrez vous répandre dans l'organisation et tout faire ». En d'autres termes, a-t-il ajouté, agissez comme un « cheval de Troie ».

Bien que basé à New York, McKinsey bénéficie d'un réseau de bureaux semi-autonomes dans le monde entier. Il n'y a pas que la Grosse Pomme qui ne dorme jamais : McKinsey aussi, grâce à ses équipes techniques prêtes à aider les consultants dans n'importe quel fuseau horaire à préparer leurs recommandations au format standard de la firme, à savoir une présentation PowerPoint.

Rogé Karma, un diplômé de l'université Notre Dame, a été séduit par l'argumentaire de vente de McKinsey qui mettait l'accent sur la possibilité d'améliorer la vie des gens. « Ce n'est pas le discours de Goldman Sachs[14]. Ce n'est pas le discours d'ExxonMobil », a-t-il déclaré. Aujourd'hui membre de l'équipe de rédaction du podcast d'Ezra Klein au *New York Times*, il s'est projeté sur le long terme. « Chez McKinsey, vous apprendrez à vous servir d'une boîte à outils – un mode de fonctionnement qui vous permettra d'être un acteur du changement quand vous vous retrouverez dans la vraie vie. Peu importe ce que vous voulez faire, peu importe l'impact que vous souhaitez avoir, vous disposerez toujours de cette boîte à outils. »

Selon un jeune diplômé d'université qui a travaillé chez Goldman Sachs avant de rejoindre McKinsey, la différence entre les deux entreprises est frappante. La banque d'affaires « ne prétend jamais être autre chose que ce qu'elle est – "Nous sommes des requins et c'est pourquoi nous sommes les meilleurs et que tout le monde veut travailler ici" –, ce qui est rafraîchissant. Personne ne se racontait d'histoires la nuit ».

McKinsey se veut différent. « Il est plus clair que jamais que nous devons travailler avec nos clients pour prendre en compte l'impact complet de notre travail conjoint, pas seulement sur leurs performances, mais sur la société dans son ensemble », écrivait en 2018 Kevin Sneader, un ancien directeur général du cabinet. À cette fin, McKinsey soutient des programmes visant entre autres à promouvoir les femmes, les jeunes issus de milieux défavorisés et les personnes de couleur.

Erik Edstrom a rejoint McKinsey pour lutter contre le réchauffement climatique. Caitlin Rosenthal, diplômée de Rice University, a rejoint le bureau de McKinsey à Houston sans savoir à quoi s'attendre, tout en étant agréablement surprise par l'humanité dont ont fait montre ses collègues et en sachant juste qu'elle ne voulait pas travailler pour une compagnie pétrolière. De son côté, Rogé Karma ne voulait pas travailler pour une société pharmaceutique. McKinsey a honoré les deux demandes. « Pour mon premier projet, j'ai travaillé pour un musée local », se souvient Rosenthal, aujourd'hui professeur d'histoire à l'université de Californie à Berkeley.

Peu d'entreprises mettent autant leurs « valeurs » en avant comme outil de recrutement que McKinsey.

Bien souvent, cela commence dès l'entretien d'embauche, lorsque les candidats sont invités à résoudre des problèmes tels que trouver la manière d'améliorer la distribution des vaccins en Afrique, une question à laquelle McKinsey a effectivement été invité à réfléchir au Nigeria. « Tout était fait pour me faire croire que ce serait le genre de travail que je ferais régulièrement si je rejoignais le cabinet », a expliqué Karma.

Un étudiant de premier cycle de Harvard a avoué qu'il n'avait jamais entendu parler de McKinsey, mais qu'il avait postulé pour faire comme ses amis. Après deux séries d'entretiens, il a eu une offre. « Ils font tout pour que vous signiez sur-le-champ. Et quand vous le faites, vos cornacs de chez McKinsey débouchent une bouteille de champagne », conclut-il.

Durant leur première année chez McKinsey, les titulaires d'un MBA peuvent gagner jusqu'à 195 000 dollars, bonus compris[15], en travaillant souvent tard dans la nuit et en voyageant beaucoup. « Je suis parti au bout d'un an », raconte Louis Hyman, professeur associé d'histoire économique à la faculté de Relations industrielles et au travail de l'université Cornell. « L'un des retours que j'ai eus après une mission était que j'étais trop académique et qu'ils n'avaient pas besoin d'universitaires, mais d'athlètes. Il fallait savoir endurer la douleur, mais aussi être concentré sur l'équipe et sur la victoire. »

Après une brève orientation, les nouvelles recrues sont affectées à des missions supervisées par des directeurs de projet, eux-mêmes coiffés par les directeurs associés du cabinet. Pour progresser, elles doivent établir des relations avec des directeurs associés qui peuvent les placer sur des missions pour des clients importants et rentables, du genre de celles que la direction du cabinet remarque. Sans cela, les collaborateurs peuvent se retrouver « sur la plage », c'est-à-dire hors circuit, soit en attente d'une mission, soit à développer leurs propres projets.

« La première année lorsque j'étais simple consultant, me retrouver "sur la plage" à faire du développement de clientèle, quand d'autres étaient affectés à des missions, m'angoissait beaucoup, se souvient un directeur associé de McKinsey[16].

[Aujourd'hui], j'en rirais certainement. » Car sans nouveaux clients, le cabinet s'étiolerait.

McKinsey emploie environ trente-quatre mille personnes[17], un grand nombre de ceux dont les performances sont jugées passables étant « invités à quitter le cabinet » chaque année, selon la formule consacrée. Ceux qui restent ont non seulement démontré leurs compétences en matière de conseil, mais aussi leur capacité à nouer des relations avec des individus importants de la firme, ce qui leur ouvre les portes de l'avancement. Un petit nombre deviennent directeurs associés ou directeurs associés seniors, avec un revenu de plusieurs millions de dollars à la clé.

Partir de chez McKinsey n'est pas un déshonneur. Il faut plutôt voir cela comme lorsque l'on quitte l'université avec son diplôme en poche, avec, en prime, des connexions de haut niveau pour de futurs emplois. McKinsey sait qu'essaimer ses anciens collaborateurs un peu partout dans le monde des affaires ne pourra que l'aider à acquérir de nouveaux clients en retour.

Sa stature permet au cabinet d'avoir des pratiques que d'aucuns pourraient considérer comme ambiguës ou inappropriées sans se faire critiquer. Le cabinet conseille ainsi simultanément des entreprises concurrentes sur un même marché[18], si bien qu'une équipe de consultants peut dire à l'entreprise A comment battre l'entreprise B tandis qu'une autre conseille l'entreprise B sur la manière de damer le pion à l'entreprise A. McKinsey intervient également auprès d'agences gouvernementales qui réglementent les activités de ses clients. En plus de conseiller la Food and Drug Administration américaine, McKinsey a ainsi travaillé avec au moins dix-neuf entreprises pharmaceutiques, toutes soumises à la réglementation de la FDA.

McKinsey se défend de toute critique en faisant valoir qu'il a mis en place des garde-fous qui garantissent la confidentialité des informations de chacun de ses clients.

Les valeurs du cabinet de conseil ne sont pas qu'un outil marketing, ce sont ses anges gardiens, ainsi que le veut l'histoire officielle à usage interne. « Chaque fois que la firme a commis des erreurs[19] ou a laissé ses ambitions prendre le dessus, ses valeurs l'ont remise sur le droit chemin », dit McKinsey. Et encore : « Un système de valeurs sert de fondement essentiel à la réussite institutionnelle à long terme. »

Pour s'assurer que le message est bien compris, les collaborateurs de McKinsey sont invités à participer à la « Journée des valeurs » qu'organisent chaque année les bureaux du monde entier. C'est l'occasion pour les directeurs associés seniors d'expliquer comment les valeurs de la firme s'appliquent au quotidien. En 2019, le directeur associé australien, John Lydon, a ainsi expliqué que le moins que le cabinet puisse faire était de ne pas travailler avec des clients qui font du mal aux gens ou les tuent[20] ou qui trompent leurs clients.

Juste avant sa mort en 1968, Gilbert Clee, le président de McKinsey à l'époque, s'est livré à une réflexion sur leur importance. Il a écrit : « Indépendamment du domaine d'intérêt d'un individu[21] ou de ce qu'il souhaite faire de sa vie, je crois que le cabinet offre deux autres grandes satisfactions : la possibilité de se regarder dans le miroir le matin et de se dire qu'il n'y a rien dont il ait à rougir ».

Ce sont les mots d'un dirigeant altier d'une autre époque. Mais il y en a d'autres, beaucoup en fait, qui n'ont pas aimé ce qu'ils ont vu dans leur miroir. Ces dernières années, les actions du cabinet ont souvent semblé trahir son système de valeurs tant vanté. À partir de 2018, alors que les polémiques médiatiques se succédaient, les dirigeants de McKinsey ont dû se démener pour contrer ce qui était devenu la plus grave menace pour la réputation du cabinet de toute sa longue et fière histoire. Des réunions d'urgence ont été organisées, des excuses présentées, un nouveau directeur général nommé et les politiques de gestion des risques renforcées.

La firme ne comprenait pas ce qui se passait, alors que l'explication se trouvait sous son nez, si évidente qu'il était facile de passer à côté. C'était le fondement même sur lequel Marvin Bower avait construit le cabinet de conseil.

Jusqu'à récemment, le site Internet de McKinsey listait quinze valeurs[22] qui « guident tout à la fois la stratégie à long terme de la firme et la manière dont nous traitons avec nos clients au quotidien ». Beaucoup d'entre elles sont routinières et évidentes, comme « bâtir des relations durables fondées sur la confiance » ou « offrir des solutions innovantes en termes de pratiques managériales à tous nos clients ».

Certaines ont pour objectif de créer un environnement propice à l'épanouissement des consultants, tel que « promouvoir une méritocratie bienveillante ». Une autre encourage même la libre-pensée : « soutenir le droit à la dissension ».

Au cours du temps, ces valeurs ont légèrement évolué, mais la principale – celle qui figure tout en haut de la liste – n'a jamais vraiment changé : « faire passer les intérêts du client avant ceux de la firme ». Un temps, cette déclaration était plus développée : les intérêts du client passaient en premier, ceux du cabinet en deuxième, l'argent en troisième et les intérêts personnels en quatrième. La référence à l'argent a fini par disparaître, sans doute parce que dans un lieu obsédé par le professionnalisme, ce mot semblait inconvenant[23].

De leur côté, les clients approuvaient ces valeurs. Compte tenu du premium que leur faisait payer le cabinet de conseil pour ses services, le moins qu'ils pouvaient en attendre, c'était que leurs intérêts passent de fait avant tout. Quand une entreprise se voit facturer pour 120 millions de dollars de services sur deux ans[24], comme cela a été le cas d'un opérateur de télécommunications, elle peut effectivement s'attendre à obtenir ce qu'elle veut.

Pour Rosenthal, la consultante qui a débuté au bureau de Houston, si le principe selon lequel il faut donner la priorité aux intérêts des clients semble généreux, ce n'est pas pour autant du service public. « Le discours servant à décrire le service à la clientèle donne l'impression que le simple fait de servir un client, sans tenir compte de ce qu'il fait, a de la valeur en soi »[25], a-t-elle déclaré, avant d'ajouter : « J'ai trouvé choquant que le service client soit placé si haut dans la hiérarchie des valeurs, sans être en quoi que ce soit qualifié. »

Pour Karma, l'éditeur de podcasts, travailler pour une entreprise manufacturière et travailler pour McKinsey sont deux choses différentes. Dans une entreprise, dit-il, « vous serez fidèle au produit et aux employés. Vous aurez d'autres valeurs »[26]. Alors que chez McKinsey, « vous n'aurez qu'un seul but : enrichir les associés ».

Tout cela a des conséquences sur la deuxième valeur de McKinsey[27], l'impératif de « respecter des normes éthiques exigeantes ». Cela signifie-t-il que les consultants ne devraient, entre autres, pas travailler pour des clients dont le comportement est nuisible ou qui font passer la recherche de profits devant les intérêts de leurs employés ? Pour un cabinet de conseil qui a souvent dit que son principal atout, hormis son personnel, était sa réputation, cette question est tout sauf futile.

Que se passe-t-il quand un client vend des produits addictifs connus pour entraîner la mort, refuse de traiter humainement des migrants ou soutient des gouvernements corrompus et autocratiques ? Ces questions ne sont pas hypothétiques. Chaque fois, McKinsey a eu le choix et a pris le parti de son client. « Si vous voulez faire un travail éthique, si vous en faites une priorité, vous devez être prêt à décliner des opportunités rentables. Pour moi, il n'a jamais été clair que McKinsey était disposé à le faire », a ajouté Rosenthal[28].

Seth Green, qui a rejoint McKinsey à sa sortie de la faculté de droit de Yale et qui est à présent doyen à l'université de Chicago, partage le même avis : « Si nous n'apportons pas un point de vue moral à ces entreprises, l'objectif de la mission se confond inévitablement avec celui du client et avec les buts qu'il s'est donnés »[29]. Dans un essai publié dans le magazine *Fortune*, il se demande : « Avoir le courage de dire à un fabricant de tabac peu performant de poursuivre des tactiques marketing plus ambitieuses serait-il un exemple de nos valeurs en action ? Si oui, de quelles valeurs parle-t-on[30] ? »

Garrison Lovely a intégré le cabinet de conseil entre autres pour apporter des réponses au problème de la violence dans les prisons. « Je suis devenu consultant chez McKinsey dans l'espoir de changer le monde de l'intérieur, en croyant que la meilleure façon de progresser est d'influencer ceux qui sont aux manettes. Au lieu d'être une force du bien, j'ai contribué aux forces les plus néfastes au monde : la résurgence de l'autoritarisme et la prise de contrôle insidieuse par le marché de tous les aspects de la vie », a-t-il écrit dans un essai en 2019[31].

À l'exception notable de la débâcle d'Enron, la firme a réussi jusqu'à récemment à échapper dans une très large mesure à l'œil critique du public, en partie grâce aux contraintes posées par une autre des quinze valeurs du cabinet : « Garantir la confidentialité des échanges avec les clients ». Dès lors qu'ils ignorent ce que fait McKinsey, ce qu'il dit et à qui, comment le public et ses représentants gouvernementaux pourraient-ils en effet être en mesure de le juger ?

Ce n'est qu'à partir de 2018, quand les médias, menés par le *New York Times* et par ProPublica, se sont mis à fouiller dans les affaires du cabinet de conseil que nombre de ses jeunes consultants ont commencé à comprendre qu'ils n'avaient pas la même définition du mot « valeur » que la direction de la firme. Le *Times* a ainsi écrit : « À un moment où les démocraties et leurs valeurs fondamentales sont attaquées de toute part, la firme iconique américaine a contribué à renforcer des gouvernements autoritaires partout dans le monde, en allant même parfois à l'encontre des intérêts du pays »[32].

Ainsi, des gouvernements corrompus tels que ceux de Russie, d'Afrique du Sud et de Malaisie ont fait partie des clients de McKinsey, de même que des entreprises russes faisant l'objet de sanctions des Nations unies en réponse à l'invasion de la Crimée par le président Poutine. Ou des entreprises étatiques chinoises qui fournissent un soutien non seulement économique, mais aussi *militaire* au puissant dirigeant Xi Jinping qui, nul n'en doute, se soucie comme d'une guigne de l'« obligation d'exprimer son désaccord » que prône McKinsey.

D'autres controverses ont suivi, et une révolte a même éclaté au sein du bureau de Washington, DC, à propos du travail de la firme sur les sévères mesures anti-immigration du président Trump. Plus de 1 100 consultants se sont également ouvertement rebellés contre l'importante implication du cabinet dans les affaires des plus grands producteurs mondiaux de gaz à effet de serre.

La révélation la plus choquante, cependant, a été la décision de McKinsey d'aider les entreprises à vendre plus d'opioïdes alors que l'abus de ce type de médicaments avait déjà tué des milliers d'Américains. Deux directeurs associés seniors ont même discuté de la possibilité de purger les dossiers, dans le but apparent de cacher leur implication. McKinsey a accepté de payer plus de 600 millions de dollars[33] afin de mettre fin aux enquêtes menées par des dizaines de procureurs généraux de différents États sur le rôle de la firme dans la propagation de l'épidémie d'opioïdes. La société a également présenté des excuses, un fait rare, et a licencié deux collaborateurs, tout en affirmant n'avoir rien fait d'illégal.

Pour Anand Giridharadas, un ancien consultant de McKinsey auteur de *Winners Take All: The Elite Charade of Changing the World*, « C'est la banalité du mal, version MBA [...] Ils savaient ce qui se passait. Mais ils ont trouvé le moyen de regarder au-delà, au travers, à côté, afin de répondre aux seules questions qui les intéressaient : comment faire gagner de l'argent au client ; et lorsqu'ils se sont retrouvés encerclés : comment se protéger »[34].

Un ancien associé senior a attribué le fiasco des opioïdes à l'inadéquation de la structure de direction du cabinet devenu, selon lui, trop grand pour être géré comme un partenariat, un type de structure fondamentalement basé sur la confiance. « C'était un grand cabinet, et je dis "c'était" parce que je ne peux pas garantir ce qu'il est aujourd'hui », a-t-il déclaré[35].

Les ennuis de McKinsey ont fini par rejaillir sur la campagne des primaires démocrates pour la présidentielle de 2020. Alors que l'ancien maire de South Bend, Pete Buttigieg, montait dans les sondages, de nouveaux gros titres sur le cabinet de conseil ont généré des interrogations sur un point dont le candidat parlait rarement : son travail de consultant chez McKinsey[36]. Après avoir commencé par refuser de répondre aux questions sur ce point, au nom de l'accord de confidentialité signé avec son employeur, il a fini par demander la permission (qu'il a obtenue) de déroger à cet accord pour éviter que cette question pollue sa campagne.

Il a déclaré au *New Yorker* qu'il était fier d'avoir pu travailler chez McKinsey sur des questions concernant la fixation des prix des produits alimentaires et des énergies renouvelables. « Cela a constitué pour moi une opportunité d'apprentissage phénoménale », a-t-il conclu[37].

Cependant, les révélations sur la conduite fâcheuse de McKinsey concernant l'aide apportée à l'industrie des opiacés et aux gouvernements autocratiques l'ont mis en colère. « Cela choque la conscience chaque fois qu'un dictateur meurtrier peut compter sur la légitimité d'une société de conseil occidentale, surtout s'il s'agit de la plus prestigieuse, pour servir ses objectifs. » Dans une interview accordée au *Times*, Buttigieg s'est également élevé avec force contre l'obsession de McKinsey pour la valeur actionnariale. « À une époque où les inégalités économiques se creusent et où des comportements d'entreprise techniquement légaux, mais tout de même inacceptables, cela ne peut suffire. »[38]

Une réponse plus émotionnelle est venue de Tom Peters, coauteur d'un des livres de management les plus vendus de tous les temps, *Le Prix de l'excellence*[39] et un des anciens consultants les plus connus – et critique régulier – de McKinsey : « C'est complètement écœurant. Je suis choqué, je suis consterné et je suis furieux », a-t-il ainsi déclaré[40], en faisant référence au travail de McKinsey pour l'industrie des opioïdes.

Jusqu'à ce qu'il apprenne que McKinsey avait recommandé de « booster » les ventes d'opioïdes, il était encore « vaguement fier » de mentionner le cabinet sur son CV. Il a ensuite précisé : « Plus maintenant. Comment pouvez-vous faire cela et prétendre ensuite que vous êtes une entreprise portée par des valeurs ? Comment pouvez-vous déclarer une "Journée des valeurs" et vous comporter comme ça ? C'est incroyable. »

Et il n'y a pas que ça. Toujours selon Peters, la firme semble avoir choisi de « désinvestir dans les personnes » pour générer d'encore plus gros profits. « Je pense vraiment que la maximisation de la valeur actionnariale a été plus néfaste que n'importe quoi d'autre dans ce pays. C'est la mère des inégalités qui sont elles-mêmes la mère de Trump. »

Plusieurs anciens consultants ont avoué ne pas comprendre comment une firme constituée d'autant d'individus bienveillants et altruistes pouvait travailler avec des clients aussi peu recommandables. Selon Green, le doyen d'université, neuf sur dix de ses collègues n'accepteraient pas d'être employés par un fabricant de cigarettes ou un gouvernement autocratique alors que sous couvert du nom de McKinsey, ils le feraient.

Comme mentionné plus haut, le cabinet de conseil autorise ses consultants à refuser des missions qui entrent en conflit avec leurs valeurs morales, les cigarettiers et les houillères figurant souvent en tête de liste. Selon plusieurs anciens de la firme, cela ne fait cependant que reporter les choix éthiques et moraux sur les consultants au bas de l'échelle, au lieu de les faire reposer sur les épaules de la direction de l'entreprise. De plus, refuser du travail peut avoir un impact négatif sur l'évaluation du collaborateur et même le conduire à la porte du cabinet.

« L'évaluation morale du sommet de la hiérarchie, c'est-à-dire la façon dont on considérait les directeurs les plus en vue, reposait sur le nombre de clients qu'ils apportaient – ce qui pouvait les amener à être félicités pour des missions parfois douteuses », a déclaré Green, en ajoutant que ceux qui acceptent ces clients douteux avaient plus de chances de progresser. « Le cabinet se sent totalement redevable envers ses clients et pas du tout envers la société. »

Pour Karma, l'éditeur de podcasts, c'est d'avoir eu à aider un client à licencier mille cinq cents de ses employés dans le monde « pas parce qu'il était en difficulté, mais parce qu'il voulait gagner plus d'argent »[41] qui lui a ouvert les yeux et a sonné le glas de sa relation avec le cabinet. Son objectif était de faire en sorte que son client puisse « les mettre à la porte aussi rapidement et efficacement que possible, sans litiges ».

« Je ne pouvais pas venir au travail tous les jours en sachant que tout ce pour quoi j'avais travaillé toute ma vie serait utilisé pour rendre la vie d'autres personnes plus difficile », a-t-il ajouté.

Lorsque les consultants de McKinsey s'entendent dire à longueur de temps qu'ils sont brillants et les mieux à même de résoudre les problèmes les plus complexes des entreprises, cela peut leur donner l'impression qu'ils ne peuvent rien faire de mal. Avec leur côté froid et impersonnel, les feuilles de calcul des tableurs, qui sont au cœur de leur travail, contribuent aussi à les insensibiliser aux difficultés que rencontreront les humains qui seront impactés par leurs décisions.

McKinsey n'a pas envie d'être connu comme le plus grand suppresseur d'emplois de son secteur. Un livret de bienvenue pour les nouvelles recrues[42] traite de ce sujet en informant le lecteur qu'il a été « écrit et imprimé en toute confidence à l'attention des seuls membres du personnel de McKinsey & Co. ». L'auteur, Manish Chopra, aujourd'hui directeur associé senior, raconte que peu de temps après son embauche, il a été assigné à une mission pour un fabricant de pièces détachées automobiles dont le nouveau PDG voulait réduire les effectifs, une décision qui suscitait l'incompréhension de Chopra. Pourquoi l'entreprise n'essayait-elle pas d'accroître ses revenus au lieu de diminuer sa masse salariale ? « Je trouvais moralement douteux de chercher des moyens de licencier des individus et déprimant d'arriver au siège du client avec les employés qui savaient ce qui nous amenait »[43].

Chopra a alors étudié des moyens d'augmenter les revenus du client à travers une meilleure politique de prix, ce qui a donné lieu à un nombre « incalculable » de disputes avec son chef. « Il était furieux parce qu'à son sens je ne fournissais pas ce que l'on attendait de moi.[44] » Chopra était persuadé que c'en était fait de sa carrière chez McKinsey, mais non : « Ce qui est formidable avec les valeurs de la firme, c'est qu'exprimer son désaccord n'est pas une option, mais une obligation. Si quelque chose vous dérange, vous ne devez pas faire comme si de rien n'était ».

Peut-être. En tout cas, selon Carl Pechman, directeur du National Regulatory Research Institute, tous les consultants n'ont pas ce genre d'états d'âme, comme le montre l'anecdote suivante :

> Je n'oublierai jamais le jour où une jeune fripouille de chez McKinsey est entrée dans mon bureau de la commission des Services publics de New York pour m'expliquer avec enthousiasme comment ils allaient redresser l'un des fournisseurs d'électricité de l'État qui avait des problèmes financiers[45]. « Vous voulez dire que vous allez licencier des employés ? » j'ai dit. Il m'a répondu qu'il ne s'agissait pas de ça, mais d'un redressement. Je lui ai rétorqué que j'espérais qu'il aurait un jour lui aussi le plaisir d'être redressé. En résumé, ces crétins ont licencié des monteurs de lignes avec une mémoire institutionnelle, comme l'emplacement réel des lignes, et la compagnie d'électricité a dû les réembaucher comme consultants.

En février 2018, McKinsey a annoncé que Kevin Sneader, un natif de Glasgow, venait d'être désigné par les cinq cent soixante associés seniors pour devenir le douzième directeur général de la firme depuis sa fondation[46].

McKinsey en a profité pour vanter ses dernières réalisations, comme le doublement du nombre de ses associés au cours de la décennie passée, à présent supérieur à deux mille, et la consolidation de son travail dans le domaine de « la transformation numérique, de l'analyse complexe de données, de la conception et de la mise en œuvre ». Ainsi, le cabinet travaillait dorénavant « côte à côte avec ses clients, à tous les niveaux de leur organisation, en tant que "partenaire d'impact" pour les aider à renforcer leurs capacités et à mettre en œuvre leurs stratégies ».

« Régulièrement désigné comme le cabinet de conseil le plus prestigieux au monde, McKinsey continu[ait] de fournir les précieux conseils en management qui guident les décisions des dirigeants depuis près d'un siècle ». À cette époque, il a également racheté une dizaine d'entreprises et mis en place un organisme à but non lucratif pour lutter contre le chômage des jeunes.

Seul caillou dans la chaussure de Sneader, à côté duquel le reste n'était que peccadilles : le bureau d'Afrique du Sud, décimé par son implication dans un scandale politique d'une telle ampleur qu'il avait eu raison du président du pays et amené le cabinet à rembourser, après d'intenses pressions, plus d'un million de dollars d'honoraires[47]. « Nous restons profondément attachés aux valeurs fondamentales de McKinsey[48]. [...] Le cabinet que vous voyez aujourd'hui est toujours le McKinsey classique, mais ce que nous sommes capables de faire pour nos clients, et l'impact que nous avons, continue de redéfinir la profession de conseil en management », a également déclaré Sneader.

Cependant, le nouveau dirigeant a également compris que la firme devait revoir son mode de fonctionnement[49]. Ainsi, le 11 mai 2019, elle a adopté un nouveau code de conduite professionnel, en grande partie consacré à la sélection et au comportement de ses clients. « Chacun d'entre nous se doit de maintenir les plus hauts standards professionnels en matière de service client ; de créer un environnement dans lequel nos collaborateurs sont respectés, inspirés et motivés ; *de prendre en compte les implications plus larges de nos actions sur la société ; et de défendre la réputation du cabinet* ». (italiques ajoutés par l'auteur.)

Plus tard cette année-là, à l'occasion d'une assemblée réunissant l'intégralité du bureau de Washington, D.C., Nora Gardner, une directrice associée senior siégeant au comité chargé d'approuver les nouveaux clients, a fait part des avancées de la firme sur ce point. Les consultants, a-t-elle dit, étaient à présent davantage conscients de la nécessité d'évaluer de façon plus rigoureuse les clients, avec 30 % de plus de cas soumis à examen. « Pour environ la moitié de ces missions, nous débattons, discutons et disons "ça ne pose pas de problème, on y va"[50]. Pour 35 % des cas examinés, nous posons des garde-fous en disant "Faites différemment", "Ne touchez pas à cette partie du travail", etc. Et dans environ 15 % des cas, nous décidons de renoncer à la mission. »

McKinsey n'a pas révélé le nom des entreprises concernées.

Malgré tout, se défaire de vieilles habitudes peut s'avérer difficile, ainsi que l'a découvert McKinsey en janvier 2021.

Dans sa déclaration, « Assumer nos responsabilités envers la société », McKinsey avait souligné l'importance des droits de l'homme : « Notre engagement en faveur des droits de l'homme nous dicte qui nous servons et sur quels sujets ; nous refuserons toute mission qui contrevient à ces droits ou qui permet de les violer ».

Cependant, selon le site d'information en ligne *The Moscow Times*, lorsque des manifestations de soutien à Alexeï Navalny, un opposant au Kremlin victime d'un empoisonnement de la part du pouvoir en place, ont été organisées à Moscou, McKinsey a clairement interdit à ses employés de les soutenir. La firme leur a rappelé que, « conformément à la règle que s'est fixée le cabinet, les employés de McKinsey ne doivent soutenir aucune activité politique, que ce soit en public ou en privé »[51].

L'ordre a si bien contrarié les membres de ce bureau, qu'ils l'ont divulgué à l'extérieur. Sous la pression du public, McKinsey a fait marche arrière et exprimé ses regrets : « Le message de notre bureau de Moscou ne reflète en aucune manière notre politique interne et nos valeurs », a ainsi affirmé un porte-parole du cabinet de conseil[52]. « Les employés de McKinsey sont libres, à titre personnel, d'exercer leur liberté d'expression, y compris en prenant part à des activités citoyennes et politiques ».

À en croire Brian Rolfes, l'associé responsable du recrutement mondial, les soucis du cabinet n'ont pas eu d'impact sur son attractivité. Le 3 février 2021, il a ainsi partagé les bonnes nouvelles suivantes sur le site web de la firme : « Nous prévoyons d'embaucher plus de nouvelles recrues cette année que dans toute l'histoire du cabinet. »

Néanmoins, leur carrière ne s'est pas déroulée sous l'égide de Kevin Sneader, le directeur général qui a œuvré en faveur de ces changements. En février 2021, pour la première fois depuis quarante-cinq ans, les directeurs associés seniors de la firme ont choisi de ne pas renouveler le mandat de trois ans de Sneader[53].

Sept mois plus tard, ce dernier a rejoint Goldman Sachs[54].

Chapitre 2

Les gagnants et les perdants

La machine à inégalité

Au tournant des années 1950, les Américains avaient avant tout envie de stabilité. Ayant vécu la Grande Dépression, une guerre mondiale et de violentes confrontations entre travailleurs et employeurs, ils en avaient soupé des mauvaises surprises. Ils avaient des maisons à construire, des enfants à élever et une prospérité qui semblait, enfin, à portée de main.

L'accord historique conclu entre le puissant syndicat United Auto Workers et General Motors, le plus grand constructeur automobile au monde, a été le parfait reflet du *zeitgeist* de cette époque. Connu sous le nom de « Traité de Detroit »[1], il a donné pour la première fois aux travailleurs un ticket d'entrée pour la classe moyenne : assurance maladie, ajustement des rémunérations en fonction du coût de la vie et retraite digne de ce nom. En échange, les salariés se sont engagés à ne plus faire grève, ce qui a permis à General Motors d'engranger tranquillement et régulièrement ses bénéfices. Les deux camps s'étaient acheté ce qu'ils pensaient être un avenir prévisible. Voyant cela, Ford et Chrysler ont rapidement emboîté le pas à leur concurrent.

Même si personne ne s'en est rendu compte à l'époque, l'année 1950 a aussi marqué un tournant pour les travailleurs à d'autres titres. Nouvellement installé à Bentonville, en Arkansas, Sam Walton allait y ouvrir un magasin de produits à bas prix[2], le précurseur de Walmart, aujourd'hui le plus gros employeur du pays et un modèle en matière d'empire commercial bâti sur une main-d'œuvre bon marché. Dans le même temps, Martin Bower, devenu directeur associé de McKinsey, allait transformer le cabinet en *consigliere* des plus puissantes entreprises des États-Unis. Enfin, les dirigeants de General Motors, voyant ce que les travailleurs avaient obtenu, ont commencé à se demander si *eux-mêmes* étaient suffisamment payés.

Pour répondre à cette question, General Motors a commandé à McKinsey une étude sur la rémunération des cadres dirigeants de trente-sept entreprises[3]. Ce faisant, le cabinet de conseil a découvert une chose inattendue : les salaires des ouvriers et des employés augmentaient plus vite que les rémunérations des cadres.

Qui aurait cru que cette étude contribuerait à l'émergence de l'un des problèmes les plus politisés et les plus corrosifs de l'Amérique d'aujourd'hui, à savoir l'inégalité des revenus et des richesses ? Alors qu'en 1950, le PDG d'une grande entreprise typique gagnait vingt fois plus qu'un ouvrier, en 2020, il était payé trois cent cinquante et une fois plus[4], un chiffre qui ne tient pas compte des travailleurs qui ont perdu leur emploi en raison de la généralisation de la sous-traitance et de la restructuration des entreprises – des décisions souvent recommandées par l'écurie de consultants bien introduits de McKinsey.

L'étude du cabinet de conseil[5], publiée par la *Harvard Business Review* et *Fortune*, a frappé le monde des affaires avec une telle force que ses répercussions ont été ressenties pendant des années. Pour la première fois, les cadres dirigeants ont eu une idée de leur valeur sur le marché du travail. Alors que « la rémunération de chaque cadre était l'un des secrets les mieux gardés des entreprises », selon Arch Patton, le consultant responsable de l'étude chez McKinsey, désormais, ceux-ci pouvaient se mesurer à la concurrence.

Juan Trippe, le fondateur et le directeur général de Pan American World Airways, a demandé à Patton de plancher sur un plan de stock-options pour son entreprise. D'autres lui ont rapidement emboîté le pas. « Les gens venaient de loin pour bénéficier de la magie de M. Patton et s'enrichir »[6], a témoigné Mac Stewart, un ancien membre du comité de direction de la firme.

Les cadres des chemins de fer, des entreprises publiques et des banques étaient consternés d'apprendre qu'ils étaient moins bien payés que ceux des industries automobile, textile et sidérurgique. Le président d'une entreprise d'un secteur moins rémunérateur s'est plaint auprès de Patton qu'il avait « fait régresser [son] secteur de cinq ans »[7] en laissant entendre que ses dirigeants valaient moins que les autres. Un autre souhaitait être mieux payé simplement pour pouvoir s'en vanter. Comme personne ne voulait se retrouver au bas de l'échelle, la course à l'échalote s'est enclenchée, lentement au début, pour s'accélérer ensuite à chaque nouvelle décennie.

En recommandant d'indexer la rémunération sur les profits, Patton a facilité la vie des chefs d'entreprise qui voulaient offrir à leurs cadres des revenus plus conséquents. Selon lui, les bénéfices des sociétés qui versaient des primes étaient deux fois supérieurs à ceux de celles qui ne le faisaient pas. Il a également proposé d'étoffer encore les rémunérations avec une participation aux bénéfices, des attributions d'actions et d'options, et d'autres avantages permettant notamment de compenser ce que Patton appelait « l'effet débilitant de l'impôt progressif sur le revenu »[8]. Toujours selon lui, les actions gratuites (*restricted stocks*) étaient le meilleur moyen pour les cadres de se constituer un patrimoine tout en augmentant les bénéfices de l'entreprise.

Évidemment, les ouvriers et les employés n'étaient pas concernés par ces recommandations : McKinsey faisait du conseil en management, pas du conseil en ressources humaines. Deux ans après que la loi Wagner de 1935 a donné à la plupart des travailleurs le droit d'adhérer à un syndicat et de négocier collectivement avec leur employeur, McKinsey a lancé une « practice » (c.-à-d. un pôle de compétences) dédiée aux relations industrielles qui, selon l'histoire interne de la société, « était sans aucun doute une tentative de capitaliser sur le succès retentissant des syndicats dans l'organisation des ateliers de production »[9].

L'indifférence de la firme à l'égard des travailleurs a fait la une des journaux lorsque son fondateur, James O. McKinsey, a évalué Marshall Field's, un grand magasin et une institution vénérée de Chicago. Pour s'assurer que ses recommandations seraient mises en œuvre, le cabinet a lui-même pris les rênes de l'entreprise. C'est là que les choses se sont gâtées. Avec ce que l'on a appelé « la purge McKinsey », près de mille deux cents emplois ont été supprimés. Les retombées de cette casse sociale sont décrites sans fard dans les archives historiques de McKinsey : « De paternaliste bon teint, la société Marshall Fiel était devenue, aux yeux du public, une société sans cœur comme il en existait pléthore à l'époque de la Grande Dépression, qui protégeait ses actionnaires en licenciant ses employés avec des indemnités minimes et aucun droit à la retraite à la clé. Il était facile d'accuser McKinsey de tout cela et plus encore »[10].

Patton se montrait beaucoup plus compréhensif envers les dirigeants d'entreprise. Année après année, il a mis son étude à jour en la faisant publier dans des revues largement diffusées. À une époque où les consultants de McKinsey étaient censés rester invisibles, il faisait partie des rares dont les clients connaissaient le nom et qu'ils réclamaient. Selon l'histoire interne du cabinet, « ses écrits prolifiques et novateurs sur le sujet l'ont fait connaître et ont fait la fortune de la firme ». Patton a ainsi fini par représenter à lui seul presque 10 % de la facturation du cabinet[11]. Il a également mis le pied dans la porte pour d'autres consultants qui conseillaient les entreprises sur une variété de sujets, ce qui a contribué d'autant à augmenter les revenus de la firme. « Je menais l'étude et, ce faisant, je découvrais quels autres problèmes ils avaient et je gagnais leur confiance, puis nous en menions une autre, puis une autre et encore une autre »[12], se souvient un associé.

Malgré tout, les travaux de Patton ne faisaient pas l'unanimité au sein du cabinet. Peter Walker, qui a rejoint McKinsey en 1972 après avoir travaillé pour le cabinet de conseil en actuariat Towers Perrin, a ainsi remis en question les conclusions de Patton, en laissant entendre qu'il manipulait les chiffres « dans le but d'essayer de prouver que le PDG était sous-payé »[13], ce dont, selon lui, « il n'y avait pas de quoi être fier ».

Mais il n'y avait pas que cela. Certains jugeaient que ces travaux étaient source de conflits d'intérêts : comment un consultant pouvait-il évaluer objectivement la valeur de dirigeants qui leur confiaient des missions et les rémunéraient ? Cette gêne aux entournures ne devait toutefois pas faire perdre de vue la question des profits ; c'est ainsi que le pôle de compétences de Patton sur la rémunération des dirigeants a continué d'exister pendant trois décennies avant d'être arrêté. À ce moment-là, le conseil en rémunération s'était largement développé et brassait beaucoup d'argent, suivant en cela le modèle McKinsey, y compris en ce qui concernait les questions de conflits d'intérêts. La tendance à la hausse de la rémunération des cadres dirigeants s'est donc poursuivie, l'écart se creusant de plus en plus avec les employés.

Walker a failli ne jamais avoir l'occasion de prouver sa valeur auprès de la firme après s'être insurgé contre la mission qu'elle lui avait confiée d'analyser les conditions d'adhésions des cadres dirigeants aux country clubs du pays. Ayant déclaré que ce qu'on lui demandait de faire n'avait aucun intérêt, il eut droit à un zéro pointé lors de son évaluation annuelle et à un sermon de la part de son superviseur qui traduit en quelques phrases tout le bien que la firme pense d'elle-même, de même que son intérêt bien compris pour l'argent : « N'oubliez pas que vous n'avez pas de MBA et que vous étiez un étudiant en mathématiques médiocre à l'Union College. Nous ne vous aurions même pas interviewé si vous n'aviez pas travaillé chez Towers Perrin sur la rémunération des cadres. Donc, si vous en avez assez de ce genre d'études, vous n'avez plus votre place chez McKinsey »[14]. Walker est rapidement passé au conseil sur les questions d'assurance et a connu une longue et prospère carrière au sein du cabinet[15].

À mesure que les entreprises ont évolué, leurs priorités ont changé, de même que leur attitude envers leurs employés. Dans les années 1950 et une bonne partie des années 1960 – à l'époque des conglomérats géants –, les PDG évitaient de prendre des risques, préférant se concentrer sur une vision à long terme pour construire l'avenir. Comme John Kenneth Galbraith l'a écrit dans *Le Nouvel État industriel* publié en 1967[16], ces entreprises privilégiaient la stabilité plutôt que la maximisation des profits et se donnaient le temps de développer des produits destinés à améliorer la vie des gens. Dans une moindre mesure, elles s'efforçaient aussi de satisfaire leurs employés à défaut de les enrichir substantiellement. Tout le monde n'avait peut-être pas ce qu'il voulait, mais la plupart des gens trouvaient tout de même leur vie plus sûre et prévisible.

L'ancien consultant de chez McKinsey Louis Hyman, un spécialiste de l'histoire économique, a ainsi décrit les avantages de cette approche : « Les gratte-papiers de la classe moyenne pouvaient compter sur leur emploi alors que leur famille s'agrandissait. Les ouvriers savaient que leur usine serait ouverte l'année suivante et que leur syndicat leur obtiendrait une augmentation, à défaut d'une révolution »[17].

Bientôt, cependant, la stabilité a cessé d'être considérée au sein de la société américaine comme une vertu, les années 1960 laissant place à un vaste mouvement de manifestations en réponse aux problèmes sociaux qui couvaient depuis un moment déjà. Dans le même temps, les entreprises américaines entamaient leur métamorphose – peu de temps après la sortie du livre de Galbraith –, pour passer de piliers de la société américaine à entités à la botte de Wall Street, le plus souvent au détriment des employés et des communautés environnantes. Le nouvel objectif était de tailler dans le supposé « gras » des entreprises et non de les faire grandir et McKinsey était là pour habiller ses clients à la mode du jour.

Ce changement est né de ce que Hyman a appelé « une nouvelle vision strictement financière des entreprises, une philosophie qui donne la prééminence au prix des actions et des obligations par rapport à la production et aux gains à court terme par rapport aux investissements à long terme »[18]. Selon lui, les consultants ont souscrit sans retenue à ce changement en incitant les entreprises à récompenser un petit groupe d'employés au détriment du plus grand nombre, et les investisseurs au détriment de la société[19]. « Avec les consultants à la barre, l'entreprise n'était plus une entité durable ; elle devenait un assemblage temporaire dont la valeur ne résidait pas dans les progrès futurs, mais dans le cours de l'action au jour d'aujourd'hui »[20].

Pour rester à la page[21], McKinsey a épousé les dernières théories sur le management, répondant ainsi aux désirs des associés d'aller au-delà des simples études de marché pour s'occuper de stratégie d'entreprise, de structure organisationnelle et de problèmes analytiques complexes. Ce recalibrage n'a été du goût du consultant Tom Peters pour qui les managers avaient oublié les fondamentaux, comme le service à la clientèle et la reconnaissance de la valeur des employés[22].

Alors qu'il travaillait encore pour le cabinet, Peters s'en est ouvert auprès du *Wall Street Journal* : « Bien souvent, ils se sont laissé séduire par la disponibilité des diplômés de MBA armés des dernières techniques de planification stratégique ». Il a reconnu que McKinsey n'avait pas apprécié ses commentaires[23], un associé ayant même suggéré qu'il soit licencié, mais il a pris les devants ; il a démissionné avant la publication du *Prix de l'excellence* qui sera suivi d'un autre best-seller.

Les cadres dirigeants et leurs consultants avaient cependant de bonnes raisons de vouloir réinventer l'entreprise américaine : des produits japonais bon marché et de très bonne qualité menaçaient les fabricants américains, en particulier dans l'industrie automobile. General Motors a donc de nouveau sollicité l'aide de McKinsey[24], sauf qu'au lieu de se concentrer sur la question du contrôle qualité, un atout japonais décisif, le fabricant automobile et son cabinet de conseil se sont lancés dans une réorganisation massive de l'entreprise[25], avant tout mémorable pour son coût et le peu de résultats obtenus avec, en prime, un lourd tribut payé par les travailleurs, nombreux à avoir été licenciés.

Marquées par une série d'histoires haletantes d'enrichissement soudain, de raids boursiers et de rachats par endettement, les années 1980 ont apporté encore plus d'instabilité et entériné le désamour pour la constance. « On pouvait se faire des milliards en rachetant des entreprises américaines et en les endettant à mort »[26], a ainsi déclaré Les Leopold, le directeur du Labor Institute de New York et l'auteur de *Runaway Inequality*. Alors que ces prédateurs s'enrichissaient sur le dos de ce que Leopold appelle « la désindustrialisation de l'Amérique », leurs apologistes les félicitaient d'avoir rendu les entreprises plus efficaces. Certaines se complaisaient peut-être dans un certain immobilisme, mais les raiders achetaient souvent des sociétés pour les démanteler et les vendre pièce par pièce, en laissant au passage des milliers de salariés sur le carreau. « On est plus proche d'un processus d'extraction financière que de la main invisible du marché », a commenté Leopold[27].

Pour la Business Roundtable, qui compte parmi ses membres les patrons les plus puissants du pays, les entreprises n'ont pas à se soucier d'autre chose que de leur propre intérêt. La philosophie de ce cercle d'influence conservateur est simple : une entreprise se doit de « générer des profits pour ses propriétaires ». En d'autres termes, les actionnaires. Fin de l'histoire.

L'allégeance des entreprises à Wall Street a eu pour conséquence directe d'amoindrir la sécurité de l'emploi. « C'est le mouvement de réduction des effectifs des entreprises de la fin des années 1980 qui a brisé le pacte traditionnel qui exigeait des salariés une loyauté certaine en échange de la sécurité de l'emploi », ont ainsi écrit trois consultants de McKinsey dans leur ouvrage, *The War for Talent*[28]. « En l'espace de quelques années, changer fréquemment d'emploi n'a plus été considéré comme problématique ; c'est au contraire devenu une source de fierté d'avoir plusieurs entreprises sur son CV », expliquaient-ils. Le livre comprenait des graphiques accompagnés de légendes comme celle-ci : « La réalité du passé : les employés sont loyaux. La nouvelle réalité : les gens sont mobiles et ne s'engagent que sur du court terme. »

L'attitude de McKinsey à l'égard de la sécurité de l'emploi se reflète dans sa propre pratique « up-or-out » (progresser ou partir), où chaque individu est régulièrement évalué et où ceux qui n'impressionnent pas leurs supérieurs outre mesure sont, dans le jargon McKinsey, invités à s'en aller. La grande majorité quitte donc le cabinet parce que ce dernier les pousse en ce sens, les autres le faisant parce qu'ils n'aiment pas leur travail ou encore parce qu'ils considèrent la firme comme une étape avant de monter leur propre entreprise. Quelle qu'en soit la raison, ces départs ne peuvent être comparés à la situation d'un ouvrier qui perd son emploi. Alors qu'un CV qui inclut un passage chez McKinsey offre une quasi-garantie de trouver un autre poste bien rémunéré, pour les cols-bleus, en revanche, l'horizon est bien moins rose et les options beaucoup plus limitées.

Dans un article intitulé « How McKinsey Destroyed the Middle Class », publié dans *The Atlantic*, le professeur de droit à Yale Daniel Markovits évoque cette perte de loyauté : « Quand le conseil en management a dissocié les cadres d'industries ou d'entreprises particulières pour les rattacher à la catégorie générale du management, il les a également conduits à épouser la seule cause commune à l'ensemble des entreprises : rapporter de l'argent aux actionnaires »[29]. Selon McKinsey, faire de modestes bénéfices n'était plus acceptable. « Les sociétés exceptionnelles gagnent certes le droit de survivre, mais pas la capacité à ne dégager que des rendements supérieurs à la moyenne, voire à la moyenne, pour les actionnaires sur le long terme », ont ainsi écrit des consultants de McKinsey[30].

Pour créer une « entreprise exceptionnelle », les dirigeants devaient maintenir le cours de l'action à un niveau élevé. Pour ce faire, réduire les coûts au moyen de licenciements s'avérait la plupart du temps plus facile et plus rapide que chercher à augmenter les revenus, sans compter que les directeurs généraux bénéficiaient également de la hausse du cours des actions étant donné qu'une partie croissante de leur rémunération lui était liée. Les licenciements étaient souvent présentés comme nécessaires pour améliorer l'efficacité globale de l'entreprise, et, sur ce point, McKinsey n'avait pas d'égal pour ce qui était de « dégraisser » les effectifs. Que l'opération porte le nom de réduction d'effectifs ou de restructuration, le résultat était le même : les travailleurs se retrouvaient sans emploi. Duff McDonald, auteur d'un ouvrage sur l'histoire de McKinsey, a mis cette activité du cabinet en perspective : « Il est tout à fait possible que McKinsey soit le plus grand justificateur de licenciements massifs d'entre tous, quels que soient le lieu géographique ou la période de l'histoire moderne considérée », a-t-il ainsi écrit[31].

Avec leur influence déclinante, les syndicats ont offert peu de protection. Ainsi, alors qu'en 1954, plus de 34 % des employés payés à l'heure ou salariés étaient syndiqués, ils n'étaient plus que 20 % dans les années 1980 et plus que 10 % en 2020[32].

D'autre part, comme elles n'avaient plus aucune loyauté envers leurs travailleurs, les entreprises ont commencé à délocaliser les bons emplois de la classe moyenne vers les États du Sud où les salaires étaient plus bas. Mais ce n'était qu'un début. Bientôt, la recherche d'une main-d'œuvre bon marché s'est étendue à d'autres pays, les nouvelles technologies permettant d'exploiter plus facilement une entreprise située à des milliers de kilomètres de distance. Ce mouvement de délocalisation n'avait pas de plus fervent supporter que McKinsey, qui en était venu à se considérer plus comme une firme internationale qu'américaine. « Notre expérience dans le conseil aux entreprises sur la façon de procéder, le choix des lieux et des partenaires pour pouvoir tirer parti d'un large éventail d'opportunités de sous-traitance et de délocalisation à l'échelle mondiale est unique au monde », se vantait ainsi le cabinet[33].

Steven Greenhouse, le très estimé ancien journaliste du *New York Times* spécialiste du monde du travail, a écrit en 2008 que plus que n'importe quelle autre force économique depuis la Grande Dépression, les travailleurs américains en sont arrivés à craindre les délocalisations, parce qu'elles touchent aussi bien les cols-bleus que les cols blancs. « Autant avant, la mondialisation frappait avant tout les amateurs de Budweiser, autant maintenant elle frappe aussi ceux qui fréquentent Starbucks* »[34].

McKinsey s'est d'abord concentré sur l'Inde, en faisant une promotion agressive de ce pays à la population éduquée et anglophone comme lieu d'implantation idéal pour les

* NdT : la bière Budweiser est considérée comme une marque populaire alors que la chaîne de cafés Starbucks est plutôt fréquentée par des individus des classes supérieures.

entreprises américaines à la recherche d'une main-d'œuvre bon marché. Avec l'aide du cabinet, l'Inde est ainsi devenue le premier territoire de délocalisation au monde, ce qui lui a valu le surnom d'« Offshore-istan* »[35]. Selon Anita Raghavan, qui a écrit sur l'influence croissante de l'élite indienne, le succès de McKinsey dans ce pays est dû en grande partie d'une part à Rajat Gupta, directeur général du cabinet de 1994 à 2003, et d'autre part à Anil Kumar, qui a développé le pôle de compétences Internet du cabinet dans la Silicon Valley[36]. Arrogant et rugueux, Kumar n'était pas populaire au sein de la firme, mais il avait un allié puissant en la personne de Gupta, qui partageait son désir de stimuler le développement économique de l'Inde.

McKinsey a ainsi travaillé en étroite collaboration avec deux des plus grandes entreprises indiennes de sous-traitance : l'association commerciale NASSCOM et Infosys, une société spécialisée dans les technologies de l'information et le conseil aux entreprises que le cabinet a accompagné jusqu'en 2020. La délocalisation a été néfaste aux travailleurs américains, mais elle a été extrêmement bénéfique à l'économie indienne. « Notre programme de stock-options pour les employés a donné naissance à certains des premiers millionnaires salariés d'Inde », se vantait ainsi Infosys sur son site web.

McKinsey a pour principe de ne pas divulguer le nom de ses clients, mais un facilitateur de délocalisation[37] a révélé que les cinq entreprises américaines qui délocalisaient le plus d'emplois en Inde, à savoir Ford Motor Company, American Express, Microsoft, General Electric et Cisco, étaient toutes clientes du cabinet.

Pour trouver les meilleurs sites, la firme a évalué vingt-huit pays à bas salaires en termes d'infrastructures, de disponibilité d'une main-d'œuvre qualifiée, de coûts et de contexte général pour les entreprises. Elle s'est faite le chantre de la délocalisation dans des déclarations publiques et dans un ouvrage

* NdT : offshoring vaut dire délocalisation et le suffixe « -istan » évoque dans l'imaginaire collectif des pays d'Orient tels que le Pakistan, l'Ouzbékistan, le Turkménistan, etc., considérés avec une certaine condescendance.

publié en 2006, *Offshoring : Understanding the Emerging Global Labor Market*[38]. Selon lui, délocaliser contribuait à la croissance économique, à l'innovation et permettait aux consommateurs d'acheter des produits à bas prix.

« Les entreprises délocalisent leurs fonctions support parce que cela leur permet de gagner plus d'argent, ce qui signifie que de la richesse se crée à la fois aux États-Unis et dans les pays où ces entreprises s'installent », affirmait le cabinet. En d'autres termes, le « gâteau » à partager entre tous était plus gros. La firme a notamment montré comment les compagnies aériennes en bénéficiaient : « en utilisant une main-d'œuvre bon marché, les compagnies aériennes peuvent désormais recouvrer des créances en souffrance qu'elles étaient auparavant forcées d'inclure dans leur passif »[39].

Même les entreprises qui avaient déjà délocalisé une partie de leurs opérations étaient encouragées à aller plus loin : « les entreprises ne profitent pas pleinement des avantages que leur procure la délocalisation », notamment dans le domaine de la finance, estimait ainsi McKinsey[40]. *A contrario*, avec 30 à 40 % de ses opérations financières délocalisées, dont les dettes fournisseurs, la préparation réglementaire, la conformité fiscale et la gestion de la trésorerie, certaines divisions de General Electric étaient citées en exemple.

Le cabinet faisait la promotion de ses prises de position sur les délocalisations au travers du McKinsey Global Institute, un think tank selon lui indépendant et largement respecté[41]. En réalité, l'indépendance de cette institution est sujette à caution. Dans un rapport de 2003 sur les délocalisations, McKinsey a ainsi écrit que l'objectif principal de l'institut était de mieux comprendre l'économie mondiale « dans l'intérêt des clients du cabinet et des consultants ».

Josh Bivens, économiste et directeur de recherche à l'Economic Policy Institute, un autre think thank de tendance sociale-démocrate, considère ainsi le McKinsey Global Institute avec scepticisme. Selon lui, que ce dernier se présente comme un groupe d'« intellectuels publics neutres »[42] qui s'en tient aux faits est invraisemblable ; il s'agit bien plutôt de « donner un vernis intellectuel » à une entreprise à but lucratif. « Ils aiment se concentrer sur le côté gagnant tout en ignorant ou en prétendant qu'il n'y a même pas de côté perdant », a déclaré Bivens.

Préoccupé par la destruction des emplois américains, le Congrès a tenu des auditions sur la sous-traitance, dont une le 14 juin 2007[43], durant laquelle Marcus Courtney, qui représentait les travailleurs de la technologie, a estimé qu'entre 3,3 et 14 millions d'emplois du secteur des services étaient susceptibles d'être délocalisés. Courtney a cité un rapport public[44] selon lequel plus de 1,1 million d'emplois dans le domaine des logiciels, des semi-conducteurs et des télécommunications avaient déjà quitté le pays au cours des cinq années précédentes.

McKinsey a reconnu que certains travailleurs américains pourraient souffrir à court terme, mais a estimé que cela ne devrait pas éclipser les avantages. « Centrer le débat sur les délocalisations sur les suppressions d'emplois nous empêche de voir le point le plus important : les délocalisations créent de la valeur pour l'économie américaine parce qu'elle crée de la valeur pour les entreprises américaines », a-t-il écrit[45]. Ces délocalisations génèrent également de nouveaux revenus[46] et permettent de rapatrier des gains qui contribuent indirectement à créer des emplois pour les travailleurs déplacés dont certains pourront se tourner vers « d'autres activités à forte valeur ajoutée », toujours selon le cabinet de conseil.

En tout cas, ajoutait la firme, « la destruction d'emplois doit être considérée comme faisant partie de la restructuration permanente de l'économie américaine dont celle-ci est coutumière »[47] – ce qui devait faire une belle jambe aux travailleurs laissés sur le carreau qui essayaient de nourrir leur famille.

Cependant, d'après l'économiste et lauréat du prix Nobel Joseph E. Stiglitz, McKinsey se trompait sur le libre-échange et la mondialisation. « Les conditions les plus favorables seraient-elles réunies, l'ancienne théorie du libre-échange dit seulement que les gagnants pourraient éventuellement compenser les perdants, pas qu'ils le feraient. Et ils ne l'ont pas fait – bien au contraire », a-t-il écrit dans le *New York Times*[48]. Malgré cela, les accords de libre-échange ont continué d'être soutenus, principalement grâce à ce qu'il appelle « une théorie économique bidon et discréditée qui n'a cependant pas cessé d'être véhiculée, essentiellement parce qu'elle sert les intérêts des plus riches ».

La destruction des emplois ouvriers et des postes d'employés de bureau et la fermeture de son pôle de compétences dédié à la rémunération des cadres dirigeants n'ont pas empêché McKinsey de continuer à maintenir que ces derniers devaient être mieux payés, au prétexte notamment que la compétition pour les talents managériaux s'était intensifiée. « Les dirigeants talentueux s'attendent à gagner beaucoup d'argent », ont écrit trois consultants du cabinet.

Mais qu'est-ce que le talent ? C'est à cette question qu'ont tenté de répondre les trois consultants dans *The War for Talent*. « "Talent" est un mot qui séduit et que les gens semblent comprendre implicitement. Ils se demandent s'il s'applique à eux. Suis-je un "talent" ? Comment faire pour accroître mon talent ? »[49] Nul doute que le consultant qui a écrit ce passage se posait lui-même cette question. Et puis, il y a eu ce conseil digne d'un message trouvé dans un *fortune cookie* : « Les données fournissent des preuves irréfutables qu'une meilleure gestion des talents améliore les performances »[50]. Plaignons les dirigeants qui ont eu besoin des données de McKinsey pour apprendre cela !

McKinsey garde secrète la rémunération des cadres dirigeants entreprise par entreprise, mais à titre d'exemple l'on pourra se référer à la structure des rémunérations chez Enron. Selon *Forbes*, les cinq principaux dirigeants d'Enron ont gagné près de *300 millions de dollars en une seule année* et plus de 500 millions de dollars sur une période de cinq ans se terminant en 2000, la plupart de ces revenus provenant de la vente de stock-options[51]. Cet acteur majeur du secteur de l'énergie, dirigé par un ancien associé de McKinsey aidé de consultants du cabinet, dont l'un assistait même aux réunions du conseil d'administration, a ensuite fait une faillite retentissante sur fond d'allégations de fraude. Pourtant, la firme n'avait eu de cesse de l'ériger en modèle d'entreprise moderne et prospère.

Quand Enron s'est effondré, des milliers d'emplois ont été détruits. (McKinsey n'a pas été mis en cause.)

Grâce en partie aux consultants en rémunération, un produit de la practice d'Arch Patton, celle des dirigeants a atteint des sommets inimaginables, au point que la Chambre des représentants des États-Unis s'est emparée du sujet en montant une commission d'enquête. Lors d'une audience du Congrès en décembre 2007, la commission a révélé que près de la moitié des deux cent cinquante plus grosses entreprises publiques du pays avaient fait appel à des consultants en rémunération tout en ayant des conflits d'intérêts. Celles où les conflits étaient les plus saillants avaient tendance à payer davantage leurs PDG. « Les PDG ne perçoivent plus seulement des salaires, ils ont aussi droit à des stock-options, des unités d'actions restreintes, une rémunération différée, des plans de retraite spéciaux, des indemnités de départ lucratives, sans oublier toute une gamme d'avantages allant de jets d'entreprise à des services de planification fiscale et financière, en passant par des adhésions à des country-club » a déclaré le représentant Henry Waxman[52]. En définitive, selon une étude, environ 80 % de la rémunération d'un PDG est liée aux actions de son entreprise[53].

Toujours prêt à venir en aide à ses chers clients, McKinsey a publié en 2002 un rapport offrant des conseils aux cadres dirigeants pour maintenir les cours des actions à un niveau aussi élevé que possible. Selon ce document, ces derniers devraient se donner le temps d'apprendre à connaître leurs principaux investisseurs, de façon que ceux-ci ne paniquent pas et ne revendent pas leurs actions lorsque l'entreprise prend une décision importante, ce qui entraînerait un dévissage du prix de l'action. Sauf qu'il est difficile de comprendre les sentiments des investisseurs sans divulguer des informations non publiques. C'est pourquoi McKinsey a conseillé aux dirigeants de les solliciter d'une manière qui ne puisse pas être interprétée « comme étant de la transmission d'informations privilégiées »[54]. Une action dont le cours est élevé profite évidemment à l'entreprise *et* au PDG, dont la rémunération est de plus en plus liée à cette variable.

Alors que la classe moyenne continuait à souffrir et que la situation difficile des travailleurs américains devenait de plus en plus malaisée à ignorer, même McKinsey a commencé à comprendre que la fixation des entreprises sur les bénéfices des actionnaires n'était sans doute pas bonne pour la société dans son ensemble. « Le capitalisme actionnarial a catalysé d'énormes progrès, mais il peine à apporter des solutions à des problèmes épineux tels que le changement climatique et les inégalités de revenus », a ainsi admis le cabinet en 2020[55].

La firme est même revenue sur son adhésion sans faille au principe de la délocalisation. Selon un rapport de Bloomberg, Richard Dobbs, directeur associé senior de McKinsey et membre du McKinsey Global Institute à Londres, reconnaît ainsi que le point de vue du cabinet sur la mondialisation a évolué : « McKinsey soutient toujours la mondialisation, cependant, il y a un "mais" et nous devons être plus conscients de ce "mais" », a-t-il déclaré[56].

Nous savons tous ce qui se passe quand Walmart s'implante dans une nouvelle communauté. Ses produits bon marché et le déséquilibre des forces obligent les commerçants locaux à baisser leurs prix ou à mettre la clé sous la porte, ce qui tire dans le même temps tous les salaires de la zone concernée vers le bas[57]. Cependant, pour 1,5 million d'Américains, Walmart offre quelque chose de fondamental : un emploi et le respect de soi qui va avec. En revanche, ce que l'entreprise n'offre pas, c'est un passage facile vers la classe moyenne ou la certitude de ne pas risquer d'en être chassé.

En 2005, le salaire annuel moyen chez Walmart était d'environ 17 500 dollars, alors que le revenu médian des ménages aux États-Unis était de près de 50 000 dollars[58]. Près de la moitié des enfants des employés de Walmart, également appelés associés, dépendaient de Medicaid* ou n'étaient pas

---

* Medicaid fournit une assurance maladie aux individus et aux familles à faibles revenus et ressources. En 2017, 74 millions de personnes à faible revenus ou handicapées en bénéficiaient, ce qui correspond à 23 % de la population américaine.

assurés. Sans syndicat pour les représenter – l'entreprise leur est farouchement opposée – le seul moyen de pression dont disposaient les employés pour améliorer leur situation était d'exposer publiquement les pratiques de la direction.

La même année, Walmart a sollicité McKinsey pour étudier comment elle pourrait ralentir la croissance des dépenses liées au personnel, notamment en matière de santé, sans écorner pour autant sa réputation. « La question des prestations de santé de Walmart constitue l'un des problèmes de réputation les plus urgents auxquels nous sommes confrontés », a écrit Susan Chambers, une dirigeante de Walmart, dans un mémo confidentiel préparé avec l'aide de McKinsey et adressé au conseil d'administration de l'entreprise[59]. Selon elle, la responsabilité en incombait aux « critiques bien financées et bien organisées ainsi qu'aux représentants du gouvernement » qui examinaient à la loupe les bénéfices sociaux offerts par le géant du commerce de détail.

Chambers a reconnu que certaines critiques étaient fondées, notamment le fait que l'assurance médicale était coûteuse pour les familles à faibles revenus et qu'un « pourcentage important » d'associés et de leurs enfants devaient recourir à Medicaid – l'assurance médicale publique réservée aux plus démunis –, si bien que le nombre total de salariés directement couverts par l'employeur était inférieur à la moyenne nationale. Un autre problème, concluait-elle, concernait la perception de cette situation : « Nous n'avons pas su communiquer de manière efficace auprès du grand public à quel point nos plans d'assurance médicaux sont généreux ».

Pour répondre à ces questions, Walmart demanda donc à McKinsey de prendre la tête d'une task-force de quinze personnes.

Celle-ci mit au jour un problème épineux : l'ancienneté moyenne des employés avait augmenté, ce qui avait des répercussions néfastes sur les finances de Walmart. En effet, un plus grand nombre d'entre eux étaient éligibles à l'assurance médicale de l'entreprise et aux congés payés. Mais ce n'était pas tout : « Les salaires constituaient un facteur de coût encore plus important étant donné qu'ils augmentaient mécaniquement avec l'ancienneté et que le coût de nombre de bénéfices sociaux était directement corrélé à la masse salariale ».

Alors que d'autres entreprises se seraient réjouies de la fidélité de leurs employés et de leurs gains d'expérience, Walmart s'en est inquiété. « Étant donné l'impact de l'ancienneté sur les salaires et les bénéfices sociaux, le coût d'un associé avec sept ans d'ancienneté est presque 55 % supérieur à celui d'un employé avec un an d'expérience, sans pour autant que leur productivité diffère. Comme le salaire et les bénéfices sociaux d'un associé augmentent de concert avec son ancienneté, la probabilité qu'il reste chez Walmart en l'absence d'alternative plus séduisante croît également », avait conclu le groupe d'étude[60]. Plus que tout, cette analyse révèle à quel point les attitudes à l'égard du travail avaient changé depuis le Traité de Detroit qui avait fait miroiter la promesse d'un avenir plus sûr pour les travailleurs et d'un avenir meilleur pour les enfants de ces derniers.

Typiquement, un employé de chez Walmart consacrait près de deux fois plus d'argent à sa protection sociale et celle de sa famille que la moyenne nationale. L'assurance médicale de Walmart ne prenait entre autres pas en charge les coûts de vaccination des enfants[61]. « Les gouvernements se soucient de plus en plus des dépenses de santé et beaucoup considèrent que Walmart fait partie du problème », expliquait ainsi le rapport du groupe de travail. Walmart craignait que les États commencent à exiger des entreprises qu'elles déclarent le nombre de leurs employés obligés de recourir à Medicaid. Quand les représentants du Minnesota ont justement essayé d'adopter une loi allant dans ce sens, Walmart a fait pression auprès d'eux pour la faire capoter, au prétexte que ce projet de loi n'était rien d'autre qu'« un assaut insensé et destructeur à l'encontre d'une entreprise qui ambitionnait de créer 100 000 emplois cette année »[62].

Aidé de McKinsey, le groupe de travail recommanda que l'entreprise augmente le nombre d'employés à temps partiel, même si cela devait faire baisser le nombre d'individus éligibles à l'assurance médicale de l'entreprise et potentiellement nuire à sa « réputation ». Il conseilla aussi de diminuer la contribution globale de l'entreprise aux bénéfices et aux plans de retraite des employés, de réduire la couverture de l'assurance-vie offerte par Walmart, et de faire basculer les employés sur des plans d'assurance maladie dits « *consumer-driven* », plus coûteux pour ces derniers. Enfin, pour contrer les critiques selon lesquelles trop d'employés dépendaient de Medicaid, le groupe de travail suggéra de recadrer le débat en mettant en avant le fait que Medicaid « nous concerne tous, pas juste Walmart ».

Aussi différente que soit Walmart des autres grandes entreprises, elle a au moins un point commun avec elles : dès que des produits ou des fournitures peuvent être achetés à moindre coût dans des pays à bas salaires, elle se tourne vers eux. Ainsi, en 2005, un fournisseur de longue date de Walmart spécialisé dans les arroseurs a dû licencier presque tous ses employés. Selon l'ouvrage de Charles Fishman, *The Wal-Mart Effect*, le président de l'entreprise tient Walmart pour responsable de la délocalisation de sa production d'arroseurs à moindre coût en Chine.

Les conversations que Fishman a eues avec des individus qui avaient perdu leur emploi après avoir travaillé pendant des années pour ce fabricant ont mis en évidence un mélange d'amertume, de tristesse et d'inquiétude :

Rose Dunbar : Je suis rentrée chez moi et j'ai pleuré pendant une semaine. J'étais perdue. Je ne savais pas quoi faire. J'ai commencé chez Nelson en étant payée 4,50 dollars de l'heure et j'en suis partie quinze ans plus tard en étant payée 10,85 dollars de l'heure… J'ai soixante ans. Je suis trop jeune pour prendre ma retraite. Mais je suis indésirable. Je suis divorcée, ma fille vit avec moi – elle ne gagne pas grand-chose – ainsi que mes deux petits-enfants.

Terri Graham : Il y a quelques mois, il y avait… des gens qui faisaient le tour de l'usine en nous filmant en train de travailler. C'était horrible, affreux. Ils ne se cachaient pas du tout.

Sally Stone : Nelson a envoyé quelques personnes en Chine, surtout des chefs d'équipe et des responsables de la maintenance ; ils y vont pour former les ouvriers et mettre les machines en place pour eux.

Ces entretiens ne rendent pas pleinement compte de l'ampleur de la dépendance de Walmart à l'égard de la main-d'œuvre étrangère bon marché. Au cours des premières années du nouveau millénaire, rien que de Chine, Walmart a importé pour 30 milliards de dollars de marchandises ! Peter Walker, qui a bataillé contre Patton il y a un demi-siècle et qui a beaucoup travaillé en Chine, a déclaré à un animateur de Fox News : « Si mes amis de McKinsey étaient là aujourd'hui, je pense qu'ils diraient, comme moi, qu'à l'époque, le libre-échange s'était si bien imposé dans les esprits que tout le monde s'efforçait de le développer et de délocaliser le plus possible, sans se poser de question. »[63]

Fishman a rappelé à ses lecteurs d'autres anecdotes peu reluisantes sur Walmart[64] : une fois, l'entreprise a enfermé des salariés dans un magasin durant toute une nuit ; une autre, des employés ont été forcés de pointer pour marquer la fin de leur journée alors qu'ils ont dû continuer à travailler ; l'entreprise a également fait appel à des migrants sans papiers pour nettoyer ses magasins la nuit. (McKinsey n'est pas impliqué dans ces incidents.) À la lumière de ces informations, Fishman conclut :

> Wal-Mart semble avoir du mal à comprendre une chose pourtant simple : elle a la réputation qu'elle mérite. Peut-être que l'on ne les remercie pas assez d'avoir réussi à tirer les prix vers le bas. Mais la rupture du contrat moral que Sam Walton avait avec ses employés, l'incessante pression qui débilite les fournisseurs et amoindrit la qualité de leurs produits, la culture du secret… rien de cela n'est imaginaire ou trivial[65].

Depuis le livre de Fishman, Walmart a modifié certaines de ses pratiques les plus controversées en renforçant la couverture des soins de santé, en agissant davantage pour protéger l'environnement et en se comportant de manière plus responsable sur le plan social. À la suite d'une fusillade dans l'un de ses magasins, le commerçant a également interdit la vente d'armes de poing et de munitions pour armes de guerre[66]. Tout cela n'empêche cependant pas les employés d'avoir toujours du mal à payer leurs factures. Enfin, en 2020, Walmart a commencé à tester dans cinq cents magasins un plan d'augmentation du salaire horaire pour le faire passer de dix à douze dollars de l'heure pour certains employés[67].

Pour sa part, McKinsey a continué à conseiller Walmart. Récemment, le détaillant a versé au cabinet plus de 5 millions de dollars d'honoraires pour deux années de conseil[68], ainsi que 3,2 millions de dollars à un programme porté par McKinsey visant à aider les jeunes à trouver un emploi.

Fin novembre 2017, Randall Stephenson, le président d'AT&T, s'est rendu à une réunion de l'Economic Club of New York, au cinquantième étage de l'Empire State Building, pour faire l'éloge de la proposition de réduction d'impôts du président Trump et une promesse à ses employés. Sur scène, adossé à son fauteuil, Stephenson a déclaré que si le projet de réduction d'impôts de 1 500 milliards de dollars de Donald Trump devenait loi, il embaucherait 7 000 travailleurs supplémentaires, investirait au moins 1 milliard de dollars dans l'entreprise et verserait 1 000 dollars de prime à 200 000 employés. Les embauches concerneraient essentiellement des « postes de techniciens chargés de déployer la fibre, des emplois payés 70 000 à 80 000 dollars »[69].

AT&T a ensuite expliqué que les primes seraient allouées au personnel syndiqué, à ceux ayant le statut d'employés et aux cadres de première ligne.

AT&T pouvait se permettre de se montrer grand seigneur. Dans le cadre de la proposition de Trump – qui, selon les démocrates, profiterait surtout aux grandes entreprises qui n'avaient pas besoin d'aide –, AT&T économiserait un montant initial de 21 milliards de dollars en impôts. « Si le président signe le projet de loi avant Noël, les employés recevront la prime à temps pour les fêtes de fin d'année », a ajouté AT&T[70].

Trois jours avant Noël[71], Trump a signé le projet de loi et remercié par tweet les entreprises comme AT&T : « Notre grand et très populaire projet de loi sur la réforme et la réduction des impôts a trouvé une nouvelle source inattendue d'"amour", à savoir les grandes entreprises et les sociétés qui couvrent leurs travailleurs de primes ». Selon un porte-parole d'AT&T, les primes ont été versées comme promis[72].

Les trois années suivantes, AT&T a déboursé plus de 35 millions de dollars en faveur de McKinsey[73] et il n'a pas fallu longtemps pour que ses promesses soient foulées aux pieds. Ainsi, selon le syndicat professionnel Communications Workers of America (CWA), au lieu de créer des emplois, AT&T en a supprimé près de onze mille au cours des six premiers mois qui ont suivi l'entrée en vigueur de la mesure de réduction d'impôts de Trump[74]. Et le mouvement a continué. En juin 2020, toujours selon le syndicat, plus de quarante mille emplois avaient été supprimés. Un ancien consultant de McKinsey a déclaré que le cabinet avait gagné son argent en réorganisant certaines parties de l'entreprise[75].

Ainsi, alors que cela faisait plus de vingt ans que Stephen Smith travaillait dans un centre d'appels du Connecticut, il a brusquement appris que l'entreprise fermait trois centres d'appels régionaux, dont le sien[76]. À quarante-six ans, il a donc dû se mettre en quête d'un nouvel emploi. Comme l'a rapporté *The Guardian*, il a également témoigné qu'environ quatre-vingt-dix employés se sont vu offrir des indemnités de licenciement ou la possibilité de déménager en Géorgie ou dans le Tennessee, une option inenvisageable pour ceux dont les conjoints travaillaient ou dont les enfants étaient scolarisés. Cindy Liddick avait pour sa part travaillé pendant douze ans au centre d'appels AT&T de Harrisburg, en Pennsylvanie, avant sa fermeture en 2018. « Mon mari est très malade, je suis sur le point de perdre mon assurance maladie et me retrouver sur le marché du travail à mon âge va être difficile », a-t-elle déclaré[77].

« Il semble qu'AT&T confie ces postes à des contractuels sous-payés qui n'ont pas la même formation, la même expérience et la même implication dans leur travail que les membres du CWA. Et l'argent qu'ils économisent va dans les poches de riches actionnaires intéressés par des profits à court terme », a expliqué Joe Snyder, président d'une section locale du CWA à Akron[78]. Conseiller AT&T a été extraordinairement lucratif pour McKinsey. En tout juste cinq ans, au début des années 1990, le cabinet a ainsi empoché 96 millions de dollars de la part de l'entreprise de télécommunications[79].

Un concurrent, Verizon Communications, a quant à lui payé McKinsey un total de 120 millions de dollars en 2018 et 2019[80]. Un employé de la firme a rapporté dans une interview que près de deux cents (!) consultants du cabinet[81] travaillaient sur le compte Verizon. « Il y avait quinze à vingt équipes affectées à ce compte », a-t-il ajouté, avant de préciser que d'autres cabinets étaient également présents en force ; « On croisait sans cesse d'anciens camarades de fac à la cafétéria. C'était cocasse. »

Parfois, il y avait autant de consultants sur place que d'employés Verizon, a également rapporté l'ancien consultant McKinsey. Verizon aurait pu dépenser au moins une partie des 120 millions de dollars pour embaucher des employés permanents ou former son propre personnel. Autrement dit, Verizon – comme AT&T – a sous-traité certains postes à des consultants libres d'aller et venir à leur guise, avec peu ou pas de loyauté envers les entreprises qu'ils conseillaient, au-delà du fait de plaire aux managers qui les avaient engagés pour s'assurer que la prochaine vague de consultants serait aussi bien accueillie qu'eux.

Fin 2018, plus de dix mille employés Verizon ont accepté une offre de départ volontaire. Selon McKinsey, diminuer la masse salariale n'était pas « au cœur de leurs recommandations ». Malgré tout, d'après Nell Geiser, coordinateur des études pour le syndicat CWA, ces réductions d'effectifs étaient avant tout destinées à répondre au plus vite aux attentes de Wall Street[82].

Pour Anand Giridharadas, l'auteur de *Winners Take All*, en échouant à résoudre la question des inégalités de richesse, le gouvernement s'est mis le peuple à dos et a monté les gens les uns contre les autres. « Des millions d'Américains, de gauche comme de droite, partagent un même sentiment : pour des gens comme eux, les dés sont pipés », a-t-il écrit dans son ouvrage[83]. « Sans doute est-ce de là que vient l'incessante condamnation du "système" ».

Une étude du Conseil de la Réserve fédérale des États-Unis[84] a montré qu'au cours des quatre dernières décennies, le pouvoir croissant des entreprises a alimenté certains des problèmes sociétaux les plus insolubles : la stagnation des salaires en dépit d'une augmentation de la productivité ; la forte augmentation des bénéfices avant impôt des entreprises américaines couplée à une aggravation de l'inégalité des revenus ; et l'augmentation de la dette des ménages et de l'instabilité financière. Même la Business Roundtable a réévalué en août 2019 sa position selon laquelle les entreprises ne devraient servir que les intérêts des actionnaires, un reflet, d'après McKinsey, « du bouillonnement des tensions »[85].

Malgré tout, alors même que les délocalisations n'avaient plus la cote auprès de nombreux décideurs politiques à Washington, le McKinsey Global Institute a continué à la défendre, affirmant que les délocalisations et l'affaiblissement des syndicats avaient été cités à tort comme les principales causes de l'inégalité des revenus. Selon le cabinet de conseil, il fallait bien plutôt chercher les coupables du côté des « cycles d'expansion et de ralentissement de l'économie »[86] et des progrès technologiques. « Alors que le débat public s'est en grande partie focalisé sur la question des emplois perdus ou déplacés, ce qui compte, surtout, ce sont les transformations qui ont eu lieu », a déclaré McKinsey.

Selon Giridharadas, le problème de McKinsey ne se limite pas au choix de ses clients ; ce qui pose problème, c'est qu'« une grande partie de son travail consiste à augmenter la part des profits qui revient aux investisseurs au détriment des travailleurs »[87].

Pourtant, la firme semble passer son temps à disséminer sur Internet des réflexions et des suggestions – offrant là un véritable catalogue de mesures keynésiennes – sur la manière dont les entreprises peuvent s'attaquer aux impacts des inégalités de revenus : « Quelle est la raison d'être de votre entreprise ? » demande ainsi le cabinet[88]. Ou encore : « Il est clair qu'il faut entamer une réflexion profonde sur l'identité de votre entreprise – sur les valeurs que vous défendez ». Selon McKinsey, la question est peut-être claire, mais pas les réponses. « Comment faire ? Quels sont les mécanismes pour y parvenir et faire advenir ces changements ? »

À l'époque, le cabinet proposait même une réflexion à la mode New Age : « Alors que vous vous efforcerez de connecter la superpuissance de votre entreprise à son impact sur la société, vous identifierez une riche constellation d'initiatives potentielles ». Pour ceux qui ne savaient pas en quoi croire, McKinsey suggérait aussi une application leur permettant d'« explorer leurs valeurs et leur mission et d'établir des liens au travail pour pouvoir poursuivre ces objectifs ».

McKinsey s'excuse rarement pour ses erreurs passées, mais il est intéressant de revenir sur Arch Patton, l'homme qui a enclenché le mouvement en faveur d'une rémunération accrue des dirigeants. Plus tard dans sa vie, un journaliste lui a demandé ce qu'il avait à dire sur l'impact de son travail. Sa réponse a tenu en trois mots : « Je plaide coupable. »[89]

Chapitre 3

Jouer sur deux tableaux

Aider le gouvernement à aider McKinsey

Au milieu des années 1990, une équipe McKinsey a débarqué à Springfield, la capitale de l'Illinois, à la poursuite d'un rêve utopique : casser le cycle de la pauvreté en sevrant les nécessiteux des aides sociales à l'aide d'un gouvernement réorganisé[1]. Les consultants avaient été appelés par un ancien associé, Gary MacDougal, qui avait quitté la firme des années plus tôt[2] pour monter une affaire florissante avant de se tourner vers la politique et de participer à la campagne présidentielle de George H. W. Bush de 1988[3].

Parti randonner dans l'Himalaya pour réfléchir à la suite à donner à sa vie durant une période difficile de son existence, marquée notamment par un divorce, MacDougal en est revenu avec une idée : utiliser ses compétences en matière de leadership et ses contacts politiques pour réformer l'État et ainsi mieux s'attaquer à la pauvreté. Comme il pensait, comme nombre de ses collègues républicains, que les aides sociales ne faisaient que perpétuer la pauvreté[4], cela impliquait d'aider les bénéficiaires à devenir autonomes.

MacDougal a ainsi persuadé le gouverneur de l'Illinois[5], Jim Edgar, lui aussi républicain, d'autoriser la création d'un groupe de travail dont il prendrait la tête pour étudier les programmes de lutte contre la pauvreté, fixer des objectifs et mesurer les progrès accomplis. Le gouverneur lui ayant suggéré de faire équipe avec sa conseillère en santé, Felicia Norwood, une impressionnante jeune diplômée de la faculté de droit de Yale qui connaissait bien les rouages gouvernementaux de l'Illinois, cette dernière est devenue sa confidente de confiance[6].

Compte tenu de la complexité de cette tâche, MacDougal s'est tourné vers des individus qu'il connaissait et respectait : ses anciens collègues de McKinsey. Répondant à l'appel avec enthousiasme, la firme dépêcha une équipe de sept consultants, dont des directeurs associés seniors, qui prit ses quartiers non loin du Capitole de l'État. Travaillant sur cette mission en pointillé pendant des mois, les consultants analysèrent les dossiers de trois cent soixante-cinq foyers bénéficiaires d'aides sociales ventilées au travers de dix-huit programmes administrés par des agences étatiques ou des associations caritatives. Ils interviewèrent également certains bénéficiaires ainsi que des responsables gouvernementaux et se rendirent dans des quartiers défavorisés. À la fin, d'après MacDougal, les consultants connaissaient mieux que personne les défauts de la politique d'aide sociale publique[7].

Cerise sur le gâteau : McKinsey avait travaillé *pro bono*, une contribution en nature d'une valeur de plusieurs millions de dollars compte tenu du tarif horaire des consultants. « Le fait que le cabinet offrait son temps et n'avait nulle intention de faire de l'État de l'Illinois son client asseyait sa crédibilité », a expliqué MacDougal[8], en notant que, de toute façon, la firme ne recherchait pas ce genre de clients, tant ils lui paraissaient incapables de se réformer en profondeur.

Malgré tout, de réels changements eurent lieu en 1997, quand les services sociaux de l'État furent réorganisés suite au vote d'une loi. Selon MacDougal, le nombre de dossiers de bénéficiaires chuta de 22 % dès la première année[9]. « Cela a été la plus importante réorganisation gouvernementale depuis 1900 », a-t-il déclaré avant de prendre la tête du parti républicain en Illinois[10] puis de conseiller d'autres États sur des questions de pauvreté.

Par la suite, il est apparu qu'en proposant ses services à titre gracieux, les intentions de McKinsey n'avaient peut-être pas été si nobles que MacDougal l'avait cru. Le fait d'avoir appris la manière dont travaillait l'État a en effet permis à McKinsey de mettre un pied dans la porte, une première étape nécessaire pour pouvoir proposer ensuite ses services contre monnaie sonnante et trébuchante.

À l'évidence, cette stratégie a porté ses fruits en Illinois quand l'État s'est résolu à privatiser les services couverts par Medicaid par le biais de la « gestion intégrée des soins de santé », un système qui donne la main aux compagnies d'assurances santé privées pour mieux contrôler les coûts et la qualité des soins. Début 2017, les responsables gouvernementaux ont voulu étendre le programme en l'ouvrant à 650 000 personnes supplémentaires[11]. Pour ce faire, ils ont estimé qu'ils avaient besoin d'aide. Et c'est là que la firme est entrée en jeu étant donné qu'elle connaissait bien les rouages de l'État pour avoir travaillé des années auparavant avec Gary MacDougal et que le suppléant du nouveau gouverneur, Bruce Rauner, un républicain conservateur et probusiness, était un ancien responsable du cabinet[12].

Par ailleurs, Felicia Norwood, entre-temps nommée directrice de Medicaid en Illinois, connaissait McKinsey à travers son travail de réorganisation de certains services de l'État. Elle-même avait travaillé pendant de nombreuses années pour la division Gestion intégrée des soins de santé d'Aetna[13], un client de McKinsey[14].

Bruce Rauner, qui avait promis de tailler dans les dépenses et d'affaiblir les syndicats, n'a pas tardé à mener son administration au naufrage. Pendant plus de deux ans, alors que les législateurs démocrates s'opposaient à la politique du gouverneur, l'Illinois n'a pas eu de budget[15]. Pour superviser ses décisions fiscales, les citoyens élurent Susana Mendoza au poste de contrôleur des finances de l'État.

Aussi combative que menue, l'élue se rendit dans quantité d'hospices, de maisons de retraite et d'hôpitaux pour constater de visu l'impact de l'impasse budgétaire sur les gens dans le besoin, autrement dit l'ampleur de l'inquiétude et de la souffrance dans lesquelles était plongée une partie de la population. L'État devait ainsi 800 000 dollars à une entreprise qui fournissait des soins à domicile aux personnes âgées[16], ce qui l'avait obligée à réduire le nombre de ses clients de 900 à 300.

« Ces gens appelaient littéralement à l'aide », a témoigné Mendoza[17]. Et aussi : « Je me suis rendue dans un centre de lutte contre les violences domestiques à Carbondale, le seul à deux cents kilomètres à la ronde. S'il fermait, des femmes allaient mourir ». Andrea Durbin, qui dirigeait une association d'aide aux familles dans le besoin, a déclaré que les plus durement touchés étaient « les personnes malades, celles qui ont besoin du soutien de l'État pour leur sécurité, leur santé, et pour se remettre sur pied »[18].

C'est pendant cette crise budgétaire que Mendoza a fait une découverte surprenante.

Alors que les services sociaux manquaient cruellement d'argent, les responsables de l'Illinois versaient discrètement des millions de dollars aux consultants de McKinsey. Ces décisions étaient souvent prises en catimini, sans contrôle ni approbation du législateur, selon Mendoza. Trois mois seulement après son entrée en fonction, en mars 2017, elle a ainsi gelé 21,6 millions de dollars que l'État avait accepté de verser à des cabinets de conseil pour des missions d'ordre technologique[19] – la majeure partie de cette somme étant destinée à McKinsey.

Mendoza voulait savoir pourquoi l'État avait prévu de payer un cabinet de conseil privé « en priorité par rapport à des services critiques comme les maisons de retraite, les hospices et les établissements d'enseignement ». Alors qu'elle avait donné cinq jours au gouverneur pour répondre à des questions précises, elle n'obtint rien[20].

Elle n'avait pas encore saisi l'ampleur de l'histoire qui s'apprêtait à être dévoilée, celle d'un gouvernement qui était devenu le complice délibéré des efforts de McKinsey pour se bâtir un empire dans le secteur de la santé en jouant sur tous les tableaux.

Comme les législateurs de l'État ignoraient tout ou presque des paiements effectués au bénéfice du cabinet de conseil, Greg Harris, un élu de Chicago, organisa trois audiences pour savoir pourquoi l'État qui était en situation de détresse financière avait choisi de verser plus de 75 millions de dollars à McKinsey[21], dont 24 millions de dollars[22] au titre de deux contrats attribués au cabinet hors appel d'offres[23].

Au cours d'une audience, Harris a fait part de ses préoccupations à Norwood, dont l'équipe avait signé les contrats[24] :

« Quand on se retrouve avec un contrat passé sans appel d'offres, sans aucun moyen de voir qui d'autre de plus expérimenté et de moins cher aurait pu faire une proposition… comme vous pouvez l'imaginer, cela soulève beaucoup de questions »[25].

Pour Norwood, cependant, il n'y avait aucune raison de s'inquiéter. Elle et ses collègues connaissant très bien le travail de McKinsey et il n'était pas nécessaire d'aller voir ailleurs.

« N'est-il pas possible de faire nous-mêmes une partie de ce travail sans se tourner vers l'extérieur et sans dépenser des dizaines de millions de dollars supplémentaires ? » a voulu savoir Harris.

Ce à quoi Norwood a répondu : « Nos employés ne sont absolument pas qualifiés pour faire ce travail. » Définir un changement organisationnel stratégique n'était donc pas dans leurs cordes[26].

Les législateurs n'étaient pas les seuls à remettre ces contrats en cause. Le responsable des achats de l'État en avait annulé un d'un montant de 12 millions de dollars[27] au motif que Norwood avait à tort estimé pouvoir faire l'économie d'un appel d'offres. Le lendemain, un deuxième contrat au bénéfice de McKinsey fut gelé par Mendoza[28].

Mais il y avait plus inquiétant encore : conseillée par McKinsey, Norwood avait prévu de verser quelque 63 milliards de dollars[29] – le plus important contrat fournisseur de toute l'histoire de l'État – à sept entreprises d'assurance santé pour gérer et payer les services médicaux désormais couverts par le programme Medicaid élargi. Selon Mendoza, le fait que ces dépenses aient échappé à la surveillance du législateur était tout à fait malavisé : « Cela signifie que cette offre de service ne bénéficie pas de la même évaluation indépendante que, par exemple, un contrat d'achat de trombones », a-t-elle ainsi expliqué[30].

Pour sa part, McKinsey n'avait pas particulièrement envie que quiconque se mêle de surveiller son travail, même si son client était l'État. Lors d'une audition, Harris a questionné Norwood sur le penchant du cabinet pour le secret, en citant notamment une disposition du contrat de McKinsey « selon laquelle ni l'État ni McKinsey ne peuvent se référer l'un à l'autre ou attribuer une quelconque information à l'autre partie dans une communication externe, y compris dans les communiqués de presse relatifs à ce contrat ».

« Est-ce une clause standard des contrats de l'Illinois ? » a demandé Harris.

Norwood pensait que c'était le cas, sans pouvoir cependant l'affirmer avec certitude.

« Cela ne semble pas être très propice à la transparence », a conclu Harris[31].

De nouveau, Norwood déclara qu'il n'y avait pas lieu de s'inquiéter et expliqua que les importants contrats concernant notamment les assurances santé allaient être soumis à un appel d'offres et être évalués par des individus n'ayant aucun conflit d'intérêts[32]. « S'il est vrai que j'ai travaillé par le passé, pendant près de 19 ans pour être précise, pour une société d'assurances santé, ni moi ni mes deux collègues ayant des liens avec cette industrie ne participerons à l'évaluation », a-t-elle précisé.

Sa réponse était exacte, mais éludait d'autres points essentiels comme celui de savoir qui rédigeait les termes de l'appel d'offres, susceptibles de favoriser une entreprise plutôt qu'une autre. Interrogée à ce sujet, Norwood déclara que McKinsey avait aidé les employés de l'État à les préparer[33]. Des membres du bureau du gouverneur, dont un autre suppléant, Trey Childress, qui rejoindra un an plus tard le bureau de McKinsey à Chicago, ont aussi prêté main-forte. Par la suite, Norwood est revenue sur sa déclaration pour dire que Childress n'avait pas participé à l'élaboration de l'appel d'offres. Norwood n'a pas répondu à nos demandes d'interview.

Lors des auditions, personne n'a pensé à demander si *McKinsey* avait des conflits d'intérêts. Les fonctionnaires de l'État n'auraient pas eu accès au secret bien gardé que constituait la liste des clients du cabinet, mais les auteurs de ce livre l'ont obtenue à titre exclusif, et celle-ci montre que les liens financiers entre McKinsey et l'industrie des soins de santé sont étroits.

Ces dernières années, McKinsey a en effet facturé pour plus de 200 millions de dollars de services aux entreprises de ce secteur[34], ce qui en fait l'un des plus lucratifs du cabinet. De plus, quatre des sept entreprises qui ont remporté une partie du contrat Medicaid de 63 milliards de dollars ont ensuite été rachetées par des clients de McKinsey. Quant à la cinquième, la société mère de Blue Cross et Blue Shield of Illinois, elle était propriétaire des bureaux du cabinet de conseil au centre-ville de Chicago. Lorsque McKinsey a loué trois étages supérieurs dans l'immeuble de l'assureur, le *Crain's Chicago Business* a parlé d'un coup d'éclat pour ce dernier qui avait « un gros investissement à rentabiliser »[35] dans le bâtiment.

McKinsey s'est bien gardé de dévoiler publiquement ces liens. Selon l'un de ses porte-paroles, les consultants qui acquièrent des informations confidentielles auprès du concurrent d'un client n'ont pas le droit de travailler pour ce dernier « tant que ces informations ont de la valeur (généralement pendant deux ans) d'un point de vue concurrentiel ». Le cabinet a ajouté : « Les clients travaillent avec nous parce qu'ils savent qu'ainsi leurs informations confidentielles sont en sécurité ».

Les législateurs ont voulu savoir ce qu'avait produit McKinsey en échange de ses honoraires mensuels d'environ 1 million de dollars. Autrement dit, pour reprendre le jargon des consultants, ils ont demandé à voir les « livrables »[36]. En examinant des documents lors d'une audience, Harris a été troublé : « Mois après mois, les livrables sont les mêmes. Comment se fait-il que rien ne change ? » a-t-il demandé, avant de conclure : « Je pense que ma question est logique ».

« Certainement » lui a répondu Norwood.

Harris a également constaté que certains livrables tels que ceux relatifs à l'« Aide au soutien et à la préparation des dirigeants pour des sessions de travail avec des fournisseurs à un rythme restant à définir » étaient vagues.

À ce moment-là, certaines personnes ont commencé à rire, a-t-il témoigné[37].

« Cette cadence a-t-elle été définie ? a-t-il ensuite demandé avec une pointe de sarcasme[38].

– C'est votre question ?

– Ouais, je suis en train de parcourir ces documents et je me demande juste ce que l'on a eu pour un million de dollars.

– Nous allons revenir vers vous avec un document qui décrit spécifiquement tout ce que nous avons payé et les livrables reçus », a promis Norwood.

Six mois plus tard, elle a démissionné de son poste au sein de l'État de l'Illinois[39] pour entrer chez Anthem, un acteur majeur dans le domaine de la gestion intégrée des soins et l'un des plus gros clients de McKinsey. Depuis 2018, McKinsey a facturé pour plus de 90 millions de dollars de services à Anthem[40], une part significative des honoraires ayant été versée alors que Norwood était directrice de la division Affaires publiques de l'assureur. En plus d'Anthem, McKinsey a conseillé au moins neuf autres assureurs dans le domaine de la santé[41].

Mais avant que Norwood démissionne, un autre législateur, le représentant William Davis, lui a demandé si elle était certaine que le dossier de McKinsey était irréprochable pour ce genre de travail[42]. S'il posait la question, a expliqué Davis, c'était parce qu'une entreprise pouvait très bien jouir d'une excellente réputation alors qu'il suffisait parfois de creuser un tout petit peu pour mettre au jour des problèmes.

« Aucun problème avec cette entreprise à votre connaissance ? a donc demandé Davis.

– Pour autant que je sache, monsieur le représentant, nous n'avons pas eu connaissance de problèmes concernant cette société.

– Vous êtes sûre de ça ? Je veux en être certain.

– J'en suis sûre, monsieur le représentant. »

Si les hauts fonctionnaires de l'Illinois avaient voulu creuser un tout petit peu, ils leur auraient suffi d'envisager un court déplacement sur l'autre rive du Mississippi jusqu'à St Louis, puis d'aller quelque six cents kilomètres plus loin, jusqu'à Little Rock. Ils auraient alors découvert que le Missouri et l'Arkansas avaient des histoires intéressantes à raconter sur la façon dont McKinsey obtient ses contrats gouvernementaux.

Comme l'Illinois l'a prouvé, McKinsey connaissait non seulement les arcanes de la gestion intégrée des soins de santé, mais aussi la manière d'entrer en contact avec les personnes au pouvoir – les décideurs –, comme l'ancien gouverneur du Missouri, Eric Greitens[43].

En janvier 2017, quelques jours seulement après avoir prêté serment, Greitens a créé un nouveau poste spécifiquement pour Drew Erdmann[44], un ex-associé de McKinsey également ancien membre du Conseil national de sécurité, spécialiste de l'Irak et de l'Iran. Il n'a pas fallu longtemps pour que le Missouri engage McKinsey[45] – de nouveau gratuitement[46] –, « pour [nous] aider à comprendre les éléments clés de leadership et de culture nécessaires à la construction d'une organisation hautement performante ».

Après cela, la firme a été prête à engranger de vrais bénéfices. Lorsqu'Erdmann a voulu lancer une refonte complète de Medicaid, l'État a invité McKinsey et quatre autres cabinets de conseil[47] à soumissionner pour un contrat d'évaluation rapide du programme Medicaid assorti de recommandations de changements, notamment pour lutter contre le gaspillage, la fraude et les abus[48].

La proposition de McKinsey s'est distinguée des autres, en particulier parce qu'elle comprenait des dizaines de pages entièrement caviardées ou presque[49], rendant toute analyse publique impossible. Aucune autre société de conseil n'avait fait cela[50].

Cela a éveillé les soupçons de Tony Messenger, un chroniqueur pour le *St. Louis Post-Dispatch*. « Depuis qu'Erdmann a été embauché, McKinsey est devenu un acteur majeur au sein du gouvernement du Missouri. Une de leurs caractéristiques principales semble être le goût du secret », a-t-il écrit[51]. Selon le procureur général de l'État, les passages en question avaient été abusivement expurgés.

Ces caviardages massifs n'étaient qu'un avant-goût de ce qui allait suivre.

À l'origine, l'État avait annoncé que le gagnant de l'appel d'offres serait sélectionné en fonction des critères suivants : pour 40 % selon son coût, pour 40 % selon la méthodologie proposée et pour 20 % selon son expérience. Cependant, à peine quelques jours après avoir publié ces spécifications, l'État les a soudainement remplacées par de nouvelles dans lesquelles le coût ne pesait plus que pour 15 % du score final[52], ce qui a permis à McKinsey de présenter un budget plus conséquent sans se tirer une balle dans le pied.

Son calcul s'est révélé payant. Le cabinet a remporté le contrat avec une offre à 2,7 millions de dollars, soit *trois fois plus* que la plus basse et davantage que le total combiné des trois propositions les plus économiques[53]. Alors que les fonctionnaires du Missouri semblaient avoir copié-collé leurs évaluations dans plusieurs sections de la proposition de McKinsey[54], en accordant à chacune une note de 100 %, les concurrents étaient jugés plus sévèrement[55], avec des critiques spécifiques.

Et ce n'était pas tout. Après avoir soumis sa meilleure et dernière offre, McKinsey a demandé à rencontrer les fonctionnaires de l'État[56] et a été autorisé à réviser sa proposition[57], et ce plus d'un mois après la date limite de dépôt. Navigant, un concurrent, a protesté, en s'appuyant sur des documents de l'État établissant que McKinsey « a eu l'occasion de réviser et de soumettre à nouveau les documents utilisés dans la notation ». Une demande antérieure de Navigant pour obtenir un délai supplémentaire pour soumettre sa proposition originale avait été rejetée.

Navigant s'est également élevé contre les nombreux caviardages de McKinsey, affirmant qu'ils empêchaient les concurrents d'évaluer « la conformité et la substance » du plan proposé[58]. Selon ce cabinet, « un processus d'appel d'offres doit être ouvert et transparent une fois terminé. Celui-ci est tout sauf cela ». L'État a répondu qu'il n'avait aucune obligation de publier une offre dans son intégralité en ligne[59], mais a tout de même fini par supprimer les caviardages. Les représentants de l'État n'ont pas tenu compte des protestations de Navigant, toutes les règles applicables ayant été suivies, selon eux.

Gail McCann Beatty, le chef de la minorité parlementaire démocrate, a accusé l'administration Greitens d'avoir truqué le processus de sélection[60] du cabinet de conseil en faveur de McKinsey, ce que les dirigeants de l'État ont nié en bloc. Selon Peter Merideth, un autre membre de la Chambre, le contrat était bidon. « Je ne leur fais pas confiance une seule seconde », a-t-il dit, en faisant référence à McKinsey[61]. Il trouvait également étrange que le cabinet de conseil suive les législateurs locaux sur les médias sociaux. « Un type à New York est généralement le premier à "liker" mes posts sur les médias sociaux. Pourquoi cela ? » s'est-il étonné.

Une association de consommateurs, Missouri Health Care for All, se posait aussi des questions sur McKinsey : « Il nous est impossible de savoir si McKinsey a des conflits d'intérêts, car nous ignorons qui sont ses clients actuels » a-t-elle écrit[62].

Cette remarque s'est avérée pertinente : les trois entreprises chargées de gérer le nouveau programme Medicaid du Missouri étaient soit déjà clientes de McKinsey, soit en voie de le devenir[63]. L'une d'entre elles, Centene Corporation, basée à St Louis, « a fait l'objet de graves accusations de mauvaise gestion[64] lui ayant valu 23,6 millions de dollars de pénalités au bas mot dans plus d'une douzaine d'États », a rapporté *The Des Moines Register* en 2018. Toujours selon le journal, l'entreprise – mais pas McKinsey – était accusée, entre autres choses, d'« insuffisances » quant à l'accès des plus modestes et des personnes âgées aux médecins. Durant cette période, en 2018 et 2019, McKinsey a facturé plus de 50 millions de dollars à Centene[65].

Selon Shawn D'Abreu, le directeur des programmes de l'association d'usagers, les Missouriens n'ont pas obtenu grand-chose en échange de leurs 2,7 millions de dollars. Le rapport de McKinsey contenait bien quelques bonnes idées, mais le cabinet a reconnu que nombre de ses propositions étaient déjà connues des responsables de l'État[66].

« N'importe qui aurait pu se rendre au département des Affaires sociales pour y interviewer deux ou trois personnes et rédiger en à peine plus d'un jour le même rapport avec les mêmes recommandations que nous savons bonnes », a écrit D'Abreu[67]. Une exagération ? Peut-être. Mais le rapport de McKinsey soulevait d'autres questions encore.

« La quasi-totalité des principales recommandations de "transformation" se retrouvent dans d'autres rapports sur le site web de McKinsey. Il est juste de se demander si elles sont adaptées au Missouri ou si ce ne sont que des solutions à l'emporte-pièce », a conclu l'association d'usagers[68].

Dans son diagnostic, McKinsey se gardait également bien de se mettre les législateurs républicains à dos. « Selon le rapport, la situation budgétaire difficile de l'État était imputable au programme Medicaid[69] ; l'impact des réductions d'impôt successives n'était pas du tout pris en compte », a écrit l'association pour qui, globalement, McKinsey semblait donner la priorité aux profits des sociétés d'assurance santé plutôt qu'à l'accès aux soins médicaux pour les plus démunis.

À partir de 2019, la nouvelle machine destinée à fournir les prestations couvertes par Medicaid a commencé à se gripper avec une baisse brutale du nombre de bénéficiaires enregistrés – surtout parmi les enfants, ce qui a inquiété Herb Kuhn, le directeur de l'association des hôpitaux du Missouri : « Quand on voit que plus de 50 000 enfants ont disparu des registres de Medicaid, on se demande si l'État fait bien ses vérifications », a-t-il expliqué[70]. Pour le représentant Merideth, ce nombre était même sans doute plus proche de 100 000[71]. Soit McKinsey n'avait rien prévu pour éviter cela, soit l'État avait ignoré ses conseils, soit l'économie du Missouri s'était améliorée, une troisième option à laquelle les défenseurs des nécessiteux ne croyaient cependant pas. Pour l'association caritative Legal Services of Eastern Missouri, la faute était plutôt à rechercher du côté du rapport de McKinsey qui incluait des recommandations visant à réduire les coûts de Medicaid. Selon un de ses rapports, « comme il se concentre sur la réduction des coûts, de façon générale, le rapport de McKinsey échoue à prendre en compte l'impact potentiel de ses recommandations sur l'accès à la santé et ses conséquences »[72].

Pour Merideth, les entreprises de gestion intégrée des soins de santé ont échoué à un autre titre : alors qu'elles avaient promis des économies[73], le Missouri est l'un des États où le coût par patient bénéficiaire de Medicaid est le plus élevé. Savoir quelle est la part de responsabilité de McKinsey dans ce fiasco demeure une question ouverte.

Selon le Dr Joshua M. Sharfstein, un expert en politique de santé à l'université Johns-Hopkins, correctement mise en œuvre, la gestion intégrée des soins de santé permet de contrôler les coûts, d'améliorer les résultats médicaux et d'offrir un meilleur service que le système traditionnel de rémunération à l'acte, qui récompense le volume au détriment de la qualité et des coûts. Mais quand ils échouent dans cette mission, les acteurs du secteur sont connus pour investir dans des lobbyistes afin d'obtenir des règles plus favorables pour Medicaid. « Je ne suis pas opposé à ce qu'il y ait des plans de gestion intégrée des soins dans Medicaid, mais l'implication des acteurs du secteur n'est pas une solution magique », a-t-il déclaré[74], avant de préciser que pour que ces plans fonctionnent comme prévu, « les États doivent les surveiller de très près ».

Les liens étroits de McKinsey avec les assureurs ont été évidents dans l'Arkansas voisin, où Blue Cross Blue Shield a offert à l'État, ce qui était du jamais-vu, une subvention de 1,5 million de dollars s'il engageait McKinsey pour évaluer le programme Medicaid. L'État a pris l'argent, a ajouté 1,5 million de dollars supplémentaires, puis a donné le montant total – 3 millions de dollars – à McKinsey par le biais d'un contrat direct « d'urgence »[75].

Plusieurs mois après l'attribution du contrat, l'Arkansas a eu droit à une autre surprise. Andy Allison, un économiste spécialiste en santé publique, raconte s'être retrouvé dans un bureau avec un associé senior de McKinsey, David Nuzum, alors qu'il passait un entretien pour le poste de directeur de Medicaid en Arkansas. « Un associé de McKinsey assistait à mon entretien. Ils avaient besoin de conseils pour savoir si j'étais qualifié pour le poste », se souvient Allison[76]. Nuzum a refusé d'être interviewé, mais, selon son employeur, il avait été « invité de manière impromptue à discuter avec M. Allison pendant quelques minutes » et ne devait jouer aucun rôle dans la décision d'embauche.

Allison a obtenu le poste. Il était déterminé à utiliser les fonds de Medicaid pour acheter des assurances santé privées pour les personnes à faibles revenus. Cependant, en réussissant à faire fructifier son contrat initial de 3 millions de dollars en une série de missions pour un total de plus de 100 millions de dollars[77] – un sacré butin si l'on considère que l'Arkansas est l'un des États les plus pauvres du pays –, sans jamais avoir à passer par des procédures d'appel d'offres, c'est McKinsey qui a le plus profité de la situation. Par la suite, un audit législatif[78] a conclu que le contrat initial de 1,5 million de dollars conclu avec Blue Cross, attribué avant l'arrivée d'Allison, aurait dû faire l'objet d'un appel d'offres.

Dans une interview pour ce livre, Allison a expliqué que si McKinsey avait bénéficié du statut de fournisseur exclusif, c'est parce qu'il était le seul cabinet à avoir les compétences nécessaires pour transformer Medicaid. « L'innovation et la réforme des paiements exigent une compréhension fine du marché médical », a-t-il déclaré[79]. « Aucun cabinet de conseil ne pouvait rivaliser avec McKinsey sur cette question ». Selon lui, s'il était passé par un appel d'offres, ce dernier aurait tout de même remporté la mise. « La réponse aurait été la même, tout en étant beaucoup, beaucoup plus lente », a-t-il conclu.

McKinsey a sans doute apprécié l'attitude d'Allison, puisque la firme l'a embauché en 2015[80], un peu plus de six mois après qu'il a démissionné de son poste gouvernemental, un fait jugé suffisamment important pour être mentionné dans un rapport hautement critique sur la manière dont l'État avait géré les fonds alloués à Medicaid.

Les succès de McKinsey en Illinois, en Arkansas et dans le Missouri ne tiennent pas qu'à la chance et à la connaissance du contexte régional. Avec sa liste impressionnante de clients qui couvre toute la chaîne des soins de santé, dont des agences réglementaires, le cabinet bénéficie d'un pouvoir d'influence qui s'étend bien au-delà des frontières de ces États, tout en créant un immense réservoir de conflits d'intérêts potentiels.

Conscient que ce secteur d'activité pouvait représenter un centre de profit majeur, McKinsey s'est infiltré dans nombre d'agences fédérales et d'État en vendant l'idée que les fonctionnaires ordinaires n'avaient pas la formation et l'expérience nécessaires pour bien comprendre les nuances des logiques économiques en jeu. Il a aussi fait la promotion de ses analyses exclusives[81] enrichies de milliers d'ensembles de données provenant de clients du monde entier. Enfin, en plus de ses consultants généralistes, la firme s'est adjoint l'expertise de médecins, de chercheurs ainsi que d'anciens régulateurs gouvernementaux.

McKinsey a connu un énorme succès, obtenant plus d'un milliard de dollars de contrats au niveau fédéral et avec les États, souvent en dehors de toute procédure d'appel d'offres. Et nombre de ces contrats consistaient à conseiller les agences gouvernementales qui réglementaient les clients privés de McKinsey dans le domaine des produits pharmaceutiques, des hôpitaux et des assurances.

L'équipe McKinsey spécialisée dans le secteur de la santé a joué un rôle important – et très critiqué – dans le débat sur la mesure phare du président Obama, l'Affordable Care Act, la législation la plus ambitieuse en matière de soins de santé depuis Medicare et Medicaid un demi-siècle plus tôt[82]. Cette loi a mis fin à des années de tentatives infructueuses par les démocrates d'aider les personnes sans assurance médicale. Elle devait donner accès à des millions d'Américains à une assurance abordable, en étendant les bénéfices de Medicaid à ceux proches du seuil de pauvreté, mais tout de même au-dessus. Le projet prévoyait également que ceux qui gagnaient trop pour être éligibles pourraient utiliser des crédits d'impôt pour souscrire une assurance sur une place de marché publique et ne pourraient se voir refuser une couverture en raison de conditions médicales préexistantes.

La loi a suscité la colère des dirigeants républicains qui l'ont perçue comme une première étape vers une prise de contrôle des soins de santé par le gouvernement. En public, les assureurs santé soutenaient la réforme, mais en privé, ils s'efforçaient de la torpiller en faisant discrètement transiter des dizaines de millions de dollars par la Chambre de commerce des États-Unis qui finançaient des opérations de lobbying[83].

Ils n'ont pas réussi à faire capoter l'Affordable Care Act, mais ils l'ont tout de même affaibli en convainquant suffisamment de législateurs d'enterrer « l'option publique », une clause qui aurait permis au gouvernement de proposer lui-même une couverture santé pour éviter que les assureurs privés ne s'enrichissent démesurément[84]. Le président Obama a dû s'incliner pour obtenir le vote de Joe Lieberman, un des deux sénateurs du Connecticut, un État où plusieurs assureurs médicaux d'importance ont leur siège. Les représentants républicains ont perdu la bataille, mais n'ont pas cessé d'essayer de saper la nouvelle loi en l'attaquant, entre autres, en justice.

En juin 2011, les républicains ont reçu un coup de pouce inattendu : McKinsey a choqué Washington en rendant publique une étude du cabinet qui montrait que presque un tiers des entreprises arrêteraient « certainement ou probablement » d'offrir une assurance santé à leurs employés quand la loi entrerait pleinement en vigueur en 2014[85]. L'étude suggérait que le traitement proposé était pire que le mal et qu'il menaçait de saper la loi avant même sa promulgation.

Ses conclusions allant à l'encontre d'études concurrentes[86] menées notamment par la Rand Corporation, l'Urban Institute et le Congressional Budget Office, un organisme non partisan, les démocrates ont exigé que sa méthodologie soit dévoilée.

Pendant près de deux semaines, McKinsey a refusé, arguant du fait qu'il s'agissait de la propriété exclusive du cabinet, ce qui a d'autant plus suscité l'ire des démocrates du Congrès. « Les résultats de cette étude sont si nettement en décalage avec les autres évaluations qu'ils soulèvent des interrogations légitimes à son sujet, y compris sur la manière dont elle a été menée et la raison de sa création », ont écrit les démocrates de la commission des voies et moyens de la Chambre des représentants dans une lettre adressée à Dominic Barton[87], le directeur général de McKinsey. Et d'ajouter : « le rapport lui-même indique que McKinsey a "formé les répondants" sur les implications de la loi sur les soins abordables, sans pour autant fournir la moindre indication sur le contenu de cette "formation" ». Le sénateur Max Baucus, président de la commission des finances du Sénat, a adressé une lettre similaire à Barton[88]. « Ce n'est pas tous les jours que le président de la commission des finances du Sénat et trois commissions de la Chambre des représentants exigent simultanément d'une entreprise qu'elle révèle les dessous d'une enquête comme celle-ci », a écrit Greg Sargent, chroniqueur au *Washington Post*[89]. « Cela met vraiment la pression et souligne à quel point les enjeux sont devenus importants pour les démocrates, maintenant que les républicains brandissent régulièrement l'étude comme une arme contre la loi sur la santé ».

McKinsey a fini par céder à la pression politique[90], par reconnaître que son étude n'était pas aussi rigoureuse que d'autres et par admettre qu'elle n'était en rien « prédictive ». Mais cela n'a pas suffi au sénateur Baucus, pour qui le rapport de McKinsey ne s'appuyait que « sur des données parcellaires et soigneusement choisies et des questions biaisées »[91]. Nancy-Ann DeParle, l'adjointe du chef de cabinet du président Obama a également éreinté le document[92], en déclarant que près de la moitié des personnes interrogées dans le cadre de l'enquête ignoraient tout ou presque de la responsabilité de l'employeur dans le cadre de la loi et que près d'un quart d'entre elles « ignoraient tout » de ces dispositions. DeParle a refusé de spéculer sur ce qui avait pu pousser McKinsey à rédiger un tel rapport[93].

Les démocrates auraient-ils su à quel point McKinsey était proche des assureurs santé qu'ils auraient pu être beaucoup plus explicites dans leurs critiques.

Le rapport de McKinsey s'inscrit dans la droite lignée de ses pratiques habituelles, lorsque le cabinet identifie un problème qui se profile, potentiellement plus sérieux qu'il ne semble à première vue, et qui requiert donc d'être pris à bras-le-corps pour ne pas nuire à la prospérité générale. Bien entendu, le cabinet est en mesure de le résoudre – moyennant finance, il va sans dire.

Pour accroître sa visibilité, McKinsey a créé le Center for U.S. Health System Reform « pour suivre et modéliser l'impact des changements réglementaires sur la dynamique du marché et des consommateurs »[94]. Son public cible est sans ambiguïté : « Nous aidons les investisseurs – y compris les acheteurs stratégiques et les fonds d'investissement privés – à comprendre les opportunités qui découlent des dernières tendances en matière de réformes législatives et réglementaires [et] à identifier les domaines d'investissement et les actifs intéressants dans la chaîne de valeur des soins de santé ».

« Durant ces cinq dernières années, notre pôle de compétences santé a mené plus de 2 500 missions pour le compte de systèmes de santé, d'assureurs privés et de payeurs gouvernementaux, d'hôpitaux spécialisés, de centres médicaux universitaires et de fournisseurs de services auxiliaires », a écrit McKinsey en avril 2008. Ces clients incluent vingt des plus grandes entreprises de gestion intégrée des soins, neuf des plus grands groupes hospitaliers américains et sept des dix premiers centres médicaux universitaires, « ainsi que de multiples payeurs gouvernementaux au niveau fédéral et étatique – dont douze États pour transformer le mode de fonctionnement de certaines de leurs agences [et] améliorer leur approche de la gestion intégrée des soins ». En outre, le cabinet conseille « les principales chaînes de pharmacies de détail, des fournisseurs de services auxiliaires, des associations professionnelles sectorielles, des sociétés de gestion de fonds privés et bon nombre des plus gros employeurs américains »[95].

Avec tous ces acteurs du secteur de la santé comme clients et sa solide réputation, on imagine sans peine que McKinsey n'a pas eu trop de mal à attirer les agences gouvernementales dans son orbite.

Lorsque Donald Trump est devenu président des États-Unis en janvier 2017, personne ne savait quel accueil son gouvernement réserverait à McKinsey et à sa manière d'aborder les problèmes. Alors que pour le cabinet de conseil, n'importe quel problème, aussi complexe soit-il, peut se résoudre en partant d'analyses chiffrées, Trump estime que les meilleures solutions viennent de ses amis loyaux, surtout quand celles-ci coïncident avec son agenda politique ou financier.

En plus de cela, il y avait des différences de point de vue. Trump s'était fermement opposé à l'Obamacare et avait soutenu les républicains du Congrès qui avaient fait tout leur possible (en vain) pour vider la loi de son contenu. *A contrario*, McKinsey avait engrangé de gros profits à aider les États à mettre en œuvre la nouvelle loi. Cependant, le cabinet de conseil ménageait la chèvre et le chou.

À Washington, D.C., où les sommes récoltées par les campagnes politiques sont de bons indicateurs de qui mérite que l'on s'intéresse à lui ou elle, les quatre plus gros contributeurs chez McKinsey travaillaient tous pour le pôle de compétences santé, un indicateur de l'importance du secteur pour la firme. Pris ensemble, ils représentaient près de la moitié des dons des milliers d'employés américains de McKinsey[96]. Avec pas loin d'un million de dollars versés aux démocrates entre 2015 et 2020, Martin Elling, directeur associé senior et responsable de la pratique pharmaceutique du cabinet, était ainsi le plus gros donateur de la firme[97]. Selon les courriels publiés par WikiLeaks, il a également levé des fonds pour des candidats et s'est servi de ses connexions avec des responsables du parti pour offrir aux donateurs un hébergement de qualité lors de la convention nationale de 2016 à Philadelphie[98].

Le deuxième plus gros donateur était Vivian Riefberg, une directrice associée senior[99] qui a pris sa retraite de McKinsey en 2020 après avoir dirigé le pôle de compétences secteur public et codirigé le secteur santé aux États-Unis. Elle a donné 346 450 dollars, principalement à des démocrates. Riefberg supervisait les contrats de McKinsey avec les agences fédérales qui réglementent les clients commerciaux du cabinet.

Le troisième plus gros donateur, Paul Mango, a principalement financé des républicains. Directeur d'une unité de

McKinsey dédiée à la réforme des soins de santé, il est devenu une voix influente en matière de santé au sein de l'administration Trump après sa nomination en 2018 au poste de chef de cabinet adjoint pour les politiques du département de la santé et des services sociaux, organe qui englobe la FDA[100].

Dans l'ensemble, McKinsey s'est taillé une plus grosse part du gâteau de la FDA en quatre ans sous Trump – 77 millions de dollars – qu'en huit ans sous Obama[101]. McKinsey a également conseillé pas moins de dix-neuf entreprises pharmaceutiques – toutes soumises à la réglementation de la FDA – et trois des principaux distributeurs de médicaments, ce qui lui a permis de facturer pour plus de 400 millions de dollars sur trois années récentes[102].

Se doutant que les principaux acteurs du secteur pharmaceutique ne se contenteraient pas de consultants fraîchement émoulus des meilleures universités du pays, la firme s'est aussi efforcée d'embaucher des anciens de la FDA. Ainsi, dans une de ses offres d'emploi, elle annonçait qu'elle recherchait des personnes ayant travaillé au moins cinq ans au sein du bureau des affaires réglementaires de la FDA. Les candidats devaient « connaître et avoir des relations avec les enquêteurs et les dirigeants des bureaux des districts »[103]. McKinsey ne définissait pas ce qu'il entendait par « relations ». Les candidats devaient également connaître les réglementations pharmaceutiques et « les meilleures mesures à prendre immédiatement » en réponse à une lettre d'avertissement de la FDA.

McKinsey ne cherchait pas des experts en efficience pour dégraisser un budget, mais des individus capables, entre autres choses, d'aider les entreprises pharmaceutiques à esquiver des représailles de la FDA.

Le cabinet maintient que conseiller en même temps des entreprises et leurs régulateurs ne compromet pas son objectivité parce que les consultants ne partagent pas les informations de leurs clients. Néanmoins, pour McKinsey, c'est plutôt un avantage que les gros du secteur pharmaceutique sachent que le cabinet collabore avec toutes les parties prenantes. La firme a ainsi publié sur Internet la biographie d'une associée de Chicago mettant en avant son travail « au service de sociétés pharmaceutiques, de fabricants d'appareils médicaux et d'entreprises commerciales servant les consommateurs, ainsi que d'organismes de réglementation » sur des questions de qualité et de conformité[104]. Cette même associée avait également élaboré « un plan d'action complet » pour la mise en œuvre des meilleures pratiques au sein d'un « important organisme réglementaire américain » resté non identifié.

Même si le cabinet ne partage pas d'informations confidentielles, sa décision de travailler à la fois pour des entreprises pharmaceutiques et pour la FDA place, au mieux, tous ces protagonistes dans une situation inconfortable. La FDA avait déjà été critiquée pour s'être trop rapprochée de l'industrie, mais son étroite collaboration avec l'entreprise Biogen pour la promotion de son traitement controversé contre la maladie d'Alzheimer, l'aducanumab, a soulevé de graves questions quant à son impartialité[105].

Après l'arrêt de deux essais cliniques jugés inefficaces, la FDA a en effet œuvré en coulisses pour sauver le médicament et a fini par l'approuver en dépit des sérieuses objections de son propre comité consultatif d'experts indépendants, dont dix des onze membres avaient conclu que les preuves de son efficacité étaient insuffisantes, le onzième s'étant déclaré « incertain »[106]. La décision de la FDA a entraîné la démission de trois des membres du panel. L'un d'entre eux, le Dr Aaron Kesselheim, professeur de médecine à la Harvard Medical School, a considéré qu'il s'agissait « probablement de la pire décision d'approbation d'un médicament de l'histoire récente des États-Unis »[107].

Les enjeux étaient colossaux. Six millions d'Américains souffrent de la maladie d'Alzheimer et, avec un coût annuel estimé à 56 000 dollars par patient[108], les retombées potentielles d'aducanumab pour Biogen se comptaient en milliards de dollars. (Depuis, Biogen a baissé le prix de son traitement.) Des experts ont mis en garde contre le fait que ce médicament donnait de faux espoirs aux familles des patients, prêtes à tout pour soigner leur proche, tout en imposant un fardeau financier considérable au programme Medicare.

Le Public Citizen's Health Research Group, un groupe de défense des intérêts des consommateurs, a jugé la décision de la FDA d'approuver l'aducanumab, vendu sous le nom d'Aduhelm, « indéfendable » et « irresponsable »[109] et a demandé qu'une enquête soit ouverte au niveau fédéral.

Alors que la controverse autour de l'Aduhelm a largement été relayée par les médias, le rôle joué en coulisses par McKinsey dans la promotion du médicament, révélé par des documents obtenus dans le cadre des recherches menées pour ce livre, a été caché au public. En avril 2021, des mois après que le panel d'experts de la FDA a fait part de ses doutes quant à l'efficacité de l'Aduhelm, Kevin Sneader, le directeur général mondial du cabinet à l'époque, a fait l'éloge du traitement, selon lui « une thérapie de tout premier ordre dans le traitement de la maladie d'Alzheimer »[110]. Pour cette raison, toujours d'après lui, Biogen devrait s'attendre à « un fort intérêt du public pour le médicament et pour la maladie qu'il cible ».

Pour aider le produit à se lancer, McKinsey s'est associé à UsAgainstAlzheimer's, un groupe de sensibilisation financé en partie par Biogen. Selon Sneader, il en est résulté un site Internet et un service vocal appelé BrainGuide pour aider les familles concernées par la maladie. Développé par une équipe mixte composée d'employés de McKinsey et d'Amazon Web Services, il a été lancé dans l'émission *Good Morning America* de la chaîne télévisée ABC.

Le directeur du Health Research Group, le Dr Michael A. Carome, a déclaré que jusqu'à ce que les auteurs de ce livre l'interrogent à ce sujet, il ignorait que la FDA et Biogen avaient un point commun – McKinsey[111]. Selon lui, il n'y avait aucun doute que cela provoquait un conflit d'intérêts évident. En 2018, McKinsey a facturé 11,6 millions de dollars à la FDA[112] pour des conseils sur son processus d'approbation des médicaments et, à peu près à la même période, près de 10 millions de dollars à Biogen, selon des documents internes du cabinet. En dehors de son travail pour UsAgainstAlzheimer's, on ne sait pas exactement ce que McKinsey a fait pour Biogen.

Un mois après que l'approbation d'Aduhelm par la FDA a suscité de nombreuses critiques, la directrice intérimaire de cet organe de régulation, Janet Woodcock, a demandé l'ouverture d'une enquête gouvernementale sur la manière dont son agence avait interagi avec Biogen avant d'approuver le traitement. En conséquence, au cours de l'été 2021, McKinsey a appelé ses employés à « conserver tous les documents concernant le travail que nous effectuons ou avons effectué pour Biogen concernant l'Aduhelm ».

D'après des documents gouvernementaux, McKinsey souhaitait renforcer la relation de travail entre les entreprises pharmaceutiques et la FDA. Le cabinet a cité les changements relativement récents apportés au processus d'approbation des médicaments comme l'une des raisons pour lesquelles les « relations entre l'organisme de réglementation et l'industrie se sont considérablement améliorées ». Cependant, selon le cabinet, il restait encore beaucoup à faire ; pour cela, il recommandait que tout changement à venir soit mis en œuvre « avec la rapidité et l'agilité »[113] qui caractérise le travail de l'agence sur la réglementation des nouveaux médicaments.

Les liens de McKinsey avec la FDA se développent et se nourrissent parfois loin des regards, dans des contextes privés comme lors d'une conférence de l'industrie pharmaceutique qui s'est tenue en septembre 2019 dans le New Jersey – État où travaillent des milliers d'employés de ce secteur –, où le cabinet a joué un rôle de premier plan[114]. Le conférencier d'honneur était le Dr Peter Marks, le directeur du Center for Biologics Evaluation and Research dont le rôle vital consiste à garantir « la sécurité, la pureté, la vigueur et l'efficacité des produits biologiques », y compris des vaccins et des thérapies génétiques[115].

La conférence offrait l'occasion de rencontrer et d'entendre le Dr Marks, l'un des représentants les plus importants de la FDA, un fait que soulignait le thème de l'événement : « Parce que les patients ne peuvent plus attendre ». Malgré ce souci affiché des patients, ceux-ci n'étaient pas autorisés à assister à la conférence, pas plus qu'aucun outsider, médias inclus, ainsi que cela avait été spécifié sur le programme[116]. Cette réunion privée offrait aux entreprises pharmaceutiques non seulement la possibilité de nouer une relation avec le Dr Marks, mais aussi, comme indiqué dans le programme, de bénéficier « des savoirs de McKinsey ». Trois consultants du cabinet jouaient le rôle soit d'intervenant soit de modérateur de table ronde.

Plus tôt cette année-là, McKinsey avait interviewé le Dr Marks ; au cours de l'entretien, celui-ci avait souligné les points saillants de la conception de la FDA concernant l'approbation de nouveaux médicaments : « Nous sommes conscients que des critères cliniques rigoureux peuvent prendre beaucoup plus de temps à mesurer », avait-il dit en faisant référence aux essais cliniques[117]. C'est pourquoi, pour certains remèdes, « nous avons récemment publié un projet de lignes directrices pour la mise en place d'un éventuel processus d'approbation accélérée », avait-il ajouté.

On ignore de quoi McKinsey a discuté avec le Dr Marks lors de la conférence, et si le sujet de Biogen a été abordé. En revanche, l'on sait que l'année suivante, après que le groupe consultatif d'experts de la FDA a jugé, à une écrasante majorité, que les résultats des tests cliniques de l'Aduhelm de Biogen n'étaient pas probants, le Dr Marks a approuvé, avec plusieurs autres responsables de la FDA, une procédure d'autorisation accélérée pour le médicament.

Sous les administrations Obama et Trump, McKinsey a engrangé un nombre record de contrats avec l'État fédéral. D'un montant total largement supérieur à 1 milliard de dollars, dont au moins 130 millions de dollars rien que pour la FDA[118], ces contrats ont été signés la plupart du temps en dehors de toute procédure d'appel d'offres[119].

McKinsey sollicite ces contrats de façon agressive, parfois même au point qu'il lui est arrivé de se faire taper sur les doigts pour un comportement jugé contraire à l'éthique et potentiellement illicite. Dans le cas en question, McKinsey avait cherché à obtenir des faveurs auprès d'un fonctionnaire du gouvernement après que des auditeurs fédéraux avaient menacé de mettre fin à un contrat lucratif du cabinet qui lui avait permis, pendant plus de dix ans, de gagner des millions de dollars avec la FDA sans jamais avoir à se soumettre à une procédure d'appel d'offres.

Ce genre de contrat incluant des options de renouvellement automatiques est très recherché étant donné qu'une fois que le gouvernement a approuvé les références d'un fournisseur et fixé un prix pour certains biens et services, les agences fédérales peuvent repasser commande sans appel d'offres[120]. Ce que le gouvernement perd en pression à la baisse sur les prix des prestations, il le gagne en efficacité.

Quand McKinsey a voulu renouveler son contrat en 2015, les responsables gouvernementaux ont insisté pour qu'un audit soit réalisé au préalable. McKinsey a toutefois refusé de remettre les documents demandés, ce qui a incité les auditeurs à solliciter le responsable des contrats de l'Administration des Services Généraux (GSA) – l'agence qui traite les contrats pour une grande partie du gouvernement fédéral – afin qu'il obtienne les documents ou, à défaut, qu'il annule le contrat[121].

C'est là que le processus d'audit s'est grippé. Un directeur de division de la GSA est intervenu à la demande de McKinsey et a renvoyé l'agent qui avait tenté d'obtenir les dossiers demandés dans le cadre de l'audit. Ce directeur a attribué unilatéralement le contrat à McKinsey, alors même que le budget de certaines sections était supérieur – jusqu'à 193 % plus élevé – au prix du marché[122]. En prime, selon un rapport de 2019 de l'inspecteur général de l'agence, le directeur a appliqué *une augmentation de 10 % des tarifs, puis une autre de 3 %*, au contrat déjà démesuré[123]. Ces augmentations injustifiées ont coûté aux contribuables américains un montant estimé à 69 millions de dollars[124], sans compter « les coûts potentiels liés à la tarification par équipe non justifiée de McKinsey », a déclaré un porte-parole de l'inspecteur général dans une interview[125].

Ce succès a poussé McKinsey à rechercher d'autres faveurs de la part du même directeur de division de la GSA, cette fois-ci pour l'aider à remporter des contrats avec trois agences fédérales : le Center for Medicare and Medicaid Services, la National Oceanic and Atmospheric Administration (NOAA) et de ministère de l'Intérieur. Ce qui rendait ces demandes si inhabituelles et déplacées, c'est qu'*aucune d'elles ne dépendait de la GSA*[126], si bien que le directeur de cette dernière n'avait pas autorité pour intervenir et n'aurait jamais dû recommander de fournisseur. Néanmoins, cet individu a accepté d'aider McKinsey.

« Merci pour hier et pour avoir accepté de parler à NOAA » a écrit McKinsey au directeur du GSA. « Nous préférerions ne pas avoir à partager de données financières sauf si on nous le demande »[127]. Dans un autre email, McKinsey a écrit : « nous vous serions très reconnaissants si vous parliez à la personne qui travaille au ministère de l'Intérieur et dont le nom figure ci-dessous. Elle nous demande des informations sur des tarifs horaires que nous n'avons pas (comme vous le savez bien) ».

Par ailleurs, McKinsey a demandé au directeur du GSA de l'aider avec un contrat pour une autre agence fédérale qui avait plusieurs fois recalé le cabinet de conseil en raison de ses prix « ridicules et injustifiés ». En définitive, McKinsey a pu resoumettre une offre et a remporté le contrat[128].

L'inspecteur général n'a pas ménagé ses critiques à l'égard du directeur du GSA impliqué dans l'affaire, affirmant qu'il n'avait « pas respecté les lois, les règlements et les politiques de la GSA en utilisant des comparaisons de prix nulles et non avenues, en s'appuyant sur des informations non étayées et en ne réalisant que des analyses parcellaires pour justifier l'attribution du contrat ». Il a également accusé le directeur « d'avoir failli à son devoir d'impartialité »[129], et d'avoir créé ainsi une apparence d'irrégularité qui a potentiellement donné à McKinsey un avantage concurrentiel injuste.

La GSA a refusé de pointer du doigt le directeur incriminé, mais des documents internes montrent qu'en 2019, ce dernier a démissionné de l'agence alors qu'aucune mesure disciplinaire n'avait été prise à son encontre[130].

Alors que l'enquête de l'inspecteur général était en cours, McKinsey a pris la décision audacieuse, pour ne pas dire discutable, d'organiser des conférences informationnelles pour les fonctionnaires de la GSA et d'autres agences fédérales[131]. Ces réunions ont donné au cabinet l'occasion d'interagir et de socialiser avec les responsables fédéraux chargés de la passation de marchés qui pourraient un jour être appelés à porter un jugement sur les intérêts commerciaux de McKinsey.

Une session à San Francisco, baptisée « Sommet innovant sur l'avenir du gouvernement », ciblait en particulier tous ceux qui « aspirent à apprendre les uns des autres pour faire tomber les barrières à l'innovation au sein des instances gouvernementales ». Quelques mois plus tard, McKinsey organisait un « camp d'entraînement » à New York, qui promettait « une série d'ateliers totalement immersifs et interactifs sur 24 heures, axés cette année sur l'apprentissage de la manière de libérer la valeur issue des transformations de l'expérience client ».

Anticipant sans doute les critiques que ne manquerait pas de susciter l'organisation d'un tel événement à l'intention de fonctionnaires fédéraux responsables de la passation des marchés, McKinsey a recommandé aux employés de GSA qu'ils « en réfèrent au responsable de l'éthique de GSA pour juger de l'opportunité de leur participation ». Le cabinet s'est empressé d'ajouter que la conférence ne concernait en rien la passation de marchés publics, et que donc il espérait « que tout ira(it) bien ».

McKinsey a clôturé la dernière année de l'administration Trump en tirant parti d'une urgence sanitaire : la pandémie de coronavirus qui, en mars 2022, avait tué plus de 900 000 Américains[132]. Alors que le pays était en proie à ce fléau, à des manifestations de protestation contre les violences policières et à une élection présidentielle sous tension, McKinsey a cherché à rester sous les feux de la rampe en produisant sans relâche des documents d'orientation sur le Covid-19, moins axés sur la manière dont les gens devraient se protéger que sur la façon dont les entreprises pourraient tirer des leçons de la pandémie pour améliorer leur position concurrentielle. L'un d'entre eux était ainsi intitulé « De la survie à la prospérité »[133].

Même Kevin Sneader, le directeur général de la firme, s'y est mis en corédigeant une note d'encouragement qui mettait en avant l'« innovation » – un mot passe-partout pour

McKinsey – pour expliquer comment les équipes de football du Brésil avaient retrouvé leur superbe après une longue traversée du désert. Répondant à la vague de décès avec un vocabulaire inepte, Sneader conseillait aux entreprises meurtries par le Covid de se préparer « à la prochaine normalité » en faisant leur ses cinq R : *resolve*, *résilience*, *return*, *reimagination* et *reform* (résolution, résilience, retour, re-imagination et réforme)[134].

Quoi que vendît McKinsey, les gouvernements achetaient. Dans les mois suivant l'arrivée de la pandémie, la firme a ainsi vendu pour plus de 100 millions de dollars de missions de conseil à des responsables gouvernementaux au niveau local, étatique et fédéral sur la manière de gérer la crise, ce qui lui valut tout de même quelques critiques, notamment sur le coût de ses prestations et sur les résultats incertains de ses conseils[135].

Jennifer Moon, maire adjointe du comté de Miami-Dade, s'est ainsi plainte du travail gouvernemental de McKinsey dans un email rendu public par ProPublica et envoyé à un avocat du bureau du procureur du comté : « Apparemment, il faut cinq consultants épaulés par du personnel administratif pour faire ce que je faisais seule moi-même », a-t-elle ainsi écrit. McKinsey a également signé des contrats liés au Covid avec la Californie, le Tennessee, le New Jersey et les États de Washington et de New York[136].

Trois sénateurs démocrates s'en sont émus, mais pour d'autres raisons : leur première préoccupation, ont-ils écrit dans une lettre d'avril 2020 adressée au responsable de l'éthique de la Maison-Blanche, était que Jared Kushner, le gendre du président, animait un groupe de travail « miroir » sur le Covid incluant des entreprises privées et « un aréopage de consultants McKinsey »[137].

Outre le fait que ce groupe de travail ne devait répondre de ses travaux devant rien ni personne, les sénateurs se sont demandé qui était réellement responsable, étant donné que le vice-président Pence dirigeait déjà le groupe de travail officiel de la Maison-Blanche sur le coronavirus.

Les législateurs ont accusé le groupe de Kushner de jouer « un rôle central dans l'échec du gouvernement fédéral en matière d'approvisionnement et de livraison de ventilateurs et d'équipements de protection individuelle ». Seul point positif : le groupe travaillait apparemment gratuitement.

Pour une société qui se targue d'être force de proposition pour réformer le système de soins de la nation, McKinsey est resté curieusement muette sur certaines des questions de santé les plus importantes de notre époque. Elle n'a pas plus pris la tête de la lutte contre le tabagisme que celle de la lutte contre le vapotage ou encore l'abus d'opioïdes[138]. (La firme avait des clients dans ces trois secteurs.) Le cabinet n'a pas fermement dénoncé le coût élevé des médicaments ou le tsunami des publicités directes aux consommateurs des entreprises pharmaceutiques. (Cinq de ses clients de ce secteur ont été convoqués par le Congrès pour s'expliquer sur les hausses de prix et la rémunération des dirigeants.[139]) Enfin, la firme ne s'est pas non plus alarmée publiquement de la consolidation des services de soins de santé. (Certains de ses clients ont sans doute bénéficié de ces réformes anticoncurrentielles.)

McKinsey possède l'expertise et l'influence nécessaires pour tenir sa promesse d'un système de soins de santé plus rationnel fondé sur la valeur. Force est d'admettre qu'elle a, à un tout petit niveau, contribué à atteindre cet objectif. Il n'en reste pas moins vrai qu'améliorer la santé de la nation n'est pas sa raison d'être. McKinsey est, avant tout, une société à but lucratif, et, de ce point de vue-là, elle a parfaitement réussi, que ce soit pour elle-même ou pour ses clients, même si cela ne s'est pas toujours fait de façon honorable. À défaut d'être une entreprise exemplaire en matière de courage, McKinsey l'est très certainement d'un point de vue commercial.

Chapitre 4

McKinsey dans les bureaux de l'ICE*

« Nous ne définissons pas la politique, nous la mettons en œuvre »

Alors que le soleil d'automne s'apprêtait à se coucher sur le cimetière national d'Arlington visible depuis le toit-terrasse, deux cents employés de McKinsey se pressaient dans une salle de réunion du dixième étage des bureaux de la société, à Washington. Les dirigeants les avaient convoqués ce vendredi après-midi – traditionnellement un jour de déplacement pour les consultants qui rentraient chez eux après une semaine passée en tournée auprès des clients – pour discuter d'un problème urgent.

McKinsey était assailli.

Pour une entreprise habituée à toujours *garder tout sous contrôle*, les événements récents en avaient surpris et déconcertés plus d'un[1]. Un an et demi plus tôt, des articles avaient commencé à paraître dans les médias, mettant en cause le jugement et l'éthique du cabinet. Il y avait non seulement son travail pour un fournisseur d'énergie corrompu d'Afrique du Sud, des conflits d'intérêts présumés au sein de son pôle de compétences sur les faillites, mais aussi un tollé général au sujet du travail de la firme pour le compte de divers autocrates, kleptocrates et fabricants d'opioïdes.

La firme avait espéré que ces critiques finiraient par s'estomper d'elles-mêmes, habituée qu'elle était à se faire encenser plutôt que dénigrer.

Mais il n'en avait rien été.

En juin 2018, au détour d'un article fouillé sur l'implication du cabinet en Afrique du Sud, le *New York Times* avait

* NdT : Immigration and Customs Enforcement, qui peut être traduit par agence de l'Immigration et des Douanes.

brièvement mentionné le travail qu'il effectuait par ailleurs pour le compte de l'Immigration and Customs Enforcement, l'agence fédérale chargée de regrouper les immigrants sans papiers et de les expulser, mieux connue sous son acronyme ICE[2].

Cette information entraîna un torrent de critiques tant en interne que parmi les milliers d'anciens, toujours liés au cabinet au travers de briefings envoyés par mail. Partout dans le monde, des consultants menacèrent de démissionner. « Cela a déclenché une véritable bronca interne », se rappelle un consultant basé à Londres.

McKinsey défendit son contrat avec l'ICE, affirmant qu'il concernait avant tout « des questions administratives et organisationnelles ».

Kevin Sneader, qui venait tout juste d'entrer en fonction en tant que directeur général du cabinet, assura la base et les nombreux anciens que la raison d'être de la firme n'était pas que la recherche du profit. « Nulle part dans le monde, nous n'accepterons de mission qui promeuve ou soutienne des politiques contraires à nos valeurs », écrivit-il[3]. De plus, ajouta-t-il, la mission de McKinsey pour l'ICE était close.

Au sein du cabinet, la controverse est alors passée au second plan.

Jusqu'au mardi 3 décembre 2019.

Ce jour-là, ProPublica, un organe d'investigation à but non lucratif, publia une enquête importante dans le *New York Times* documentant le travail de McKinsey pour l'ICE.

Durant plus d'un an, le pays avait pu voir des reportages montrant des enfants séparés de force de leurs parents à la frontière – des images et des cris impossibles à oublier. Certains avaient été placés dans des enclos en mailles de chaîne pareils à des cages. Un journaliste avait obtenu un enregistrement audio de bambins placés dans un centre de détention au Texas, sanglotant et suppliant qu'on leur rende leurs parents[4].

Les consultants dans la salle de réunion ne pouvaient donc plus ignorer que leur firme était peut-être complice de la mise en œuvre de ces politiques.

Après l'élection de Trump, la question s'est posée de savoir comment la conception très carrée et analytique de McKinsey de ce que doit être un gouvernement s'accorderait avec un président qui n'avait pas confiance dans la science, qui modelait son comportement sur celui de célébrités télévisuelles ne vivant que pour l'audimat et qui adhérait à toutes sortes de théories du complot. Soit un mode de fonctionnement qui semblait totalement incompatible avec l'approche rationnelle et fondée sur des données de McKinsey en matière de gouvernance d'un pays.

Il s'est avéré que ces craintes étaient infondées. L'administration Trump n'a peut-être pas organisé de fête en l'honneur de McKinsey, mais elle a signé au travers de plusieurs agences gouvernementales quantité de contrats avec la firme de New York, générant ce faisant un flot de revenus de plusieurs millions de dollars pour cette dernière.

Mais voilà qu'arrivé début décembre 2019, alors que le président était à deux doigts d'être destitué, la sévère politique anti-immigration de son administration sema un vent de révolte au sein du cabinet.

L'article avait mis quelques vérités dérangeantes au jour sur les limites que la firme était prête à dépasser pour servir ses clients[5]. Il révélait notamment que McKinsey avait recommandé que l'ICE réduise le budget consacré à nourrir, soigner et superviser les détenus, des propositions qui avaient même alarmé certains officiels de l'agence qui se demandaient si ces réductions en valaient la chandelle… humaine.

Néanmoins, les dirigeants de l'ICE approuvaient le travail de la firme, qui selon eux avait permis de « réduire notablement les délais nécessaires à la déportation d'immigrants illégaux soumis à une obligation de quitter le territoire »[6].

L'article n'eut pas de répercussions qu'en interne. Pour Pete Buttigieg, alors candidat à l'investiture présidentielle et ancien du bureau McKinsey de Washington, ce qu'avait fait le cabinet était « répugnant ». De son côté, Andy Slavitt, un autre ex-consultant et ancien responsable des questions de santé du gouvernement Obama, qualifia, sur Twitter, les recommandations de la firme de « cruelles »[7].

Mais ce qui importait surtout au cabinet, c'était la manière dont ses employés *actuels* prenaient la nouvelle. Nombre de jeunes consultants idéalistes présents dans la pièce et qui aspiraient à rendre le monde meilleur avaient été séduits par les recruteurs de McKinsey parce qu'ils mettaient avant tout l'accent sur les missions à caractère social du cabinet.

À présent, ils devaient digérer la nouvelle qui montrait ce dans quoi ils s'étaient vraiment engagés. Des carrières étaient en jeu. Fallait-il faire part de son indignation ou garder le silence pour ne pas risquer de perdre un emploi prestigieux très bien rémunéré ?

Parmi toutes ces jeunes recrues, deux avaient vécu des expériences marquantes qui nourrissaient leur colère. L'une prendrait la parole l'après-midi, l'autre enverrait un e-mail passionné à l'ensemble des employés de la firme. D'autres, en général des consultants seniors, étaient plus ambivalents.

Pour certains employés de McKinsey, l'examen de conscience concernant le travail de l'entreprise avec l'ICE avait en fait commencé trois ans plus tôt, dès les premières semaines chaotiques de l'administration Trump.

La firme avait un contrat en cours avec l'ICE d'une valeur de plus de 20 millions de dollars, un travail commencé durant la dernière année de la présidence Obama. Au moment de la prise de fonction de Trump, le 20 janvier 2017, la mission était déjà bien engagée ; une équipe de consultants travaillaient dans les locaux de l'agence, près de la rivière Potomac, par groupe de quatre dans des bureaux sans fenêtres prévus pour deux personnes.

Cependant, les diatribes répétées de Trump à l'encontre des migrants inquiétaient les plus jeunes.

Comme le nouveau président voulait que l'agence l'aide à tenir sa promesse de campagne de parfaitement sécuriser la frontière sud du pays, le travail de la firme avec l'ICE avait pris de l'importance. La position anti-immigration du président rencontrait un fort écho auprès d'Américains blancs, très réceptif à ses discours ouvertement racistes sur les migrants, comme celui prononcé lors de l'annonce de sa candidature, du haut de la tour Trump de Manhattan, le 16 juin 2015 :

« Quand le Mexique nous envoie des gens, il ne nous envoie pas les meilleurs », a-t-il dit deux minutes à peine après avoir commencé son allocution. « Ils apportent de la drogue, de la criminalité, ils violent ; et certains, j'imagine, sont des gens bien. Mais je discute avec des gardes-frontières et ils racontent ce qu'ils attrapent », a-t-il ajouté en précisant, face à son auditoire, que les migrants venaient « de toute l'Amérique du Sud et d'Amérique latine et aussi, probablement – probablement – du Moyen-Orient »[8].

Conclusion : « Il faut que ça s'arrête. Et vite, même. »

Dès qu'il a été au pouvoir, il est passé à l'acte. Cinq jours après le début de son mandat, il a ainsi signé deux décrets présidentiels, l'un autorisant la construction d'un mur à la frontière sud, l'une de ses promesses de campagne, l'autre concernant les migrants sans papiers déjà présents sur le sol américain, nombre desquels, selon lui, « sont des criminels qui ont passé du temps dans nos prisons fédérales, étatiques [*sic*] et locales »[9]. Pour les expulser au plus vite, il a donc demandé à l'ICE d'embaucher dix mille agents.

Il a également brusquement interdit l'entrée sur le territoire américain aux ressortissants de certains pays musulmans, plaçant de fait un certain nombre de personnes détentrices d'un visa valide ou titulaires d'une carte de résident permanent dans un vide juridique et dans l'incapacité de rentrer chez elles aux États-Unis.

C'est là que le bureau de Washington de McKinsey s'est tout à coup trouvé au milieu d'une situation politique explosive ; certains membres de l'équipe n'allaient sans doute pas apprécier de contribuer à rendre encore plus difficile la vie d'individus fuyant la violence et la pauvreté. Un consultant venait ainsi en aide aux aveugles et était à la tête d'un mouvement de réforme des prisons – *tout cela depuis qu'il était au lycée*. Une autre avait pris part à la marche des Femmes contre Trump au lendemain de son investiture.

Conscient que la colère pourrait gronder aux étages inférieurs, Richard Elder, le chef de projet, programma une conférence téléphonique multi-villes avec toute l'équipe ICE, y compris avec les directeurs seniors. Il laissa ses interlocuteurs exprimer leurs inquiétudes, mais il fit aussi passer un message : l'ICE devait pouvoir compter sur McKinsey.

« L'ICE change de direction et il appartient à McKinsey de changer avec l'agence », déclara-t-il[10].

Quand son commentaire suscita de nouvelles questions, Elder donna la même réponse que d'habitude, bien pratique pour McKinsey dans la mesure où elle lui permettait de ne pas avoir à prendre de décisions d'ordre éthique difficiles : « Nous ne définissons pas la politique, nous la mettons en œuvre ».

Cependant, certains étaient sceptiques. Un jeune consultant prit la parole : « Avec ce genre de logique, vous pourriez justifier de travailler pour n'importe quel despote, y compris pour les nazis », lança-t-il avec acrimonie. Au poker, cela s'appelle « faire tapis », soit miser tous ses jetons d'un coup, au risque de tout perdre. De fait, à cet instant, le jeune homme comprit qu'il n'avait plus rien à faire chez McKinsey. Il était temps pour lui de partir, ce qu'il fit, sans regret.

Ce n'était pas la première fois que le travail du bureau de Washington causait des dissensions parmi les jeunes recrues du cabinet. À la fin des années 1960, plusieurs consultants opposés à la guerre du Vietnam avaient ainsi refusé de collaborer avec le Pentagone de Robert McNamara[11].

L'épisode ICE allait susciter bien plus de tensions internes, mais, en février 2017, rien n'était encore écrit. Elder avait fait son travail : il avait laissé ses troupes exprimer leurs doléances. À présent, il était temps d'exécuter la mission.

McKinsey devait mener une course contre la montre pour fournir des « livrables » à la division Enforcement and Removal Operations (ERO) de l'ICE, la partie de l'agence spécifiquement chargée de la détention et de l'expulsion des migrants illégaux. Lancé en 2016 et baptisé ERO 2.0, le but du projet consistait, selon les termes d'un porte-parole de l'ICE, à « revoir les opérations et l'exécution de la mission de l'ERO, son modèle organisationnel, ainsi que la gestion de ses talents et sa culture ».

La brève description de la mission sur l'intranet du cabinet ne s'embarrassait pas de jargon : « Conception de la transformation pour augmenter les arrestations. Réduction du temps de traitement des dossiers des détenus et amélioration de la santé de l'organisation »[12].

Selon un ancien agent senior de l'ICE, les consultants de McKinsey ont joué le rôle de facilitateurs pour les dirigeants de l'ICE en proposant des idées, en interviewant les employés de Washington ainsi que ceux des bureaux locaux à travers le pays, en rassemblant des notes et en « chiffrant » différentes initiatives possibles et aussi, cela va sans dire, en produisant des présentations PowerPoint. Avec des centaines de diapositives, de quoi remplir plusieurs classeurs.

Le 13 février 2017, moins d'un mois après l'investiture de Trump, McKinsey a livré une présentation PowerPoint de seize diapositives à l'ICE intitulée « Gestion des talents », dont une version largement expurgée est devenue publique grâce au procès intenté par ProPublica au titre du Freedom of Information Act*[13].

La présentation reflétait la nouvelle réalité de l'ICE sous Trump, notamment à partir de la quatorzième diapositive : « Le processus de recrutement peut être amélioré pour répondre aux besoins de recrutement exprimé par le décret présidentiel »[14].

Le décret de Donald Trump.

L'idée phare de McKinsey était de mettre en place un « système de recrutement super centralisé », un concept présenté aux responsables de l'ICE le mois suivant. Il s'agissait de consolider autant d'étapes du recrutement que possible en l'espace d'une journée et dans un seul lieu. « Le but est de réduire le temps de recrutement de 30 à 50 % (des centaines de jours) » était-il écrit sur une diapositive.

* NdT : la loi d'accès à l'information a été signée le 4 juillet 1966 par le président Lyndon B. Johnson et est entrée en application l'année suivante. Fondée sur le principe du droit à l'information, elle oblige les agences fédérales à transmettre leurs documents à quiconque en fait la demande, quelle que soit sa nationalité.

Pour pouvoir embaucher dix mille nouveaux agents, l'agence devrait en recruter quatre fois et demie plus dans l'année que d'habitude. Trouver du personnel qualifié quand l'économie n'était pas au mieux de sa forme était déjà compliqué, mais le faire en période de plein-emploi était quasiment mission impossible.

« Avec Trump, qui va vouloir travailler là-bas, à présent ? » s'est demandé le jeune consultant McKinsey[15]. La réponse : tous ceux en accord avec son point de vue sur l'immigration.

Certaines propositions de McKinsey ont été adoptées par l'ICE, seules des contraintes budgétaires empêchant l'agence de pleinement remplir les objectifs assignés par le président.

McKinsey a répondu à l'enquête de ProPublica publiée dans le *New York Times* en arguant du fait que l'article « donnait une vision fondamentalement erronée du travail du cabinet »[16]. La firme a également payé Google pour apparaître en tête des requêtes des internautes sur ce sujet, devant l'article du *New York Times*. Selon le cabinet, « les objectifs et le périmètre de notre mission ont été définis durant l'administration précédente et ils n'ont pas changé de façon significative après la passation de pouvoir ».

Malgré tout, ce n'est pas ce que montraient les diapositives présentées à l'ICE. La réalité, c'est que la firme aidait l'agence gouvernementale à exécuter la politique anti-immigration de Trump. Point barre.

Là où McKinsey a le mieux réussi dans sa mission pour l'ICE, c'est dans son domaine de compétence habituel : la réduction des coûts. Ses consultants ont ainsi annoncé que l'agence pourrait économiser 385 millions de dollars par an, essentiellement en renégociant les contrats qu'elle avait avec des entreprises privées telles que CoreCivic (l'ancienne Corrections Corporation of America) qui gèrent la plupart les quelque deux cents et plus centres de détentions utilisés par l'ICE dans le pays[17].

Les consultants avaient ainsi identifié six postes de dépenses qui pouvaient faire l'objet d'économies, chacun se voyant assigner une lettre et un chiffre[18]. Le poste 1a représentait le personnel, 1b le « médical ». Il y avait aussi les fournitures, les dépenses en capital, les impôts et la nourriture (item 1c), ce dernier poste suscitant le plus de résistance au sein de l'agence.

Selon McKinsey, dans certains centres, l'ICE consacrait plus d'argent à ce poste que « la moyenne de l'industrie ». Pour le cabinet de conseil, les standards de qualité pour la nourriture, qui avaient été réévalués et relevés en 2011, étaient trop élevés, comme il s'est évertué à le montrer dans une diapositive.

En dépit de la réputation de l'ICE, certains de ses cadres clés voulaient tout de même améliorer les conditions de détention des migrants, si bien qu'ils s'insurgèrent contre la proposition de McKinsey. Là où le cabinet de conseil ne voyait qu'une feuille Excel et un KPI (indicateur clé de performance) pour un client, eux voyaient des visages et imaginaient bien ce qu'ergoter sur les dépenses de nourriture signifiait.

« L'ICE consacre déjà tellement d'argent à la détention… Rogner quelques centimes sur les repas n'est pas la bonne tactique », déclara ainsi un ancien responsable de l'ICE en désaccord avec la plupart des propositions de McKinsey[19].

Ce commentaire n'eut pas l'heur de plaire à Tony D'Emidio, l'associé à la tête du projet, qui s'en plaignit auprès du supérieur hiérarchique du fonctionnaire senior de l'ICE en accusant ce dernier de faire de « l'obstruction »[20]. L'intéressé dément.

Après la publication de l'article de ProPublica, McKinsey se défendit encore en expliquant qu'il cherchait à faire faire des économies à l'ICE, « sans compromettre la qualité, la sécurité et la mission ». C'était facile à dire. La réalité était tout autre.

Par exemple, McKinsey avait regardé le « tarif journalier par lit » de différents établissements et constaté que certains étaient beaucoup moins chers que d'autres. Pourquoi donc ne pas déplacer les détenus vers les centres les moins chers et remplir ces lits en premier ? En apparence, c'était logique, mais en réalité, beaucoup de ces lits étaient moins chers parce qu'ils se trouvaient dans les prisons des villes et des comtés. Les comtés ruraux, en particulier, convoitaient ces contrats passés avec l'ICE pour loger des personnes dans des cellules autrement vacantes, étant donné qu'ils généraient des revenus plus que bienvenus.

« Ils sont moins chers parce que ce sont des prisons locales de merde, et qu'il n'y a que l'argent qui les intéresse », a lâché un ancien fonctionnaire du département de la Sécurité intérieure, en appelant ces endroits des « lits poubelles »[21].

L'un des centres ciblés par McKinsey était celui de Dilley, au Texas, à mi-chemin entre le Rio Grande et San Antonio, et l'un des rares habilités à accueillir des mères avec enfants. À un moment donné, en 2018, seize enfants de moins de deux ans y étaient retenus[22].

Des courriels d'août 2017 ont révélé que des consultants McKinsey avaient rencontré des dirigeants de l'ICE au Potomac Center North, là où se trouvent les bureaux de l'agence à Washington. L'équipe McKinsey avait un PowerPoint à leur présenter.

L'ICE payait CoreCivic 157 millions de dollars par an pour gérer Dilley, le plus gros centre de détention pour familles de tout l'archipel ICE[23]. Les diapositives de McKinsey montraient que le coût « normal » était beaucoup plus bas : 40 millions de dollars, soit près de 75 % en moins. En étant réaliste, présumait le cabinet de conseil, l'agence pourrait exiger une baisse des coûts de l'ordre de 90 millions de dollars. Dans quoi tailler ? Les détails ont été caviardés, mais les économies devaient avant tout se faire au niveau du personnel, de la nourriture et des fournitures, des amortissements et « autres ». Une note non censurée au bas de la page expliquait que l'éducation et les frais médicaux « seront exclus du périmètre de la négociation ».

Soutenus par CoreCivic, les responsables de l'ICE, ont finalement réussi à étouffer dans l'œuf le projet de McKinsey. Il n'y a donc pas eu de réductions budgétaires, mais certains observateurs se sont tout de même demandé à quel point la mise en œuvre des propositions de McKinsey aurait contribué à aggraver encore la crise humanitaire qui était sur le point de frapper Dilley et d'autres centres de détention.

Car c'est à Dilley qu'en mars 2018, Mariee Juárez, une petite fille de dix-neuf mois, a contracté une pneumonie dont elle est morte peu de temps après avoir été libérée[24]. La plainte déposée par sa mère pour homicide involontaire (elle a également réclamé 60 millions de dollars de dommages et intérêts) décrit en détail une litanie de lacunes médicales[25]. Pendant son séjour, Mariee n'a ainsi été examinée qu'une seule fois par un médecin qui s'est contenté de lui donner du Vicks VapoRub, un onguent grand public, pour sa congestion pulmonaire.

Martin Garbus, un avocat bien connu spécialiste des droits de l'homme, a fait du bénévolat à Dilley début 2019 pour aider les femmes et leurs enfants à passer leur entretien de « crainte crédible » en vue d'obtenir l'asile aux États-Unis. Nombre d'entre eux étaient d'abord passés par une *hielera* ou « glacière », une cellule de détention gérée par des gardes-frontières. Ces femmes racontaient leur volonté de fuir leur vie misérable en Amérique centrale et décrivaient des viols, de la prostitution forcée et la violence des gangs. Beaucoup étaient profondément traumatisées. « Je n'ai jamais vu de gens aussi désemparés que ces femmes avec leurs enfants », a témoigné Garbus[26].

« J'ai vu la police sud-africaine brutaliser des manifestants, y compris des mères avec leurs enfants. J'ai vu des sudistes attaquer des manifestants en faveur des droits civiques. J'ai vu des partisans de Cesar Chavez se faire frapper et tirer dessus. Mais ce dont j'ai été témoin à Dilley restera à jamais gravé dans ma mémoire », a-t-il conclu[27].

Certains employés de l'ICE ont commencé à s'agacer de la présence de McKinsey à leur siège, et pas seulement parce que le cabinet s'efforçait de vider de leur substance des standards de qualité soigneusement réfléchis. L'équipe de consultants de McKinsey était sans cesse renouvelée, au point que les employés de l'ICE devaient constamment réexpliquer les rouages de l'agence à des petits jeunots d'une vingtaine d'années à peine, ce qui les faisait douter des compétences de la firme.

Un autre des livrables du cabinet à l'attention de l'ICE était une « boîte à outils pour le développement du leadership », soit une présentation PowerPoint de soixante-dix-huit diapositives[28]. On y trouvait des conseils comme tenir des séminaires sur le leadership dans des lieux de mémoire tels que les champs de bataille de la guerre civile ou le mémorial du 11-Septembre à New York.

En octobre 2017, le contrat de McKinsey est arrivé à échéance[29]. Malgré la résistance interne, un responsable de l'ICE a écrit dans un mémo que ERO 2.0 présentait des « avantages quantifiables » et que si McKinsey ne poursuivait pas son travail, la probabilité de réussir à donner corps à ces changements serait « très faible ».

Selon Bryan D. Cox, le porte-parole de l'ICE, McKinsey a permis à l'agence d'économiser 16 millions de dollars sur ses contrats « sans dégradation de service » et ERO 2.0 « a généré des améliorations mesurables dans les résultats des missions »[30].

McKinsey s'était efforcé d'accélérer les déportations, mais seulement dans les cas où « une décision judiciaire définitive avait été prise à l'encontre de la personne concernée »[31].

En avril 2018, l'administration Trump a mis en œuvre sa politique « zéro tolérance », en s'engageant à poursuivre devant les tribunaux toute personne qui traverserait illégalement la frontière.

Avant cette nouvelle politique, si une famille était appréhendée, elle était relâchée sur le territoire américain en attendant qu'une décision de justice soit prise. Dorénavant, si les parents étaient détenus, les enfants devaient être placés ailleurs étant donné que les centres de détention n'étaient pas prévus pour héberger des familles. Les trumpistes partisans d'une ligne dure espéraient que cette mesure draconienne découragerait les migrants de traverser la frontière. Au lieu de cela, à la mi-juin, au moins deux mille cinq cents enfants, dont plus de cent âgés de moins de quatre ans, avaient été arrachés des bras de leurs parents et, dans certains cas, envoyés des centaines, voire des milliers de kilomètres plus loin. Les vidéos qui circulaient d'enfants sanglotants choquèrent toute une partie de l'Amérique, comme elles choquèrent des employés de McKinsey. Cette fureur initiale, cependant, n'a pas empêché le cabinet de conseil de travailler avec une autre administration, elle aussi impliquée dans la lutte contre l'immigration illégale : l'agence des U.S. Customs and Border Protection.

Le mardi 3 décembre 2019 au soir, alors que Scott Elfenbein était dans un taxi, en route pour un dîner à Manhattan avec sa future belle-famille, il lut l'article de ProPublica publié par le *New York Times* sur son téléphone. Comment McKinsey allait-il expliquer cela ? Les conclusions du rapport étayées par des centaines de diapositives PowerPoint et d'e-mails de McKinsey ne laissaient aucune place au doute.

Elfenbein venait de rentrer chez McKinsey comme consultant après un parcours classique – un diplôme de premier cycle universitaire de Harvard et un MBA de Wharton. La mauvaise presse dont avait récemment souffert son employeur le tracassait, mais à cause de la politique de confidentialité du cabinet à l'égard de ses clients – également en vigueur au sein de la firme, entre consultants –, il ignorait à quel point son employeur et certains de ses collègues étaient impliqués dans la mise en œuvre des missions de l'ICE.

L'article qu'il venait de lire avait remué quelque chose de douloureux enfoui en lui.

Douze ans auparavant, Elfenbein avait reçu un appel téléphonique de son meilleur ami (il a souhaité que son nom reste tu) en pleine nuit.

« Elf, je vais être déporté et je voulais te dire au revoir », lui avait dit son ami.

Croyant qu'il lui faisait une mauvaise blague, Elfenbein avait raccroché.

Mais son ami l'avait rappelé : « Ne raccroche pas ! Écoute-moi : j'ai été arrêté et je vais être déporté. Je veux vraiment te dire au revoir ».

Cet ami était un des plus brillants étudiants de leur lycée de Miami, avec une moyenne presque à son maximum et les meilleurs résultats de l'établissement dans onze matières avancées, préparatoires à l'université. Tous deux venaient d'être diplômés. Elfenbein allait faire Harvard, mais pas son ami. Arrivé aux États-Unis à l'âge de deux ans, ce dernier n'avait pas de papiers ; ses parents colombiens étaient restés sur le sol américain après que leur visa avait expiré. N'ayant droit à aucune aide financière, il avait dû s'inscrire au *community college** local. À présent, même cela lui était refusé ; des agents de l'ICE avaient fait irruption chez lui et avaient jeté toute la famille dans un centre de détention en attendant l'inévitable : un aller simple pour Bogotá.

C'était la première fois qu'Elfenbein entendait parler de l'ICE, comme il s'en souviendrait des années plus tard[32].

À l'époque, Elfenbein et ses camarades de classe, avaient été scandalisés et dévastés et avaient réagi. Ils avaient d'abord contacté des avocats spécialistes des questions d'immigration, puis, comme ceux-ci leur avaient dit qu'il n'y avait rien à faire, ils s'étaient tournés vers leurs représentants locaux. Toujours sans succès.

Cependant, il y avait ce nouveau site web – Facebook – qui gagnait en popularité. Ils avaient donc rédigé des billets pour expliquer à quel point leur ami était formidable, et une chaîne de Floride du Sud, affiliée à Fox, avait repris l'information. « Apparemment, voir un groupe d'adolescents se servir de la technologie pour combattre une injustice a touché une chaîne locale », a témoigné Elfenbein[33].

Puis CNN s'était à son tour emparée du sujet, suivie par des représentants qui les avaient jusque-là boudés. Peut-être que lui et ses copains pouvaient faire quelque chose, après tout ? Dès qu'ils ont eu l'équivalent de leur bac en poche, ils se sont rendus à Washington où ils ont dormi dans un sous-sol exigu avec un plan simple : arpenter les couloirs du Congrès.

---

* NdT : les *community colleges* sont des établissements publics d'enseignement supérieur de proximité pour des étudiants avec peu de moyens financiers et qui se destinent, *a priori*, à faire des études courtes.

C'est comme cela qu'ils ont trouvé un sénateur du Connecticut, Chris Dodd, et un député de Floride, Lincoln Díaz-Balart, prêts à parrainer une proposition de loi privée*, retardant ainsi le jour du jugement pour l'ami d'Elfenbein et son frère aîné, sans pour autant empêcher la déportation de leurs parents[34].

Plus tard, son ami deviendra diplômé – avec mention – de l'université de Georgetown.

Cette histoire a eu un écho national et a même fait l'objet d'un article dans le *New York Times*[35]. Elle a aussi contribué à donner de l'élan au Dream Act dont l'objectif était de régulariser la situation de centaines de milliers de jeunes gens dans le pays, sans papiers à cause de décisions prises par leurs parents quand ils étaient enfants. De là, Elfenbein a monté un groupe de défense des migrants à Harvard.

À la lecture de l'article du *New York Times*, Elfenbein a tout de suite su que ce que McKinsey faisait entrait frontalement en conflit avec cet acte fondateur de sa vie. Sa fiancée – Elfenbein était sur le point de se marier – a été directe : « Si tu ne démissionnes pas sur-le-champ, c'est que tu ne vaux rien », lui a-t-elle lancé.

Il a téléphoné à son ancien ami, à présent lancé dans une belle carrière de banquier au Brésil, qui a lui aussi été direct : « Ne fiche pas ta vie en l'air pour moi », lui a-t-il conseillé.

Elfenbein savait que s'il démissionnait, sa « petite voix n'aurait aucun poids ».

Il est donc allé à son bureau de Washington, D.C, ce vendredi-là, où sa voix ne tarderait pas à se faire entendre haut et fort.

Les nombreux anciens de la marine du bureau de McKinsey de Washington avaient une expression toute faite pour ce qui allait se passer : « tout le monde sur le pont ».

---

* NdT : aux États-Unis, les membres du Congrès ont la possibilité de déposer des propositions de loi qui ne concernent qu'un individu ou groupe d'individus, par exemple pour accorder la citoyenneté à une personne en particulier. Après leur adoption, ces projets de loi deviennent des actes privés.

D'habitude, seuls cinquante à quatre-vingts employés assistaient aux assemblées, mais ce 6 décembre 2019, il y en avait environ deux cents, soit presque la moitié des effectifs totaux du bureau de la capitale, tassés dans un espace créé pour l'occasion en retirant les cloisons de séparation de plusieurs salles de réunion.

Régulièrement mise en cause par la presse, la firme commençait à avoir l'habitude de ces réunions. Chaque fois, la réponse était la même : les journalistes qui avaient rédigé ces articles avaient des intentions cachées, le travail réalisé pour le gouvernement A ou la société B était légitime et le cabinet allait prendre des mesures pour remédier aux soucis mineurs éventuels.

Mais cette fois-ci, c'était différent. Tout d'abord, le travail avec l'ICE était fait par des employés du bureau sous les feux de la rampe. Plus important encore, ce n'était pas la première fois que le cabinet était interpellé par ses propres troupes pour sa collaboration avec l'ICE. Sneader, le directeur général de McKinsey, avait déjà traité cette question l'année précédente.

L'article, illustré par des diapositives du cabinet, s'interrogeait sur Sneader et la direction de la firme. Dès le début de son mandat, le nouveau directeur général avait clairement annoncé la couleur : son style de management ne serait pas le même que celui de son prédécesseur, Dominic Barton. Élancé et raffiné, Barton avait épousé en premier mariage une héritière de la famille de brasseurs Labatt. Après avoir démissionné de McKinsey, il avait été nommé ambassadeur du Canada pour la Chine. Râblé et combatif, Sneader était originaire de la ville ouvrière de Glasgow, un détail biographique qu'il aimait mentionner lors d'entretiens télévisés. Placé sous le feu des critiques de la presse, il n'allait certainement pas tendre l'autre joue. Malgré tout, il était conscient des problèmes existants et, plus tôt dans l'année, il avait supervisé la mise en place d'un nouveau système de sélection des missions, conçu pour éviter de futures déconvenues de ce genre au cabinet.

La salle se remplit. Face à elle, il y avait Nora Gardner, la directrice associée senior à la tête du bureau de Washington.

D'Emidio, l'associé qui supervisait au quotidien le travail effectué pour l'ICE, était également présent, de même que deux managers juniors, Ed Barriball et Jonah Wagner, affectés au compte Customs and Border Protection (CPB).

« Beaucoup d'entre nous partagent des croyances et des sentiments très, très forts », a déclaré Gardner en préambule[36]. « Tout d'abord, une forte passion, une conviction et un respect pour les migrants, pour les droits de l'homme, pour l'expérience vécue par les migrants. » Reconnaissant la colère éprouvée par de nombreux consultants face au travail du cabinet avec l'ICE, elle lança un appel à la compréhension : « Nous partageons vraiment un système de valeurs et je vous invite tous à traiter vos collègues avec égard et à partir du principe qu'ils sont animés des meilleures intentions. »

Barriball a ensuite pris la parole pour dire en préambule qu'il était démocrate et qu'il « se demandait si cette [ICE] était une agence gouvernementale qu'il accepterait de servir ».

Sous l'administration Obama, a-t-il ajouté, McKinsey a été engagé par l'ICE pour aider cet organe profondément démoralisé, qui arrivait toujours en queue de classement ou presque des agences fédérales en termes de satisfaction au travail. Barriball et ses collègues avaient étudié des moyens pour l'ICE d'attirer de meilleures recrues et d'arrêter de « se faire plumer dans les grandes largeurs par leurs fournisseurs », en particulier par les centres de détention privés qui recueillaient un grand nombre d'individus. McKinsey n'avait jamais recommandé de rogner sur la qualité de la nourriture servie aux détenus, assura-t-il l'audience. La firme n'avait fait que demander pourquoi, pour des repas similaires, les prix variaient autant d'un fournisseur et d'un endroit à l'autre.

Cependant, en plus de la question du service des achats et de celle relative au recrutement, il y en avait une troisième sur laquelle il glissa rapidement.

« C'était très difficile pour eux de faire leur travail au quotidien », expliqua Barriball à propos de l'ICE. La plupart des individus avec qui le cabinet avait travaillé au sein de l'agence « se souciaient avant tout de trouver et d'arrêter des individus qui avaient commis de graves crimes dans le pays », et, sur ce point, McKinsey « pouvait les aider ».

« À l'évidence, le contexte a beaucoup changé avec la nouvelle administration », reconnut-il tout de même.

Puis Wagner, à propos de son travail avec la CPB, déclara : « Il est dans la droite ligne de ce qui me rend fier et je pense que nous pouvons tous en être fiers ».

Les associés passèrent alors la parole à l'assemblée.

Pour le consultant junior Mobasshir Poonawalla, les commentaires de Barriball et de Wagner ne passaient pas. Il avait grandi dans un trois-pièces avec ses parents et ses quatre frères et sœurs, dans une famille dépendante des aides sociales. Studieux, il avait réussi à intégrer Wharton. Mais son frère aîné n'avait pas eu cette chance. Arrivé petit aux États-Unis, il était en situation irrégulière. Sous Obama, il avait bénéficié d'une certaine protection grâce à son statut de Dreamer*, mais le durcissement radical de la politique migratoire depuis l'accession de Trump au pouvoir et la volonté farouche de ce dernier d'enterrer la DACA signifiaient qu'à présent, il risquait réellement d'être expulsé. Pour Poonawalla, l'explication de McKinsey selon laquelle elle n'aidait l'ICE qu'à expulser les personnes dont le statut de migrant illégal avait été « confirmé en justice » était inaudible étant donné que cela concernait des gens comme son frère. C'est là qu'il intervint.

« Nous avons vécu toute notre vie en le cachant quand on sonnait à la porte », a-t-il témoigné avant de faire une suggestion :

« Au lieu d'invoquer la neutralité politique, avec laquelle je ne suis par ailleurs pas du tout d'accord, pourquoi ne pas affirmer clairement que c'est quelque chose que nous ne faisons plus, non pas pour des raisons politiques ou d'optique,

* NdT : les Dreamer sont ceux qui « ont un rêve ». C'est ainsi que l'on nomme les jeunes bénéficiant du Deferred Action for Childhood Arrivals (Action Différée pour les Arrivées d'Enfants) ou DACA, un dispositif de politique migratoire mis en place par le gouvernement Obama en juin 2012 qui permet à certains immigrés mineurs entrés illégalement sur le territoire américain de bénéficier d'un moratoire de deux ans sur leur expulsion et de pouvoir prétendre à une régularisation de leur statut.

mais parce que nous sommes guidés par des valeurs ? », proposa-t-il.

Son intervention suscita des applaudissements, mais tout ce que Gardner trouva à lui répondre fut : « Je suis pleinement en empathie avec ce que vous venez de dire. Merci d'avoir partagé ce témoignage. Je sais qu'il y en a d'autres parmi vous qui sont touchés de la même manière et qui ont vécu des expériences similaires. J'ai beaucoup de gratitude pour cela. Mais vous comprendrez qu'il est difficile pour notre firme de prendre une position politique sur cette question qui est très chargée. »

Elfenbein et les autres consultants présents eurent droit au discours habituel comme quoi il ne fallait pas croire ce que racontait l'article, alors que les diapositives de McKinsey – il y en avait des centaines – également publiées en pièces jointes avec force caviardages, confirmaient son contenu.

Elfenbein, qui était rattaché au bureau de Philadelphie, se dit que ce n'était pas le moment pour lui de prendre la parole, mais cette réunion le perturba. Il avait le sentiment que McKinsey avait parlé de ce problème profondément humain sans la moindre humanité et il était furieux que le cabinet ait le culot de prétendre qu'aider ce qu'il considérait comme l'agence gouvernementale la plus clivante qui soit n'eût pas de valeur politique.

Ensuite, il eut du mal à se concentrer sur son travail. Déjà, la veille de cette réunion, il avait reçu des indications sur la manière de communiquer avec les potentielles recrues issues du MBA de Wharton de façon à éviter de parler de l'ICE ou, à défaut, de manière à les rassurer. Il ne devait lancer aucune discussion à propos de l'agence gouvernementale avec les étudiants.

« C'est à ce moment que les masques sont tombés », a-t-il déclaré.

Le soir même, il envoya un e-mail à certains de ses camarades du MBA de Wharton qui étaient également rentrés chez McKinsey ainsi qu'à certains des meilleurs recruteurs pour l'école. Il soulignait l'écart existant entre ce que disait la firme publiquement et les faits indiscutables disponibles en interne, dont les descriptions de projet figurant sur les fiches biographiques des consultants travaillant avec l'ICE.

De plus, il y avait eu l'assemblée dans le bureau de Washington. Les discours dénués de tout scrupule de D'Emidio et de Barriball pour justifier le travail fourni par la firme l'avaient encore plus énervé. Le lundi suivant cette réunion, Elfenbein en remis une couche, si l'on peut dire, cette fois-ci en adressant son mail à quelque 1 200 employés, y compris à Kevin Sneader et Liz Hilton Segel, la directrice de la région Amérique du Nord. Il testait les limites de ce principe ancré dans l'histoire de McKinsey selon lequel chacun est dans « l'obligation d'exprimer ses désaccords ».

« J'espère que vous comprendrez que ce mail est bien intentionné, même si, personnellement, j'ai le sentiment d'être dans une position très inconfortable », écrivit-il en préambule. Puis il parla d'un ami « tiré de son lit à 3 h du matin pour être placé dans un horrible centre de détention de l'ICE qui, à ce jour, lui donne encore des cauchemars ».

« De ce que j'ai pu voir, nous n'avons fait ni preuve de leadership en temps de crise ni même montré que Nos Valeurs prévalent en toutes circonstances », ajouta-t-il.

Puis il lista ses recommandations point par point, notamment que McKinsey s'excuse publiquement pour son travail au bénéfice de l'ICE et arrête de dire « que si c'était à refaire, elle répondrait présent » ; que la firme « arrête de se servir de ce qui est légal comme baromètre de ce qui est éthique ». Sur ce point, il se montra particulièrement mordant avec l'ajout d'une petite phrase entre parenthèses : « Si nous avions aidé les États sudistes à "améliorer le rendement des actifs agricoles" dans les années 1850, défendrions-nous encore ce travail aujourd'hui ? Notre ligne de conduite à ce jour indique que la réponse serait "peut-être" ».

Il proposait aussi de rendre la part de son salaire qui pourrait être attribuée au travail réalisé pour le compte de l'ICE et il avait créé une adresse e-mail interne, TakeItOutofMyPay@mckinsey.com, pour que ses collègues puissent contribuer au débat.

Il informait également les consultants de McKinsey partout dans le monde que le cabinet, à son avis, ne disait pas tout de son travail pour l'ICE.

Puis il appuya sur le bouton « envoi ».

« J'ai eu l'impression que j'allais vomir », dit-il.

Et il attendit. Deux ou trois minutes s'écoulèrent.

Puis son téléphone sonna.

Au bout du fil, un dirigeant respecté de la firme lui confia qu'après toutes ces années passées chez McKinsey, il avait perdu de vue ses principes depuis un moment. Puis il ajouta : « Mais tu vas voir ! »

« Je suis d'accord avec Scott. Déduisez la part ICE de ma fiche de paie », écrivit-il avant d'appuyer sur le bouton « répondre à tous ».

Des centaines d'employés suivirent son exemple, répondant de partout dans le monde, y compris d'Allemagne, d'Irlande, du Royaume-Uni et du Japon. Ils envoyèrent des messages de soutien et firent circuler son mail auprès de milliers d'autres consultants de la firme. Selon une autre personne qui avait assisté à l'assemblée générale dans le bureau de Washington, « C'était une véritable rébellion, une rébellion entre des consultants juniors d'une part et des directeurs associés et la direction d'autre part ».

Quelques jours après, D'Emidio envoya un e-mail en masse de sa propre initiative. Objet : « Appel à la réconciliation et à panser nos plaies »[37].

Point par point, il exprima sa profonde sympathie « pour ceux d'entre vous dont les familles et les amis vivent dans la crainte de mon client », ainsi que son sentiment de culpabilité « d'avoir été la cause de tant d'angoisse, de honte, de méfiance et de colère pour tant d'entre vous ».

Après, cependant, son courriel prit une tout autre tournure. Il commença à décrire à quel point il avait été blessé « par les mots cinglants de certains courriels m'accusant de ne rien comprendre à ce que sont l'éthique, une mission ou des valeurs ». Il était aussi en colère contre le « dénigrement » dont ses collègues du projet ICE faisaient l'objet et « frustré » par ce qu'il considérait être des « représentations inexactes » du travail de son équipe. Il se disait fier de « l'impact » qu'elle avait eu. En conclusion, D'Emidio en appelait au dialogue « dans l'espoir que nous puissions panser nos blessures respectives ».

Elfenbein n'a pas été remercié et Sneader lui a même fait savoir qu'il jugeait son e-mail « opportun ». Cependant, un autre directeur associé senior l'appela pour lui poser une question typique de la firme : savait-il combien d'argent en productivité perdue son mail avait coûté à la firme ?

Cette expérience laissa un goût amer à Elfenbein. Fin 2021, il démissionna de ce cabinet qu'il avait rejoint plein d'enthousiasme, porté par la promesse des recruteurs qu'il aurait « une occasion unique de faire des choses qui contribuent parfois à faire avancer la société. »

De son propre aveu, cette promesse « était sans doute un peu exagérée ».

Chapitre 5

Faire ami-ami avec le gouvernement chinois

Fin 2013, une flotte de dragues chinoises descendit sur Fiery Cross Reef, à quelque 1 000 km au sud des côtes du pays, dont la dénommée *Tian Jing Hao*, la plus grande de toute l'Asie, capable d'aspirer plus de 3,78 millions de litres de sable par heure des fonds marins[1]. Puis, durant deux ans, des photos satellite suivirent la transformation de l'atoll qui, au départ, affleurait à peine la surface en une île de 2,7 km^2.

Le gouvernement chinois dit et répéta que Fiery Cross, ainsi qu'une poignée d'atolls eux aussi transformés en îles en mer de Chine du Sud ne seraient pas militarisés. Cependant, le 25 septembre 2015, le monde dut se rendre à l'évidence : s'appuyant sur des images satellites, le très respecté *Jane's Defense Weekly* annonça la finalisation d'une piste d'atterrissage de 3,1 km de long sur l'atoll, capable d'accueillir des bombardiers chinois à longue portée. Des systèmes de lancement de missiles ne tarderaient pas à faire aussi leur apparition[2].

Le même jour, 3 200 km plus au nord, Chen Fenjian, le président de la China Construction Company et le propriétaire du *Tian Jing Hao*, rassemblait sa direction à Pékin pour une réunion d'importance.

China Communications n'est pas une société comme les autres. C'est l'une des quatre-vingt-seize entreprises publiques qui, du fait de leur importance vitale pour la sécurité nationale et le dynamisme économique du pays, sont dirigées depuis la capitale. Elles fabriquent les armes chinoises, font tourner les secteurs agroalimentaire et sidérurgique, exploitent les mines de charbon, gèrent les services de téléphonie mobile et Internet, raffinent le pétrole, et, comme China

Communications, font partie du bras armé de la diplomatie chinoise en construisant des ponts, des routes et des ports un peu partout dans le monde. Chen et les autres dirigeants de ces « entreprises centrales » – les *zhongyang qiye* – sont soigneusement sélectionnés par le département de l'Organisation du Parti communiste chinois.

Pour se faire guider, Chen s'était adjoint les services d'une firme américaine : McKinsey (ces dernières années, McKinsey a conseillé au moins vingt-six des quatre-vingt-seize *zhongyang qiye*)[3].

Au total, sept cent deux personnes participèrent à la réunion organisée par Chen, certaines par visioconférence depuis des bureaux situés aux quatre coins du globe[4]. L'objectif était de discuter de la manière dont l'entreprise s'inscrirait dans le plan économique quinquennal du gouvernement chinois. Même après près de quarante ans de réformes économiques, cette relique de l'époque du président Mao continue de jouer un rôle de tout premier ordre, en aiguillant notamment les investissements gouvernementaux vers telle ou telle industrie.

Ce jour-là, une équipe de McKinsey devait présenter le fruit de son travail. Bien que les détails fussent gardés secrets, China Communications ne faisait pas mystère de sa relation avec McKinsey – *maikenxi*, en chinois –, où l'élite éduquée du pays rêve de travailler. En se basant sur son analyse de « l'environnement de marché », McKinsey formula des recommandations sur les « objectifs stratégiques globaux » de l'entreprise ainsi que sur sa « stratégie de portefeuille d'activités », comme cette dernière l'expliqua dans un communiqué.

Gagner China Communications comme client, l'une des plus grosses sociétés d'ingénierie au monde, a été un véritable coup pour McKinsey. Dans le cadre d'une stratégie visant à renforcer l'influence de la Chine, l'entreprise publique avait en effet remporté avec le soutien de son gouvernement des contrats d'infrastructure un peu partout dans le monde et caressait même l'idée d'une cotation en Bourse à l'étranger pour son activité de dragage en plein essor.

Pour le cabinet, l'entreprise chinoise était une source de revenus supplémentaires, mais pour les États-Unis, c'était un des acteurs qui avaient contribué à modifier fondamentalement l'équilibre des forces en présence dans l'océan Pacifique*.

À présent, les bâtiments de guerre qui passaient à proximité de ces îlots étaient régulièrement suivis et harcelés par ceux de la marine chinoise et par ses navires auxiliaires, ce qui augmentait considérablement le risque d'un accrochage mortel entre les deux puissances nucléaires. Un navire chinois passa ainsi à quarante mètres de la proue d'un destroyer américain aux abords d'une des nouvelles îles, forçant le bâtiment américain à se dérouter pour éviter une collision[5]. D'après un groupe de réflexion de Washington, cet espace maritime était appelé à devenir « virtuellement un lac chinois » d'ici à 2030[6]. « La Chine, avec son régime autoritaire et ses incursions déterminées en mer de Chine méridionale et au-delà présente une menace navale permanente », a pour sa part déclaré le chef de la Marine au cours de son audience de confirmation[7].

Le travail de McKinsey pour le compte d'une entreprise d'État chinoise qui construit des îles artificielles dans des eaux disputées va donc à l'encontre des objectifs d'un client bien plus important : le Pentagone. McKinsey a encaissé des centaines de millions de dollars de la part du ministère de la Défense ces dernières années et des documents internes de la firme montrent que de 2018 jusqu'à début 2020, ce ministère a fait partie de ses plus gros clients. Durant la même période, aucune entreprise chinoise cliente de McKinsey ne figurait dans ce palmarès.

Cependant, en 2015, McKinsey a à la fois conseillé China Communications et l'armée américaine sur la manière de réduire ses coûts tout en soutenant l'infrastructure industrielle qui permet au pays de fabriquer ses propres munitions[8].

* Mike Forsythe a été officier dans la marine américaine de 1990 à 1997. À bord d'un croiseur à missiles guidés, il a plusieurs fois traversé la mer de Chine méridionale. À cette époque, des années avant le développement de la marine chinoise, la plus grande menace était la présence de hauts-fonds. L'idée que la marine chinoise puisse contester la circulation de son navire dans ces eaux ne lui venait même pas à l'esprit.

McKinsey a également travaillé avec le Naval Surface Warfare Center à Dahlgren, en Virginie, qui aide à développer les armes nécessaires en cas de conflit avec la Chine[9]. En 2019, la marine a signé un contrat de 15,7 millions de dollars avec McKinsey pour qu'il travaille sur sa « campagne d'accessibilité financière » pour son chasseur F- 35[10].

Les consultants de la firme prennent aussi régulièrement des postes au Pentagone. Eric Chewning, un associé, a ainsi été chef de cabinet de Mark Esper, un des secrétaires à la Défense pendant la présidence de Trump. En 2020, il est retourné chez McKinsey. De même, Jesse Salazar, également un ancien de McKinsey, a été nommé secrétaire adjoint à la Défense pour la politique industrielle dans l'administration Biden.

De conseiller auprès de capitaines de la libre entreprise américaine à conseiller d'une entreprise d'État qui construit des bases militaires pour le compte du principal rival stratégique et économique des États-Unis, on peut dire que McKinsey a parcouru un long chemin.

Au moment même où la piste d'atterrissage en mer de Chine méridionale devenait opérationnelle, McKinsey montrait donc qu'il était tout à fait prêt à servir des clients que d'aucuns auraient plutôt évités. Des générations successives de directeurs associés ont ainsi amené la firme à travailler avec différents échelons du gouvernement chinois. Le cabinet de conseil a même ouvert une cellule du Parti communiste dans son bureau de Shanghai, selon l'organe de presse officiel du parti, *Le Quotidien du peuple,* ce qui ne l'empêche pas d'affirmer « ne pas connaître et ne pas suivre les affiliations politiques de ses employés »[11].

Deux évolutions ont contribué à jeter McKinsey dans les bras de certaines des entreprises publiques chinoises les plus importantes d'un point de vue stratégique. Tout d'abord, il y a eu l'appétit croissant du cabinet pour le travail gouvernemental après que Nancy Killefer, fraîchement revenue du département du Trésor de l'administration Clinton, a monté un pôle de compétences dédié au secteur public en 2000, créant ainsi une nouvelle source de revenus pour le cabinet. Ensuite, il y a eu les efforts acharnés de la firme pour se développer à l'international. Dès les années 1980, alors qu'elle ouvrait des bureaux un peu partout dans le monde, notamment à Moscou, Dubaï et Johannesburg, les associés non américains ont dépassé les Américains en nombre.

Sur ce plan, le plus gros trophée de tous – tout du moins, celui avec le plus de potentiel – a été la Chine. Après une période de cent cinquante années de troubles, marquée par une occupation étrangère, des révolutions, des guerres et des famines, arrivées les années 1990, avec le boom de son économie et des dirigeants impatients de réformer les entreprises publiques sclérosées du pays, la Chine a eu besoin du savoir-faire de McKinsey. Et puis, comme certains des clients les plus lucratifs de la firme, comme Volkswagen, pariaient eux-mêmes sur ce pays pour assurer leur avenir, les dirigeants se sont dit que McKinsey aussi se devait d'y être présent.

Cela n'a pas toujours été le cas. Du temps où la Chine était embourbée dans le marxisme, McKinsey ne considérait pas le pays comme une opportunité commerciale vitale. Une première fois, dans les années 1970, Bank of China avait ainsi approché le cabinet pour se faire aider sur la restructuration de sa dette puis, en 1985, le gouvernement chinois l'avait sollicité pour réformer son industrie sidérurgique. Dans les deux cas, McKinsey avait décliné ces propositions « chaque fois parce que les dirigeants de la firme ne croyaient pas qu'ils pourraient avoir un impact », selon la version officielle de l'histoire du cabinet[12].

Cependant, la croissance économique fulgurante de la Chine au début des années 1990 – son PIB a augmenté de 14,2 % en 1992 et a dépassé les 13 % les deux années suivantes – n'a pas manqué d'attirer l'attention du monde. Certes, les réformes politiques avaient été gelées après la répression sanglante de 1989 des manifestations de la place Tiananmen à Pékin et de ses environs, mais sur le plan économique, les dirigeants de Pékin avaient ouvert le pays aux investissements étrangers, toléré l'essor de nouvelles entreprises privées agressives et cherché à remettre en état les entreprises publiques décrépites dans les secteurs bancaire, pétrolier, téléphonique, sidérurgique et des chantiers navals.

McKinsey s'est installé à Hong Kong en 1985 et, comme beaucoup d'entreprises occidentales, s'est servi de ce qui était alors une colonie britannique comme base pour s'aventurer sur le continent avant d'ouvrir coup sur coup des bureaux à Shanghai et à Pékin au milieu des années 1990. La firme a investi des millions de dollars pour former ses consultants pour qu'ils puissent réussir en Chine et de nombreuses recrues chinoises ont été envoyées en Europe pour y apprendre les ficelles du métier. Dans le même temps, pour maîtriser le chinois, certains futurs consultants de McKinsey issus des MBA américains se sont inscrits à l'université Tsinghua à Pékin[13].

Au début, McKinsey a surtout aidé ses clients occidentaux à s'implanter en Chine. Durant les années 1990, les grosses multinationales comme General Motors ou 3M cherchaient à profiter du boom économique chinois et les consultants McKinsey les ont guidés au travers du labyrinthe réglementaire chinois, comme se le remémore Olivier Kayser, un ancien directeur associé senior basé à Shanghai et Beijing à la fin des années 1990[14].

C'était un moment très excitant pour être en Chine. L'économie s'ouvrait aux entreprises occidentales et les étudiants chinois s'envolaient par centaines de milliers pour aller recevoir une éducation de tout premier ordre aux États-Unis. L'Internet chinois, en pleine effervescence et dans une large mesure incontrôlé, regorgeait de talents entrepreneuriaux. En dépit de l'éteignoir placé sur le champ politique après la répression de 1989, sur le plan individuel, les Chinois bénéficiaient de libertés encore inimaginables quelques années auparavant. Ils n'étaient plus liés à une unité de travail donnée et pouvaient travailler et faire leurs courses où bon leur semblait et épouser qui ils voulaient. Bientôt, le pays rejoindrait l'Organisation mondiale du commerce (OMC) et beaucoup espéraient que la libéralisation économique irait de pair avec plus de démocratie.

« Le djinn de la liberté ne rentrera pas dans sa bouteille », a ainsi déclaré le président Clinton en 2000, alors qu'il pressait ses partenaires économiques d'approuver la candidature de la Chine à l'OMC[15].

L'équipe McKinsey de Chine partageait cet optimisme. « On avait le sentiment que le développement économique amènerait fatalement la démocratie, que le Parti communiste finirait par desserrer son étau sur la société et que la Chine serait bientôt comme Hong Kong », se souvient Kayser. « La direction générale de l'histoire était claire ».

Les premiers consultants de McKinsey basés en Chine, dont Kayser, Gordon Orr, Jonathan Woetzel et Tony Perkins, un Américain qui a ensuite rejoint l'Église mormone, savaient que la réussite du pôle de compétences chinois dépendait de sa capacité à conquérir des clients locaux, y compris des entreprises d'État supervisées par le Parti communiste, au sommet de l'économie.

Ils organisèrent donc des conférences dans des hôtels de Shanghai et de Pékin à l'intention des cadres dirigeants d'entreprises au cours desquelles ils offraient des conseils gratuits sur la stratégie et l'organisation des entreprises, ce qui attirait des foules importantes[16].

C'est ainsi qu'un conglomérat d'État basé à Shanghai et employant des centaines de milliers de personnes mordit à l'hameçon. Près de vingt-cinq ans plus tard et dix-huit ans après le départ de Kayser de McKinsey, cet ancien consultant refuse toujours de divulguer le nom de son ex-client. Toujours est-il que cette entreprise, comme beaucoup de celles contrôlées par l'État, souffrait d'obsolescence. La Chine ouvrait son secteur d'activité à la concurrence, à la fois interne et internationale, et des millions de travailleurs redondants risquaient de se retrouver sur le carreau.

« C'était une course contre la montre. Le secteur allait être dérégulé et le nombre d'emplois réduit ; il fallait juste espérer que les créations de postes compenseraient ces pertes », a expliqué Kayser.

Ce directeur associé et ses collègues se sont concentrés sur le fait de faire marcher la « caisse enregistreuse » plutôt que de passer pour la firme étrangère qui dirait à une entreprise publique chinoise qui licencier. Avec une force de vente déliquescente héritée de l'ère communiste, il n'était pas trop difficile de recommander quelques changements simples générateurs de revenus. « Une fois notre crédibilité assise, ils pouvaient dire : "Regardez, c'est l'argent que l'on a gagné grâce à McKinsey" », se souvient Kayser.

Deux ans après s'être implanté en Chine continentale, McKinsey a décroché un autre client qui allait devenir l'un de ses meilleurs : Ping An Insurance.

Le cabinet a commencé à travailler avec Ping An en 1997 et a passé près d'un quart de siècle à aider cette entreprise provinciale à devenir la deuxième plus grosse compagnie d'assurances au monde en termes de capitalisation boursière[17]. Les consultants l'appréciaient, car, selon leurs propres termes, « ils faisaient ce que McKinsey leur dictait ».

« Une fois le projet spécifié, ils le mettaient en place, sans poser de questions », a expliqué un ancien consultant chinois de la firme dans une interview.

Peter Walker, l'un des barons du cabinet qui régnait sur le secteur de l'assurance internationale, a commencé à passer de plus en plus de temps en Chine à mesure que la relation avec Ping An se consolidait et que McKinsey gagnait de nouveaux clients dans ce secteur d'activité. Louis Cheung, un consultant qui a fait partie de l'équipe dédiée à Ping An, est passé chez l'assureur puis en a été nommé président avant son introduction en Bourse à Hong Kong en 2004. Des années plus tard, il fondera une société de capital-investissement avec le petit-fils de l'ancien président chinois Jiang Zemin.

L'introduction en Bourse de Ping An a montré que même si McKinsey travaillait pour des entreprises privées en Chine, le cabinet – sciemment ou pas –, courtisait l'omniprésent et tout-puissant gouvernement chinois. Il a ainsi embauché l'un des meilleurs élèves de sa promotion de MBA de Harvard, Liu Chunhang, le beau-fils du futur Premier ministre, Wen Jiabao[18]. Jusqu'en 2003, en tant que vice-Premier ministre, Wen a supervisé le secteur des services financiers, dont faisait partie Ping An, et son épouse a acquis une part importante du capital de cette société avant son introduction en Bourse, en utilisant le nom de la mère âgée de Wen pour dissimuler son geste. McKinsey a également affirmé avoir embauché Liu sur la base de ses qualifications, indépendamment de ses connexions. « Toute insinuation comme quoi M. Liu aurait été embauché ou serait employé pour des raisons autres que ses compétences est fausse et trompeuse » a ainsi tenu à préciser l'entreprise en 2018.

Le fait que le beau-fils du Premier ministre Wen a rejoint McKinsey témoigne du prestige de la firme auprès de l'élite chinoise éduquée en Occident[19]. De là, la firme a volé de succès en succès. Partie avec juste quelques dizaines de consultants en Chine au milieu des années 1990, dix ans plus tard, elle en comptait plus de trois cents[20]. Et quand les grandes entreprises étatiques se sont préparées à intégrer le marché boursier mondial, McKinsey a été présent pour les aider.

Cependant, certains ne voyaient pas d'un très bon œil que le cabinet consacre autant de son temps à conseiller des États et des entreprises publiques plutôt que des dirigeants d'entreprises privées.

Ron Daniel, le directeur général du cabinet de 1976 à 1988, qui bien qu'âgé de plus de quatre-vingt-dix ans continuait à aller chaque jour au bureau de la firme de Midtown, à Manhattan, était de ceux-là. Un jour, il prit ainsi à part Ian Davis, le dirigeant de la firme de 2003 à 2009, pour lui livrer le fond de sa pensée sur tous ces « trucs du secteur public ».

Réponse acide de Davis : « Selon toi, Ron, on ne devrait donc pas travailler en Chine ? »[21]

La réponse était évidente.

La croissance économique chinoise s'accélérant, McKinsey plongea directement dans ces « trucs du secteur public », c'est-à-dire dans l'univers des *zhongyang qiye* sous le contrôle du Parti communiste chinois.

Durant la première décennie de ce siècle, les principales entreprises publiques chinoises ont abandonné des années de pratique de planification centrale de type soviétique et se sont restructurées en adoptant les « meilleures pratiques » occidentales (une spécialité de McKinsey), ce qui leur a permis de dégager des gains d'efficacité massifs qui ont contribué à stimuler la croissance chinoise. En 2007, l'économie a ainsi crû de 14,2 %, retrouvant son rythme effréné de 1992. De leur côté, des entreprises comme Apple, General Motors, McDonald's, Volkswagen et Boeing réalisaient enfin le rêve du monde marchand occidental : gagner beaucoup d'argent en Chine.

Pour les multinationales – les principaux clients de McKinsey – cela n'avait aucun sens de se tenir à l'écart d'un marché devenu, tour à tour, le plus grand marché pour les téléphones mobiles puis les voitures, le plus gros exportateur au monde et, en 2010, la deuxième économie mondiale derrière les États-Unis[22].

McKinsey a ainsi ajouté quantité d'entreprises publiques de premier plan à sa liste de clients, notamment China Mobile, China Telecom et les géants pétroliers Sinopec et PetroChina, plus des conglomérats dans les secteurs du charbon, de la sidérurgie, de la banque, de l'alimentation et du transport maritime.

À cela, il faut ajouter des gouvernements locaux et des ministères à Pékin, eux aussi friands des conseils de la firme[23]. Shanghai a également engagé McKinsey pour l'assister dans sa planification urbaine et, en 2009, Ian Davis s'est rendu à Pékin pour signer un accord avec le ministère du Commerce chinois. La même année, le gouvernement chinois a demandé à McKinsey de l'aider à monter son programme de relance économique destiné à contrer les effets de la crise financière mondiale. Le rôle de McKinsey a été mineur – il a, entre autres, consisté à évaluer l'incidence d'une éventuelle baisse des prix des téléviseurs sur la demande –, mais Dominic Barton, qui venait de succéder à Davis cette année-là en tant que directeur général du cabinet, a présenté ses résultats à la Commission nationale du développement et des réformes, la puissante agence de planification qui supervise les politiques industrielles de la Chine[24].

Selon un ancien consultant de McKinsey qui a travaillé en Chine, les efforts fructueux de la firme pour séduire les entreprises d'État, parfois à coups de réductions sur ses honoraires de conseil, ont généré « un transfert de propriété intellectuelle de l'Ouest » qui a permis « de construire la Chine et ses entreprises publiques »[25].

« À présent, nous avons un concurrent de taille. Pour moi, personnellement, cela n'a pas été très inspirant de travailler pour des entreprises publiques à des prix remisés », a-t-il confié.

Alors que McKinsey asseyait sa présence en Chine, les dirigeants des agences et des entreprises publiques ne manquaient pas de se vanter de s'être adjoint les services du plus prestigieux cabinet de conseil au monde.

Son nom est devenu si connu qu'il a même été victime de contrefaçon ; une entreprise chinoise s'est ainsi baptisée Chengdu McKinsey Management Consulting Company et a réussi à gagner un contrat avec le gouvernement de la province du Sichuan pour le conseiller sur son plan économique. Le *China Economic Weekly* s'y est fait prendre qui a comparé le cabinet de conseil américain à une pieuvre étendant ses tentacules dans le pays et l'a décrit comme « le cerveau étranger derrière le douzième plan quinquennal », en mettant en avant le travail du faux cabinet McKinsey au Sichuan[26].

Dans le même temps que McKinsey et ses multinationales clientes renforçaient leur présence en Chine, le Parti communiste s'en prenait à tous ceux qui, à ses yeux, représentaient une menace pour son autorité. Les droits de l'homme étaient régulièrement violés et des activistes jetés en prison, comme Liu Xiaobo, le lauréat du prix Nobel de la paix qui y laissa la vie, suscitant la réprobation de la communauté internationale. Mais il y avait toujours l'espoir, comme l'a exprimé Bill Clinton en 2000, que l'essor économique du pays finisse par déteindre sur la sphère politique. De fait, en 2008, la Chine a accueilli les Jeux olympiques et des dizaines de millions de Chinois ont découvert la liberté d'expression au travers des dynamiques réseaux sociaux du pays. Enfin, nonobstant quelques frictions, les relations entre les États-Unis et la Chine étaient, dans l'ensemble, cordiales.

Mais cela ne dura pas longtemps. En novembre 2012, Xi Jinping, le fils de l'un des fondateurs de la République populaire prit la tête du Parti communiste.

Sa vision du monde était complètement différente de celle de son prédécesseur, un apparatchik sans relief. Pour Xi, le parti était au bord de l'effondrement, entravé qu'il était d'une part par la corruption et d'autre part par l'influence de concepts occidentaux tels que la liberté de la presse et l'État de droit. Pas question pour lui de devenir le Gorbatchev chinois et d'assister à la débâcle du Parti communiste. Juste quelques jours après son intronisation, il prononça un discours où il vitupéra contre l'effondrement du parti de l'Union soviétique en 1991, une catastrophe due au fait que « personne ne s'est montré assez courageux pour le défendre et résister »[27]. Puis il fit mettre en prison des défenseurs des droits de l'homme et des féministes et s'attela à museler les plateformes de médias sociaux en leur imposant une censure dure. Il s'attaqua également violemment à l'ethnie musulmane des Ouïghours en soumettant ses membres à des détentions de masse et à des stérilisations forcées, une politique que les États-Unis n'hésiteront pas à qualifier de génocidaire.

Pour renforcer son pouvoir, les médias officiels, sous le contrôle du Parti communiste, le décrivaient en termes héroïques comme du temps de Mao Zedong. Les relations avec les États-Unis se détériorèrent, mais, pour McKinsey, tout continuait comme avant.

S'il est vrai que des multinationales comme BMW, Apple, Boeing et Starbucks n'ont pas non plus changé quoi que ce soit à leurs pratiques en Chine, ce qu'elles vendent – des voitures, des téléphones, des avions civils et du café –, diffère du produit phare de McKinsey. En dispensant son savoir-faire à des entreprises d'État telles que China Communications ou au constructeur des îles en mer de Chine méridionale, McKinsey a renforcé le pouvoir de l'État chinois et du Parti communiste. Xi n'a jamais fait mystère du lien qui existe entre ce dernier et les principales entreprises publiques comme China Communications, en déclarant notamment face aux cadres du parti que « l'adhésion à la direction du parti et le renforcement de sa construction font partie de la glorieuse tradition des entreprises d'État de notre pays »[28].

À l'automne 2013, Xi lança une campagne dans le plus pur style maoïste de « rectification » du parti, étranglant le peu qu'il restait de liberté d'expression sur les réseaux sociaux. À ce moment-là, McKinsey, non content de conseiller des entreprises publiques et des agences gouvernementales chinoises, commença à soutenir certaines des politiques emblématiques de Pékin, dont une partie allait à l'encontre des intérêts des États-Unis et de l'Europe.

L'un de ces programmes était « La Ceinture et la Route »*. Évoquant la route de la soie, un faisceau de liaisons à destination du Proche-Orient empruntées par les caravanes chinoises il y a plusieurs siècles, le plan de mille milliards cherchait à étendre l'influence de la Chine grâce à la construction de ports, de routes, de ponts, de voies ferrées et d'autres projets à travers l'Asie, l'Afrique et au-delà.

Le projet chinois n'a pas tardé à alarmer Washington et d'autres capitales européennes. Les dirigeants craignaient que le gouvernement de Pékin utilise cette initiative pour accroître son influence militaire, notamment en piégeant des pays pauvres avec des prêts impossibles à rembourser qui les placeraient *de facto* dans la sphère d'influence chinoise. Ainsi, le président Emmanuel Macron, en visite en Chine, a déclaré à propos de ces nouvelles routes : « Elles ne sauraient constituer les routes d'une nouvelle hégémonie qui viendrait mettre en état de vassalité les pays qu'elles traversent »[29].

Mais McKinsey ne voyait pas les choses de cette façon[30]. Dominic Barton, alors à la tête de la firme, a fait du projet « La Ceinture et la Route » le sujet du discours principal prononcé à Pékin en mars 2015, à l'occasion d'une réunion annuelle où les entreprises qui cherchent à faire des affaires dans le pays se mêlent aux hauts dirigeants chinois. McKinsey le jugeait extrêmement enthousiasmant et considérait qu'il n'y avait pas lieu d'y voir un subterfuge du gouvernement chinois pour étendre l'influence du pays à travers le monde.

* NdT : aussi appelé « Les nouvelles routes de la soie ».

McKinsey a réuni des hauts fonctionnaires du gouvernement pour discuter de l'initiative et appuyer le message du gouvernement selon lequel la Chine ne s'engageait dans cette voie « ni par intérêt personnel ni poussée par des objectifs géopolitiques »[31].

« Le monde est impatient de voir le projet "Une Ceinture, une Route" devenir réalité. [...] Nous sommes prêts à travailler avec des instances gouvernementales, des entreprises et des groupes de réflexion pour mener des recherches approfondies sur les propositions mentionnées ci-dessus et contribuer ainsi au déploiement de la prospérité des sociétés humaines ! », a écrit Barton dans un billet publié sur le site du bureau chinois de McKinsey en mai 2015[32].

Bientôt, les consultants McKinsey commencèrent à marteler l'importance du projet des nouvelles routes de la soie à leurs clients. En 2015, le gouvernement malais engagea le cabinet pour étudier la faisabilité économique de l'un des plus gros projets de travaux publics jamais conçus dans le pays : une voie ferrée reliant les ports de la côte orientale de la péninsule malaise aux villes prospères de la côte occidentale.

Dans une présentation, les consultants écrivirent que ce projet permettrait à la Malaisie de « renforcer la relation de nation à nation » avec la Chine en raison de son importance pour l'initiative « La Ceinture et la Route »[33]. Ils reconnaissaient aussi que la Chine avait des « raisons géopolitiques » de s'intéresser aux voies ferrées en Asie du Sud-Est. Une autre diapositive soulignait que la proposition de financement du projet ferroviaire par la Chine était assortie de conditions généreuses pour la Malaisie. Pour McKinsey, cette proposition chinoise « changeait la donne ».

En 2016, China Communications Construction, le client de McKinsey qui construisait les îles en mer de Chine méridionale, remporta le contrat de 13 milliards de dollars pour construire la voie ferrée en Malaisie[34]. Un assistant du Premier ministre de l'époque déclara que la Malaisie avait octroyé le contrat à China Communications dans le cadre d'un plan visant à rembourser les dettes accumulées par un fonds d'investissement gouvernemental corrompu.

De son côté, McKinsey a indiqué qu'il n'avait fait qu'« étudier l'impact socio-économique et la faisabilité financière » du projet et que la firme n'avait joué aucun rôle dans la décision du gouvernement malais de recruter China Communications Construction[35]. « Nous dépeindre comme œuvrant en coulisses pour pousser l'agenda de quelque gouvernement que ce soit – au travers d'équipes client indépendantes et de projets – est tout simplement une contre-vérité », a écrit McKinsey en décembre 2018, en réponse à l'enquête du *New York Times* sur son travail sur les projets liés à l'initiative « La Ceinture et la Route ».

Cependant, pour le cabinet de conseil, en faire l'éloge était tout bénéfice ; neuf de ses quinze fournisseurs chinois faisaient partie de ses clients[36].

McKinsey s'est aussi impliqué dans le projet de politique industrielle chinois controversé, Made in China 2025. Présenté pour la première fois en 2015, ce projet avait pour objectif de faire de la Chine l'acteur mondial dominant dans des industries telles que celles des véhicules électriques, de la biopharmacie et de l'aérospatiale, en concentrant des centaines de milliards de dollars de prêts garantis par l'État dans ces secteurs. De leur côté, les principaux partenaires commerciaux de la Chine craignaient que ce soit un moyen pour Pékin de contrôler entièrement des industries et des chaînes d'approvisionnement, ce qui affaiblirait leurs propres économies et finirait par pousser les entreprises étrangères hors du colossal marché chinois. En mars 2021, l'administration Biden a jugé que c'était « l'un des projets industriels chinois les plus ambitieux et les plus préjudiciables qui soient »[37].

Le cabinet de conseil a produit au moins dix rapports sur Made in China 2025, jusqu'à ce qu'en mai 2018, face au déluge de critiques de la part de ses principaux partenaires commerciaux, le gouvernement chinois ordonne aux médias du pays de cesser d'en parler. McKinsey a fait de même.

Bien que controversé dans certains pays, pour beaucoup des consultants de McKinsey en Chine, sinon pour la plupart, ce travail est jugé normal et acceptable. La majeure partie de l'équipe du cabinet y est en effet composée de locaux, et un nombre de plus en plus important d'entre eux accèdent aux rangs de directeur associé et directeur associé senior, ce qui leur confère le droit de prendre de nouveaux clients.

Nombre de ces consultants chinois sont diplômés d'universités telles que Harvard ou Stanford et font partie de l'élite chinoise – la première bénéficiaire du système du parti unique. On y retrouve notamment des individus comme Chen Guang, un associé qui a rejoint McKinsey en 2007 après avoir obtenu un doctorat en ingénierie optique à l'université Jiao Tong de Shanghai[38].

En décembre 2017, ce dernier s'est exprimé devant un parterre d'employés du China Merchants Group, une entreprise publique d'importance stratégique et l'un des plus gros contractuels du projet « La Ceinture et la Route »[39]. Le sujet principal de la réunion concernait la « constitution d'une équipe de cadres hautement professionnelle » – une exigence issue du congrès du PCC qui venait de se clore, un événement qui a lieu une fois tous les cinq ans et qui consacre les dirigeants du pays. Dans son discours, Chen a fait un parallèle entre l'armée et le monde de l'entreprise et ses diapositives étaient illustrées d'un soldat armé d'un fusil.

Un autre projet sujet à controverse que McKinsey a poussé en Chine a été celui des « villes intelligentes ». L'idée derrière ce concept est de gérer les zones urbaines au moyen de caméras en réseau pour fluidifier le trafic automobile ou réduire la consommation d'eau et d'électricité au moyen de compteurs « intelligents » capables de renvoyer des informations à un centre de commande. McKinsey s'en est fait le champion partout dans le monde.

En 2018, le cabinet a pris part à une conférence sur ce sujet dans le sud de la Chine, aux côtés d'une commission gouvernementale issue de la bureaucratie de planification étatique de l'ère Mao[40]. En 2019, le directeur associé senior Sha Sha, l'une des premières recrues locales de la firme, a pris la parole lors de la China Smart City Expo. McKinsey s'était associé à son client chinois le plus fiable, Ping An, pour aider l'assureur à mettre en place un système permettant de contrôler la fraude financière dans la ville de Nanning, dans le sud de la Chine.

Cependant, le concept de ville intelligente ne se limite pas à la régulation de la circulation ou aux économies d'eau et d'électricité. Il inclut aussi le maintien de l'ordre et l'utilisation de l'analyse prédictive pour prévenir la criminalité, comme McKinsey l'a clairement expliqué à son public en chinois.

« Les patrouilles de police ne peuvent pas être partout, par exemple, mais l'analyse prédictive permet de les déployer au bon endroit et au bon moment », a écrit McKinsey dans un rapport mondial sur les villes intelligentes, que le cabinet a traduit en chinois et que les médias d'État ont largement relayé.

Dans des pays autoritaires tels que la Chine, où la police a peu de contraintes et où l'État de droit n'existe pas, cette phrase prend une tout autre signification qu'à Londres, Tokyo ou encore New York. Un rapport d'un panel du Congrès américain sur la Chine a ainsi révélé que les dirigeants chinois se servent des technologies associées aux villes intelligentes pour « étendre, améliorer et automatiser la collecte et l'analyse d'informations à des fins de surveillance de masse »[41].

Cela n'est nulle part plus vrai que dans la région la plus occidentale de la Chine, où le gouvernement a imposé le réseau de caméras de surveillance et de points de contrôle de sécurité le plus intrusif au monde. Cette « cage virtuelle », ainsi que les journalistes du *New York Times* Chris Buckley et Paul Mozur ont nommé ce système[42], complète le vaste réseau de camps de détention conçu pour faire des minorités musulmanes de la province « des citoyens laïques qui ne défieront jamais le Parti communiste au pouvoir ».

Il se trouve que c'est aussi la province, où, en septembre 2018, l'équipe McKinsey de la Grande Chine s'est réunie à l'occasion de sa retraite annuelle[43].

L'événement a été somptueux. À un moment, au milieu de dunes parmi lesquelles serpentaient des tapis rouges, les jeunes consultants McKinsey ont pu se détendre, assis sur des tapis de prière et des coussins décoratifs dans des tentes ouvertes. Les consultants ont aussi dîné en plein air dans une ville de l'ancienne route de la Soie et, au coucher du soleil, ont pu admirer un spectacle son et lumière mettant en scène des chameaux colorés projetés sur l'enceinte crénelée de la ville.

Il y a également eu des discours – accompagnés des inévitables présentations PowerPoint – donnés dans une salle de banquet richement décorée digne d'un palais de sultan. Une banderole résumait l'ambiance : « Impossible de garder mon calme, je travaille chez McKinsey & Company. »

Ce genre d'événement fait rarement la une des médias, mais une photo prise à cette occasion – avec les tapis rouges et les dunes – a été publiée le 16 décembre 2018 par le *New York Times*. La raison : la fête se passait au Xinjiang, à un peu moins de sept kilomètres d'un camp de détention, un parmi les centaines qui constituent en Chine occidentale un archipel du goulag où seraient détenus jusqu'à un million de Ouïghours musulmans et d'individus d'autres ethnies.

Quand les consultants se sont réunis dans l'ancienne cité de Kashgar, plus personne n'ignorait l'existence de ces camps de détention. Dès 2016, Chen Quanguo, le dirigeant du Parti communiste de la région, avait imposé un sévère système de surveillance de masse et de points de contrôle qui concernait près de la moitié des vingt-cinq millions d'habitants de la province après une vague de violence entre les minorités musulmanes et la majorité chinoise Han. Des médecins, des musiciens, des enseignants, des chefs d'entreprise avaient été pris dans les mailles du filet qui, arrivée 2018, s'était transformé en un système de détention de masse. Juste quelques jours avant la retraite de McKinsey dans la province, un panel des Nations unies avait appelé la Chine à « relâcher immédiatement » tous ceux qui avaient été injustement emprisonnés[44].

Les enfants dont les parents avaient été incarcérés étaient envoyés dans des établissements d'endoctrinement instillant l'obéissance au Parti communiste chinois. Des femmes étaient internées pour avoir eu trop d'enfants et stérilisées de force, voire avortées. Tandis que partout dans le reste du pays les mesures de contrôle des naissances se relâchaient, le taux de natalité s'effondrait dans cette province en réponse au « climat de terreur entourant la question de la procréation » selon une enquête d'Associated Press[45].

Pour les États-Unis, la situation équivalait à un génocide. Selon un rapport de mars 2021 du département d'État, les Ouïghours et d'autres minorités ethniques du Xinjiang faisaient l'objet d'un génocide et de crimes contre l'humanité incluant des viols, de la torture et du travail forcé de la part du gouvernement chinois[46].

Mais les consultants McKinsey qui ont immortalisé et diffusé leur expérience à la Disney sur Instagram sont restés complètement aveugles à ces exactions. Sur l'une de ces photos, l'on voyait un couple vêtu comme des figurants du film *Aladdin* sautant du sommet d'une magnifique dune. Sur d'autres, de jeunes consultants chevauchaient des chameaux, l'un d'eux faisant même le signe de la paix de la main. Le responsable de McKinsey pour la région, Joe Ngai, un diplômé de Harvard, a posé avec ses employés, avec en toile de fond, des femmes ouïghoures en longues robes jaunes fluides dansant sous un panneau reprenant le thème de l'événement : « Connecting Together »*.

Certes, McKinsey n'est pas responsable des actions du gouvernement chinois au Xinjiang, mais le fait d'y avoir organisé une fête a placé le cabinet en porte-à-faux. « Je suis étonné qu'ils n'aient pas perçu à quel point c'était indécent. Quelqu'un aurait dû se tenir informé et dire : "Attendez une minute, nous ne voulons pas de notre logo là-bas" », a déclaré James Millward, un professeur à l'université de Georgetown qui étudie la région.

Peter Walker, l'ancien directeur associé senior qui se décrit lui-même comme un expert en relations sino-américaines a tenté d'expliquer la politique de Pékin envers la minorité ouïghoure dans un entretien en avril 2020 accordé à Fox News[47].

Il a raconté à Tucker Carlson que, selon le gouvernement chinois, en dépit des détentions massives, la plupart des habitants du Xinjiang « s'en sortent mieux en termes de qualité de vie ». « Est-ce que je suis d'accord avec ça ? Non, je ne suis pas d'accord », a-t-il conclu[48].

* NdT : « Se connecter, ensemble ».

En réponse au compte rendu du *New York Times* sur la retraite au Xinjiang, McKinsey a déclaré que le cabinet « ferait plus attention à ce genre de décision à l'avenir »[49].

Pour comprendre à quel point McKinsey juge la Chine cruciale pour son avenir, il suffit de regarder ses deux derniers directeurs monde, Dominic Barton et Kevin Sneader ; tous deux ont dirigé le pôle de compétences Asie avant d'être promus à la tête du cabinet. Barton a vécu à Shanghai et Sneader, même après qu'il a pris la direction de la firme, est resté basé à Hong Kong.

Dans ce territoire, de gigantesques manifestations en faveur de la démocratie ont éclaté en 2019 et se sont poursuivies en 2020, souvent à proximité des bureaux de McKinsey, au centre de Hong Kong. Des millions de personnes sont descendues dans la rue pour protester contre l'emprise de plus en plus forte de Pékin sur l'ancienne colonie britannique, qui jusque-là jouissait de libertés dont les habitants de la Chine continentale étaient privés, notamment les libertés de réunion, de culte et de la presse.

Le cabinet n'a produit aucun communiqué ni n'a signé de lettre en soutien aux manifestants de Hong Kong, pas plus qu'il ne s'est publiquement récrié quand Pékin a promulgué une nouvelle loi de sécurité nationale draconienne qui a écrasé le mouvement prodémocratie de l'île et, avec lui, ses libertés publiques.

En revanche, quand des manifestations massives ont éclaté un peu partout aux États-Unis après le meurtre de George Floyd, McKinsey a tout de suite rallié la cause. La firme a fait partie des signataires d'une publicité pleine page parue dans le *New York Times* pour honorer la mémoire de Floyd. Le nom de Sneader apparaissait sous le logo de l'entreprise.

Cette incohérence n'a pas échappé à un jeune consultant de la firme qui a vécu en Chine :

« Kevin Sneader est basé à Hong Kong. Dans un cas, il n'a eu aucun problème à clamer son désir de justice raciale, mais n'y a-t-il pas des gens juste à sa porte qui pourraient bénéficier de la même fougue ? », a-t-il ainsi déclaré[50].

Alors que les relations entre la Chine et les États-Unis n'ont cessé de se dégrader sous la présidence de Donald Trump, le travail de McKinsey en Chine a été soumis à un minutieux examen bipartisan. Dans une lettre de juin 2020 adressée à Sneader, le sénateur Marco Rubio, un républicain de Floride, a demandé à la firme de lister les missions effectuées pour l'État chinois, le Parti communiste et toutes les entreprises agissant « dans des domaines d'intérêt national critiques pour les États-Unis », qu'il a définis comme couvrant un large éventail de secteurs, dont celui des soins de santé, des télécommunications, des produits pharmaceutiques et de la défense militaire ou civile[51]. Le bureau de Rubio a rapporté que McKinsey avait bien répondu au sénateur, mais que la firme avait refusé de divulguer les noms de ses clients chinois[52].

Le cabinet eût-il accédé à la demande de Rubio, voici ce que le sénateur aurait appris : de 2018 à début 2020, selon des documents internes de McKinsey et des déclarations d'entreprises chinoises, parmi les cinquante-quatre clients de Chine continentale identifiables, dix-neuf étaient des sociétés publiques. L'une d'elles, la Commission de supervision et d'administration des actifs d'État (SASAC), est l'agence gouvernementale qui supervise la participation de l'État dans les entreprises. Chen Guang, le directeur associé de McKinsey qui s'est exprimé lors de la réunion du China Merchants Group suivant le congrès du Parti communiste, était l'un des deux associés (au moins) affectés à cette mission, toujours selon ces documents internes. McKinsey affirme ne pas avoir travaillé pour la SASAC et que le gouvernement central chinois « n'est pas un client de McKinsey et, à notre connaissance, ne l'a jamais été ». Cette déclaration omet de mentionner le travail de McKinsey avec les échelons inférieurs du gouvernement chinois. De plus, en 2020, si l'on en croit les médias locaux, la firme a été invitée par la SASAC dans la province du Yunnan, dans le sud-ouest de la Chine, à conseiller certaines des plus grandes entreprises publiques de la région sur des questions de stratégie[53].

Parmi les clients de McKinsey, on compte également les grands bailleurs de fonds publics China Construction Bank et Industrial and Commercial Bank of China, Shandong Steel et le fabricant de produits pétrochimiques Shanghai Huayi Group[54]. Figurent également sur la liste China Telecom, Sinopec, First Auto Works et le producteur de charbon Shenhua, toutes des entreprises d'État stratégiques, autrement dit des *zhongyang qiye*.

À la suite de l'enquête du *New York Times* sur le travail de McKinsey en Chine, en Arabie saoudite, en Russie et dans d'autres régimes autoritaires, la firme a annoncé un changement dans sa manière de sélectionner ses nouveaux clients[55]. Dorénavant, chaque prospect serait évalué par un panel composé d'employés de la firme et d'experts externes. Les directeurs associés désireux de recruter de nouveaux clients devaient les évaluer en amont pour s'assurer de leur compatibilité avec les valeurs de la firme. Celle-ci ne conseillerait plus ni l'armée, ni les services de renseignement, ni la police ou la justice d'États autoritaires, ne travaillerait plus pour des partis politiques ou des groupes de défense d'intérêts politiques et ne ferait pas de lobbying. Le cabinet affirme que cette politique s'applique à la Chine parce qu'elle fait partie d'un ensemble de pays notés six points ou moins sur une échelle de dix constitutive d'un indice de niveau démocratique publié par le magazine *The Economist*.

Plusieurs employés, anciens et actuels, ont exprimé leurs doutes quant à la mise en œuvre effective de cette nouvelle politique, en se référant à la large marge de manœuvre dont disposent les directeurs associés seniors dans le monde dans le choix de leurs clients et l'échec des tentatives passées d'empêcher que la firme se compromette dans des projets sujets à controverse, comme cela a été le cas avec l'entreprise pharmaceutique Purdue Pharma.

Deux anciens directeurs associés seniors ont par ailleurs dit que la mise en place effective d'une telle politique risquerait de compromettre son modèle économique, qui, selon eux, repose sur la grande confiance accordée à l'ensemble des associés pour prendre des décisions importantes.

« La contrepartie étant l'intégrité », a rétorqué George Feiger, un ancien directeur associé senior du bureau de Londres.

Chapitre 6

Garder les portes des Enfers

Tabac et vapotage

L'heure du règlement de comptes a mis du temps à arriver. Pendant près d'un demi-siècle, l'industrie du tabac a menti et trompé son monde pour se dégager de toute responsabilité alors qu'elle vendait le produit le plus délétère de l'histoire américaine. Année après année, étude après étude, les preuves s'accumulaient montrant que la cigarette était une drogue létale.

Alors que les parties lésées assignaient en justice et les législateurs proposaient en vain des lois, les avocats des cigarettiers et des élus complaisants s'assuraient que les hommes à la tête de ces entreprises restaient dans l'ombre et ne répondaient qu'aux actionnaires.

Mais le 14 avril 1994, tout cela prit fin à l'intérieur de la salle 2123 du Rayburn House Office Building, quand une commission parlementaire fit l'impensable : convoquer les dirigeants des sept plus gros cigarettiers pour qu'ils répondent devant eux et sous serment à leurs questions sur leurs produits[1]. L'audition faisait suite à de nouvelles révélations indiquant que ces entreprises produisaient des cigarettes expressément conçues pour favoriser l'addiction[2].

La question n'était plus de savoir si ces dernières provoquaient des maladies cardiaques ou des cancers, des attaques que les fabricants contraient en disant que si des adultes connaissaient ces risques et fumaient tout de même, c'était leur choix, mais de savoir si les fumeurs étaient vraiment libres. Les fabricants manipulaient-ils effectivement le composant addictif de la cigarette – la nicotine – pour que les gens ne puissent plus s'arrêter ainsi que l'affirmaient des témoins ?

De l'ammoniaque était aussi ajoutée pour rehausser l'impact de la drogue et des plants de tabac à haute teneur en nicotine étaient sélectionnés et mélangés pour atteindre le taux de nicotine désiré[3]. L'un des principaux fabricants avait écrit qu'il était dans l'intérêt de l'entreprise à long terme « d'être capable de contrôler et d'utiliser avec efficacité chaque kilo de nicotine acheté »[4].

Les cigarettiers avaient étudié en secret la pharmacologie de la nicotine et savaient que sans elle, les gens ne fumeraient pas. « Voyez le paquet de cigarettes comme un élément de stockage pour un approvisionnement journalier en nicotine », avait écrit un chercheur pour le compte de Philip Morris. Ou encore : « Voyez la cigarette comme un distributeur de dose de nicotine. Et la bouffée de cigarette comme le véhicule pour la nicotine »[5]. Dans la foulée, les actions des cigarettiers s'effondrèrent, les investisseurs craignant que ces produits soient interdits. Philip Morris tenta d'intimider les médias en réclamant 10 milliards de dollars de dommages et intérêts à deux reporters et à leur employeur, ABC News[6], suite à leur enquête qui allait faire date sur la manipulation de la nicotine dans les cigarettes[7]. Mais il était trop tard. Le vent avait tourné.

L'audience d'avril, retransmise en direct à la télévision, atteignit son point d'orgue lorsque les sept dirigeants des majors du tabac se tinrent en rang debout, main levée, en jurant de dire la vérité avant de nier ce qui ne laissait plus place au doute pour la plupart des Américains, à savoir que la cigarette créait une dépendance et était nocive pour la santé.

L'audience « attisa la colère populaire à l'encontre de la malhonnêteté et de la cupidité de ces entreprises », écrivit Allan M. Brandt, un professeur d'histoire à Harvard[8]. Les fabricants de tabac commencèrent tout à coup à perdre des procès, ce qui conduisit l'industrie à verser, dix ans plus tard, plus de 200 milliards de dollars de dommages et intérêts à l'issue de ce qui fut alors le règlement du litige civil le plus conséquent de l'histoire des États-Unis[9]. « L'audience a marqué le point de départ d'une victoire de la santé publique qui restera dans les annales » a ainsi écrit le *New York Times* dans un éditorial[10]. « Big Tobacco »* était devenue l'une des industries les plus détestées du pays.

McKinsey & Company observa cette marée montante de condamnations en sachant parfaitement que pendant des décennies ses consultants avaient aidé les cigarettiers à vendre davantage de leurs produits, et ce de la manière typique de la firme : en secret. Son nom n'apparut ainsi ni à l'occasion des auditions du Congrès sur le tabac, ni dans les deux ouvrages majeurs publiés sur le sujet totalisant mille quatre cents pages, ni dans les enquêtes médiatiques sur cette industrie[11].

Cette culture du secret profitait autant au cabinet de conseil qu'à ses clients cigarettiers. Ceux-ci ne voulaient pas que leur stratégie marketing soit ébruitée et McKinsey ne souhaitait pas entacher sa réputation en se faisant connaître comme celui qui contribuait à la vente de produits mortels. Ses potentielles recrues pourraient aussi se demander comment ces activités cadraient avec les « valeurs » de la firme, un mot souvent utilisé par ses nouveaux employés et ses clients.

En dépit de leur réputation, les cigarettiers étaient des clients intéressants pour au moins une raison : ils étaient tous assis sur un tas d'or. Comme l'investisseur Warren Buffett l'a dit une fois : « Je vais vous dire pourquoi j'aime l'industrie de la cigarette : cela coûte un centime à produire et cela se vend un dollar ; c'est addictif et, en plus, les consommateurs sont extrêmement fidèles à la marque »[12]. Comme nombre de fumeurs à la chaîne, McKinsey ne pouvait pas résister à l'attrait de la cigarette. Le cabinet était trop accro aux profits qu'elle générait.

L'histoire des contributions de McKinsey à l'industrie du tabac n'a jamais été racontée, et ses détails demeurent enfouis dans quatorze millions de pages de documents concernant cette dernière[13]. L'on sait toutefois que la relation remonte au moins à 1956, quand McKinsey a réalisé une analyse approfondie des opérations de Philip Morris. Les consultants se sont rendus dans ses usines, ont interviewé des managers

* NdT : surnom des plus gros fabricants de tabac.

et ont étudié les chiffres de ventes. Le cabinet a entre autres recommandé de réduire les emplois et de renforcer la recherche pour pouvoir capitaliser sur les rapides changements affectant les procédés de fabrication[14]. Une année plus tard, McKinsey a produit un autre rapport, celui-ci marqué du sceau « hautement confidentiel », qui indiquait comment structurer la recherche ainsi qu'une usine pilote[15].

Mais ce document ne faisait pas que ça : il préfigurait la transformation de l'industrie, qui est passée de productrice d'une marchandise essentiellement agricole à productrice d'un produit scientifiquement conçu à l'aide de la chimie, de la manipulation de la nicotine et de l'analyse de la fumée. Le cabinet citait, par exemple, l'introduction du « tabac reconstitué », un processus qui transforme les déchets de tabac en plaques aussi fines que des feuilles de papier, qui sont ensuite hachées et ajoutées à la cigarette. D'abord extraite avec d'autres substances, la nicotine est rajoutée ultérieurement pour atteindre le niveau désiré.

Dès le milieu des années 1950, la cigarette a été attaquée après qu'une série de rapports alarmants a établi une corrélation entre tabagisme et cancer du poumon[16]. Alors que des chercheurs, des médecins et des responsables en santé publique tentaient d'alerter les Américains sur les dangers mortels de la cigarette, Philip Morris a participé à une campagne de désinformation destinée à discréditer ses accusateurs. Il n'existe aucune preuve de la contribution de McKinsey à cette campagne, mais étant donné que le cabinet était pleinement impliqué dans les affaires du cigarettier, il est difficile de croire qu'il ignorait ce qui se passait.

Un fait est indéniable, cependant : McKinsey connaissait les effets délétères du tabagisme sur la santé. Le cabinet a ainsi recommandé à Philip Morris de confier deux missions à une unité : d'une part « la coordination de toutes les recherches portant sur le problème du tabagisme et de la santé » et d'autre part la conduite d'études sur « les effets physiologiques du tabagisme ». Après avoir lu le rapport McKinsey de 1956, Andrew C. Britton, le vice-président du cigarettier, a écrit ceci dans un mémo interne à l'entreprise : « Je pense que la recherche devrait en permanence s'efforcer de comprendre ce que le fumeur recherche, consciemment ou pas, et que nous pouvons lui fournir »[17]. Le plaisir « inconscient » recherché par les fumeurs étant, bien entendu, la nicotine.

Puis, un dimanche matin de 1964, un communiqué du Dr Luther Terry, l'administrateur de la santé publique, selon lequel de nombreuses études confirmaient le lien entre cancer du poumon et tabagisme finit de balayer les doutes restants[18]. Conscient de l'impact qu'une telle annonce aurait sur le cours des actions, Terry a tenu sa conférence de presse un week-end pour en atténuer l'effet[19]. Et si fumer n'était pas encore largement regardé de travers – cela viendrait plus tard –, il est cependant peu probable que McKinsey, connu pour le caractère exhaustif de ses recherches et pour son sens des affaires, n'ait pas alors saisi le risque que représentait le fait de prendre ou de garder des clients de ce secteur pour sa réputation.

Cependant, si les consultants de McKinsey ont été inquiets, ils n'en ont rien montré, bien au contraire. Tandis que les avertissements sur la cigarette s'intensifiaient, le cabinet a signé de nouveaux clients, dont R. J. Reynolds, Lorillard, Brown & Williamson, British American Tobacco et même Japan Tobacco International. La firme a également cherché à pousser les ventes de cigarettes en Allemagne et en Amérique latine.

Les cigarettiers n'ont pas embauché McKinsey pour redorer leur blason. Pour eux, le cabinet de conseil était un allié et un stratège précieux. En 1985, McKinsey a ainsi rédigé un mémorandum confidentiel de trente-six pages à l'attention de William Campbell qui était sur le point d'être nommé à la tête de Philip Morris, pour proposer des solutions afin que l'entreprise reste compétitive quand l'usage de la cigarette commencerait à plafonner à cause des problèmes de santé qui lui étaient associés[20]. Cela a été un moment clé pour McKinsey et pour Campbell. Philip Morris venait de rafler la première marche du podium à son rival de longue date R. J. Reynolds et Campbell s'apprêtait à être promu. (Plus tard, il fera partie des dirigeants qui soutinrent sous serment que la nicotine ne créait pas d'addiction.)

Pour accroître ou, tout du moins, pour soutenir les profits de la cigarette, il n'y avait pas trente-six solutions. Philip Morris refusait de dévaloriser ses produits en offrant des coupons de réduction alléchants. La publicité, en particulier pour sa marque phare Marlboro, avait atteint son seuil de saturation. Enfin, les usines de l'entreprise étaient déjà efficaces et modernes. Selon McKinsey, le seul moyen pour le cigarettier de se développer était de reconcentrer sa force de vente et d'améliorer « les programmes de merchandising et de présentation visuelle »[21]. Philip Morris dépensa ainsi plus de 80 millions de dollars en présentoirs produits et dans les linéaires, mais c'était toujours beaucoup moins que son concurrent principal, R. J. Reynolds.

En recommandant de trouver des moyens de donner un coup de fouet à la force de vente, McKinsey jouait sur son point fort. « Au cours des trois dernières années, nous avons travaillé pour la majorité des vingt-cinq principaux fabricants de produits de grande consommation et la moitié des principaux détaillants », se vantait ainsi le cabinet. Pour diriger l'équipe de consultants, McKinsey proposait l'une de ses stars, Andrew John Parsons, un surdoué d'origine britannique qui, avec déjà deux diplômes d'Oxford en poche, avait fait le MBA de Harvard dont il était ressorti *Baker scholar*. S'y ajoutaient deux directeurs associés seniors, Charles Shaw, qui avait développé les activités de McKinsey en Amérique latine, et Tom Wilson qui avait dirigé le pôle de compétences « Biens de grande consommation » en Amérique du Nord[22]. McKinsey prévoyait également d'adjoindre à l'équipe des chargés d'études et des consultants en systèmes informatiques. « Nous préconisons l'utilisation de trois dispositifs organisationnels qui ont fait leurs preuves dans des projets similaires, à savoir un groupe de travail, un comité de pilotage et, à intervalle régulier, des ateliers », a écrit McKinsey.

Mark LeDoux, un jeune consultant de McKinsey affecté à l'équipe tabac, avait pour mission de s'occuper des petits commerçants qui commençaient à se demander si la vente de cigarettes en valait la peine. Les fabricants n'arrêtaient pas d'ajouter de nouvelles marques alors que les linéaires étaient déjà encombrés et certains consommateurs s'opposaient purement et simplement à la commercialisation de ce produit. En plus de cela, le vol de cartouches de cigarettes était monnaie courante et des points de vente se faisaient même cambrioler, ce qui amoindrissait encore plus les marges déjà dérisoires des revendeurs. McKinsey leur conseilla de ne pas s'inquiéter. « Nos analyses montrent que les ventes de cigarettes représentent 40 % des profits d'un point de vente typique », a ainsi déclaré LeDoux dans une interview, avant d'ajouter : « Ils n'en étaient pas conscients »[23]. De fait, sans la cigarette, certains magasins auraient mis la clé sous la porte.

La somme facturée par McKinsey à Philip Morris demeure confidentielle, mais le cabinet a tout de même légèrement levé le voile lorsque, pour un autre cigarettier, il a exposé sa philosophie et la structure de ses honoraires : « Les intérêts du client passent avant ceux de la firme et des individus qui la composent »[24], « Nous protégeons bec et ongles la confidentialité des données de nos clients », et aussi que la firme ne considère que des projets « susceptibles de créer une valeur qui sera un multiple significatif des honoraires – généralement au moins de l'ordre de dix ». Bien entendu, il y a maintes façons de définir ce qu'est la création de valeur. Et la promesse de McKinsey de faire passer les intérêts du client avant tout le reste semblait raisonnable, sauf pour cette industrie. En outre, comment McKinsey pourrait-il justifier le fait de conseiller les hôpitaux et les agences gouvernementales sur la manière de réduire les coûts des soins de santé quand ses clients du secteur du tabac remplissaient les chambres d'hôpital de malades et de mourants ?

McKinsey a continué de conseiller des cigarettiers même après que des documents internes de l'industrie ont fait surface à l'occasion de procès, qui ont montré que les géants du tabac agissaient comme des prédateurs prêts à duper le public quant à l'innocuité de leurs produits. En 1992, le juge fédéral H. Lee Sarokin fut ainsi tellement outré à la lecture de mémorandums de l'industrie dans le cadre d'un procès en responsabilité qu'il en oublia toute retenue judiciaire et écrivit : « Trop souvent, quand il s'agit de choisir entre la santé physique des consommateurs et celle financière des entreprises, la dissimulation est préférée à la divulgation, les ventes à la sécurité et l'argent à la moralité. Qui sont ces individus qui sciemment et secrètement décident de mettre en danger leurs clients dans le seul but de faire des profits et qui croient que la maladie et la mort des consommateurs ne sont que le juste coût de leur propre prospérité ? »[25]

Cette déclaration lui valut d'être dessaisi du dossier, mais elle trouvera écho dix ans plus tard lorsqu'un autre juge fédéral tirera des conclusions similaires après avoir présidé le procès du gouvernement contre les majors de la cigarette qui s'est appuyé sur la loi fédérale dite « RICO » (Racketeer Influenced and Corrupt Organizations Act*).

Mais quand il s'agissait d'empocher de l'argent provenant de ces entreprises, personne n'était à court d'idées. Pour commencer, Big Tobacco employait effectivement des dizaines de milliers de travailleurs. En 1990, une enquête du magazine *Fortune* auprès de cadres supérieurs, de directeurs externes et d'analystes a classé Philip Morris au deuxième rang des entreprises américaines les plus admirées, en grande partie parce qu'elle faisait partie des chouchous des investisseurs[26]. Un hôpital et un zoo pour enfants portaient aussi le nom de la famille Tisch, propriétaire de Lorillard, un important client de McKinsey. Et en face de la gare de Grand Central de New York, le siège social de Philip Morris abritait une succursale du Whitney Museum, que le cigarettier citait comme un exemple « de la façon dont l'entreprise privée peut répondre à l'intérêt public pour contribuer à l'amélioration de la société ».

Selon Murray H. Bring, un avocat chevronné de Philip Morris, cette industrie n'avait pas à s'excuser de quoi que ce soit. « Nous savons que nous fabriquons un produit qui est légal. Nous savons aussi que nous sommes des individus honorables et honnêtes », a-t-il ainsi déclaré. Geoffrey

* NdT : loi sur les organisations motivées par le racket et la corruption.

Bible, un dirigeant du cigarettier, a mis en garde contre l'idée d'interdire la cigarette, en des termes que l'on ne risque pas de retrouver dans une diapositive McKinsey :

> Que croyez-vous que les fumeurs feraient s'ils ne fumaient pas ? Fumer procure du plaisir et a d'autres bénéfices, comme celui de soulager le stress. Personne ne sait ce que vous feriez à la place. Peut-être que vous battriez votre femme. Peut-être que vous conduiriez à toute vitesse. Qui sait ce que vous feriez ?[27]

L'industrie nationale de la cigarette était en état de siège, mais des millions d'Américains continuaient de fumer et il fallait assurer la relève de ceux qui arrêtaient ou qui décédaient. Ce qui voulait dire qu'il restait de l'argent pour payer des consultants. Le directeur général de Lorillard, Andrew Tisch, a personnellement appelé ses employés à collaborer avec les consultants de McKinsey parce que les concurrents et les agences réglementaires gouvernementales avaient changé la dynamique de marché. Lorillard devait revoir sa stratégie et les consultants de McKinsey étaient connus pour « leur capacité à résoudre des problèmes et à créer des opportunités »[28].

Dans le cadre de ses recommandations stratégiques pour le cigarettier, McKinsey se devait d'inclure la marque Newport, la deuxième plus populaire du pays après Marlboro. Avec un taux de nicotine parmi les plus élevés du marché, Newport était particulièrement prisée des Noirs, en partie parce qu'elle était commercialisée de manière agressive là où ils vivaient. En 1978, Lorillard a utilisé le tube de James Brown « Papa's Got a Brand New Bag » pour accompagner son message marketing selon lequel « Newport est une toute nouvelle pochette de fumée mentholée »[29]. Plus des deux tiers des jeunes fumeurs noirs préféraient ainsi les cigarettes mentholées Newport. Les Noirs étaient aussi plus touchés par des maladies liées au tabagisme. Que le coup ait été calculé ou non, toujours est-il qu'au début des années 1990, McKinsey a placé Pamela Thomas-Graham, la première Noire directrice associée du cabinet, à la tête de l'équipe dédiée à Lorillard.

De son côté, R. J. Reynolds, un client bien plus important de McKinsey, dirigé un temps par Lou Gerstner, un ancien associé du cabinet, se débattait sous le poids de la dette résultant d'un rachat à effet de levier (LBO), un événement retracé dans le best-seller *Barbarians at the Gate*. Pour accroître la rentabilité du cigarettier, McKinsey recommanda d'appliquer deux de ses recettes traditionnelles : la délocalisation et la baisse des salaires. « Délocaliser la production de certaines composantes du produit permettrait d'économie de grosses sommes d'argent », a ainsi affirmé le cabinet de conseil à son client[30]. « La main-d'œuvre intégrée, associée à un faible coût salarial dans les marchés émergents, permet de réaliser des économies ». Des économies pour les actionnaires, peut-être, mais un coup potentiellement dévastateur pour les travailleurs déplacés. Pour preuve de sa capacité à tirer profit de la variable « main-d'œuvre », McKinsey citait son « réseau mondial » d'experts en délocalisation.

Quant à RJR, sa vache à lait était la marque Camel, qui plaisait particulièrement aux jeunes fumeurs à cause de son personnage publicitaire Joe Camel[31]. L'utilisation d'une mascotte pour vendre des cigarettes faisait particulièrement enrager les détracteurs du tabac étant donné qu'elle ciblait un public jeune et vulnérable. Avec cynisme, RJR positionnait sa marque comme étant faite pour ceux qui font « les bons choix » et qui ont « soif de vivre ».

McKinsey reprit les thèmes de communication de RJR en invoquant une technique appelée « analyse en entonnoir » pour atteindre des clients potentiels dans certaines catégories démographiques, notamment « les jeunes urbains branchés d'une vingtaine d'années ou les Afro-Américains »[32]. (L'analyse en entonnoir recense les différentes étapes des interactions des consommateurs avec une entreprise avant l'achat de produits.) Le cabinet n'hésita pas à recourir à son jargon habituel en proposant de puiser dans sa « robuste boîte à outils d'idées novatrices », y compris dans une mystérieuse

« *killer idea approach** », une expression soit maladroite, soit parfaite pour un cigarettier.

Dans le même temps, les marchés internationaux commençaient eux aussi à préoccuper les majors du tabac.

Maintenant que le mouvement antitabac s'était déchaîné aux États-Unis, qui sait s'il n'allait pas s'étendre au-delà des frontières. Une fois de plus, McKinsey se porta volontaire pour les aider. En Allemagne, où Camel perdait des parts de marché, McKinsey conseilla à la société de consacrer toutes ses ressources à la revitalisation de la marque[33]. Selon le cabinet, RJR devait agir vite, avant que de nouvelles réglementations, destinées avant tout à réduire le tabagisme chez les mineurs, rendent illégales certaines promotions et publicités.

De leur côté, à la fin des années 1990, les dirigeants de Philip Morris conçurent une stratégie internationale encore plus ambitieuse. Ils s'unirent à deux autres géants de l'industrie, British American Tobacco et Japan Tobacco International, pour élaborer, dans le plus grand secret, un code de conduite qui convaincrait le monde que Big Tobacco pouvait s'autoréguler et décourager les jeunes de fumer. Ce faisant, ils espéraient contourner une menace majeure, le premier traité mondial de santé publique de l'Organisation mondiale de la Santé[34]. Étant donné que ces trois majors contrôlaient environ 41 % du marché mondial, elles disposaient des ressources nécessaires non seulement pour s'adjoindre les services de McKinsey, mais aussi ceux d'autres consultants, d'avocats et de Kissinger Associates, la firme fondée en 1982 par l'ancien secrétaire d'État américain[35].

Les entreprises baptisèrent leur projet « Cerbère », du nom du chien à trois têtes qui garde les portes des Enfers dans la mythologie grecque.

De 1999 à 2001, l'équipe Cerbère discuta des détails de son plan au cours d'une série de réunions tenues à Londres, Genève et New York où il n'était pas question de contraintes budgétaires. À Londres, les dirigeants se retrouvaient à l'hôtel

* NdT : littéralement, « une approche créative de la mort qui tue ».

Grovesnor House qui donne sur Hyde Park et Mayfair, un quartier huppé de boutiques, restaurants chics et galeries d'art haut de gamme. McKinsey contribuait à l'organisation de ces sessions de réflexion stratégique et faisait des recommandations pour que les trois concurrents œuvrent en vue d'un objectif commun[36].

Après une réunion à Londres, McKinsey rédigea un résumé confidentiel sur ce que le groupe espérait accomplir : mettre fin à l'isolement de l'industrie, lui donner voix au chapitre dans les discussions sur la lutte antitabac et instaurer un environnement commercial stable. Pour paraître crédible, le groupe envisagea d'abord de recourir à un organisme d'audit indépendant pour s'assurer que chaque membre tiendrait ses engagements, mais cette disposition fut écartée en raison d'un désaccord sur son mode de fonctionnement.

L'ambitieux projet Cerbère n'a jamais été déployé. Quand les intentions de l'industrie ont fini par être révélées au public, personne ou presque n'y a prêté attention ; ce jour-là, le 11 septembre 2001, les attentats du World Trade Center et du Pentagone et leurs milliers de victimes lui ont bien évidemment raflé la vedette, et ce dans le monde entier.

Le projet Cerbère n'a pas mis fin à la campagne antitabac de l'OMS, mais les cigarettiers n'ont pas pour autant baissé les bras. À la place, ils ont cherché à saper les mesures antitabac partout dans le monde. Une enquête sur le projet Cerbère publiée dans l'*American Journal of Public Health* a conclu que ce projet montrait encore une fois que les professionnels de santé ne devaient pas faire confiance aux industriels. « Cette leçon est particulièrement importante dans les pays en voie de développement où les gouvernements, les décideurs politiques et le grand public sont vulnérables face aux pratiques de l'industrie du tabac et souvent mal armés pour contrer leur influence », ont écrit les auteurs[37].

À la fin des années 1990, le ministère de la Justice américain a enfin commencé à tenir les majors du tabac dans son viseur, en les accusant de violer la loi fédérale RICO en occultant les risques liés au tabagisme[38]. Après une âpre bataille judiciaire qui a duré six ans et un procès qui s'est étendu sur neuf mois, la juge fédérale Gladys Kessler a mis un terme au débat une bonne fois pour toutes.

En août 2006, elle a rendu une décision argumentée sur plus de mille six cents pages en donnant la parole aux responsables de la santé qui se battaient depuis des décennies pour dénoncer la malhonnêteté de l'industrie[39]. Quatre des gros clients de McKinsey étaient sur le banc des prévenus. Dans son jugement, Kessler qualifiait les majors de la cigarette de racketteurs, un vocable généralement associé au crime organisé. Puis, en des termes faisant écho à ceux du juge Sarokin, elle fustigeait l'industrie, coupable selon elle d'avoir « commercialisé et vendu son produit mortel avec zèle, avec tromperie, en se concentrant uniquement sur sa réussite financière, sans se soucier de la tragédie humaine ou des coûts sociaux associés à ce succès »[40]. Elle a également dénoncé l'idée selon laquelle les dirigeants du secteur ignoreraient que leurs produits étaient addictifs et mortels. Elle a ainsi écrit :

> Cela fait au moins cinquante ans, voire plus, que les prévenus sont au courant de nombre de ces faits. Malgré cela, ils n'ont cessé avec beaucoup d'adresse et de sophistication de les nier face au public, au gouvernement et aux professionnels de santé publique[41].

Dix ans après cette décision dévastatrice pour l'industrie, si l'on en croit des documents internes de la firme, McKinsey s'employait toujours à aider Philip Morris, à présent appelé Altria, à vendre davantage de cigarettes. « Nous formons une seule équipe et nous travaillons côte à côte », a ainsi écrit McKinsey dans l'une de ses propositions commerciales. En tant que coéquipier du fabricant de cigarettes, le cabinet se disait « pleinement impliqué » pour « concevoir un programme de fidélité pragmatique et réalisable adapté à Altria » – en d'autres termes, un programme qui récompense les consommateurs qui achètent davantage de leurs cigarettes, dont celles de la marque iconique Marlboro.

McKinsey est également un coéquipier de la FDA qui, depuis 2009, a autorité pour réguler les produits issus du tabac, dont ceux d'Altria. Autrement dit, McKinsey joue à la fois comme attaquant et comme défenseur, une pratique douteuse longtemps restée secrète. Depuis 2009, la FDA a versé plus de 11 millions de dollars à McKinsey pour des conseils sur la réglementation du tabac et pour l'organisation du bureau de l'agence chargé de ce sujet. Selon deux de ses anciens hauts fonctionnaires, durant la majeure partie de cette période, McKinsey a également été consultant pour les plus grands cigarettiers du monde, sans divulguer ce conflit d'intérêts potentiel à la FDA.

En 2019, les clients de McKinsey dans le secteur du tabac comprenaient Altria, Philip Morris International, Imperial Tobacco Group, British American Tobacco et Japan Tobacco Inc.[42]. Rien que pour Altria, McKinsey a facturé plus de 30 millions de dollars en 2018 et 2019[43]. Travailler à la fois pour le régulateur et pour le régulé fait partie intégrante du *modus operandi* de McKinsey, notamment en ce qui concerne le gouvernement fédéral.

« Nous avons réalisé plus d'une trentaine de projets pour la FDA », a écrit le cabinet dans son argumentaire pour remporter l'ensemble des contrats d'une valeur de 1,1 million de dollars destinés à conseiller le Center for Tobacco Products de l'agence[44]. Dans le cadre de ces missions, McKinsey devait en particulier « identifier et atténuer les risques »[45] ainsi que « peser sur les comportements, les opinions et les pratiques contraires aux buts et aux objectifs » des régulateurs des produits du tabac. On peut raisonnablement supposer que cela incluait les cigarettiers clients de McKinsey.

Eric N. Lindblom, un ancien directeur de l'Office of Policy for the Center of Tobacco Products de la FDA, a confié avoir été « atterré et surpris » d'apprendre que McKinsey conseillait les cigarettiers de longue date. « Nous n'avons pas pensé un moment qu'ils travaillaient également avec l'industrie. Je ne me souviens tout simplement pas que le sujet ait été évoqué ou qu'on en ait discuté », a-t-il déclaré.

Le Dr Lawrence Deyton, le premier directeur du centre, a lui aussi avoué avoir ignoré que McKinsey était au service des intérêts de l'industrie du tabac. Selon lui, « cela aurait dû être dévoilé. Si l'un des fournisseurs potentiels avait une relation susceptible d'impacter son travail, on aurait pu espérer que cela soit pris en compte lors des discussions relatives aux qualifications ».

Pendant un demi-siècle, les consultants McKinsey ont aidé les cigarettiers à proposer leurs produits toxiques sans être inquiétés et, ce faisant, ont fait fortune. Les consultants en management sont constamment confrontés à des questions éthiques sur la pertinence d'accepter de travailler pour un client à risque et chaque cabinet les traite à sa façon ; chez McKinsey, chaque employé peut refuser une mission si un client particulier lui pose des problèmes moraux. Cependant, si un associé décide malgré tout de prendre ce client – la pression est forte pour trouver de nouvelles sources de revenus et la structure managériale décentralisée du cabinet leur donne toute latitude ou presque sur cette question –, il n'est généralement pas difficile de réunir une équipe d'employés volontaires. À titre individuel, les consultants peuvent avoir la conscience tranquille, tout en laissant la firme engranger plus de profits. (McKinsey affirme sélectionner ses clients avec plus de soin à présent et ne plus prendre de projets liés au tabac depuis deux ans.)

Mais le cabinet sait que les entreprises douteuses à la recherche d'une solution rapide à leurs problèmes, quitte à ce que cela se fasse aux dépens du public, ne manquent pas. De fait, la nicotine ne tardera pas à revenir à la charge, sous une forme un peu différente. Et une fois de plus, McKinsey a répondu à l'appel.

L'industrie du tabac était groggy, mais absolument pas vaincue. Même si leur nombre avait fortement diminué par rapport aux décennies précédentes, des millions d'Américains continuaient d'acheter des cigarettes. Cependant, le pourcentage de jeunes fumeurs, critique pour garantir la rentabilité du secteur sur le long terme, était en chute libre, au point de passer sous la barre des 10 %[46]. Les milléniaux n'avaient pas les mêmes valeurs que leurs parents et se tenir au pied d'immeubles par tout temps, pour se remplir les poumons d'un produit cancérigène, ne les tentait pas plus que ça.

Le président Obama a cherché à s'appuyer sur ce changement d'attitude en signant en 2009 un décret donnant explicitement à la FDA autorité pour réguler la cigarette, le tabac ainsi que toute nouveauté que l'agence « jugerait » apparentée à un produit tabagique, la nicotine en constituant le marqueur principal[47]. Une nouvelle agence, le Center for Tobacco Products, serait chargée d'appliquer la loi. Pour qu'elle fonctionne plus efficacement, la FDA choisit de modifier son approche. Plutôt que de réagir à des événements, elle s'efforcerait d'identifier de façon proactive des risques sanitaires avant qu'ils ne se transforment en crises. Compte tenu de ce changement d'approche radical, l'agence estima utile de se faire conseiller par un acteur extérieur expert en réorganisation massive d'entités gouvernementales.

La FDA s'est donc tournée vers un nom familier : McKinsey & Company. En signant le contrat avec la FDA, la firme reconnaissait l'importance d'adopter un état d'esprit proactif, plutôt qu'« une posture attentiste trop largement répandue au sein d'organisations similaires du gouvernement fédéral ». On notera que les noms des directeurs seniors de McKinsey chargés du contrat furent caviardés dans les dossiers du gouvernement, au motif qu'il s'agissait de secrets commerciaux, une acceptation large, mais discutable de cette clause d'exemption.

Très vite, l'apparition de la cigarette électronique, un appareil portatif qui diffuse de la vapeur de nicotine non par combustion, mais grâce à la chaleur générée par la batterie, fera figure de test pour le travail de McKinsey. Pour les fumeurs adultes, les e-cigarettes offraient un moyen plus sûr de satisfaire leur dépendance à la nicotine, en évitant les effets nocifs de la fumée. En vertu de la loi, la FDA aurait rapidement pu prendre des mesures pour la réglementer, étant donné que l'e-cigarette répondait au critère de nouveau produit tabagique. Mais elle ne l'a pas fait. Au lieu de cela, l'agence a attendu six ans avant de se pencher sur la question, une décision qui aura de graves conséquences pour les adolescents et qui amène à s'interroger sur le supposé nouvel état d'esprit « proactif » de la FDA.

Si les fabricants de cigarettes électroniques ne pouvaient tout de même pas commercialiser ouvertement leurs distributeurs de nicotine auprès d'adolescents non-fumeurs, en revanche, les vendre aux adultes en les présentant comme moins nocives que les cigarettes pouvait permettre de recueillir un large soutien. Les fabricants étaient cependant confrontés à deux problèmes majeurs. D'une part, leurs produits devaient fournir des niveaux uniformément élevés de nicotine sans que le goût soit rebutant, ce qu'ils ne savaient pas encore faire, et d'autre part ils devaient éviter d'attirer l'attention de la FDA, *a priori* plus vigilante qu'avant. Le premier problème était une question de technologie et de chimie, le second était politique. Il faudra attendre 2015 pour qu'un nouveau produit baptisé JuuL résolve les problèmes techniques et, ce faisant, révolutionne l'industrie[48]. Avec un design épuré et une batterie rechargeable par branchement à un ordinateur, JuuL est devenu « l'iPhone du vapotage ». Ce produit high-tech a séduit les milléniaux et même des clients potentiels plus jeunes. Puissant, il délivrait des taux de nicotine parmi les plus élevés du secteur, soit l'équivalent de vingt cigarettes. Cerise sur le gâteau, le goût de la nicotine pouvait être masqué par des arômes fruités, semblables à ceux de bonbons. Enfin, avec sa petite taille il pouvait aisément être caché aux parents et aux professeurs et, contrairement à la cigarette, il ne laissait aucune odeur révélatrice sur les vêtements.

JuuL s'est fait connaître au travers d'une campagne maligne de communication sur les réseaux sociaux axée sur le style de vie, une approche déjà utilisée avec succès pour séduire les jeunes fumeurs. Selon le *New York Times*, le cigarettier s'est également acheté un accès direct aux adolescents en offrant 134 000 dollars à un groupe scolaire hors contrat pour l'organisation d'un camp d'été. « D'autres écoles ailleurs dans le pays se sont vu octroyer 10 000 dollars de la part du fabricant de cigarettes électroniques en échange d'un accès direct aux étudiants en classe ou après les cours », a rapporté le journal[49].

En quelques années, l'industrie du vapotage a réussi à planter les graines d'une épidémie de nicotine auprès des jeunes, soit le genre de menace que l'agence de lutte antitabac de la FDA dans sa nouvelle configuration était précisément censée attaquer à la racine et éradiquer.

Le sénateur de l'Illinois Richard Durbin a été l'un des premiers membres du Congrès à tirer la sonnette d'alarme sur le vapotage. Cet homme avait vu son père mourir d'un cancer du poumon après avoir fumé quotidiennement deux paquets de Camel durant une bonne partie de sa vie et, depuis des décennies, il était en guerre contre les cigarettiers. « Voyant qu'elles perdaient de précieuses parts de marché, les majors du tabac ont fait travailler leurs chercheurs et leurs marketeurs. Il leur fallait un nouveau produit qui ne porterait pas les stigmates moraux du tabac – encore mieux s'il ressemblait à une clé USB facile à brancher sur un ordinateur de gamin », a-t-il écrit[50].

Durbin et ses collègues eussent-ils passé en revue les employés de la société Juul, ils auraient découvert une armée d'anciens employés des cinq plus gros cigarettiers – trente-neuf en tout –, tous d'anciens clients de McKinsey[51].

À voir la soudaine popularité du vapotage auprès des adolescents, une partie du corps médical s'est fortement inquiétée. Pour le Dr Jonathan Winickoff, pédiatre au Massachusetts General Hospital, la majorité de ses jeunes patients n'avaient pas conscience « de la haute teneur en nicotine des e-cigarettes Juul et ne comprenn[ai]ent pas non plus les dangers de la nicotine »[52]. Selon lui, une fois qu'ils avaient commencé à vapoter, nombre d'entre eux constataient qu'il « leur était virtuellement impossible d'arrêter ».

Le sénateur Durbin a attaqué en mettant en cause le fondement du succès de Juul, soit le fait de s'être présenté comme une aide au sevrage tabagique. « Plus de 20 % des enfants de moins de dix-huit ans utilisent la cigarette électronique contre moins de 3 % des adultes », a-t-il ainsi écrit[53]. « Juul sait très exactement d'où viennent ses profits et ce n'est pas d'adultes qui essaient d'arrêter de fumer... mais d'enfants. »

Que faisait la FDA ? Il aurait bien aimé le savoir.

En 2013, deux années avant que Juul soit lancée, cinq sénateurs américains avaient déjà écrit à la FDA pour la pousser à affirmer son autorité réglementaire sur le vapotage[54]. Mais rien ne s'était passé. D'autres sénateurs avaient également exprimé leur inquiétude et des responsables de santé publique avaient tiré la sonnette d'alarme, mais toujours en vain. Juul continuait à vendre sa nicotine aromatisée prisée des jeunes consommateurs. « Des pédiatres nous disent que leurs patients adolescents mettent leur e-cigarette sous leur oreiller de manière à pouvoir vapoter la nuit », a témoigné le Dr Sally Goza, la présidente de l'Académie américaine de pédiatrie[55].

En dépit de sa popularité, on connaissait peu de chose sur la cigarette électronique. Est-ce que le vapotage des jeunes allait les conduire à fumer une fois adultes ? Personne n'avait la réponse. Quels autres produits chimiques pouvaient contenir les cartouches de nicotine de Juul ou d'autres marques ? La société civile ne manquait pas de raisons de vouloir le savoir étant donné que le cerveau des adolescents est particulièrement vulnérable à la dépendance à la nicotine.

Ce défaut de vigilance a abouti à ce qu'un ancien commissaire adjoint de la FDA, le Dr Joshua Sharfstein, a qualifié de « catastrophe absolue »[56].

La FDA n'a sans doute pas créé la crise, mais elle n'a, en tout cas, rien fait pour la stopper. Des responsables de l'agence se sont justifiés en disant qu'ils avaient eu du mal à trouver le bon équilibre entre aider les adultes désireux d'arrêter de fumer – à ce jour la première cause de mortalité évitable – et empêcher que les cigarettes électroniques ne tombent entre les mains d'enfants. La FDA a aussi invoqué des décisions de justice défavorables qui auraient sapé son rôle de vigie, mais c'est ignorer son choix de faire appel à sa propre « discrétion réglementaire » pour retarder de plusieurs années le contrôle des e-cigarettes. Le sénateur Durbin a reproché à la FDA d'avoir agi moins comme un chien de garde que comme un complice consentant « en retardant toute réglementation de bon sens de l'industrie des e-cigarettes », en refusant de retirer les produits illégaux du marché et « en gardant le silence face à de fausses allégations de santé »[57].

Le *New York Times* n'a pas été moins sévère envers la FDA :

> Dans des dizaines d'entretiens, des fonctionnaires fédéraux et des experts en santé publique ont décrit une décennie perdue par l'inaction, notamment à cause des intenses efforts de lobbying de la part des industriels du tabac et de la cigarette électronique, de la crainte de réactions politiques négatives dans les États bien disposés envers le tabac, de lenteurs bureaucratiques et d'un sursaut tardif d'un commissaire de la FDA qui siégeait auparavant au conseil d'administration d'une chaîne de salons de vapotage.[58]

Soumise à une forte pression du public, la FDA a annoncé en juillet 2017 qu'elle mettait la nicotine et l'addiction « au centre de sa politique de régulation du tabac ». Deux mois plus tard, l'agence a créé un comité de pilotage de la nicotine, composé essentiellement d'anciens dirigeants seniors du bureau d'évaluation des médicaments et du Center for Tobacco Products, ces deux unités étant des clients de McKinsey. D'aucuns diraient mieux vaut tard que jamais, mais, pour les parents d'adolescents dépendants à la nicotine, ces atermoiements étaient inexcusables

Le retard à rattraper était considérable. Fin 2017, plus de deux millions de collégiens et de lycéens vapotaient[59], et ce chiffre augmenterait encore pour atteindre 5,4 millions en 2019[60]. De son côté, McKinsey a contribué au succès de son client Juul.

Un fait illustre avec éloquence le bilan réglementaire de la FDA : selon un témoignage du Congrès de la fin 2019, aucun des appareils de vapotage Juul n'avait été vendu légalement aux États-Unis[61]. En effet, pour que la vente soit légale, la FDA aurait dû évaluer le produit avant sa mise sur le marché, ce qui n'était toujours pas le cas en 2019. Néanmoins, le chiffre d'affaires de Juul s'est monté à 1 milliard de dollars en 2018[62], poussant la valorisation de l'entreprise à 38 milliards de dollars, soit plus que Ford Motor Company. On ne sait pas précisément quels conseils McKinsey a fournis à la FDA, mais le fait est que l'agence n'a pas réussi à identifier et à considérer « proactivement » le vapotage comme une menace imminente. (Fin 2021, seuls trois produits de vapotage – aucun n'étant fabriqué par Juul – avaient reçu une autorisation de mise sur le marché de la FDA.)

Tandis que la FDA ne faisait pas grand-chose pour enrayer le vapotage chez les jeunes, McKinsey était occupé à prodiguer ses conseils auprès des deux forces les plus puissantes qui se disputaient le marché du vapotage : Juul et le major de la cigarette Altria[63]. Chacune de ces entreprises fabriquait ses propres produits, mais Altria a fini par décider de soutenir Juul, le leader sur son marché. C'est ainsi qu'en 2018, la major du tabac a investi près de 13 milliards dans son ancien concurrent. Et pour rendre l'accord encore plus attractif, elle a distribué 2 milliards de bonus aux mille cinq cents employés de Juul.

Conseiller cette dernière entreprise s'est aussi révélé rentable pour McKinsey. En moins de deux ans de travail, Juul a versé au cabinet de conseil entre 15 et 17 millions de dollars d'honoraires, ainsi que l'a dévoilé Alfonso Pulido, un des directeurs associés lors d'une déposition dans le cadre d'une affaire de responsabilité en matière de produit défectueux devant le tribunal de la cour fédérale du district de Californie du Nord[64].

Ni les parents d'adolescents dépendants de la nicotine ni les agences réglementaires n'étaient au courant des conflits d'intérêts de McKinsey. La firme a rappelé la règle interne interdisant le partage d'informations confidentielles entre les consultants travaillant pour des clients ayant des intérêts concurrents. La question de savoir comment cette règle était appliquée a été posée à Pulido lors de sa déposition, mais il l'a éludée. « Elles sont appliquées au travers de processus et de procédures qui dictent la manière dont nous constituons nos équipes, dont nous les organisons et dont nous servons nos clients », s'est-il contenté de dire.

McKinsey a conseillé Juul sur des sujets très sensibles, comme celui de déterminer quels noms d'arômes étaient les plus susceptibles de séduire les 13-17 ans, même si la firme soutient que cette étude faisait partie d'un travail plus large consistant à lutter contre le vapotage des plus jeunes. Le cabinet a aussi proposé d'analyser « la sphère du risque » associée au lancement éventuel d'un produit pour le marché du cannabis[65]. Les études de McKinsey n'ont suscité aucune inquiétude en interne, si l'on en croit les déclarations d'un directeur associé affecté au compte Juul.

Des employés du fabricant de cigarettes électroniques se souviennent avoir vu les consultants McKinsey aller et venir au siège de l'entreprise situé sur Pier 70, à San Francisco, à l'emplacement d'un ancien chantier naval rénové dans le quartier branché de Dogpatch, où les hangars côtoient les galeries d'art. Des réunions sur la stratégie se tenaient dans une « cellule de crise » sur les murs de laquelle des listes de choses à faire et des questions importantes étaient scotchées.

Interrogé sur le fait de savoir si McKinsey travaillait sur des questions liées à la FDA, un employé impliqué dans les réunions a répondu : « Mon Dieu, mais McKinsey a aidé Juul à rédiger sa demande d'agrément auprès de la FDA ! »[66]

La firme dit avoir arrêté de conseiller Juul au printemps 2019, à cause de l'incertitude croissante concernant le contexte réglementaire et d'« une prise de conscience de l'usage de ces produits par les jeunes »[67].

Juul se savait sur la sellette. Ainsi, dès le lendemain du jour où la FDA a fait part de son inquiétude sur les versions aromatisées qui attiraient de plus jeunes utilisateurs, l'entreprise a cessé d'accepter des commandes pour ses parfums mangue, fruit, crème brûlée et concombre. Mais elle a gardé menthe et menthol. Selon Siddharth Breja, un ancien vice-président responsable de la finance de Juul, la décision ne fut pas si radicale que cela. Lors d'un procès pour résiliation abusive, Breja a dit que l'entreprise « savait que ses ventes ne pâtiraient pas de cette décision étant donné que les recharges au goût de menthe compenseraient l'arrêt de la vente des autres parfums, compte tenu de leur goût fruité »[68]. Et comment Juul le savait-il ? Parce que « les études menées par McKinsey & Co. confirmaient ces informations », a-t-il été allégué durant le procès. (Par la suite, Juul a cessé de fabriquer l'arôme menthe, mais a gardé le goût mentholé.)

Juul a ensuite renforcé ses liens avec les majors du tabac en nommant K. C. Crosthwaite, l'ancien responsable de la croissance d'Altria, au poste de PDG en septembre 2019. Pour Juul, Altria (l'ancien Philip Morris) n'était pas un acteur à éviter. Cependant, certains employés jugeaient cette proximité troublante. D'après un ingénieur, le futur de l'entreprise oscillait entre « mission et argent »[69]. Toujours selon lui, au plus haut niveau, « on parlait de croissance et de profits. Les discours sur la santé, c'était juste une couverture ».

Un des principaux concurrents de McKinsey dans le domaine du conseil en stratégie a ainsi décidé de ne pas travailler pour Juul, parce qu'elle vendait un produit addictif prisé des mineurs. Et Michael Chui, un directeur associé de McKinsey, a exprimé son inquiétude par rapport au vapotage dans un commentaire public posté en ligne : « En quelques années, le vapotage a balayé deux décennies d'efforts pour faire en sorte que les jeunes arrêtent de fumer (ou ne commencent jamais) », a-t-il écrit. Chui ne s'en est pas nommément pris à Juul ou à son employeur, mais il est possible qu'il ignorât que l'un était le client de l'autre[70]. (Un autre cabinet de conseil d'importance, Bain & Company, avait également plusieurs équipes qui travaillaient pour Juul.)

Dans ces conditions, pourquoi McKinsey a-t-il accepté ce client sujet à controverse ? Selon des documents confidentiels internes, Juul bénéficiait d'un soutien de poids au sein de la firme en la personne d'un dirigeant si influent et respecté que des directeurs associés seniors l'ont élu directeur général en 2021. Son nom : Robert Sternfels. On le retrouve listé dans des documents internes du cabinet comme directeur des services à la clientèle pour Juul. Selon McKinsey, si Sternfels connaît l'ancien propriétaire de Juul, il n'a cependant travaillé sur aucune mission pour ce client.

McKinsey a également travaillé avec la Foundation for a Smoke-Free World, un groupe qui, de notoriété publique, sert de paravent aux cigarettiers[71]. L'objectif affiché de cette association à but non lucratif fondée en 2017 est de réduire le nombre de morts et de malades dus au tabac ; elle assure aussi à ses donateurs potentiels que son conseil d'administration est indépendant et n'entretient aucun lien avec l'industrie du tabac. Ce qui est intéressant dans cette affirmation c'est ce qu'elle ne dit *pas*, à savoir que c'est Philip Morris International (PMI) qui a lancé l'organisation avec une donation de 8,4 millions de dollars[72], dont plus de 400 000 dollars sont allés dans la poche de McKinsey[73]. PMI était l'unique donateur de la fondation et McKinsey le seul consultant impliqué.

« Notre mission est de mettre fin au tabagisme en l'espace d'une génération », clame le groupe sur la page d'accueil de son site web. « Nous soutenons aussi le développement de produits et de méthodes alternatifs qui pourraient diminuer les risques sanitaires encourus par les fumeurs actuels et les aider à totalement arrêter de fumer », peut-on aussi lire. La fondation promettait de financer des études et de promouvoir des façons « d'accélérer les progrès en matière de réduction des maux et de la mortalité induits par le tabac ».

Mais les responsables de santé publique n'étaient pas dupes. Dans une lettre adressée à la revue scientifique *The Lancet*, des chercheurs de l'université de Bath révélaient que cette fondation consacrait plus d'argent à ses relations publiques qu'à la recherche. Ces dépenses, expliquaient-ils, « contredisent l'image d'organisme scientifique que la fondation cherche à donner d'elle-même, et viennent étayer le consensus croissant selon lequel cet organisme constitue l'un des éléments-clés de la stratégie de relations publiques de Philip Morris »[74]. De fait, d'après eux, l'Organisation mondiale de la Santé et « des centaines d'organismes de santé publique de par le monde ont fermement refusé de collaborer avec la fondation ».

En 2017, la même année où McKinsey a reçu de l'argent de cette fondation financée par l'industrie du tabac, la FDA, sous le mandat de Donald Trump, a attribué un autre contrat au cabinet de conseil d'un montant de 1,2 million de dollars, pour revoir les procédures de recrutement pour ses unités dédiées au tabac et aux produits médicaux. Deux années plus tard, McKinsey a de nouveau décroché un contrat avec la FDA, celui-ci d'une valeur de 1,5 million de dollars, pour développer « la curiosité, la créativité et l'innovation » au sein du bureau scientifique de l'unité tabac[75].

En septembre 2019, Trump est personnellement intervenu sur la question du danger du vapotage. Assis dans le bureau ovale avec la Première dame, Melania Trump, il a annoncé que son administration allait interdire toutes les recharges de nicotine aromatisée, à l'exception du goût mentholé. « On ne peut pas laisser nos gosses être autant touchés », a-t-il déclaré. Deux mois plus tard, cependant, il a fait machine arrière au prétexte que la question devait être étudiée plus en détail, après avoir été averti de potentielles retombées politiques négatives[76].

Mais les problèmes de Juul ne se sont pas arrêtés pour autant. Fin novembre 2019, Altria a annoncé qu'elle rabaissait la valorisation de son investissement dans l'entreprise de 4,5 milliards de dollars au motif que le vapotage était à présent prohibé dans certains endroits et que la FDA allait très probablement interdire les versions aromatisées des recharges de nicotine[77].

Puis, le 2 janvier 2020, Trump est de nouveau revenu sur sa déclaration en annonçant l'interdiction de la plupart des produits aromatisés, le goût mentholé restant toujours autorisé[78]. L'ordonnance ne s'appliquait pas non plus aux boutiques de vapotage qui gagnent de l'argent avant tout en vendant des flacons de nicotine pour les dispositifs dits à réservoir ouvert, que les consommateurs remplissent eux-mêmes. Les chercheurs en toxicomanie ont critiqué cette annonce, en particulier la décision de continuer à autoriser le goût mentholé, étant donné que, d'après eux, le menthol renforce l'impact de la nicotine, ce qui rend l'arrêt du tabac plus difficile[79]. Selon le Dr Goza de l'Académie américaine de pédiatrie, en masquant le goût âpre de la nicotine avec une sensation de fraîcheur, le produit était plus attrayant pour les enfants. « L'idée que le menthol est une saveur pour adultes est tout simplement fausse », a-t-il ajouté[80].

La FDA n'a pas ouvertement protesté. Deux semaines plus tard, le comité éditorial du *New York Times* a déclaré que l'agence était en perdition et qu'elle avait besoin d'être réformée sous peine de devenir un organisme de régulation sans plus aucun poids, sans que mention soit faite du travail de McKinsey en coulisses pour le compte de l'agence.

En se mettant au service non seulement du tabac et du vapotage, mais aussi, comme les faits l'ont montré, des opioïdes, la firme a su, en toute discrétion, tirer grand profit de l'économie de l'addiction. Elle s'est même aventurée dans un autre domaine de comportements potentiellement addictifs – les jeux de hasard – en conseillant un grand casino sur la façon de garder les joueurs autour de la table lorsqu'ils sont sur le point de partir.

Comme McKinsey l'a découvert, l'addiction offre de belles récompenses, tout du moins si l'on se place du côté du vendeur. Pour les acheteurs, c'est une autre affaire.

Les clients de McKinsey appartiennent tous, sans l'ombre d'un doute, à la première catégorie.

Chapitre 7

BOOSTER LES VENTES DES OPIOÏDES

On était en 2002 et McKinsey se cherchait de nouveaux clients, notamment dans le domaine lucratif des produits pharmaceutiques, déjà une source de revenus conséquente pour la firme. Pour ce faire, elle comptait éveiller l'intérêt avec un article soutenant l'idée que les majors de cette industrie jetaient de l'argent par les fenêtres en n'optimisant pas l'utilisation de leur force de vente[1].

Alors que la plupart des entreprises qui font appel à McKinsey le font en vertu de sa réputation ou par le biais de recommandations, la firme acquiert aussi de nouveaux clients en produisant des articles qui mettent en avant l'existence de problèmes managériaux à résoudre. Martin Elling, un diplômé de la faculté de droit de Harvard et l'auteur principal de celui mentionné en introduction, était appelé à devenir une des clés de voûte du pôle de compétences dédié à l'industrie pharmaceutique.

Dans son article, il comparait l'organisation de la force de vente des entreprises de ce secteur à « un jeu de flipper », où les visiteurs médicaux rebondissent de façon aléatoire d'un cabinet médical à un autre, les meilleurs d'entre eux gagnant à peu près la même chose que les moins performants pour une seule raison : leur employeur n'était pas capable de les différencier. Pour McKinsey, cela revenait à dire « à performances inégales, salaire égal », avec les désillusions et la démoralisation des commerciaux qui va avec.

Pour le cabinet de conseil, une meilleure analyse des données relatives aux prescriptions médicales permettrait de résoudre ce problème. « Quand un patient va chercher ses médicaments en pharmacie, sa commande est conservée dans une base de données qui peut mettre en relation le produit, le fabricant et le médecin prescripteur », expliquait-il. Cette information pouvait ensuite être utilisée pour « cibler les médecins les plus susceptibles de davantage prescrire un médicament donné au cours du temps, indépendamment de la situation au moment du diagnostic ». Cela permettrait aussi aux entreprises pharmaceutiques d'identifier les visiteurs médicaux performants et de les récompenser.

L'article n'est pas passé inaperçu. Purdue Pharma en a même si particulièrement apprécié les idées qu'entre 2004 et 2019, elle a versé quelque 83,7 millions de dollars d'honoraires au cabinet en échange de conseils marketing qui ont encore enrichi ses propriétaires milliardaires tout en nourrissant l'appétit de la nation pour l'antalgique OxyContin.

De son côté, McKinsey a mis sur pied une équipe redoutable pour travailler avec Purdue, dont Elling et deux médecins, l'un d'eux également titulaire d'un doctorat[2].

L'OxyContin avait été lancé en 1996. À en croire le fabricant, comme ce médicament permettait de traiter en continu les douleurs intenses, les patients étaient désormais en mesure de dormir toute la nuit avec un faible risque de dépendance. Il s'est rapidement avéré que ces deux affirmations étaient exagérées ou fausses. Des patients ont ainsi constaté que les effets de cet antalgique, un opioïde puissant, s'estompaient plus vite que prévu, ce qui les conduisait à en prendre davantage. Voyant cela, Purdue a alors proposé une version de l'OxyContin plus fortement dosée en opioïdes.

De plus, comme le médicament avait un effet euphorisant addictif, certains n'arrivaient plus à s'en passer. Les ventes ont bondi, suivies d'une hausse de la criminalité. Les toxicomanes qui ne pouvaient pas s'en procurer en volaient. Quelques années après, ils se tournaient vers l'héroïne et le fentanyl, un opioïde synthétique similaire à la morphine, mais bien plus puissant.

En exploitant la force de l'analyse de données pour identifier les médecins les plus susceptibles de prescrire son opioïde, Purdue a créé un monstre qui allait briser des familles entières et déchirer écoles et communautés. Des dizaines de milliers de personnes sont mortes et autant de réputations ont été détruites.

En définitive, Elling et son collègue médecin Arnab Ghatak, ont eux aussi fait partie des victimes[3]. Tous deux ont été licenciés par McKinsey après que des sources internes ont montré qu'ils avaient envisagé de supprimer des documents pour dissimuler l'implication de la firme dans cette affaire. Le cabinet de conseil qui, pendant des décennies, avait soigneusement évité de faire parler de lui dans les médias s'est tout à coup retrouvé à la une des quotidiens américains, ce qui a durablement entaché sa réputation. Pour mettre fin aux enquêtes gouvernementales sur son rôle dans l'aide apportée à Purdue pour « booster » les ventes d'opioïdes alors que des milliers de personnes mouraient d'overdoses, la firme a accepté de payer plus de 600 millions de dollars dans un règlement à l'amiable, tout en niant avoir agi de façon répréhensible.

Quant à Purdue, il s'est déclaré en faillite après avoir accepté de verser 8 milliards de dollars pour mettre un terme aux enquêtes gouvernementales[4]. Son propriétaire, la famille Sackler, a versé 4,5 milliards de dollars en échange d'une protection juridique contre tout autre litige relatif aux opioïdes. Un juge fédéral a ensuite statué que le tribunal des faillites n'était pas habilité à accorder cette protection.

Bien entendu, les vrais perdants sont les 750 000 personnes qui sont mortes dans une épidémie déclenchée, selon le gouvernement, par la vente de l'OxyContin[5]. Fin 2021, les décès dus aux opioïdes étaient toujours aussi nombreux.

Rétrospectivement, on comprend aisément comment cette tragédie s'est enclenchée. La FDA a approuvé la mise sur le marché de l'OxyContin sans véritable évaluation. Purdue en a exagéré les bénéfices et minimisé les risques, et s'est acheté la loyauté des médecins en organisant plus de quarante conférences sur la gestion de la douleur dans des lieux de villégiature exotiques. Selon l'*American Journal of Public Health*, plus de cinq mille médecins, pharmaciens et infirmiers se sont rendus à ces événements tous frais payés où Purdue les recrutait et les formait pour qu'ils relaient les messages clés de l'entreprise[6].

Purdue a aussi bénéficié d'un mouvement qu'elle a financé et qui visait à convaincre les médecins que leur peur injustifiée de la dépendance aux opioïdes les conduisait à ne pas prendre en charge la douleur correctement.

L'OxyContin a d'abord planté ses crocs dans les communautés les plus pauvres. « En termes de ventes, l'OxyContin a connu ses premiers succès dans l'Amérique rurale et des petites villes, des endroits désolés d'usines fermées et de magasins Dollar General* », a écrit Beth Macy dans la série *Dopesick* qui raconte avec force l'épidémie d'addiction aux opioïdes[7]. Deux ans après le lancement du médicament, 24 % des élèves de première et 9 % de ceux au niveau CM2 d'une petite ville de l'ouest de la Virginie ont déclaré en avoir déjà pris.

Des médecins ont aussi été arrêtés pour prescription inappropriée de cachets revendus ensuite dans la rue et les cours d'école. Le procureur général du Maine s'est inquiété de cette menace grandissante, au point d'alerter l'ensemble des médecins de l'État de ce fléau, une initiative extraordinaire à tous les égards[8]. Au lieu de considérer cela comme une potentielle tragédie, cependant, d'autres entreprises y ont vu une opportunité pour accroître leurs profits. Le marché des opioïdes était en pleine expansion et elles voulaient leur part du gâteau.

Il n'a pas fallu attendre longtemps pour que l'OxyContin fasse la une des médias nationaux. Bob Cole, un enquêteur pour l'Office des pharmacies de l'État de l'Ohio, a appelé un rédacteur en chef de sa connaissance au *New York Times*[9] pour lui faire part d'une information : les médecins légistes des comtés bordant la rivière Ohio avaient constaté qu'un nombre surprenant de cadavres autopsiés révélaient la présence d'un certain opioïde dans le corps – de l'OxyContin. Le rédacteur en chef a demandé au journaliste Barry Meier d'enquêter[10] ; au printemps 2001, l'article coécrit par celui-ci

* NdT : une chaîne de magasins discount.

a paru en première page du quotidien, propulsant ainsi l'OxyContin au rang d'actualité nationale.

Purdue a tout fait pour défendre son pré carré. Comme l'a rapporté Meier dans *Pain Killer*, son livre sur l'OxyContin qui a fait date, Purdue « s'est servi d'argent, d'offres d'emploi et d'autres faveurs pour s'inféoder, influencer ou défaire ses critiques ou ses adversaires potentiels »[11].

De plus en plus scrutée de près, l'entreprise pharmaceutique a engagé McKinsey pour l'aider à protéger sa chasse gardée, une demande raisonnable quand on sait que ce dernier se présente comme le cabinet de conseil de choix pour ce secteur, avec quelque quatre mille cinq cents missions réalisées dans ce domaine sur cinq ans[12].

Tout aussi important, McKinsey connaissait le marché des opioïdes.

Il avait en effet déjà conseillé Johnson & Johnson[13], un acteur essentiel de la production de cette substance, un concurrent de Purdue et l'un des clients les plus lucratifs du cabinet depuis des années.

Avant tout connu du public pour ses produits pour bébés, J & J contribuait au traitement de la douleur au travers de deux de ses filiales productrices du principe actif à la base des opioïdes, issu d'une souche mutante d'un pavot de Tasmanie. J & J le vendait aux fabricants d'opioïdes, y compris à Purdue, ce qui a amené les autorités d'application de la loi à qualifier J & J de « caïd » des opioïdes, un surnom embarrassant pour une société réputée pour sa proximité avec les familles.

McKinsey aidait ainsi J & J à vendre son opiacé phare, le Duragesic, un antalgique puissant délivré par patchs. Dans des diapositives PowerPoint, le cabinet recommandait à l'entreprise de cibler les « patients à haut risque d'abus (par exemple, les hommes de moins de 40 ans) » et d'inciter les médecins « bloqués » dans la prescription d'opioïdes moins puissants à passer à des formulations plus dosées[14]. Une autre diapositive posait la question suivante : « Ciblons-nous et influençons-nous correctement le comportement de prescription dans les cliniques de traitement de la douleur ? »

Ces diapositives ont servi de munitions pour le procès que le procureur général de l'Oklahoma a intenté des années plus tard à J & J – mais pas à McKinsey –, pour s'être « lancée dans un plan rusé, cynique et trompeur pour créer et alimenter le besoin en opioïdes, pour concevoir un pavot mutant qui amplifie la dépendance, et pour surjouer l'efficacité de ces médicaments tout en minimisant leurs risques »[15].

Lors du premier procès sur les opioïdes, un témoin de J & J a tenté à deux reprises de dissocier les diapositives de McKinsey de la société, en arguant qu'il s'agissait des « mots de McKinsey », et non de ceux de J & J. Cependant, interrogé par un avocat de l'État sur le fait de savoir si l'entreprise avait rompu son contrat avec la firme, le témoin a répondu par la négative et reconnu qu'elle continuait à la conseiller. Le juge s'est prononcé en faveur de l'État et a ordonné à J & J de payer une amende de 465 millions de dollars compte tenu de sa « campagne marketing mensongère, trompeuse et dangereuse »[16] qui avait rendu des patients dépendants et provoqué des décès par overdose. La Cour suprême de l'Oklahoma a par la suite annulé cette décision, au motif que l'État ne pouvait pas poursuivre J & J en invoquant le principe de nuisance publique, selon elle une stratégie juridique erronée[17].

On pourra trouver étonnant que J & J et McKinsey se soient retrouvés du côté le plus sordide de la production de stupéfiants. Toutes deux ont cherché à sublimer leur quête de profits en nobles objectifs : McKinsey en invoquant ses « valeurs » et l'obligation d'exprimer son désaccord et J & J son « credo » d'entreprise, selon lequel elle a avant tout une responsabilité « envers les patients, les médecins et les infirmières, les mères et les pères et tous ceux qui utilisent nos produits et services »[18]. Toujours selon ce credo, les plaintes et les suggestions des employés ne devaient pas être découragées.

Globalement, cependant, le travail de McKinsey a eu beaucoup moins d'impact sur J & J que sur Purdue Pharma.

Quand le cabinet de conseil a commencé à collaborer avec Purdue en 2004, l'industriel se savait déjà vulnérable. Son équipe juridique[19] avait donné comme instruction aux visiteurs médicaux de ne pas utiliser les termes « dépendance » et

« toxicomanie » dans leurs rapports. La même année, la FDA a envoyé à Purdue une lettre d'avertissement sévère à propos de ses publicités qui « surestimaient très largement l'innocuité de l'OxyContin en omettant de mentionner les risques sérieux et potentiellement létals associés au médicament »[20].

De son côté, l'équipe de consultants de McKinsey affectée à Purdue Pharma était soutenue par trois associés seniors – le rang le plus élevé dans la hiérarchie après le directeur général, tous trois fins connaisseurs du secteur pharmaceutique. Leurs réalisations reflétaient tout autant les qualités admirables du cabinet de conseil que ses contradictions.

Ainsi, Arnab Ghatak, un diplômé avec mention de Princeton également titulaire d'un double diplôme de médecine et de management des entreprises de l'Université de Pennsylvanie, s'intéressait à l'amélioration des soins de santé dans les pays en développement tout en aidant Purdue à vendre davantage de stupéfiants en pleine épidémie d'opioïdes. Sa femme, d'un calibre intellectuel similaire, supervisait des projets philanthropiques chez J & J, l'autre client de McKinsey producteur d'opioïdes. Leur union leur avait même valu un article enlevé du *New York Times* racontant les circonstances de leur rencontre[21].

Les autres directeurs associés de l'équipe étaient Elling, le diplômé de la faculté de droit de Harvard et un des dirigeants du pôle de compétences pharmaceutique pour la zone Amérique du Nord, et Robert Rosiello, le futur directeur financier de Valeant, un ancien client de McKinsey accusé de vendre des médicaments vitaux à des prix abusifs.

Au moins vingt-quatre autres associés ont travaillé pour Purdue. Avec sept directeurs affectés à ce compte, en plus de l'équipe support, impossible de croire qu'il s'agissait d'une unité de brebis galeuses opérant sous le radar des gestionnaires de risques du cabinet. La taille et la durée du contrat assurant à la firme des revenus réguliers, les hauts responsables n'étaient tout simplement pas prêts à se passer d'un tel client.

McKinsey a commencé à travailler avec Purdue à l'époque où J. Michael Pearson dirigeait le pôle de compétences du secteur pharmaceutique. Associé senior à la forte personnalité, parfois grossier, il détonnait par rapport au modèle type du consultant élancé et discipliné de McKinsey, mais son bilan professionnel était impressionnant. Au cours de ses près de vingt-cinq ans passés au sein du cabinet, il a conseillé plusieurs des majors de l'industrie pharmaceutique en les guidant au travers de consolidations, de fusions et d'autres sujets. Ensuite nommé à la tête de Valeant, il a fini par estimer que, compte tenu des retombées financières associées, les entreprises pharmaceutiques consacraient trop d'argent à la recherche de nouveaux médicaments.

La longue liste de clients prestigieux de McKinsey et son assurance ont convaincu Purdue que son activité commerciale relative aux opioïdes était entre de bonnes mains, même si l'entreprise ne pouvait pas se targuer de travailler avec le cabinet pour gagner en respectabilité, compte tenu de la culture du secret de ce dernier.

De plus en plus cerné par les enquêteurs gouvernementaux, Purdue avait besoin d'un contrepoids, d'une personnalité suffisamment importante pour lui servir de couverture, ce que l'entreprise a trouvé en la personne de l'ancien maire de New York, Rudy Giuliani. « Nous pensons que les responsables gouvernementaux seront rassurés de savoir que Giuliani conseille Purdue », a ainsi déclaré un haut responsable de la firme pharmaceutique[22].

La mission confiée au « maire de l'Amérique » était compliquée. Le ministère public fédéral en Virginie avait préparé un mémorandum accablant de plus de cent pages que l'auteur Patrick Radden Keefe a décrit dans son livre *L'Empire de la douleur* comme étant « un catalogue incendiaire de méfaits entrepreneuriaux »[23] et les procureurs voulaient inculper trois cadres de Purdue pour crimes.

L'entreprise pharmaceutique a eu recours à Giuliani pour que les poursuites soient abandonnées, ce qui s'est effectivement passé, comme le raconte Keefe. En 2007, une filiale de Purdue a accepté de payer 600 millions de dollars d'amende en règlement de poursuites au niveau fédéral relatives à ses pratiques commerciales trompeuses. Trois cadres dirigeants de Purdue ont également plaidé coupables face à l'accusation « d'étiquetage trompeur » et se sont vu imposer une amende de 34,5 millions de dollars.

Le fait qu'aucune peine de prison n'ait été prononcée a indigné les détracteurs de Purdue, notamment les familles qui avaient perdu un enfant, et a amené le juge à exprimer son regret que les termes de l'accord de plaidoyer aient exclu cette option.

Les problèmes de relations publiques de Purdue n'ont pas disparu pour autant. Les mères d'enfants morts d'overdose d'opioïdes gagnaient le soutien du public. C'est ainsi qu'en juin 2009, le futur directeur général de l'entreprise, Craig Landau, a demandé à McKinsey de trouver des moyens de contrer ces messages faisant appel à l'émotion[24]. Pour ce faire, pourquoi ne pas rassembler des utilisateurs d'OxyContin pour qu'ils disent tout le bien qu'ils pensaient du médicament ?

Pour freiner la vague d'attaques, Purdue a mis en place une stratégie marketing à deux volets : faire des concessions en apparence raisonnables pour apaiser la communauté des régulateurs de santé publique tout en continuant de distribuer son antalgique à autant de personnes que possible. L'entreprise a donc retiré du marché la version la plus puissante, celle dosée à 160 mg, et a également soutenu le suivi des prescriptions et cessé d'exporter le médicament au Mexique étant donné qu'il se retrouvait le plus souvent revendu illégalement aux États-Unis. Enfin, sous la pression de la société civile, Purdue a reformulé l'OxyContin de façon à ce que la substance active soit relâchée lentement, sur la durée, au lieu d'être libérée d'un coup[25].

Comme cette reformulation devait être approuvée par la FDA, McKinsey a mis son expertise à contribution, en s'arrangeant pour que « l'expert FDA » de la firme discute avec un haut responsable de Purdue pendant deux heures. « Comprendre comment ils ont développé leur réponse a été extrêmement intéressant », a écrit l'employée du cabinet de conseil Maria Gordian à ses collègues dans un email.

Le 20 janvier 2009, Gordian a rapporté que « la séance de répétition en vue de la réunion de Purdue avec la FDA s'est très bien passée hier »[26] et que plusieurs membres de la famille Sackler y avaient assisté. « L'équipe a fait un travail remarquable sur l'étude, la préparation du client et le déroulement de la réunion fictive. Nous partons aujourd'hui à Washington pour la réunion effective avec la FDA prévue demain ».

Purdue a finalement obtenu le feu vert de la FDA pour la reformulation, mais cela ne changeait rien au fait que le médicament restait hautement addictif tout en étant prescrit à des personnes qui auraient pu bénéficier d'options moins risquées. « Le vrai problème avec les opioïdes, du point de vue de la santé publique, c'est la dépendance », a ainsi déclaré le Dr Lewis Nelson, spécialiste en médecine d'urgence et conseiller auprès de la FDA[27]. « La nouvelle version des cachets ne fait rien pour réduire la probabilité ou l'ampleur de la dépendance ».

Les toxicomanes qui ne pouvaient plus se procurer de l'OxyContin se sont tournés vers la rue. Un flacon de cent comprimés acheté en pharmacie pour 400 dollars se vendait entre 2 000 et 4 000 dollars au marché noir. Les cachets se raréfiant, les toxicomanes ont eu recours à l'héroïne, déclenchant ce que l'on a appelé la deuxième vague d'abus d'opioïdes. Hautement addictif et non réglementé, ce stupéfiant était parfois assaisonné de fentanyl par les dealers de rue, un opioïde synthétique cinquante à cent fois plus puissant que la morphine. Comme cela se faisait parfois à l'insu des usagers, beaucoup sont morts d'une overdose.

Pour lutter contre la baisse du nombre de prescriptions, Purdue a renforcé sa force de vente, ce qui a amené un des membres de la famille Sackler à demander pourquoi l'entreprise avait anticipé un déclin des ventes d'OxyContin quand lui-même pensait qu'elles devaient croître. C'est là que les dirigeants de la firme se sont de nouveau tournés vers McKinsey.

« Enfin, notre travail s'appuie sur nos dix années d'expérience au service de Purdue », a écrit McKinsey dans sa proposition. Cette connaissance intime de l'entreprise donnait au cabinet une crédibilité que les concurrents n'avaient pas. En affirmant aussi qu'il entendait poursuivre « plus d'une vingtaine d'opportunités distinctes » pour relancer les ventes, McKinsey a fini de rassurer l'entreprise pharmaceutique.

Pour gonfler les ventes en pleine épidémie d'opioïdes, McKinsey a dû se montrer créatif. Parmi les idées proposées, il y avait celle de présenter l'OxyContin comme un médicament synonyme de « liberté » et de « tranquillité d'esprit » pour les patients, et également comme « la meilleure chance possible de vivre pleinement une vie active »[28]. L'OxyContin pouvait aussi réduire le stress et, ce faisant, rendre les utilisateurs plus optimistes et moins isolés, une suggestion de McKinsey jugée ridicule par les responsables de santé publique.

Le cabinet a également conseillé à Purdue de s'intéresser davantage aux infirmiers-praticiens et aux assistants médicaux qui, bien que non médecins, ont le pouvoir d'influencer les pratiques de prescription. Selon lui, « ce sont les groupes les plus facilement accessibles pour la force de vente et ils comptent de plus en plus dans les grands centres médicaux »[29]. Les ventes d'OxyContin sur prescription de ces deux groupes ont ensuite enregistré des taux de croissance à deux chiffres.

De son côté, Purdue a organisé un concours de vente pour identifier et récompenser ses meilleurs représentants commerciaux, un concept certes pas nouveau, mais en ligne avec les recommandations de McKinsey des années précédentes.

L'usage de l'OxyContin continuant à croître dans certaines parties du pays, Purdue a repris espoir. « Malgré un déclin national, l'analyse des micromarchés montre qu'il existe d'importantes poches de croissance sur lesquelles Purdue devrait se concentrer », a écrit McKinsey en 2013[30]. Et aussi : « Il est encourageant de constater qu'au niveau du code postal, le volume de prescriptions d'OxyContin continue d'augmenter dans environ 40 % d'entre eux ».

Sauf que ces chiffres de ventes « encourageants » cachaient en vérité une situation de grande précarité et un taux de toxicomanie élevé. Dans la « poche de croissance » de Fort Wayne, dans l'Indiana, les décès liés aux opioïdes étaient ainsi en forte augmentation, poussés par la consommation d'héroïne et de fentanyl.

Dans un centre de traitement de la douleur de Fort Wayne, le Dr Michael Cozzi a prescrit plus d'opioïdes que n'importe quel autre médecin de l'État, ce qui lui a valu d'être suspendu[31]. Voyant jusqu'à cent vingt patients par jour, il a rédigé soixante-quatre mille ordonnances pour des substances réglementées en deux ans. Parmi celles-ci, près de trois millions d'unités de dosage concernaient l'oxycodone, l'opioïde et principale molécule active de l'OxyContin. Un mois donné, mille sept cents patients se sont vu délivrer une ordonnance avec substances réglementée par ce professionnel. Ceux qui n'avaient pas d'argent pouvaient régler leur consultation avec des armes à feu.

Le boom des ventes a également profité à au moins un visiteur médical de Purdue[32]. En 2012, pendant ce que le procureur général de l'Indiana a appelé le pic de prescription d'opioïdes, cette personne s'est classée au premier rang des cinq cent vingt-cinq représentants commerciaux du pays pour la vente de l'analgésique de l'entreprise. À elle seule, elle a généré pour 2 millions de dollars de vente d'OxyContin au premier trimestre de 2012. Sa récompense : des vacances à Aruba et un bonus pour cette période de 36 000 dollars.

Purdue aurait pu utiliser ces chiffres de ventes pour autre chose que des vacances à Aruba. Ainsi qu'en attestent des documents juridiques, les autorités de l'Indiana ont déclaré que le fabricant « connaissait les identités, les pratiques et les volumes prescrits par chaque prestataire de soins de santé que la société visitait, et qu'il était donc bien placé pour repérer les prescriptions suspectes. Malgré cela, Purdue n'a pas utilisé ces informations pour protéger les patients et le public »[33]. McKinsey aussi aurait pu utiliser ces chiffres de vente pour alerter Purdue au sujet de ces prescripteurs dangereux.

Pourtant, les ventes d'OxyContin ont continué d'inquiéter Purdue. Celles des cachets les plus dosés, la version la plus rentable pour l'entreprise, étaient en baisse, tout comme le nombre de cachets par prescription. De plus, la réputation douteuse de Purdue permettait à ses concurrents de vendre leurs opioïdes rien qu'en disant que leurs médicaments n'étaient pas de l'OxyContin.

La situation s'est tellement détériorée qu'au début de l'été 2013, Purdue a demandé à McKinsey de trouver un moyen radical d'arrêter l'hémorragie. Finis, les gadgets marketing superficiels.

C'était la guerre et, désormais, McKinsey considérerait tous ceux qui défiaient Purdue comme des ennemis. Selon cette dernière, les tentatives d'endiguer l'épidémie étaient allées trop loin, au point de desservir les patients qui avaient vraiment besoin de soulager leur douleur et qui avaient à présent du mal à se faire aider. Pour remédier à cette situation, McKinsey devait analyser la salle des machines de Purdue, déterminer ce qui n'allait pas et proposer un plan – un défi majeur étant donné non seulement les attentes du client, mais aussi l'urgence de la situation.

Connu pour ses compétences analytiques, McKinsey a demandé à Purdue d'acheter plus de données, jusqu'à savoir combien de milligrammes d'OxyContin chaque soignant prescrivait. Les consultants ne se contentèrent pas de rester assis à leur bureau et de mouliner les chiffres, ils se rendirent aussi sur le terrain pour y interroger des médecins, des infirmiers praticiens et des pharmaciens. D'après les dossiers judiciaires, ils accompagnaient également des visiteurs médicaux dans leurs tournées et étudiaient les techniques permettant de garder les patients sous traitement pendant plus longtemps[34].

Quand ils communiquaient entre eux, les consultants parlaient de « l'exécution de l'équipe terrain », de « benchmarks », et du « service professionnel de mise en relation de fournisseurs » de la firme, autrement dit tout un jargon propre au cabinet que Purdue connaissait sans aucun doute.

« Enfin, notre travail repose sur notre expérience acquise au cours des dix ans passés au service de Purdue », écrivit McKinsey[35]. Ces connaissances étayaient la crédibilité du cabinet au détriment de ses concurrents. En affirmant poursuivre plus de vingt opportunités différentes pour revitaliser les ventes, McKinsey rassurait Purdue.

Le 18 juillet 2013, McKinsey présenta au conseil d'administration de Purdue Pharma sa très attendue analyse de marché. Elle avait beau n'être que préliminaire, elle donnait à réfléchir. Certains problèmes sautaient aux yeux. Pour endiguer la consommation d'opioïdes, la Drug Enforcement Administration* (DEA) et le ministère de la Justice avaient commencé à mettre la pression sur différents maillons de la chaîne logistique, dont les grossistes et les pharmacies. D'où les plaintes de patients qui n'arrivaient plus à se faire délivrer leur médicament.

« Sujet à risque, le canal de la vente au détail qui comprend à la fois les pharmacies et les distributeurs est suivi de près », écrivit McKinsey[36]. « Les disruptions qui impactent les patients sont évidentes et ne font que s'aggraver. Des distributeurs cessent complètement de fournir certaines pharmacies, des pharmacies limitent d'elles-mêmes le nombre de comprimés qu'elles délivrent… voire choisissent de ne plus stocker d'OxyContin du tout ». En conclusion, ces mesures posent « une menace claire et directe à l'accès des patients et appellent une réponse immédiate ».

Les problèmes d'accès étaient particulièrement prégnants dans les pharmacies de détail, en particulier celles de la chaîne Walgreens, qui avait brusquement changé de politique après avoir admis avoir enfreint la loi en ne faisant pas un suivi rigoureux des ordonnances. Avec ses nouvelles mesures de protection, le détaillant pouvait identifier les patients suspects et limiter le nombre de doses délivrées.

McKinsey conseilla à son client de contre-attaquer en faisant pression sur les dirigeants de Walgreens « pour qu'ils lâchent du lest »[37]. Autre recommandation du cabinet, de loin la plus audacieuse : que Purdue crée son propre système de distribution de médicaments[38]. L'OxyContin serait livré directement aux patients par le biais de pharmacies opérant par correspondance, afin de contourner les restrictions

* NdT : agence fédérale responsable de l'application des lois et règlements régissant les stupéfiants et les substances contrôlées et de la lutte contre le trafic de drogue.

imposées par les points de vente existants sur les prescriptions suspectes fortement dosées.

Toujours selon McKinsey, Purdue pouvait « riposter » face aux mesures de la DEA, le ministère de la Justice et d'autres pour lutter contre l'abus d'opioïdes. Purdue avait également besoin d'une stratégie claire pour répondre à des groupes influents comme Physicians for Responsible Opioid Prescribing*. Enfin, il était temps d'allumer le turbo de son moteur de vente[39].

Les recommandations de McKinsey furent bien accueillies par l'entreprise. Malgré tout, Russell Gasdia, le vice-président des ventes et du marketing, fut tout de même gêné par au moins une des conclusions du cabinet. Dans un courriel adressé à Arnab « Arnie » Ghatak de McKinsey, il écrivit : « Arnie, ma réaction à chaud... J'ai de sérieuses réserves quant à l'idée que nous devrions avant tout dynamiser les ventes »[40].

Ghatak a envoyé un email à un autre associé de McKinsey en essayant de le mettre à l'aise vis-à-vis des doutes de Gasdia : « À mon avis, c'est juste du stress, je vais essayer de le voir en direct demain »[41].

Restait à McKinsey à présenter son plan aux membres de la famille Sackler, les propriétaires de Purdue. Une fois fait, Ghatak a déclaré que la réunion du conseil d'administration s'était « très bien passée – il n'y avait que les membres de la famille... Nous avons passé en revue chaque document un à un pendant environ deux heures. Ils ont entièrement soutenu nos conclusions et nos recommandations ». Elling a abondé dans le même sens : « Les résultats étaient clairs pour tout le monde et ils ont approuvé sans réserve le fait d'"aller de l'avant rapidement". »[42]

L'élément le plus important à retenir de l'analyse de McKinsey de juillet 2013 est le suivant : alors que les pharmacies et les responsables de l'application de la loi tentaient de limiter la quantité d'OxyContin coulant dans les veines

* NdT : « Les médecins (unis) pour une prescription raisonnée des opioïdes ».

de la nation, McKinsey faisait tout le contraire, suggérant même des moyens de contourner ces mesures de sécurité.

Puis, à peine une semaine plus tard, la FDA – l'agence dont la mission principale est de veiller à l'innocuité des médicaments autorisés à la vente dans le pays – a octroyé un contrat de conseil de 2,6 millions de dollars à McKinsey pour le compte de son Center for Drug Evaluation and Research, l'unité même qui réglemente les médicaments sur ordonnance et les génériques, dont l'OxyContin[43]. Selon les termes de ce contrat, McKinsey aurait à travailler « avec la direction du bureau, les responsables de programme et d'autres individus clés pour concevoir, développer et mettre en œuvre un modèle opérationnel qui garantisse une communication efficace tant en interne qu'en externe ».

Les semaines suivantes, McKinsey a présenté des recommandations encore plus radicales pour garder le débit d'OxyContin à son maximum : augmenter sensiblement les visites faites aux prescripteurs, cibler en particulier les plus importants d'entre eux[44], s'appuyer sur les groupes de défense des patients pour contrer les actions des autorités sanitaires visant à limiter l'accès « opportun » au médicament[45], accélérer les efforts pour mettre sur pied un canal de distribution alternatif et initier des discussions au sommet avec Walgreens.

« Plutôt que de traiter chaque élément séparément, nous vous recommandons de "déclencher le turbo du moteur de vente de Purdue" en optimisant tous les éléments gagnants du modèle de vente, du ciblage aux territoires, en passant par les incitations à la vente », a écrit McKinsey. Empruntant un vocabulaire tout droit issu de la guerre du Viernam, le cabinet mettait l'accent sur l'importance de « gagner le cœur et l'esprit » de la force de vente et de changer de façon permanente le mode de fonctionnement de l'entreprise.

Plus tard, conscient que cela risquait de ne pas bien passer auprès des familles qui avaient perdu un enfant à cause des opioïdes, Purdue a changé le nom de sa campagne « Propulser les ventes », en « La voie de l'excellence »[46].

En 2017, McKinsey a fait une suggestion qui a stupéfié les acteurs de la santé lorsqu'elle a été dévoilée au public[47]. Le cabinet conseillait à Purdue d'envisager d'accorder un rabais aux distributeurs pour chaque overdose d'OxyContin qui pourrait leur être attribuable. À titre indicatif, McKinsey avait fait une estimation du nombre de consommateurs susceptibles de faire une overdose. Ainsi, en 2019, par exemple, 2 484 clients de CVS feraient une overdose ou développeraient une dépendance aux opioïdes. Une ristourne de 14 810 dollars par « événement » signifiait que Purdue verserait 36,8 millions de dollars à CVS cette année-là. CVS est également l'un des plus gros clients du cabinet. McKinsey a déclaré que Purdue n'a jamais mis ce programme en œuvre.

Alors que la décennie touchait à sa fin, McKinsey a annoncé qu'il cesserait de prendre des fabricants d'opioïdes comme clients[48]. À ce moment-là, 400 000 Américains étaient morts de s'être surmédicamentés ou d'avoir ingéré des opioïdes trafiqués[49]. De son côté, les propriétaires de Purdue avaient retiré 10 milliards de dollars de leur entreprise.

S'il restait encore des doutes sur l'importance du travail réalisé par McKinsey, Maria Gordian, l'une des associés et « conseillère principale » auprès du PDG de Purdue a répondu clairement et avec force à cette question dans un mémorandum interne de 2009.

Quand McKinsey est arrivé, expliquait-elle, Purdue faisait face à « une situation instable et compliquée »[50]. Heureusement pour l'entreprise pharmaceutique, le cabinet de conseil a pu venir à son secours : « Au travers d'un ensemble de mesures, nous avons *assuré la pérennité de la marque cruciale OxyContin* », a-t-elle écrit (italiques ajoutés par l'auteur).

Il est peu probable qu'aujourd'hui elle s'en vanterait dans son CV[51].

D'autres documents embarrassants ont fait surface à mesure que les enquêteurs du gouvernement progressaient dans leur travail notamment cet email qu'Elling a envoyé le 4 juillet 2018 au Dr Ghatak de McKinsey :

« Il serait peut-être judicieux de discuter rapidement avec le comité des risques pour voir si nous devrions faire autre chose en plus de faire disparaître tous nos documents et nos courriels. Sans doute pas, mais si les choses se compliquent là-bas, on pourrait se tourner vers nous »[52].

« Merci pour l'info. Je m'en occupe », a répondu Ghatak.

« Profite bien de ton 4 juillet », a conclu Elling.

McKinsey a licencié les deux hommes sans préciser le motif, si ce n'est pour dire qu'ils avaient violé le code de déontologie de l'entreprise.

Le 4 février 2021, Kevin Sneader, le directeur monde de la firme, a envoyé un mémo à l'ensemble des employés pour annoncer que McKinsey avait conclu un accord avec quarante-neuf procureurs généraux d'État. « De fait, si les missions que nous avons menées dans le passé pour le compte de fabricants d'opioïdes étaient légales et n'ont jamais eu l'intention de nuire, elles ont pu ne pas être à la hauteur de nos exigences. Nous n'avons pas su reconnaître la gravité de l'épidémie qui touchait nos communautés ni l'impact terrible de l'utilisation abusive des opioïdes et de la dépendance, ce que je regrette profondément »[53].

Sneader n'a pas mentionné le travail réalisé par la firme pour le compte de différents maillons de la chaîne d'approvisionnement en opioïdes, comme les pharmacies de détail et les gros distributeurs de médicaments. Certaines de ces entités ont fini par payer des millions de dollars pour mettre un terme aux enquêtes gouvernementales sur leur gestion des opioïdes. La nature des conseils prodigués par McKinsey à ces entreprises n'a donc pas pu être évaluée.

En août 2021, McKinsey avait versé environ 641 millions de dollars pour régler les plaintes des États et de différents territoires américains, sans que cela mette pour autant fin au litige. Un avocat de la firme a déclaré lors d'une audience d'un tribunal fédéral en Californie que le cabinet faisait face à cinquante autres poursuites intentées entre autres par des villes, des comtés, des tribus amérindiennes, des assurances médicales de syndicats et des écoles[54].

McKinsey a ensuite entrepris d'atténuer les problèmes qu'il avait contribué à créer.

En 2018, Tom Latkovic, un directeur associé senior de Cleveland, a corédigé un article intitulé « Pourquoi nous devons nous montrer plus offensifs dans la lutte contre l'épidémie d'opioïdes »[55]. Latkovic a aussi coécrit un article offrant dix « enseignements » à tirer de la crise des opioïdes, l'un d'eux étant que ces substances sont souvent prescrites à des patients « connus pour être vulnérables ou à risques en termes de dépendance »[56].

McKinsey a également soutenu Shatterproof, un groupe à but non lucratif qui se bat contre la stigmatisation associée à la toxicomanie. Son fondateur, Gary Mendell, dont le fils s'est suicidé après avoir lutté en vain contre son addiction, est un orateur qui sait émouvoir son auditoire[57]. Il a notamment prononcé un discours lors d'une conférence de McKinsey sur les soins de santé sur la façon dont la stigmatisation de la dépendance aux opioïdes a retardé la quête de solutions pour vaincre l'épidémie.

Latkovic a offert un message similaire : « Plus nous travaillions sur les opioïdes, plus nous avons pris conscience du rôle profond et vraiment néfaste que la stigmatisation joue dans cette crise ».

Les efforts de Latkovic pour combattre la stigmatisation de la toxicomanie en pointant du doigt les responsabilités de la société dans son ensemble étaient louables, mais il aurait convenu de s'en prendre aussi aux fabricants, aux distributeurs d'opioïdes et aux médecins. Sauf que là, on portait atteinte aux affaires. De fait, pendant des années, personne chez McKinsey n'a osé critiquer publiquement l'entreprise pour avoir aidé Purdue Pharma à vendre plus d'opioïdes[58].

La firme ne s'est aussi pas gênée pour se vanter d'avoir créé le Center for Societal Benefit Through Healthcare. À ce sujet, elle a écrit : « Nous avons honoré cette mission en servant nos clients avec efficacité et en investissant dans des questions extrêmement pertinentes pour la société comme les déterminants sociaux de la santé, de la santé rurale, de la santé maternelle et de la santé comportementale – et même de la santé mentale, de la toxicomanie et de la crise des opioïdes. »

Enfin, disons que Purdue n'est pas le seul responsable de la crise des opioïdes[59]. Des médecins ont surprescrit l'OxyContin, des pharmaciens ont reçu des bonus pour avoir délivré des cachets quand ils n'auraient pas dû, la FDA et la DEA ont laissé l'épidémie se développer et les législateurs n'ont pas réussi à voter les lois qui auraient permis de protéger le public.

« Nous n'avons pas su anticiper. Personne n'a su anticiper » a déclaré en octobre 2017 le Dr Scott Gottlieb, un commissaire de la FDA, au cours d'une conférence médicale[60]. L'agence aurait dû réserver l'usage de l'OxyContin à certains patients, mais elle ne l'a pas fait, pas plus qu'elle n'a issu d'avertissements sur le risque élevé de dépendance associé au médicament. Le représentant de la FDA qui a dirigé l'évaluation de l'OxyContin préalable à son autorisation de mise sur le marché a été embauché par Purdue deux ans après avoir quitté l'agence[61].

Le Dr Michael Carome, directeur du Public Citizen's Health Research Group a déclaré que la FDA prenait trop souvent des décisions « qui plaçaient les intérêts financiers des fabricants d'opioïdes au-dessus de la protection de la santé publique »[62].

Avec son gros titre « Échec de la FDA à réguler les opioïdes, les morts se comptent par dizaines de milliers », le *New York Times* ne s'est pas montré moins sévère[63]. L'agence était censée superviser un programme qui aurait obligé les fabricants d'OxyContin et d'autres opioïdes à effet durable à financer la formation des médecins à leur usage et à évaluer ensuite son efficacité. Selon les conclusions d'une étude médicale, elle s'est très mal acquittée de cette mission.

« Même quand les manquements dans ces efforts sont devenus patents au vu de ce qui est ressorti de la propre procédure d'évaluation de la FDA, l'agence n'a jamais rien fait pour améliorer ce programme aussi appelé stratégie d'évaluation et d'atténuation des risques, ou REMS », a écrit le *New York Times*. Caleb Alexander, le responsable de l'étude, a déclaré avoir été surpris que « la conception du programme ait été dès le départ bancale »[64].

Là encore, le fait que McKinsey ait eu une double casquette en tant que conseiller et des parties réglementées et du régulateur n'a pas aidé. En 2011, la FDA a octroyé au cabinet un contrat de 1,4 million de dollars pour réorganiser le bureau chargé de superviser les programmes défectueux au centre de l'étude.

Informé que McKinsey avait été consultant pour la FDA tout en conseillant Purdue, le Dr Andrew Kolodny, un scientifique codirecteur de la recherche sur les politiques relatives aux opioïdes à l'université Brandeis a fait part de sa surprise dans une interview : « Le conflit d'intérêts est évident. Cela n'aurait jamais dû être autorisé, cela n'aurait jamais dû se produire », a-t-il déclaré.

Des sénateurs ont cherché à savoir si la relation étroite de McKinsey avec la FDA avait contribué à l'incapacité du gouvernement à identifier et à freiner l'épidémie d'opioïdes. Le 23 août 2021, un groupe bipartisan de six d'entre eux[65] a écrit à la FDA pour qu'elle les informe sur les nombreux contrats passés avec McKinsey[66].

« Tout en travaillant avec la FDA, McKinsey collaborait avec plusieurs acteurs de l'industrie des opioïdes, dont nombre de ceux qui ont contribué à alimenter l'épidémie à laquelle le pays fait face aujourd'hui », était-il aussi écrit dans leur lettre.

Au moins dix-sept des contrats attribués par la FDA à McKinsey entre 2008 et 2021 – pour un montant supérieur à 48 millions de dollars –, impliquaient une collaboration avec le Center for Drug Evaluation and Research, la division responsable de l'approbation de certains médicaments, dont les opioïdes sur ordonnance, précisait également la lettre.

En 2010 et 2011, la FDA a octroyé pour plus de 2,4 millions de dollars de contrats à McKinsey pour concevoir un système appelé « suivi et traçabilité » pour améliorer la capacité de l'agence à identifier les traitements nuisibles aux consommateurs, ont noté les sénateurs. Ces contrats « suggèrent fortement que McKinsey, tout en représentant la FDA, était très impliquée dans différentes missions pour ses clients privés ciblés par cette nouvelle procédure réglementaire, ce qui représentait clairement un conflit d'intérêts »[67].

Les liens de McKinsey avec les responsables fédéraux de la santé étaient même plus forts que ce que les sénateurs pensaient savoir. En mars 2022, des reporters du *New York Times* ont été les premiers journalistes à mettre la main sur un nouvel ensemble de documents du cabinet qui montraient comment la firme avait discrètement courtisé l'homme en passe de devenir le responsable de santé publique le plus influent du pays, c'est-à-dire Alex Azar, le secrétaire à la Santé et aux Services sociaux des États-Unis du gouvernement Trump[68].

Après avoir quitté son poste de président d'Eli Lilly, Azar a demandé conseil à McKinsey pour trouver son prochain emploi. Son principal contact au sein du cabinet n'a été autre qu'Elling, la cheville ouvrière, avec Ghatak, du plan de McKinsey visant à stimuler les ventes d'OxyContin en pleine épidémie d'opioïdes.

« Je serais vraiment heureux de pouvoir m'asseoir avec vous pour discuter des idées et des conseils que vous pourriez avoir sur la façon de considérer et de chercher des opportunités », a ainsi écrit Azar à Elling dans un courriel.

Elling lui a tout de suite répondu : « Nous serions ravis de nous asseoir avec vous pour discuter de vos aspirations et partager avec vous nos réflexions à ce sujet. »

« Fantastique », a commenté Azar. Si l'on ignore de quoi ils ont exactement discuté au cours de leur rencontre, ce que l'on sait, en revanche, c'est que sept mois après, Azar a obtenu le poste de secrétaire à la Santé et aux Services sociaux des États-Unis (HHS).

« Merci les gars. Je vous suis très reconnaissant de votre aide. Laissez-moi prendre mes marques là-bas et nous pourrons discuter du cabinet et de ses liens avec le HHS », a plus tard écrit Azar à Elling.

Dans les jours qui ont précédé la confirmation d'Azar par le Sénat, un désaccord a émergé au sein du cabinet au sujet de ce qu'il fallait lui dire dans une note sur la crise des opioïdes. Selon un de ses collègues, Ghatak a voulu minimiser le danger, allant même jusqu'à dire que les termes

« crise » et « épidémie » étaient des exagérations, alors que Tom Latkovic, un directeur associé senior, souhaitait davantage enfoncer le clou. « Je veux juste vous mettre en garde contre le guêpier dans lequel vous allez vous retrouver », a-t-il écrit dans une note interne.

Pressé par le temps, McKinsey a choisi d'effacer le paragraphe d'avertissement qui déplaisait à Ghatak.

Plus tard, au travers de son porte-parole, Azar a nié que McKinsey l'avait aidé à obtenir le poste de secrétaire à la Santé et aux Services sociaux.

Si l'addiction aux opioïdes et les morts par overdose affectaient de larges pans de la société, ces fléaux touchaient avant tout les travailleurs pauvres qui luttaient pour survivre dans les villes de la « *rust belt* »* dévastées par les fermetures d'usines, les salaires en berne et les emplois délocalisés. Dans ce contexte, l'épidémie a contribué à fracturer encore plus la classe moyenne en réduisant les perspectives d'avenir de ceux qui aspiraient à en faire partie.

Dans leur ouvrage *Morts de désespoir : l'avenir du capitalisme*, les auteurs, deux économistes de Princeton, se sont penchés sur une question épineuse : pourquoi tant de membres de la classe ouvrière sans diplôme universitaire mouraient-ils de toxicomanie, d'alcoolisme ou se suicidaient au point que, trois ans de suite, l'espérance de vie moyenne aux États-Unis avait décliné ?[69]

Dans son compte rendu du livre, Atul Gawande note que si, certes, les opioïdes ont joué un rôle, ils ne sont cependant pas la cause du désespoir, mais sa conséquence.

Selon lui, en adoptant l'automatisation et la mondialisation avec plus d'enthousiasme et moins de restrictions que d'autres pays, en offrant peu de protection et de soutien aux

* NdT : « Ceinture de la rouille » est l'appellation donnée à la région industrielle du nord-est des États-Unis qui s'étend de Chicago au littoral atlantique, et de la frontière canadienne aux Appalaches. Elle fait référence au déclin des industries lourdes (sidérurgie) et automobiles, fleurons de la réussite économique de la région au XXe siècle.

travailleurs déplacés et en permettant au capital de s'octroyer une plus grande part des gains économiques, les États-Unis ont fourni aux miséreux, avec les opioïdes, les armes de leur propre autodestruction[70].

Le critique note que cet ouvrage a mis des chiffres « sur un sentiment diffus qui couvait depuis longtemps chez nombre d'individus, à savoir que le rêve américain était profondément détraqué ».

Alors que l'épidémie d'opioïdes faisait rage en Amérique, une bonne partie de ceux qui l'ont rendue possible – des médecins, des distributeurs et des régulateurs – se sont retrouvés pointés du doigt. Malgré tout, pendant des années, l'un des acteurs principaux de cette crise a réussi à rester sous le radar des législateurs du Congrès, des auteurs de livres, des journalistes, des documentaristes et des revues médicales. Cet acteur n'était autre que McKinsey, l'éminence grise des entreprises de la santé et de leurs régulateurs, la source de sagesses d'école de commerce qui promettait de réinventer le futur des soins de santé au bénéfice de tous.

Il faudra attendre 2019 pour que Maura Healey, la procureure générale du Massachusetts, révèle qu'en fouillant dans les dossiers confidentiels de Purdue, son bureau a découvert le rôle clé joué par McKinsey auprès du fabricant de médicaments. Healey a été la première procureure générale à poursuivre les propriétaires de Purdue et l'enquête menée par son équipe sur McKinsey a permis à d'autres procureurs généraux d'État de tenir la firme pour responsable[71].

Les États peuvent désormais utiliser leur part du règlement de 600 millions de dollars pour financer des traitements et des programmes de prévention et de guérison. De son côté, McKinsey s'est engagé à moins travailler avec les fabricants de stupéfiants créant une dépendance et à transférer dans une base de données publique des dizaines de milliers de pages de documents relatifs à son travail sur les opioïdes.

En dépit de la large couverture médiatique sur le rôle joué par le cabinet de conseil dans l'épidémie d'opioïdes, une grande partie des responsables politiques sont restés fidèles à la firme. Dans l'État de la procureure générale Healey, le gouverneur Charlie Baker a confié à McKinsey une mission d'évaluation sur « l'avenir du travail » dans le même temps que la firme versait au Massachusetts une compensation financière pour le mal causé par les opioïdes. Pour Healey, cette décision du gouverneur était tout simplement « scandaleuse »[72].

Selon le *Boston Globe*, le département de la santé de l'État avait déjà versé à McKinsey plus de 18,6 millions de dollars depuis le début de 2020.

Quelques heures après la publication de l'article du *New York Times* sur les découvertes de Healey, des employés présents et passés de McKinsey ont partagé leurs réactions dans un salon de discussion privé. Plusieurs d'entre eux ont exprimé leur indignation sans mâcher leurs mots. D'autres ont parlé du devoir de servir les intérêts du client tout en restant dans des limites morales et éthiques. Un autre a écrit que c'était bien de maximiser la valeur pour les actionnaires « mais pas à tout prix, pas au prix de nos valeurs morales et du bien-être de notre société ».

Après que le *New York Times* a publié ces réponses, le site a été fermé.

Chapitre 8

Transformer une mine de charbon en diamant

Le butin est conséquent : une batterie marquée du logo d'ExxonMobil pour recharger son téléphone portable, une couverture avec sa housse pour goûter confortablement à l'air frais des montagnes du Colorado, cadeau du complexe hospitalier Mount Sinai, un sac à dos Cotopaxi, souvenir de la société dont la devise est « *Gear for Good* »* et des « bombes à graines de fleurs sauvages » de Standard Industries, l'entreprise de matériaux de construction qui a planté 3 500 arbres en l'honneur de ce rassemblement annuel au profit de tout ce qui se fait de grand et de bon. Bienvenue au festival Aspen Ideas.

À Aspen, de même que chez son cousin suisse, le Forum économique mondial de Davos, une invitation vaut reconnaissance de votre importance, de la sagesse de votre parole, de votre appartenance au cercle des riches et des puissants. Ici, des sujets cruciaux sont abordés dans des panels courtois, la plupart du temps modérés par d'éminents journalistes adeptes des feux de la rampe. Mark Zuckerberg, le fondateur de Facebook, s'y est exprimé en 2019, face à un auditoire où nul ne songerait à l'accuser de saper la démocratie.

Cette année-là, les participants ont eu droit à une performance du rappeur Common vêtu pour l'occasion d'un tee-shirt portant le slogan « Let Love Have the Last Word »**. L'Aspen Ideas Festival est en partie financé par Paul E. Singer, le fondateur du fonds spéculatif Elliott

* NdT : La devise peut être traduite par « Des équipements qui font du bien ».

** NdT : « Que l'amour ait le dernier mot ».

Management, « l'investisseur le plus craint au monde », selon Bloomberg News. Pour ExxonMobil, un des autres sponsors, assembler en un même lieu des scientifiques, des célébrités et des journalistes « permet de faire jaillir des idées susceptibles de changer le monde »[1].

De temps à autre, un hérétique se glisse parmi la liste des invités, comme cela a été le cas en janvier 2019 avec Rutger Bretman, qui a fustigé les participants pour être venus par centaines en jets privés gros émetteurs de dioxyde de carbone « pour aller écouter David Attenborough parler de la manière dont nous saccageons la planète ». Après cela, il a plaidé en faveur d'une taxation accrue des riches, un point crucial de son point de vue pour résoudre nombre de problèmes sociétaux, mais qui ne recevait pas l'attention méritée à Davos[2]. « J'ai un peu le sentiment d'assister à une conférence pour pompiers où personne n'aurait le droit de parler d'eau », a-t-il dit pour résumer son impression.

Inutile de préciser qu'il n'a pas été réinvité en 2020.

McKinsey, un autre des sponsors de la conférence d'Aspen, n'a pas ce problème. Année après année, les associés de la firme s'y retrouvent. Pour eux, c'est comme la cérémonie des Oscars. Intrinsèquement opposé à toute forme de publicité, McKinsey considère Aspen et Davos comme l'occasion rêvée pour ses consultants de rencontrer des clients potentiels, de se vanter des études menées par le cabinet et de pratiquer l'art subtil qui consiste à convaincre des dirigeants de sociétés et des agences gouvernementales qu'ils souffrent de problèmes dont ils n'ont sans doute pas conscience et que la firme peut, cela va sans dire, résoudre pour eux.

En juin 2019, lors de la dernière édition du festival d'Aspen avant le Covid, McKinsey est venu en force[3]. André Dua, un associé senior du bureau de Chicago, a parlé de l'automatisation au travail, Lareina Yee, la directrice de la diversité du cabinet, a traité des femmes aux postes de direction et Michael Chui, un associé du McKinsey Global Institute, a animé un panel sur la technologie et la confiance.

Cerise sur le gâteau, Dickon Pinner, un associé senior cofondateur du pôle de compétences sur l'économie durable, a constitué la pièce de résistance d'une table ronde comptant trois intervenants, dénommée « Points de rupture climatiques : stratégies d'entreprise pour atténuer les risques économiques et sociaux ».

Svelte, fringant et habitué à structurer sa pensée en trois points comme nombre de ses collègues, Pinner a passé la majeure partie de sa carrière chez McKinsey au sein du pôle de compétences dédié aux semi-conducteurs après avoir été ingénieur chez Shell, le géant du pétrole et du gaz. Cameron Hepburn, le deuxième panéliste, un ancien consultant de McKinsey et un ancien d'Oxford, faisait partie d'un conseil consultatif de Shell et était chargé de recherche dans un groupe de réflexion financé par l'industrie pétrolière. Quant à Phil Waldeck, le troisième panéliste, il dirigeait une société d'assurance et ne connaissait apparemment rien au sujet du climat, mais Prudential, son employeur, avait noué un partenariat d'une valeur de 5 millions de dollars avec Aspen. À défaut de pouvoir proposer des idées révolutionnaires, il faisait la claque. « Double-cliquez là-dessus », disait-il ainsi pour souligner un point donné de la conversation.

Pinner est arrivé armé de diapositives PowerPoint montrant les variations spectaculaires et parallèles des niveaux de dioxyde de carbone et de température depuis 350 000 ans jusqu'à il y a environ 10 000 ans, quand la courbe s'est aplatie et que la stabilisation du climat a permis à la civilisation humaine de s'épanouir. Cependant, sa présentation montrait aussi que depuis quarante ans c'en était fini de cette stabilité, la concentration de CO_2 dans l'atmosphère ayant atteint des niveaux jamais vus depuis plus de trois millions d'années. Et même avec le développement de l'énergie solaire et éolienne, les températures mondiales augmenteraient de trois à quatre degrés Celsius dans le cadre des politiques actuelles.

« Aujourd'hui, nous courons tout droit à la catastrophe », a-t-il conclu[4].

En s'appuyant sur l'une des forces de McKinsey, sa capacité à quantifier un problème, Pinner avait démontré qu'il était urgent de passer à l'action[5].

Gillian Tett, la journaliste du *Financial Times* qui animait la table ronde a qualifié cette présentation de « complètement glaçante », ajoutant qu'elle mettait quiconque au défi « de juste dire "on s'en fiche" » et de tourner le dos au problème.

Une course contre la montre était engagée. Quelques mois après la présentation de Pinner, sous l'effet combiné d'une canicule associée à une grave sécheresse, de vastes territoires de l'Australie s'embrasèrent littéralement. Puis, avec le changement de saison, les incendies se déplacèrent vers l'hémisphère nord, engloutissant l'Ouest américain et colorant le ciel de San Francisco d'un orange martien. Plus de seize mille kilomètres carrés partirent en fumée. Malgré tout, comparés à ceux qui toucheront la Sibérie en 2021, les incendies en Californie furent relativement modestes. Avec un territoire environ grand comme la Tunisie entièrement dévasté, la catastrophe de 2021 a été la pire jamais enregistrée de mémoire d'homme pour la Russie.

Puis, les masses d'air chaud retenant davantage d'humidité, New York fut noyée sous des déluges tropicaux[6]. Le 21 août 2021, entre 22 heures et 23 heures, Central Park subit la plus forte précipitation jamais enregistrée en soixante minutes, un record pulvérisé seulement onze jours plus tard lorsque la queue de l'ouragan Ida inonda la ville. Aussi, selon les scientifiques, la calotte glaciaire du Groenland, vieille d'un million d'années, fondait si rapidement qu'elle pourrait avoir dépassé le point de non-retour, ce qui signifie que même si le réchauffement climatique s'arrêtait, elle continuerait à fondre, menaçant d'inonder les villes côtières du monde entier.

À entendre le déluge d'appels urgents à réduire les émissions de carbone de la part de McKinsey, n'importe qui croirait que la firme est un modèle d'entreprise responsable, et ce d'autant plus que ses « équipes vertes » déployées dans ses bureaux aux quatre coins du monde s'efforcent de trouver des façons de réduire l'empreinte carbone de la firme avec des recommandations allant de la réduction de l'utilisation du papier au remplacement des déplacements professionnels par des vidéoconférences. Pour compenser ses émissions, le cabinet investit également dans des projets « verts », comme le développement de fourneaux solaires en Chine ou la sauvegarde de la forêt tropicale au Panama. McKinsey calcule aussi le volume total de ses émissions, qui prend en compte les déplacements en avion de ses nombreux consultants itinérants[7].

Être vert fait partie du mantra officiel du cabinet, ainsi qu'en atteste son code de bonne conduite : « En tant que firme, nous nous soucions de la durabilité environnementale de nos activités et nos bureaux prennent des mesures pour réduire notre empreinte environnementale. Nous aidons également des clients des secteurs privé, public et social du monde entier à mettre en œuvre des mesures de lutte contre le changement climatique »[8].

Le message que veut faire passer McKinsey est clairement exposé sur son site Internet : « Nous sommes déterminés à protéger la planète. »

En public, McKinsey souligne la nécessité pour ses clients de prendre de toute urgence des mesures de lutte contre le changement climatique. Ainsi, d'août 2019 à août 2020, le cabinet a publié pas moins de cinquante-six rapports ou courriels sur ce thème, aux titres explicites tels que « La Terre au PDG : votre entreprise est déjà menacée par le changement climatique », « La durabilité sous la mer », ou encore « Mode et climat : comment l'industrie de la mode peut vite agir pour réduire ses émissions de gaz à effet de serre ».

Ces rapports ne minimisent pas la crise[9]. Dans une présentation PowerPoint de 2019, McKinsey prédit ainsi que le changement climatique aura « un impact comparable à celui d'armes de destruction massive ».

L'une des raisons pour lesquelles McKinsey en parle avec tant de fougue est que les milliers de jeunes formés dans les meilleures universités du monde et conscients des enjeux climatiques que le cabinet cherche à recruter attendent de la firme qu'elle s'empare de ce sujet. Leurs enfants vivront probablement une partie de leur vie dans le siècle prochain, quand, avec la fonte des calottes glaciaires du Groenland et de l'Antarctique, nombre de villes côtières auront sans doute été submergées tandis que le Moyen-Orient et des zones entières du sous-continent indien seront devenus inhabitables à cause de la chaleur.

McKinsey veut faire croire à ses futures recrues qu'elles vont travailler pour un cabinet soucieux du climat. Pour cela, ses tests de recrutement en ligne mettent les candidats au défi de choisir les bonnes décisions environnementales dans une simulation informatique. « Vous êtes le gardien d'une île dont la flore et la faune vivent dans différents écosystèmes », proposait ainsi récemment l'un des scénarios[10]. Le candidat devait ensuite mettre en place un récif corallien florissant et trouver un vaccin pour soigner un groupe d'oiseaux affectés par un « affreux virus ».

Dans ses nombreux rapports publics, McKinsey se montre lucide et justement alarmiste quant à la menace environnementale imminente. En 2020, un an après son intervention à Aspen, Pinner a coécrit un article du *McKinsey Quarterly* présentant des solutions qui permettraient de cantonner l'augmentation de la température mondiale à 1,5 °C au-dessus des niveaux préindustriels, soit le seuil fixé par le GIEC au-delà duquel, selon les experts, il sera de plus en plus compliqué pour l'homme de s'adapter.

Pinner et ses collègues ont fait valoir que le monde n'avait plus beaucoup de temps pour atteindre cet objectif et ont élaboré trois scénarios pour y parvenir, tous nécessitant une réduction des émissions de l'industrie pétrolière et gazière, des fournisseurs d'électricité, de l'agriculture et des fabricants de véhicules[11].

« La bonne nouvelle, c'est qu'il est techniquement possible de rester dans la limite de 1,5 °C », ont écrit les consultants. « La mauvaise nouvelle, c'est que cela va demander des efforts considérables. Pour rester sous ce seuil, les émissions de gaz à effet de serre durant les dix prochaines années vont devoir être réduites drastiquement, et ce dès aujourd'hui ».

Selon McKinsey, les entreprises ne peuvent plus se contenter de vanter leurs « projets de façade » lors d'opérations de relations publiques sans réellement modifier leurs comportements, qu'il s'agisse de changement climatique ou de mentorat pour les femmes et les minorités.

« Notre défi pour nos clients est le suivant : comment faire en sorte de passer des paroles aux actes concrets ? Comment passer de l'image de marque et des slogans à quelque chose qui se vit au quotidien ? »[12]

C'est le défi que Gillian Tett, la modératrice à Aspen, a posé à Pinner. Compte tenu de l'urgence de la crise, sa question suivante était logique : « Avez-vous essayé de vous faire entendre de Washington ? Avez-vous essayé d'en parler à la Maison-Blanche ? »

Non, a répondu Pinner en reprenant le laïus habituel du cabinet pour justifier sa collaboration avec des entités telles que l'Immigration and Customs Enforcement (ICE) ou le gouvernement saoudien.

« De notre point de vue, notre rôle n'est pas de nous impliquer dans les politiques publiques. Là où nous pouvons apporter de la valeur, c'est en convertissant la science en chiffres qui mettent les risques en évidence et qui les rendent assimilables et actionnables pour les décideurs économiques », a-t-il expliqué. « De plus, le gouvernement n'est pas la solution. Nous pensons que la question majeure est celle de la constitution du capital et de son allocation », a-t-il ajouté.

En fait, l'objectif principal de Pinner était de montrer comment les marchés ne prenaient pas correctement en compte les risques liés aux investissements dans les plates-formes pétrolières offshore, les pipelines et même l'immobilier côtier en Floride, tous des actifs qui ne manqueront pas d'être touchés par la hausse des températures et du niveau des mers et par l'abandon des combustibles fossiles.

Pressé par la journaliste de recommander une chose, n'importe laquelle, aux décideurs politiques, sa seule proposition a été de leur suggérer de réfléchir « à la manière d'inciter le secteur privé à réorienter les flux de capitaux vers des actifs moins risqués ». Il ne demandait pas de mesures spécifiques susceptibles d'affecter la production de pétrole ou de charbon, seulement que la magie des marchés puisse s'exprimer.

En dépit des nobles aspirations affichées à Aspen, les « solutions » qui ressortent la plupart du temps ont un point commun : elles ne demandent que peu ou pas de sacrifices aux milliardaires ou aux grandes entreprises du monde. Elles se concentrent bien plutôt sur le secteur privé qui « fait du bien en faisant le bien » – avec de menues mesures pour résoudre des problèmes urgents qui appellent souvent une action collective. Ce sont des relations publiques efficaces.

En tout cas, c'est comme ça qu'Anand Giridharadas, un ancien consultant de McKinsey et un ancien affilié au festival d'Aspen, voit les choses. Dans un discours prononcé en 2015 face aux participants, il a remis en question le fondement même de la manifestation en disant qu'elle permettait aux riches et aux puissants de se sentir vertueux en raison des bonnes actions que mènent leurs entreprises au nom de la « responsabilité sociale des entreprises », alors même que leurs activités principales continuent d'être nuisibles.

Giridharadas a nommé cette situation « le consensus d'Aspen »[13]. Il consiste à croire que les « entreprises gagnantes du temps présent doivent redoubler d'efforts pour faire le bien », avec cependant une dérogation d'importance à cette injonction : « Ne leur demandez jamais de réduire leurs activités nuisibles. En vertu du consensus d'Aspen, les angles bruts du capitalisme doivent être arrondis et ses surplus partagés, mais le système sous-jacent ne doit jamais être remis en question. »

Prenez ainsi le cas d'ExxonMobil. Lors de la rencontre de 2019, Vijay Swarup, son responsable de la recherche et du développement, a loué les vertus de la « captation du carbone », une technologie capable de réinjecter dans le sol les émissions des cheminées d'usine. Selon ExxonMobil, cette technologie suscitait l'enthousiasme général[14]. En réalité, cela faisait déjà plus de dix ans que le producteur de pétrole la vantait alors qu'elle en était toujours au stade expérimental. De plus, la captation du carbone ne résout en rien la contribution majeure d'ExxonMobil au réchauffement climatique, à savoir les dizaines de millions de voitures et de camions qui brûlent son essence partout dans le monde. Des mois avant le discours de Swarup, les projections d'ExxonMobil montraient que ses émissions seraient 17 % plus élevées en 2025 qu'en 2017, ajoutant vingt et un millions de tonnes de carbone par an à l'atmosphère, soit environ ce que la Grèce émet chaque année[15]. La société s'est bien gardée de diffuser ces chiffres.

Trois semaines après le discours de Pinner à Aspen, Erik Edstrom, un directeur associé de McKinsey sur le départ, s'en est pris aux « projets de façade » dont se servent les entreprises pour donner l'impression qu'elles se préoccupent de l'environnement sans pour autant prendre les mesures douloureuses nécessaires pour vraiment faire la différence. Mais ce qu'il avait dans sa ligne de mire, ce n'était pas une compagnie pétrolière, une houillère ou un constructeur automobile : c'était McKinsey.

À bien des égards, Edstrom avait le profil de la recrue idéale[16]. Comme nombre de consultants, c'était un ancien militaire ; il avait dirigé un peloton de l'armée américaine en Afghanistan et fait partie de la garde d'honneur du cimetière national d'Arlington. Dans une entreprise qui valorise les prouesses physiques, il figurait au rang des employés les plus athlétiques ; il était triathlète et, à West Point, il avait obtenu le meilleur score au test d'aptitude physique de l'armée. Après l'armée, il avait étudié à Oxford, l'*alma mater* de nombreux dirigeants de McKinsey.

Mais depuis son service en Afghanistan, il s'interrogeait sur la sagesse des chefs militaires et des dirigeants politiques qui avaient maintenu durant toute une génération le pays impliqué dans une guerre dévastatrice pour les civils afghans en tuant et blessant dans le même temps des milliers de soldats américains. « Si un millénaire de morts pouvait parler : il n'y a pas de trahison plus intime que d'être envoyé pour tuer ou à la mort pour rien, par ses propres compatriotes », a-t-il écrit dans un livre relatant son expérience de la guerre[17].

Profondément marqué par la campagne de l'ancien vice-président Al Gore destinée à sensibiliser le public sur l'impact des activités humaines sur le changement climatique et portée par le documentaire oscarisé de 2006, *Une vérité qui dérange*, il avait décidé de consacrer sa vie professionnelle à contribuer à résoudre ce problème existentiel. Il était donc sorti d'Oxford avec, en plus d'un MBA, un master en management et changements environnementaux avant de s'installer à Melbourne où il avait travaillé pour le Boston Consulting Group (BCG) avant de rejoindre McKinsey au début de l'année 2018.

Comme tout nouveau consultant, à son arrivée, il s'était vu remettre deux ouvrages : *Perspective on McKinsey*, écrit en 1979 par Marvin Bower et qui expose les valeurs essentielles et les principes qui ont modelé le cabinet de conseil, et *A History of the Firm*, un récit à usage interne.

Ce dernier ouvrage lui a appris que le cabinet devait une grande partie de son succès aux missions de conseil réalisées pour le compte de sociétés pétrolières.

Au début des années 1950, alors qu'il servait déjà les intérêts de Union Oil et de Sun Oil, McKinsey a décroché son premier mégaclient avec Mobil Oil[18]. Puis, en 1956, sur recommandation de Texaco, McKinsey a entamé une collaboration avec la Royal Dutch Shell au Venezuela. D'après l'histoire officielle de la firme, Shell était tellement content de McKinsey que l'année suivante, elle lui a confié une mission de restructuration globale, aidant ce faisant le cabinet à se développer en Europe. Puis, en 1960, Texaco est devenu son principal client.

De là, McKinsey a commencé à travailler avec des entreprises pétrolières publiques, comme Pemex au Mexique, PDVSA au Venezuela et Saudi Aramco en Arabie saoudite. Les charbonnages n'ont pas tardé à suivre. Quand la firme a ouvert son premier bureau à Melbourne en 1963, là où Edstrom travaillerait plus d'un demi-siècle plus tard, l'un de ses premiers clients a été Broken Hill, à présent BHP, la plus grosse société minière au monde en termes de capitalisation boursière, responsable de l'extraction du charbon en Australie. Rod Carnegie, le directeur du bureau dans les années 1960, a ensuite présidé la filiale australienne de Rio Tinto, aujourd'hui la deuxième plus grosse société minière derrière BHP. Ces deux entreprises sont encore à ce jour clientes de McKinsey et beaucoup des collègues d'Edstrom à Melbourne travaillaient sur ces comptes.

Les premiers travaux de McKinsey pour les compagnies pétrolières doivent toutefois être replacés dans leur contexte historique. Le fait qu'une augmentation du niveau de dioxyde de carbone puisse réchauffer l'atmosphère était encore largement méconnu dans les années 1950, à l'époque où Mobil et Texaco représentaient la part du lion des revenus de la firme. Cependant, comme avec le tabac, toutes les missions menées ces dernières vingt-cinq années par les consultants hautement qualifiés de McKinsey l'ont été alors que le cabinet savait que les produits vendus par ses clients causaient des dommages irréparables à la planète.

Et bien qu'Edstrom ait espéré travailler sur des problématiques liées à l'environnement[19], cela s'est avéré difficile à faire en Australie où les grosses sociétés minières, très influentes d'un point de vue politique, ont placé le pays et l'Indonésie au rang des deux premiers exportateurs de charbon au monde. Dans une société où les matières premières dominent l'économie, où les émissions de carbone par habitant dépassent les niveaux américains, il y avait peu de demandes pour des consultants en environnement très bien payés. Au BCG puis chez McKinsey, Edstrom a conseillé une société de capital-investissement, une banque, un fournisseur de télécommunications, un distributeur de bière et une chaîne de garderies d'enfants. Il a également étudié la gestion des lits de prison pour l'État australien de Nouvelle-Galles du Sud.

Si les missions liées aux questions environnementales se faisaient rares, en revanche, Edstrom s'est vite rendu compte qu'il y avait pléthore de travail pour l'industrie du charbon et que, contrairement aux dires publics de la firme selon lesquels elle était « engagée dans la protection de la planète », le cabinet était fier d'aider les charbonnages à devenir plus rentables.

Un jour, le bureau australien a envoyé un mail avec une vidéo en pièce jointe. L'objet : « Ce que nous faisons importe : découvrez l'histoire inspirante à impact d'un de nos clients ».

Edstrom a lancé la présentation et le titre s'est affiché : « Transformer une mine de charbon en diamant en six mois ». Sur un fond musical entraînant, la vidéo, retirée depuis, décrivait une mission récemment menée par le cabinet pour ce qui semblait être un client asiatique et qui avait permis d'augmenter la production d'une mine de charbon de 26 %. Malgré la crise climatique mondiale, malgré la contribution de la combustion du charbon dans les centrales thermiques à hauteur de près d'un tiers des émissions de carbone liées à l'énergie, il s'était trouvé quelqu'un chez McKinsey pour penser que ce travail était louable.

Selon Edstrom, l'on pouvait ensuite entendre le président de la houillère déclarer qu'il s'agissait d'« un des projets les plus rentables de notre entreprise »[20].

Mark Shahinian a eu une expérience similaire. Comme Edstrom, il était diplômé en sciences de l'environnement et avait l'espoir d'appliquer ses compétences chez McKinsey. Il était rattaché au bureau de Boston où il était en voie de devenir engagement manager, un poste d'encadrement intermédiaire équivalent à celui de chef de peloton dans l'armée.

Shahinian est fier du travail centré sur l'environnement qu'il a réalisé chez McKinsey, notamment une étude influente sur le prix des batteries au lithium – qui équipent entre autres les voitures électriques – dont le prix était amené à baisser fortement. Cependant, a-t-il témoigné, McKinsey et ses concurrents dépendent de grosses entreprises internationales qui les font travailler sur des projets qui s'étalent sur des années, voire des décennies. Et si les compagnies pétrolières cochent ces cases, ce n'est généralement pas le cas des start-ups dans le solaire ; il n'y avait donc pas tant de missions que cela à mener dans le domaine des énergies vertes. McKinsey va là où se trouve l'argent.

La firme affirme travailler partout dans le monde avec ses clients pour « répondre aux questions posées par le changement climatique », mais en 2020, elle n'en comptait toujours aucun dans les énergies renouvelables parmi ses plus gros, même si elle conseille tout de même des fournisseurs d'électricité décarbonée comme Mercury en Nouvelle-Zélande et Albemarle, un exploitant de mines de lithium, le minerai-clé des batteries rechargeables[21]. Vestas, une entreprise dans l'éolien est aussi cliente de McKinsey, mais reste minuscule comparée à ce que pèsent les sociétés minières et pétrolières pour la firme.

« Ils ne peuvent pas inventer des heures facturables qui n'existent pas », a dit Shahinian à propos de McKinsey[22]. Malgré tout, quand il s'agit des majors du pétrole, du gaz et du charbon, celles-ci ne manquent pas ; de plus, le travail qu'elles représentent pour des consultants juniors permet à ces derniers de faire avancer leur carrière.

L'Australie est l'un des rares pays développés qui prévoient d'ouvrir de nouvelles mines de charbon, en particulier dans le vaste bassin de Galilée, au nord-est de l'État du Queensland[23]. Invité à travailler sur un projet minier dans cet État par un directeur associé, Edstrom a décliné la proposition, invoquant son droit de refuser de travailler sur un projet jugé contraire à ses principes. Seulement, en laissant passer cette chance, il a aussi perdu l'occasion de nouer des liens avec les dirigeants du bureau, ce qui lui a valu de passer plus de temps « sur la plage », terme utilisé par le cabinet pour désigner un consultant qui ne travaille pas pour un client.

Pour Edstrom, la politique consistant à laisser les consultants libres de ne pas participer à certains projets pour raisons éthiques est une échappatoire qui permet au cabinet dans son ensemble de ne pas prendre position.

À défaut de pouvoir appliquer ses compétences au domaine de son choix, Edstrom pouvait au moins faire prendre conscience à ses collègues de la crise climatique qui se profilait. Pour cela, il a rejoint « l'équipe verte », au sein de laquelle les consultants basés en Australie peuvent discuter de sujets environnementaux et chercher des moyens d'influencer la façon de penser des dirigeants du cabinet sur ce thème.

Lors d'une retraite d'entreprise sur la Grande Barrière de corail, il a pu constater avec ses collègues les ravages causés par la hausse du niveau de dioxyde de carbone dans l'atmosphère. « La barrière se mourait à toute vitesse. On aurait dit un amas de bûches à moitié calcinées recouvert de cendres », a témoigné le consultant[24]. En interne, l'équipe verte a émis l'idée que l'asphyxie de la barrière pourrait être en partie due au travail de McKinsey pour les acteurs du secteur des énergies fossiles. « Mais ce message n'a pas été entendu. Après cette retraite, les consultants ont repris leur travail habituel, y compris celui pour les charbonnages avec son impact bien documenté sur l'environnement », a dit Edstrom.

Il a ensuite interrogé ses supérieurs sur le décalage entre les déclarations publiques du cabinet sur la nécessité de réduire les émissions de dioxyde de carbone et son travail pour les charbonnages. Leur réponse ? « Si l'on ne travaille pas avec les houillères, le BCG s'en chargera ».

Edstrom allait de désillusion en désillusion. La dissonance cognitive trouvait son origine non seulement dans les missions réalisées pour certains clients, mais aussi dans les événements d'entreprise comme l'édition 2018 de la Journée des valeurs qui s'est tenue dans les salles de réunion de la direction, avec vue plongeante sur le plus beau champ de courses hippiques de Sydney.

Après les discours de motivation habituels et des jeux de cohésion d'entreprise tels qu'une compétition de mini-golf sur un parcours constitué de denrées non périssables (offertes ensuite aux nécessiteux, bien sûr), les consultants ont eu droit à une soirée musicale donnée par les Marvins, le groupe australien de McKinsey qui tire son nom du légendaire fondateur du cabinet, Marvin Bower, connu pour avoir fait passer les intérêts de la firme avant les siens.

Pour un groupe portant le nom d'un homme aussi honorable et économe, dont les membres – entre autres, un directeur associé et deux associés principaux, tous trois multimillionnaires – font partie de la crème de la crème des cabinets de conseil et ont leurs entrées dans différents ministères, leur choix des titres joués peut étonner. Ils ont notamment chanté « Common People », un succès de 1995 du groupe britannique Pulp, qui raconte l'histoire d'une fille riche qui rêve de vivre parmi la classe ouvrière anglaise :

Tu ne vivras jamais comme les gens ordinaires
Tu ne feras jamais ce que fait le commun des mortels
Tu n'échoueras jamais comme les autres

Puis « Killing in the Name », du groupe de métal alternatif Rage Against the Machine, qui se termine par ces lignes :

« Fuck you, I won't do what you tell me » (répétée seize fois), suivie d'un « Motherfucker »[25]*.

L'année suivante, conséquence de l'enquête critique du *New York Times* de 2018 sur la firme dans son ensemble, avec notamment le compte rendu de sa somptueuse retraite d'entreprise dans l'ouest de la Chine, à quelques kilomètres seulement d'un centre de détention tentaculaire pour musulmans ouïghours, la Journée des valeurs du bureau australien a été plus modeste[26]. En réponse aux nombreuses critiques dont elle avait été la cible, la firme avait déclaré qu'elle « serait plus réfléchie sur de tels choix à l'avenir ». En 2019, les discours des associés ont ainsi fait la part belle aux valeurs et à l'éthique. Mais après que le directeur australien du cabinet, John Lydon, a eu fini de dire qu'au moins McKinsey ne travaillait pas pour des clients qui faisaient du mal aux gens ou qui les trompaient, Edstrom a ressenti le besoin de prendre la parole. Quelqu'un lui a donc tendu le micro.

« Et si McKinsey travaillait pour des fabricants d'armes dont les produits serviraient à bombarder le pays d'autres consultants ? Est-ce que cela respecterait toujours les valeurs de la firme ? » a-t-il demandé.

Peu de temps après, il a été remercié. Sa faible contribution à des missions d'importance – aggravée par son refus de travailler pour une houillère – lui a valu une mauvaise appréciation lors de son évaluation annuelle. Comme il se dit chez McKinsey, on lui a donc « conseillé de partir ». Selon lui, son franc-parler l'aurait aussi desservi.

Juste avant qu'on lui demande de partir, Edstrom a tout de même réussi à travailler sur une mission liée à l'environnement en aidant le fournisseur néo-zélandais d'électricité 100 % verte Mercury à fidéliser ses clients et à en gagner de nouveaux. Les résultats ont été concluants et le projet l'a pleinement satisfait. Malheureusement, à ce stade, son sort au sein du cabinet de conseil était déjà scellé.

---

* NdT : soit, respectivement, en français, « Va te faire foutre, je ne t'obéirai pas » suivi de « Enculé ».

Quand il a quitté la firme à la mi-juillet 2019 – trois semaines après la prise de parole de Pinner à Aspen –, Edstrom a envoyé un email d'au revoir mémorable qui a fait le tour des bureaux de McKinsey partout dans le monde.

Envoyer un email de départ groupé est une pratique commune et une forme épistolaire qui brûle rarement les ponts. Chez McKinsey, c'est d'autant plus vrai qu'un consultant ne quitte jamais vraiment la firme. Le gigantesque réseau d'anciens, institutionnalisé par le cabinet, fait que les ex-employés lui restent attachés des décennies après leur départ grâce aux emails, aux réunions et, surtout, aux débouchés professionnels. Critiquer la firme vous expose donc à vous retrouver coupé à vie d'importantes occasions de réseautage.

Et c'est exactement ce qui est arrivé à Edstrom.

Dans son email, il est vite apparu qu'il ne s'en tiendrait pas au scénario classique consistant à exprimer sa gratitude d'avoir eu l'honneur de travailler chez McKinsey et sa tristesse à l'idée de quitter la firme. Après avoir brièvement remercié plusieurs de ses collègues, son courriel a pris une tout autre tournure en s'attaquant au cœur du fondement éthique de McKinsey, autrement dit en mettant en cause ses valeurs :

« Le peu de temps que j'ai passé au sein du cabinet m'a montré à quel point McKinsey pouvait avoir de l'impact en peu de temps. Je suis très fier d'y avoir un tant soit peu contribué. Cependant, créer de l'impact n'est pas forcément bien dans l'absolu. Et faire du bon travail n'équivaut pas à faire le bien. Je crois qu'il est temps pour McKinsey de prendre des mesures qui feront date en matière de sélection de ses clients. En tant qu'organisation, McKinsey parle beaucoup de valeurs et de principes, mais ne prend pas position sur quoi que ce soit », a-t-il écrit.

Puis, pour s'assurer que son message ne passerait pas inaperçu, il s'en est pris frontalement à la direction de la firme : « D'après moi, McKinsey est une institution amorale ». Selon lui, le cabinet acceptait trop souvent des clients qui causaient du tort à autrui : « Dans bien des cas, ces missions causent du tort à la société, à la réputation de McKinsey et à la planète ».

Le consultant visait deux secteurs en particulier : le domaine militaire, qu'il avait déjà écorné lors de la Journée des valeurs du cabinet, et les charbonnages. « Le charbon tue. Plus les compagnies d'extraction de charbon resteront rentables longtemps, plus les dommages causés à l'environnement seront irréversibles », a-t-il encore écrit.

Pourtant, c'est exactement ce que faisait McKinsey pour ses nombreux clients de ce secteur ; il les rendait plus efficaces et rentables, remettant ce faisant à un futur toujours plus lointain le jour où les forces du marché décrites par Pinner finiraient par mettre fin à leurs activités. Ainsi, selon Edstrom, « Beaucoup d'entreprises sont "amorales", mais l'amoralité de McKinsey ne concerne pas que le cabinet de conseil lui-même. Parce qu'il est le plus influent au monde, il façonne les façons de faire de milliers de clients ».

Edstrom citait ensuite l'exemple de l'entreprise régionale de charbon cliente du cabinet qui avait augmenté sa production de 26 % grâce à ce dernier, avec, pour preuve, un lien vers la vidéo. Un petit groupe de consultants de McKinsey permettait à ce client – non identifié dans la vidéo – de fournir au monde du charbon qui ajouterait des *mégatonnes* de dioxyde de carbone[27].

« Réfléchissez-y, poursuivait-il. Peut-on faire pire que de servir des clients directement responsables de nous mettre sur la voie express et incompréhensible de l'omnicide planétaire ? »

Durant les heures qui ont suivi l'envoi de cet email, des dizaines de consultants McKinsey partout dans le monde lui ont répondu[28]. L'un de ses collègues également basé en Australie lui a rapporté que quand il avait refusé de travailler pour un client dans le secteur du charbon, il lui avait été rétorqué que ce n'était pas grave, car il y avait « plein d'autres consultants prêts à faire ce travail ».

Un autre a écrit : « Trop souvent, nous nous mettons volontairement des œillères pour ne pas devenir dingue, mais, à long terme, ce n'est pas une solution. » Un autre, encore : « Nous avons toute une réflexion à mener, voilà ce que j'en pense. »

En réalité, Edstrom n'était pas le seul consultant de McKinsey en Australie à prendre position sur l'environnement, comme en a témoigné un ancien employé du cabinet. Ainsi, quelques années plus tôt, plusieurs de ses collègues s'étaient désengagés d'une mission pour le compte d'une société canadienne d'extraction d'or en Papouasie-Nouvelle-Guinée voisine qui, depuis des décennies, était la cible de plaintes parce que la mine déversait ses déchets directement dans les rivières.

McKinsey a beau avoir près d'un siècle d'existence, comme elle garde jalousement ses secrets, jusqu'à peu, aucun journaliste n'avait eu accès à la liste de ses clients. Et même en interne, Edstrom ignorait l'étendue réelle de la collaboration du cabinet avec les plus gros pollueurs de la planète. Cependant, grâce à l'enquête menée pour la rédaction de ce livre, ce secret a pu être percé.

Depuis 2010, d'après la liste établie par le Climate Accountability Institute, un organisme à but non lucratif qui sensibilise le public sur la manière dont les entreprises contribuent au changement climatique, McKinsey a travaillé pour au moins quarante-trois des cent entreprises les plus émettrices de dioxyde de carbone dans l'atmosphère depuis 1965[29]. Quand on prend en compte les clients qui utilisent leurs produits, ces quarante-trois sociétés ont été responsables, en 2018, de plus de 36 % des émissions de gaz à effet de serre issues de combustibles fossiles de la *planète*.

En troisième position sur la liste des pollueurs historiques, Chevron, l'un des plus gros clients de McKinsey, a généré au moins 50 millions de dollars d'honoraires de conseil en 2019. Saudi Aramco, le numéro un de la liste, est client du cabinet depuis au moins les années 1970.

Au cours du dernier demi-siècle, les émissions totales de Chevron se sont élevées à 43,7 gigatonnes (43 milliards de tonnes) de dioxyde de carbone. (Pour comparaison, on retiendra qu'en 2019, les émissions liées à l'énergie pour l'ensemble de la planète se sont élevées à environ 33 gigatonnes, selon l'Agence internationale de l'énergie[30].)

ExxonMobil, BP, Royal Dutch Shell, la société russe Gazprom et Qatar Petroleum figurent aussi au rang des gros clients de McKinsey dans le domaine des combustibles fossiles[31].

Si encore la firme conseillait ces entreprises sur la manière de réduire leurs émissions de carbone, on pourrait estimer que ce travail serait en phase avec ses valeurs, mais c'est très rarement le cas, notamment en ce qui concerne les missions ou « études » récemment conduites par McKinsey pour Chevron[32]. Il y a eu, par exemple, l'« Upstream Oil & Gas-Digital Roadmap » (la feuille de route numérique en amont pour l'industrie pétrolière et gazière) dont le projet le plus important était centré sur une « solution produit » pour la région « Mid-Continent » de Chevron qui englobe les champs pétrolifères du sud des États-Unis, y compris le bassin permien au Texas, où Chevron est le premier producteur.

On pourrait aussi arguer que les sociétés comme Chevron ont besoin des bataillons de cadres à la tête bien faite de McKinsey pour les aider à faire face à la menace existentielle pour leur modèle d'entreprise que représente la pression mondiale en faveur de l'abandon des combustibles fossiles. BP et Shell, par exemple, déploient de gros efforts pour développer des énergies propres.

Alors, quelle stratégie Chevron a-t-elle choisi d'adopter sur les conseils de son armée de consultants McKinsey ? Continuons à forer, les gars !

Ainsi, en juillet 2020, quand la pandémie de Covid a asséché la demande pour le pétrole de Chevron, Mike Wirth, le PDG de l'entreprise, a déclaré face à un parterre de membres de la Texas Oil & Gas Association que la demande mondiale d'énergies propres « ne signifie pas la fin du pétrole et du gaz », comme l'a rapporté *Bloomberg Businessweek*[33]. Wirth s'est ensuite contenté de dire que Chevron « trouverait le moyen de rendre le pétrole et le gaz plus efficaces et moins impactants pour l'environnement ».

Le contraste avec les compagnies pétrolières européennes ne pourrait être plus marqué. Quelques semaines après les remarques de Wirth, BP a ainsi annoncé qu'elle prévoyait de réduire de 40 % sa production de pétrole et de gaz d'ici dix ans. BP et Shell ont, par ailleurs, diminué les dividendes versés aux actionnaires pour financer leur transition énergétique.

McKinsey a beau avoir déclaré, début 2022, avoir entrepris plus de deux mille « missions de développement durable » avec ses clients (par exemple, en aidant un « fournisseur d'énergie de premier plan », non identifié, à réduire ses émissions de dioxyde de carbone de 82 %), le cabinet a tout de même continué ces dernières années à prendre de nouveaux clients dans le secteur des combustibles fossiles, rendant, ce faisant, l'extraction du carbone du sol plus rentable et plus efficace.

Enfin, au moment même où Edstrom disait au revoir à ses collègues de Melbourne, les consultants de la firme au Canada notifiaient au siège social de la firme l'acquisition d'un nouveau client de taille : une houillère basée à Vancouver.

Alors qu'elle serpente vers le sud, l'Elk River (la rivière de l'élan) traverse la région sauvage des Rocheuses canadiennes. En amont, au cœur des montagnes et non loin de la frontière entre la Colombie-Britannique et l'Alberta, ce paysage prend des allures de zone de guerre. Quelques-uns des pics montagneux ont été dynamités et les vallées alentour sont envahies d'éboulis.

On se trouve ici sur le site de Greenhills, l'une des mines de charbon les plus productives de Teck Resources, le plus gros producteur nord-américain de charbon métallurgique, aussi appelé charbon à coke. Les aciéries utilisent cette matière première dans leurs hauts-fourneaux pour éliminer l'oxygène du minerai de fer, une étape nécessaire à la fabrication de l'acier. Ce faisant, elles dégagent de grandes quantités de dioxyde de carbone, au point que la fabrication de l'acier représente environ 7 % des émissions mondiales de gaz à effet de serre.

Teck, l'un des plus gros exportateurs mondiaux de charbon à coke, vend la majeure partie de sa production en Asie[34]. Si l'on tient compte du charbon que ces clients brûlent, Teck a produit soixante-treize mégatonnes de dioxyde de carbone en 2019, soit l'équivalent d'environ un dixième des émissions totales du Canada cette année-là.

La technique d'exploitation à ciel ouvert utilisée à Greenhills, similaire à ce qui se pratique dans les Appalaches, dissémine aussi des toxines naturellement présentes dans la roche tel que le sélénium, qui infiltrent ensuite le cours supérieur de la rivière Fording, qui elle-même alimente l'Elk River. Selon un article publié en 2019 par des scientifiques de la Yale School of the Environment, les eaux de ruissellement tuent et engendrent des malformations chez les poissons en aval, jusqu'à la frontière du Montana, et contaminent l'eau potable[35]. Hautement concentré, le sélénium peut provoquer chez l'humain des nausées, de la fatigue, des lésions cutanées et des troubles neurologiques.

À l'automne 2018, un nouveau président a été nommé à la tête de Teck en la personne de Dominic Barton, sans doute le Canadien le plus en vue dans le monde des affaires internationales. Jusqu'en juillet de la même année, Barton dirigeait McKinsey et vantait les références vertes du cabinet. Et jusqu'à ce qu'il rejoigne Teck, d'après des documents internes, McKinsey travaillait très peu pour cette entreprise. Mais après la nomination de Barton, la situation a changé du tout au tout. En 2019, McKinsey a reçu environ vingt millions de dollars d'honoraires de Teck, selon un indicateur interne, ce qui a propulsé la houillère au rang des plus gros clients du cabinet[36].

Parmi les missions menées par McKinsey auprès de Teck, l'une, réalisée pour le site de Greenhills, s'intitulait « Optimisation du traitement du charbon » et une autre « Du puits (de la mine) au port : modélisation et fonction support ». Le titre de la troisième, « Forage et dynamitage », était on ne peut plus explicite.

Un an plus tard, Barton a été nommé ambassadeur du Canada en Chine, pays qui produit la moitié de l'acier mondial sur fond de pollution massive, une partie l'étant à partir du charbon de Teck. Le fonds souverain chinois détient des actions de la houillère et un ancien diplomate chinois de haut rang siège à son conseil d'administration[37]. Malgré cela, Teck prétend vouloir atteindre la neutralité carbone d'ici à 2050.

Barton a peut-être quitté Teck, mais les consultants de McKinsey sont restés et continuent de percevoir des millions de dollars d'honoraires.

En 2021, alors que l'économie mondiale se remettait du ralentissement suscité par la crise du Covid, les émissions de dioxyde de carbone sont reparties à la hausse, notamment en Chine, le pays le plus pollueur avec plus d'un quart des émissions mondiales. Les planificateurs de Pékin ont relancé l'économie en stimulant un boom de la construction, ce qui a conduit à une forte augmentation de la production d'acier et d'électricité, deux activités très gourmandes en charbon.

En Chine, McKinsey conseillait quelques-uns des plus gros fabricants d'acier, également gros consommateurs du charbon à coke de Teck[38]. Parmi ces fabricants, il y avait Heibei Jinxi Steel, l'entreprise publique Shandong Steel et Shanxi Liheng Iron & Steel. Ces dernières années, le cabinet a également travaillé pour deux des plus grandes sociétés pétrolières nationales, China National Petroleum Corporation et Sinopec et, en août 2019, il a présenté un rapport au conseil d'administration de la troisième, CNOOC.

Une grande partie du charbon qui permet à l'industrie chinoise de fonctionner vient de l'Asie du Sud-Est, où, là encore, McKinsey travaille avec certaines des plus importantes sociétés d'extraction de charbon de la région. Ainsi, Banpu, un producteur d'énergie thaïlandais qui possède des mines dans toute la région est, depuis ces dernières années, l'un des principaux clients du cabinet[39].

En Indonésie, le deuxième exportateur mondial de charbon après l'Australie, McKinsey a récemment ajouté deux grands exploitants de mines de charbon à sa liste de clients et la firme travaille aussi pour PT Pertamina, le plus gros producteur de pétrole du pays.

Le travail que réalise le cabinet pour ces entreprises, en contradiction avec ses déclarations publiques sur l'urgence de la lutte contre le changement climatique, est révélateur de la nature même de la firme : chez McKinsey, ce sont les directeurs associés seniors dispersés aux quatre coins du globe qui décident avec qui le cabinet va travailler dans la zone géographique dont ils sont responsables.

Arrivée 2021, l'argument de Dickon Pinner sur la magie du marché pour réduire la pollution, défendu avec fougue à Aspen deux ans et plus de soixante gigatonnes d'émissions de gaz à effet de serre plus tôt, s'est avéré terriblement spécieux. Les exportations américaines de charbon, tant pour les centrales électriques que pour les hauts-fourneaux des usines de fabrication d'acier, étaient montées en flèche, tout comme le prix de cette matière première, qui a plus que doublé entre août 2020 et août 2021[40].

Les propres barons du charbon de McKinsey – les associés qui supervisent les missions dans ce secteur – n'étaient pas seulement récompensés, ils étaient loués. Ainsi, en Indonésie, Vishal Agarwal a été promu associé senior. Une annonce interne à l'attention de l'équipe « Global Energy and Materials » lui rendant hommage était accompagnée d'une illustration semblant s'inspirer de la série télévisée *Outlander*. Agarwal était le « Outstander »*.

« Vishal le Grand, l'histoire du leader qui transforme les entreprises cotées au GEM** en Indonésie en champions prêts à conquérir le monde », pouvait-on lire.

À l'arrière-plan de l'illustration, dévorant le flanc d'une montagne, l'on voyait une mine à ciel ouvert.

Malgré tout, la colère et la frustration montaient parmi les consultants juniors du cabinet, une génération appelée à vivre des catastrophes climatiques tout du long de sa vie. Trois cent soixante-neuf des quatre cent soixante-cinq personnes

* NdT : le substantif *outstander* n'existe pas, mais *outstanding* dans le sens de « remarquable », si. On pourrait donc traduire le sobriquet donné à Agarwal par « le Remarquable ».

** NdT : le Growth Enterprise Market (GEM) est un sous-marché de la Bourse de Hong Kong destiné aux entreprises en croissance qui ne remplissent pas les critères de rentabilité applicables au marché principal.

qui ont répondu à une enquête interne sur les sujets prioritaires pour le cabinet ont placé en tête, et de loin, le sujet « le changement climatique et les émissions de CO_2 »[41]. Seuls soixante-dix-neuf d'entre eux ont choisi « la rémunération et les avantages sociaux ».

Le 23 mars 2021, un groupe d'une douzaine de consultants juniors et de niveau intermédiaire a envoyé une lettre ouverte à la direction. Plusieurs d'entre eux avaient lu et été inspirés par l'email d'adieu d'Erik Edstrom en 2019. Leur missive reprenait certaines de ses idées, en les développant :

« La crise climatique est cruciale pour notre génération. Notre impact positif dans d'autres domaines n'aura aucune valeur si nous n'agissons pas face à ceux de nos clients qui détruisent la planète de manière irréversible », ont-ils écrit[42].

Le groupe mettait également la direction en garde contre le « risque sérieux pour notre réputation, nos relations avec les clients » et pour la capacité de la firme à attirer des personnes talentueuses que pose le fait d'aider des pollueurs à engranger toujours plus de profits. « Cela fait plusieurs années que nous appelons le monde à être audacieux et à s'employer à réduire les émissions de gaz à effet de serre pour limiter le réchauffement de la planète à 1,5 °C ; il est grand temps que nous suivions notre propre conseil », ont-ils ajouté.

Le groupe appelait aussi la direction à éliminer tout le carbone émis par la firme depuis sa création en 1926 en achetant des crédits-carbone. Plus important encore, il invitait le cabinet à rendre publiques les émissions totales de ses clients, à tous les pousser à s'aligner sur la trajectoire de l'ONU de 1,5 °C, et à se servir de sa réputation et de son influence « pour former de larges coalitions et guider la transition ordonnée vers une économie décarbonée ».

En l'espace de deux semaines, plus de mille cent employés de McKinsey ont signé la lettre. Pinner et un autre directeur associé senior, Daniel Pacthod, tous deux codirecteurs du pôle de compétence développement durable, ont alors organisé une conférence téléphonique avec ses auteurs.

Pinner compatissait. Il était d'accord avec l'idée de mettre fin à la collaboration de McKinsey avec les houillères, mais compte tenu du pouvoir des directeurs régionaux, il avait peu de chance de faire valoir son point de vue auprès de la direction. « Sans le soutien des directeurs associés du Moyen-Orient, d'Asie centrale, d'Australie et d'Amérique du Sud, cette conversation ne pourra être que bancale », a fait remarquer l'un des participants à la conversation téléphonique[43].

« Nous devons être pragmatiques, nous ne sommes pas une ONG », a remarqué Pacthod.

De son côté, Pinner avait une demande pressante : « Surtout n'allez pas transmettre ce courrier au *New York Times*, on est si près (du but) ».

Deux semaines après l'envoi de la lettre ouverte, Sneader et son successeur tout juste élu, Bob Sternfelds, ont répondu au groupe en disant qu'ils « étaient d'accord pour dire que le changement climatique est le sujet crucial pour la planète et toutes les générations » et qu'ils organisaient une réunion de type « questions ouvertes » sur ce sujet pour la Journée mondiale de la Terre, le 22 avril 2021[44].

Deux jours avant cette date, McKinsey a annoncé la création d'une plateforme « McKinsey Durabilité » destinée à aider ses clients à atteindre l'objectif d'une division de leurs émissions de dioxyde de carbone par deux d'ici à 2030 et d'une neutralité carbone pour 2050. « Notre objectif est d'être le plus important catalyseur privé de la décarbonation », a dit Sneader.

Le discours prononcé par la direction à l'occasion de la journée de la Terre réitéra ce point. Sneader, encore à la tête du cabinet, et Sternfels, appuyés par quelques autres associés seniors, dont Pinner et Pacthod, répondirent aux questions. Leur message fut direct : McKinsey continuerait à travailler avec les grands pollueurs parce que, sinon, comment la firme pourrait-elle les aider à se décarboner ? « Comment ne pas servir les clients du secteur des énergies fossiles si nous voulons peser sur leur évolution ? » a ainsi argumenté la direction. Cependant, contrairement à ce que les auteurs de la lettre avaient demandé, McKinsey refusa de s'engager à divulguer la liste de ses clients pollueurs. Selon l'un des participants, pour le cabinet, cela valait « licence pour continuer à contribuer au changement climatique étant donné qu'il pouvait ainsi se cacher derrière le rideau de la confidentialité ».

Deux mois plus tard, le 30 juin, un gigantesque incendie ravagea la ville de Lytton, en Colombie-Britannique[45]. La veille, la température avait atteint 49 °C, pulvérisant le record de chaleur du Canada et dépassant la température record de Las Vegas.

Quelques semaines après, Sreevatsa Praveen, un consultant McKinsey de niveau intermédiaire basé à Dubai, envoya un message dans lequel il demandait de l'aide : un fournisseur d'électricité asiatique prévoyait de construire une centrale thermique à charbon de 800 mégawatts et cherchait des fournisseurs de chaudières et de système de refroidissement[46]. Quelqu'un avait-il des contacts à lui recommander ?

Rizwan Naveed, un autre consultant de même rang qui avait contribué à la rédaction de la lettre sur le climat, a alors envoyé un email d'adieu à ses collègues en soulignant le fossé béant entre le discours public de McKinsey et ce qu'il faisait pour ses clients, sous le couvert de la confidentialité des informations. « Il suffit de lire ce que nous publions sur le sujet pour comprendre qu'en continuant à aider nos clients pollueurs à émettre toujours plus de CO_2 sans restriction, nous contribuons à la destruction de notre environnement et même l'encourageons », écrivit-il[47].

« Toute discussion sur la durabilité au sein de McKinsey qui omet de tenir compte du travail que nous faisons pour les pollueurs n'est que de l'écoblanchiment, nos missions dans le domaine de la durabilité, nos collègues et l'impact que nous pouvons avoir dans ce domaine servant d'agent de blanchiment », disait aussi son email daté du 30 juillet 2021.

Naveed, qui a fait remarquer que son travail chez McKinsey consistait à mesurer les émissions des clients de la firme, a parlé de sa frustration à voir les associés seniors qui avaient prêté une oreille attentive aux auteurs de la lettre tout en tenant un discours convaincant sur la nécessité de réduire les émissions de gaz à effet de serre, finir par ne rien faire pour changer la façon dont McKinsey travaillait avec les gros pollueurs.

Fin octobre 2021, le *New York Times* publia un article sur la fameuse lettre des consultants et sur le débat interne qu'elle avait généré. De là, l'attitude empathique des directeurs associés seniors céda la place à une défense bec et ongles du travail de la firme. Dans sa réponse parue dans le *Wall Street Journal*, Bob Sternfels, le nouveau directeur global de McKinsey écrivit : « Les entreprises ne peuvent comme ça passer du brun au vert sans se salir un peu au passage. Et si cela implique de jeter un peu de boue au passage sur McKinsey, tant pis. »[48]

Et aussi : « Pour nous, la situation est claire : plus l'acteur est gros, plus les possibilités de réductions le sont aussi. Abandonner les plus gros émetteurs (de gaz à effet de serre) ne fera pas avancer la cause. »

L'un des rédacteurs de la lettre souligna le fait que Sternfels adoptait la position d'un homme de paille ; en effet, ils n'exigeaient pas de McKinsey que la firme abandonne ces clients, mais plutôt qu'elle rende public le total de leurs émissions de dioxyde de carbone et qu'elle s'applique à les aider à les réduire. Sternfels s'est aussi bien gardé de dire qu'avec son travail, McKinsey faisait en fait de nombre de ces clients d'encore plus gros pollueurs qu'avant en engrangeant au passage des millions de dollars.

Carl Bales, un directeur associé senior à la retraite, voyait les choses différemment. Dans une interview accordée près de trois années avant l'envoi de la lettre, il avait déjà anticipé l'inquiétude des consultants par rapport à la hausse continue des émissions de gaz à effet de serre et au rôle joué par la firme dans ce drame.

Peu de vétérans de McKinsey ont autant aimé la firme que Bales, l'un des consultants ayant le mieux réussi de toute l'histoire du cabinet. Ardent défenseur de l'environnement, c'est lui qui a lancé le pôle de compétences en gestion environnementale. Un an avant sa mort en 2019, la voix ravagée par un cancer de la gorge, il a eu ces mots à propos de la décision de McKinsey de conseiller les plus gros pollueurs : « À long terme, c'est une terrible décision. »[49]

Chapitre 9

Dette toxique

McKinsey à Wall Street

Le 22 janvier 2007 au matin, Michael Bloomberg, le maire de New York, et le sénateur Chuck Schumer se sont retrouvés à l'hôtel de ville. Debout côte à côte dans la Blue Room, sous un portrait à l'huile de Thomas Jefferson, ces deux dirigeants politiques, bénéficiaires de longue date de leur association avec les marchés financiers de la métropole, sont venus défendre l'idée que l'interventionnisme excessif de l'État menaçait la prospérité de Wall Street alors que la bombe à retardement financière qui allait dévaster l'économie américaine était déjà enclenchée. Certaines pratiques de Wall Street avaient ainsi commencé à faire la une des journaux et bientôt, des milliers de familles perdraient leur maison, leur emploi, leur épargne et leur mode de vie de la classe moyenne à cause d'elles.

À l'appui de leur argumentation, Bloomberg et Schumer présentèrent une étude commandée à McKinsey qui, depuis les années 1930, avait pris l'habitude de travailler en étroite collaboration avec quelques-uns des dirigeants les plus influents du monde de la finance, comme Walter Wriston de la Citibank et David Rockefeller de la Chase Manhattan. Selon McKinsey, la référence absolue en matière de conseil en management, ce qui menaçait l'économie, ce n'était pas une *carence* en matière de réglementations, mais un *excès*.

Sans un assouplissement de ses régulations, New York risquait de se voir détrônée de sa place de capitale financière mondiale. Si tel était le cas, les talents aussi bien que les capitaux migreraient en Europe – à Londres, notamment –, ce qui entraînerait des pertes d'emplois avec des effets ricochet dans l'ensemble du pays. « Cette question m'obsède », a déclaré Schumer aux journalistes[1].

En réalité, la réglementation des institutions et des marchés financiers avait déjà été assouplie au cours des dernières années. Les règles héritées de l'époque de la Grande Dépression qui avaient conduit à la séparation des sociétés de Bourse et des banques commerciales pour empêcher les prêteurs de faire des investissements risqués avec l'argent des déposants avaient été abandonnées depuis près de dix ans. Les marchés financiers étaient libres d'expérimenter avec de nouveaux produits exotiques qui leur permettaient d'engranger de gigantesques profits et les établissements de prêts immobiliers pouvaient facilement revendre ceux qu'ils avaient accordés, libérant ainsi des capitaux pour en consentir davantage. Ces prêts étaient groupés avant d'être vendus puis revendus. La titrisation du crédit avait stimulé l'emprunt privé, mais avec un inconvénient de taille : compte tenu de l'insatiable appétit de Wall Street pour les prêts hypothécaires et automobiles, en particulier ceux à risque et donc à haut rendement, les agents chargés d'attribuer les crédits s'étaient de plus en plus désintéressés de la question de savoir si un emprunteur était solvable.

L'argent facile régnait en maître et les agences de notation financières censées contrôler les prêts irresponsables certifiaient au contraire abusivement des produits d'investissement à haut risque comme étant sûrs. AIG, le plus gros assureur du monde, vendait à qui mieux mieux des « contrats d'échange sur défaut de crédit », des instruments financiers destinés à protéger les investisseurs contre des pertes colossales dont ses dirigeants ne croyaient pas qu'elles puissent se produire.

Bien que les preuves fussent déjà là pour ceux qui auraient voulu les trouver, au moment où le maire et le sénateur s'exprimaient, le public n'avait pas encore pris la mesure de la transformation de Wall Street en un casino géant. Les prix de l'immobilier dans les marchés les plus porteurs, comme la Californie et le Nevada, étaient en train de faire l'impensable : ils baissaient[2]. Au 85 Broad Street, à quinze minutes de marche de l'hôtel de ville, les banquiers de Goldman Sachs se démenaient pour réduire l'exposition de l'entreprise à ce que l'on appellerait bientôt la dette toxique[3].

Mais ce jour-là, la critique des marchés financiers ne faisait pas partie des priorités de Bloomberg et de Schumer. Bloomberg, un ancien trader d'obligations, était devenu l'un des hommes les plus riches du pays en vendant des informations financières à Wall Street. Quant à Schumer, il représentait en tant que sénateur de l'État de New York le tout-puissant secteur boursier qui avait par ailleurs contribué à hauteur de près d'un quart de milliard de dollars aux campagnes électorales des démocrates[4]. Il soutenait aussi un amendement législatif visant à interdire à la Securities and Exchange Commission (SEC)* de réglementer les agences de notation de crédit, ainsi que la demande de Wall Street de réduire le financement de la SEC et de permettre aux banques commerciales et d'investissement de fusionner.

En engageant McKinsey, Bloomberg et Schumer s'étaient alliés à un fin connaisseur des arcanes de Wall Street. En effet, les directeurs associés du cabinet ne se contentaient pas de conseiller les plus grandes banques ; ils finissaient souvent par les diriger. En 2007, plusieurs anciens de chez McKinsey occupaient ainsi des postes clés de direction chez Lehman Brothers, Morgan Stanley et UBS[5]. Et Rajat Gupta, l'ancien directeur général de McKinsey, avait été admis au conseil d'administration de Goldman Sachs au mois de novembre précédent, quelques jours après avoir pris sa retraite.

En gage du sérieux de ses recherches, McKinsey se vantait que ses consultants avaient personnellement interrogé plus de cinquante PDG de services financiers et sondé trois cents autres cadres supérieurs. Des associations de travailleurs et de consommateurs avaient également été contactées, sans que l'on puisse cependant savoir lesquelles.

---

* NdT : la SEC est l'organisme fédéral américain de réglementation et de contrôle des marchés financiers. Ses fonctions de « gendarme de la Bourse » sont dans une large mesure similaires à celles de l'Autorité des marchés financiers que l'on rencontre dans d'autres États.

Selon le cabinet, le secteur du crédit en Europe avait commencé à « adopter un mode de fonctionnement à l'américaine », menaçant l'hégémonie des États-Unis sur les marchés des « prêts à effet de levier » et des « prêts à risque »[6]. Un chef d'entreprise s'était inquiété de la marginalisation des États-Unis dans le domaine des produits dérivés. « L'environnement réglementaire plus souple et plus coopératif à Londres, en particulier, fait que les entreprises s'y sentent plus à l'aise pour créer de nouveaux produits dérivés », avait écrit McKinsey.

Toujours selon le cabinet de conseil, s'il était vrai que l'Amérique restait le leader mondial de la titrisation des crédits, « les graines du changement [étaient] déjà en train de germer » à mesure que le concept gagnait en popularité en Europe.

Les consultants recommandaient d'assouplir en partie la loi Sarbanes-Oxley de 2002, conçue pour prévenir le type de fraude d'entreprise qui avait entraîné la faillite d'Enron, à l'époque la plus importante de l'histoire des États-Unis. Son directeur général, un ancien directeur associé senior de McKinsey, avait fait de la prison pour son rôle dans ce scandale.

À peine une année plus tard, le rapport a été enterré. Alors que Wall Street sombrait dans un abîme économique jamais vu depuis la Grande Dépression, plus personne ne souhaitait le ressusciter. Quantité d'articles de presse, de best-sellers et de documentaires primés ont analysé les origines de cet effondrement catastrophique. Entre les banquiers motivés par l'appât du gain, les régulateurs qui avaient ignoré ceux qu'ils étaient censés protéger et les politiciens à la probité douteuse, les coupables ne manquaient pas.

Malgré tout, rares étaient les analyses post-mortem qui mentionnaient McKinsey.

À ses débuts, McKinsey s'est tenu en périphérie du système financier, se contentant de faire pour lui de fastidieux travaux d'employé de bureau[7]. Pendant la Grande Dépression, le cabinet percevait des honoraires modestes de la part de banques d'investissement en réalisant pour leur compte ce que l'on appelait à l'époque des « études bancaires », une étape nécessaire pour qu'une banque puisse souscrire des obligations pour le compte de ses clients. Pour James O. McKinsey, ce travail simple – considérer les ventes, les actifs, le personnel et la structure organisationnelle d'une entreprise – n'était qu'une porte d'entrée vers plus de missions.

Cependant, celles-ci n'ont jamais été au cœur du travail de McKinsey qui, à ses débuts, s'est principalement et résolument appuyé sur les grandes entreprises américaines classiques telles que General Motors, U.S. Steel et Texaco qui avaient les moyens de payer ses honoraires. De plus, c'était le genre de clients qui généraient de nouvelles missions année après année et chez qui McKinsey pouvait vraiment imprimer sa marque.

Il faudra des années pour que les banques, très régulées depuis qu'elles avaient exacerbé la Grande Dépression, contribuent significativement au flux de revenus de McKinsey.

Celles qui avaient survécu à la crise de 1929 fonctionnaient comme des services publics et étaient effectivement bridées dans leurs activités par des myriades de lois fédérales et étatiques qui les empêchaient d'opérer en dehors de l'État où elles étaient enregistrées. Le Glass-Steagall Act de 1933 notamment avait séparé les banques commerciales des banques d'investissement et acté la création de la Federal Deposit Insurance Corporation (FDIC) pour protéger les comptes des épargnants des faillites bancaires. Jusqu'en 1960, les grands prêteurs de la ville de New York tels que Citibank et Chase ne pouvaient même pas légalement ouvrir de succursale dans le comté voisin de Westchester[8].

Durant ces années-là, pour plaisanter, on disait que les banquiers fonctionnaient selon le principe du 3-6-3[9] : ils rémunéraient les dépôts de leurs clients à 3 % (les taux d'intérêt étaient régulés par le gouvernement), ils prêtaient à 6 % d'intérêts (souvent, en achetant tout simplement des bons du Trésor) et s'en allaient jouer au golf à trois heures de l'après-midi. Le différentiel entre les taux d'intérêt créditeurs et débiteurs garantissait que même une banque mal gérée pouvait réaliser un petit bénéfice.

Comme les profits étaient modestes, les rémunérations l'étaient également. Ainsi, en 1980, avec une rémunération de 750 000 dollars, soit l'équivalent de 2,24 millions de dollars de 2021, le banquier le mieux payé des États-Unis était Roger Anderson, le président de Continental Illinois[10]. En 2021, James P. Gorman, un ancien directeur associé senior de McKinsey devenu directeur général de Morgan Stanley, a gagné 35 millions de dollars, ce qui l'a mis au coude à coude avec David Solomon, le PDG de Goldman Sachs, pour la première place du classement des dirigeants les mieux payés de ce secteur[11].

Tout cela signifiait que la plupart des banques américaines ne pouvaient pas se transformer en l'une de ces multinationales qui, au lendemain de la Seconde Guerre mondiale, étaient devenues les mégaclients sur lesquels McKinsey pouvait compter. À la fin des années 1960, cependant, la situation commença à changer. Les grandes banques de place de New York et de Chicago profitèrent de l'économie mondiale en plein essor pour sortir de leur coquille d'après-Dépression et se concentrer sur leurs florissantes entreprises clientes à travers le globe.

Puis, en 1967, Walter Wriston, le nouveau directeur de la New York First National City Bank – mieux connue sous le nom de Citybank –, décida qu'une réorganisation de son établissement s'imposait. Pour ce faire, et sur les conseils de son ami proche et expert en management Peter Drucker, il embaucha McKinsey.

Les consultants recommandèrent de réorganiser la banque autour de pôles d'activité tels que banque d'entreprises et banque de détail. Dick Neuschel, le directeur associé de McKinsey prévint Wriston que ce changement risquait de dresser les employés les uns contre les autres, avant de lui lancer : « Vous n'aurez pas le cran de faire ça »[12]. Wriston eut beau trouver l'argumentaire du cabinet étrange et irritant, il ne l'embaucha pas moins. Du jour où l'équipe McKinsey franchit les portes de la Citibank au 399 Park Avenue, c'en fut fini de la règle du 3-6-3.

La veille de Noël 1968, Citibank commença à mettre en place le plan de McKinsey[13]. Quinze mois plus tard, la banque avait été réorganisée selon des lignes fonctionnelles plutôt que géographiques, et de nouveaux départements avaient été créés pour les grandes entreprises, les PME et les clients de détail. Pour Drucker, ce système baptisé « gestion matricielle »[14] équivalait à « tenter de jouer au basket-ball, au tennis et au football avec les mêmes individus, sur le même terrain et simultanément », ainsi que l'a rapporté le reporter spécialiste de la banque Phillip Zweig dans sa biographie de 1995 consacrée à Wriston.

L'idée était de décentraliser la prise de décision, ainsi que General Electric et General Motors l'avaient déjà fait avec l'aide de McKinsey. Dans le secteur bancaire, cela impliquait de permettre aux employés de niveau subalterne d'accorder des prêts plus importants, l'objectif étant de s'assurer que les entreprises clientes de Citibank soient servies par des banquiers qui comprenaient leur secteur d'activité, et non par des généralistes responsables d'un portefeuille hétéroclite de clients. Dans une structure organisationnelle complexe, déployer rationnellement les ressources de la banque où et quand elles étaient nécessaires relevait du bon sens. Comme l'a dit Wriston, Citibank devait disposer d'un système où « quand vous avez besoin d'un clarinettiste, il est là. Mais comme il n'est pas possible d'en avoir partout dans le monde, c'est pour ça que vous avez une matrice ».

Selon Zweig, cette réorganisation initiée par McKinsey, combinée aux objectifs agressifs de Wriston en matière de croissance des bénéfices pour chacun des centres de profit de la banque a, entre autres conséquences, déshumanisé l'entreprise.

Ainsi, écrit-il : « Avant les changements apportés par Wriston, les employés avaient l'assurance, même si cela n'était pas écrit, que s'ils étaient performants, ils n'avaient pas de souci à se faire pour leur prochain poste ».

Du point de vue de la croissance des profits, le travail de McKinsey a été un succès. En 1972, Citibank, forte de sa structure organisationnelle imaginée par McKinsey, a dépassé

Bank of America comme bailleur de fonds le plus rentable du pays[15]. Sous peu, McKinsey s'est retrouvé à vendre son organisation matricielle à quantité de banques du pays, y compris à la Chase Manhattan Bank de David Rockefeller, le principal rival de Citibank. Wriston a renvoyé McKinsey[16]. Et a gardé l'organisation matricielle.

À la fin des années 1970, le secteur bancaire a commencé à sortir de son profond sommeil. Les concurrents de Wriston rêvaient d'égaler son objectif de 15 % de croissance de ses profits annuels. Mais pour ce faire, ils devaient d'abord se réorganiser et concéder à des lieutenants proches du terrain et fins connaisseurs de leurs industries le pouvoir d'accorder des prêts. Partout dans le pays, des banques se sont donc mises à suivre les exemples de la Citibank et de la Chase pour être en mesure, elles aussi, de débloquer les pouvoirs de la matrice.

La « McKinsey-isation » de Wall Street était en route.

Cependant, dans le secteur bancaire comme dans celui des investissements, une performance passée ne garantit en rien des résultats futurs. À Chicago, la matrice de McKinsey a déclenché une réaction en chaîne qui a contribué à la plus grosse faillite bancaire de l'histoire des États-Unis à ce jour et à la pire crise financière depuis la Grande Dépression. Au centre de cette crise se trouvaient trois grands clients de McKinsey : Continental Illinois, Chase et Seattle-First (ou Seafirst), qui toutes avaient gobé avec enthousiasme la potion McKinsey.

Un temps, Continental Illinois a été la plus grande banque entre les côtes Est et Ouest du pays[17]. C'était un parangon de conservatisme, présidé à partir de 1934 et pendant un quart de siècle par Walter Cummings, un New Dealer qui avait dirigé le programme de stabilisation bancaire de Franklin Roosevelt. Son portefeuille de crédits était majoritairement composé de bons du Trésor américain, l'investissement le plus sûr qui soit. Selon certains journalistes, Cummings aurait dit que le seul prêt valable était celui qui avait été remboursé.

Sous la direction de ses successeurs, Continental s'est montrée plus encline à prendre des risques pour pouvoir rivaliser avec les grandes banques new-yorkaises. C'est ainsi qu'en

1975, une escouade de consultants de McKinsey – décrits par un cadre de l'établissement comme des « types au visage de marbre » – franchit l'entrée flanquée de colonnes ioniques de la 231 South LaSalle Street pour monter dans les étages de Continental où elle resta plus d'une année à interviewer ses dirigeants à partir d'un questionnaire prédéfini. Selon James P. McCollom, un cadre de la banque à l'époque qui écrivit plus tard un livre sur l'ascension et la chute de Continental, « les employés de chez McKinsey semblaient un peu mélancoliques, voire ennuyés. [...] Ils déroulaient leurs questions et notaient les réponses, mais avec plus d'application que de curiosité »[18].

Et encore : « À l'évidence, ils *connaissaient déjà* les réponses ».

Arrivé janvier 1977, la banque, aidée de McKinsey, fut prête à mettre en œuvre la gestion matricielle[19] ; les unités opérationnelles et les employés moins expérimentés auraient davantage de pouvoir pour accorder de gros prêts. Cette décentralisation fonctionnait bien chez Citibank, alors pourquoi pas chez Continental ?

Pendant quelques années, cette réorganisation menée par McKinsey sembla porter ses fruits. En 1981, la banque était le plus grand bailleur de fonds commerciaux et industriels des États-Unis, le cours de son action montant en flèche alors que celui des autres grandes banques stagnait. En 1978, *Dun's Review* plaça même Continental au rang des meilleures entreprises du pays[20], aux côtés de valeurs sûres telles que Boeing et General Electric.

Sauf que les signes avant-coureurs de problèmes en gestation étaient complètement ignorés. Les volumes de prêts ayant beaucoup plus crû que ceux des dépôts, le ratio d'endettement des banques avait fortement augmenté, comme l'écrivit la FDIC des années plus tard. Nombre de ces nouveaux prêts allaient mal tourner, notamment au sein de ce qu'on appelait le groupe U, la division des prêts à l'énergie. Chez Continental, ce groupe U est devenu le fief de John Lytle en 1977.

Jusqu'à ce que la matrice de McKinsey change sa vie, Lytle était tout sauf une star chez Continental : cela faisait deux décennies qu'il gérait un portefeuille d'environ 20 millions de dollars au sein de la division petites entreprises de la banque, sans être jamais sorti ou presque de la région de Chicago[21]. Alors qu'il n'avait aucune expérience dans le domaine hautement spécialisé des prêts à l'énergie, il s'est cependant bientôt retrouvé à gérer un portefeuille de 600 millions de dollars de créances et habilité à prendre des décisions importantes en matière de prêts.

En 1978, il rencontra le responsable des prêts pour le secteur de l'énergie d'une nouvelle banque d'Oklahoma City basée dans un centre commercial du même nom, Penn Square. Comme Penn Square ne pouvait prêter que des montants limités à l'industrie pétrolière et gazière en plein essor de l'État en raison de sa petite taille, elle invita des établissements bancaires bien plus importants tels que Continental, Chase et Seattle-First à participer à ce que l'on appelle l'« upstreaming »[22]*.

Lytle s'étant tout de suite bien entendu avec le dirigeant de Penn Square, Continental commença rapidement à travailler avec cette banque. En chemin, Lytle emprunta à titre personnel plus de 500 000 dollars à Penn Square. À la fin des années 1970, l'envolée des prix du pétrole et du gaz permit de masquer les pratiques douteuses de prêt de Penn Square. Lytle monta en grade et continua à racheter toujours plus de dette du modeste établissement bancaire. Arrivée 1982, Continental détenait plus d'un milliard de dollars des créances de ce dernier. Cependant, quand les prix de l'énergie s'effondrèrent dans un contexte du ralentissement économique le plus marqué depuis des décennies, certains emprunts commencèrent à ne plus être remboursés, ce qui conduisit les autorités fédérales de régulation bancaire à fermer Penn Square en juillet et, par ricochet,

* NdT : pratique qui consiste pour une banque (dite « en amont ») à acheter une partie des prêts d'une banque locale excédant la limite légale de cette dernière.

Continental à déclarer sa première perte depuis la Grande Dépression.

Continental était l'établissement bancaire le plus exposé par rapport à Penn Square, mais Chase et Seattle-First – deux clients de McKinsey adeptes de son modèle matriciel – furent également durement touchés, de même que de nombreux établissements plus modestes. Une année plus tard, Seafirst s'écroula et fut rachetée par Bank of America. Puis, au printemps 1984, Reuters publia des rumeurs selon lesquelles Continental était au bord de la faillite. En réponse à cela, de nombreuses grandes entreprises clientes de Continental retirèrent leurs dépôts et la rumeur se transforma en prophétie autoréalisatrice, ce qui conduisit le gouvernement fédéral à devoir renflouer Continental en juillet, en prenant une participation majoritaire. Jusqu'en 2008, cela a été la plus grande faillite bancaire de l'histoire des États-Unis[23]. Elle a également donné naissance à la doctrine « trop gros pour faire faillite », qui a guidé les régulateurs financiers lors de la récession qui allait suivre.

Lytle écopa de trois ans et demi de prison pour avoir escroqué Continental de 2,25 millions de dollars[24]. Selon le juge, il avait « largement dépassé les bornes ». De son côté, Chase mit des années à se dépêtrer des millions de prêts douteux de Penn Square.

Quant à McKinsey, son travail auprès des banques lui valut un commentaire goguenard de Paul Volcker, le président de la Fed à l'époque du sauvetage de Continental, qui confia au président de la Federal Reserve Bank de Dallas que, « de son temps, il savait qu'une banque allait au-devant de problèmes lorsqu'elle se développait trop rapidement, emménageait dans de nouveaux locaux luxueux, plaçait le président du conseil d'administration à la tête du comité artistique et engageait McKinsey & Co. pour réaliser une étude sur les rémunérations incitatives pour les cadres supérieurs »[25].

Le président de la Fed n'était pas le seul à remettre en question les conseils de McKinsey. Il y avait aussi des mises en garde venant de l'intérieur de la firme. Selon Tom Peters et Bob Waterman, les auteurs du *Prix de l'excellence*, les meilleures entreprises évitaient d'utiliser le système matriciel ou l'avaient abandonné. Ce type d'organisation « en vogue dans les années 1970, mais manifestement inefficace »[26] ne fonctionnait tout simplement pas parce qu'il siphonnait la créativité et diluait la responsabilité au service d'un modèle mathématique.

McCollom, le cadre de Continental, alla plus loin en déclarant : « McKinsey nous avait vendu la gestion matricielle, de la poudre de perlimpinpin que les meilleures entreprises se sont bien gardées d'adopter. »[27]

Une conclusion partagée par un autre consultant éminent du cabinet.

Lowell Bryan avait une compréhension viscérale de la manière dont un système bancaire mal géré pouvait dévaster le cœur de l'Amérique. Quand il était petit, son père lui avait raconté comment la faillite de quatre banques lors du *dust bowl* de l'Oklahoma* avait précipité sa famille dans la misère. Joueur de football américain et lutteur star de Davidson College en Caroline du Nord, Bryan sortit diplômé de Harvard en 1970 puis fut envoyé au Vietnam du Sud pour former des techniciens à la gestion de leur système de télécommunications. Selon lui, c'était l'un des emplois les plus sûrs du pays « étant donné que les Nord-Vietnamiens ne voulaient pas détruire une infrastructure sur laquelle ils savaient qu'ils allaient mettre la main »[2829].

Après avoir travaillé un temps pour State Street, un gros cabinet de gestion d'actifs basé à Boston, il fut embauché par McKinsey comme consultant dans le secteur bancaire, la même année où la firme entreprit de réorganiser Continental Illinois. Pour lui, ce que faisait le cabinet dans ce domaine

* NdT : le terme « bassin de poussière de l'Oklahoma » est une expression qui fait référence à une série de tempêtes de poussière qui se sont abattues sur les plaines des États-Unis entre 1930 et 1936, conséquence d'une conjonction d'épisodes de sécheresses et d'une agriculture intensive sans technique de prévention de l'érosion des sols. Elles détruisirent les cultures et ensevelirent sous la poussière champs, matériels agricoles et bâtiments, causant un exode massif des populations rurales affectées.

était du travail « d'amateur ». Les grosses missions menées pour Citibank, Chase, Seafirst et Continental Illinois étaient en partie assurées par des consultants spécialistes non pas de ce secteur d'activité, mais en organisation et en marketing.

« Cela m'a choqué que l'on essaie de servir ce type de clients vu les faibles connaissances dont on disposait », se souvient-il, des années après[30].

Bryan ne tardera pas à devenir l'un des plus brillants cerveaux d'un cabinet qui comptait pourtant déjà quantité d'anciens boursiers Rhodes*. Alors qu'en 1975, au moment de son embauche, le pôle bancaire ne générait qu'environ 3 % des revenus totaux de la firme, en 1983, le groupe des institutions financières, composé de banques et de compagnies d'assurances, représentait 25 à 30 % des missions menées par les bureaux de New York et de Londres, les deux plus gros du cabinet[31].

En un sens, McKinsey n'a fait que surfer sur la vague. La financiarisation de l'économie américaine était déjà bien avancée. Les réglementations draconiennes datant de la Grande Dépression qui avaient bridé les banques commerciales et dompté Wall Street commençaient à s'assouplir. Les entreprises se passaient de plus en plus souvent des banques pour lever des fonds en émettant des billets de trésorerie ou des obligations spéculatives. Et les épargnants obtenaient de bien meilleurs rendements quand l'argent de leur compte de dépôt rémunéré était investi dans des billets de trésorerie. En 1986, les taux d'intérêt plafonnés pour les comptes épargne furent abandonnés.

La financiarisation de l'économie a aussi entraîné un changement dans l'échelle de rémunération des cadres du secteur financier. Désormais, n'importe quel banquier un tant soit peu performant pouvait gagner plus d'un million de dollars par an. Les salaires et les primes de Wall Street augmentant sans cesse, McKinsey commença à perdre certains de ses employés vedettes. Comme l'explique l'histoire officielle du

* NdT : bourse qui permet d'étudier gratuitement à Oxford pendant un, deux ou trois ans.

cabinet, « certains associés, notamment les plus jeunes basés dans des pays qui se trouvaient être des plaques tournantes financières, ressentaient une frustration croissante à l'idée que le potentiel de création de richesses chez McKinsey ne pouvait pas égaler celui que pourrait leur offrir une carrière dans une banque d'investissement »[32].

Pour rendre ses carrières plus attrayantes, McKinsey a donc revu de fond en comble son système de rémunération pour que ses associés puissent gagner davantage[33]. En 1985, le cabinet a établi le McKinsey Investment Office, pour gérer les fonds de pension et les investissements des meilleurs consultants. Ainsi, McKinsey imprimait sa marque sur Wall Street et Wall Street imprimait sa marque sur McKinsey. À côté de ça, il s'est tout de même trouvé un directeur associé senior pour regretter que ces attentes en matière d'émoluments changent la culture de la firme et « pas qu'en mieux ».

Les directeurs associés de McKinsey ne manquaient pas de raisons pour justifier ces salaires plus élevés. Les banques commerciales avaient perdu les confortables marges de taux d'intérêt imposées par le gouvernement qui, pendant des décennies, avaient permis à leurs dirigeants d'être libres d'aller jouer au golf à 15 h. Elles devaient maintenant s'adapter ou mourir. En somme, « elles fonçaient vers le néant », a déclaré George Feiger[34], engagé par McKinsey en 1981 comme consultant dans ce secteur.

Certaines s'étaient tournées vers McKinsey pour obtenir des conseils, mais de plus en plus regardaient ailleurs, en particulier en direction des nouveaux venus qu'étaient Bain et le Boston Consulting Group, lassées qu'elles étaient des solutions à l'emporte-pièce de McKinsey que le cabinet revendait à tous ses clients les uns après les autres. Ron Daniel, le nouveau directeur général de la firme, voulait que celle-ci soit une source d'idées qui permettent d'approfondir les liens avec les clients existants et d'en attirer de nouveaux. « Nous ne pouvons pas nous contenter d'être un cabinet de preneurs et d'exécutants », a-t-il déclaré aux autres directeurs à Vienne en 1980[35]. « Nous devons être plus nombreux à avoir quelque chose à offrir et à être à l'origine de nouvelles idées et façons de penser. »

Lowell Bryan pensait tenir la solution, une idée si énorme qu'elle trouverait sa place au côté de l'invention de la comptabilité en partie double au XVe siècle à Venise dans les annales de l'histoire financière. Si McKinsey pouvait faire sienne cette « technologie » – c'est ainsi qu'il qualifiait ce concept – partout dans le monde, les banques s'empresseraient d'embaucher le cabinet.

La brillante idée de Bryan ? La titrisation du crédit. S'il ne l'a pas inventé, il en est en tout cas devenu l'un des promoteurs les plus influents et les plus visibles.

C'était aussi une réponse logique à la vague de créances douteuses ou irrécouvrables que McKinsey avait lui-même contribué à créer avec la gestion matricielle et la décentralisation. En théorie, la titrisation devait permettre aux banques d'éviter de se mettre en difficulté en se déchargeant des prêts et des risques auprès d'investisseurs. Cependant, tout comme le prêt bancaire traditionnel, la titrisation est hasardeuse.

Jusqu'à la fin des années 1960, l'industrie du prêt immobilier fonctionnait peu ou prou comme George Bailey, incarné par Jimmy Stewart, l'expliquait aux clients paniqués de la Bailey Building and Loan dans le film classique de 1946, *La vie est belle* :

« Si vous croyez que j'ai votre argent bien au chaud dans le coffre, c'est que vous ne comprenez pas du tout comment fonctionne cet endroit », lance Stewart à ses clients qui cherchent désespérément à retirer leurs fonds quand ils constatent que la banque de la ville est prise d'assaut. « L'argent ne se trouve pas ici ; il est dans la maison de Joe, juste à côté de la vôtre. Et puis dans la maison de Kennedy et dans celle de Mme Macklin et dans une centaine d'autres encore. Vous leur prêtez l'argent pour qu'ils puissent construire et ensuite ils vous le remboursent du mieux qu'ils peuvent ».

À l'instar de la Bailey Building and Loan, les banques et les caisses d'épargne américaines étaient limitées dans les prêts hypothécaires qu'elles pouvaient accorder. Au-delà d'un certain volume, elles devaient trouver de nouveaux déposants. Mais ça, c'était avant que la titrisation entre en jeu.

En 1968, Fannie Mae, une entreprise créée par une loi du Congrès pour promouvoir l'accession à la propriété, fut habilitée à racheter aux banques des prêts hypothécaires classiques, à les regrouper en titres négociables et à vendre ces derniers à des investisseurs[36]. Cela injecta une grande quantité de liquidités sur le marché hypothécaire. Les banques, les caisses d'épargne et une nouvelle catégorie d'entreprises spécialisées dans l'octroi de prêts de ce type, comme Countrywide Financial, pouvaient désormais accorder des prêts immobiliers à partir de liquidités empruntées, puis les revendre à Fannie Mae ou à son alter ego, Freddie Mac. Rincer puis recommencer.

Au début des années 1980, menées par First Boston et Salomon Brothers, les firmes de Wall Street se lancèrent rapidement dans la titrisation des prêts, appliquant l'idée aux gros prêts hypothécaires non couverts par Fannie, ainsi qu'à d'autres instruments de dette tels que les prêts automobiles et les cartes de crédit. Mais l'idée mit du temps à prendre. Il lui fallait une « tête » pour la rendre respectable. Ce qu'elle a fini par trouver en la personne de Lowell Bryan.

En 1986, Bryan inaugura le « Projet titrisation » chez McKinsey. L'objectif, expliqua-t-il, était « d'améliorer la capacité de McKinsey à servir sa vaste base de clients du secteur des institutions financières, y compris les banques de place, les sociétés de courtage et les compagnies d'assurance »[37].

Les consultants de McKinsey commencèrent à produire des articles et des livres à la chaîne qui vantaient les mérites de la titrisation du crédit. En 1988, la firme publia l'ouvrage de Bryan *Breaking Up the Bank* qui plaçait la titrisation au centre d'un système bancaire complètement remanié. Un deuxième ouvrage, *Securitization of Credit*, écrit par les consultants de chez McKinsey James Rosenthal et Juan Ocampo, expliquait aux entreprises et aux banques désireuses d'utiliser cette « technologie » comment s'y prendre.

Le trio formé par Bryan, Rosenthal et Ocampo rédigea également des articles pour des publications scientifiques qui ne tardèrent pas à être cités par la FED quand elle commença à s'intéresser à ce sujet. Ainsi, dans le numéro d'automne 1988 du *Journal of Applied Corporate Finance*, trois des neuf articles sur la titrisation étaient signés par des consultants de McKinsey[38].

Selon Bryan, la titrisation libérerait non seulement les banques, mais aussi les entreprises de la camisole de force que représentait le bilan comptable. Elle permettait à toute entreprise de mettre en place un « véhicule *ad hoc* » pour y injecter des actifs – tout ce que les emprunteurs devaient rembourser au fil du temps, comme les prêts hypothécaires ou les prêts automobiles – qu'elle vendrait ensuite sous forme de titres aux investisseurs.

Pour les banques, sortir les prêts de leur bilan était particulièrement intéressant étant donné que cela leur donnait la possibilité d'employer leurs réserves de liquidités à autre chose qu'à garantir ces prêts. La titrisation libérait des capitaux qui pouvaient être utilisés pour accorder davantage de prêts. Ainsi, selon Bryan, « le potentiel de la titrisation est énorme parce qu'il abolit les contraintes liées au capital et au bilan qui pèsent sur la croissance »[39].

Mais ce n'était pas tout. Pour McKinsey, la titrisation n'était pas seulement plus efficace, c'était aussi un meilleur moyen de prêter de l'argent, notamment grâce à ce que l'industrie appelait « un rehaussement de crédit », soit une garantie sur le produit financier distribué par une banque ou une compagnie d'assurances. Cela permettait ensuite à des agences de notation telles que Moody's et S&P de noter favorablement le produit bancaire en question.

Ces garanties de crédit « peuvent placer le risque de crédit d'un ensemble de titres à un niveau équivalent à celui d'un investissement. Cela permet ensuite aux particuliers, aux fonds de pension et à d'autres catégories d'investisseurs qui n'ont ni les compétences ni le désir d'évaluer un risque de crédit d'investir dans les titres émis par le véhicule de titrisation », a expliqué Bryan[40].

Pour ce dernier, un système dans lequel les prêts sont à la fois examinés par l'initiateur, les « rehausseurs de crédit » et les agences de notation était manifestement meilleur que l'ancienne façon de faire.

« Avec la titrisation du crédit, plutôt qu'une, ce sont *trois* parties qui se préoccupent de la qualité du produit », a encore écrit Bryan[41].

Sous la direction de Bryan, Rosenthal et Ocampo expliquèrent dans leur guide pratique qu'avec la titrisation du crédit, les banques qui consentiraient des prêts douteux seraient naturellement mises de côté, ce qui créerait un cercle vertueux où le système se débarrasserait des mauvais prêteurs ou les obligerait à se corriger. « Au fil du temps, cela améliorera les décisions de crédit au point d'origine. »[42]

Il y avait, bien sûr, les avertissements de rigueur. Bryan convenait que la titrisation n'était pas simple[43]. Son succès dépendait des compétences et, jusqu'à un certain point, de la bonne foi de tous les participants. Il reconnaissait aussi que « si trop de contrats sont mal souscrits et si des défaillances et des pertes importantes en résultent, cette nouvelle technologie prometteuse pourrait, dans le pire des cas, provoquer un effondrement du crédit ».

Les livres et les articles de Rosenthal, Ocampo et Bryan ont aidé Wall Street à vendre l'idée de la titrisation. Les directeurs associés de McKinsey s'en sont ensuite faits les hérauts partout dans le monde, en diffusant la bonne nouvelle des véhicules spécialisés de financement, des tranches d'actifs et du rehaussement de crédit aux non-initiés.

Les opérations de titrisation structurées étant très complexes, les avocats ont également joué un rôle important, en particulier Jason Kravitt, qui a fondé le pôle de compétences en titrisation chez Mayer Brown et considérait que l'ouvrage de Rosenthal et Ocampo donnait à l'idée un certain poids intellectuel.

« Dans les années 1980 et 1990, nous étions tous en plein voyage de découverte. Nous pensions que nous allions rendre le monde meilleur », a déclaré Kravitt trente ans plus tard. « Je pense que le livre de McKinsey a énormément contribué à crédibiliser l'idée, le produit et le secteur. »[44]

Pour les banquiers, il fallait avant tout convaincre les émetteurs, c'est-à-dire les entreprises génératrices de créances comme General Motors avec ses prêts automobiles ou Banc

One avec ses comptes de cartes de crédit. Ils constituaient la matière première.

« L'ouvrage de McKinsey a rendu le concept crédible auprès des émetteurs », a confié William Haley, un ancien de Salomon, à Mark Pittman de Bloomberg en 2008[45]. « Cela n'a pas été facile, au début. Aujourd'hui, les conférences rassemblent des milliers d'individus, mais je me souviens d'une fois, à Beverly Hills, où j'ai prononcé une allocution devant peut-être vingt-cinq personnes. »

Salomon et First Boston n'ont pas eu besoin de l'aide de McKinsey pour la titrisation ; c'est avec les banques commerciales et les maisons de courtage qui voulaient participer à ce jeu que le cabinet a commencé à générer des honoraires – ce qui était l'objectif de Bryan avec son projet.

Les directeurs associés de McKinsey ont expliqué à leurs clients que pour mettre en place un service de titrisation, il ne suffirait pas d'aller débaucher des talents chez leurs concurrents. La plupart du temps, il fallait aussi que la culture collet monté et hiérarchique des banques commerciales change pour s'adapter à celle des banquiers d'investissement spécialisés dans ce type de prêts et adeptes de la prise de risque, a rappelé Feiger, un directeur associé senior membre du pôle de compétences bancaire du cabinet au début des années 1990 avant de prendre la tête de ce qui deviendra la partie banque d'investissement d'UBS, le géant bancaire suisse.

McKinsey conseillait donc ces clients sur la manière d'augmenter la tolérance au risque de leur organisation afin d'accroître le rendement de leurs actifs. Parfois, cela impliquait de créer une division de financement commercial, parfois de s'ouvrir à l'international ou parfois encore de développer une spécialité en titrisation des actifs. « Nous les aidions à se lancer dans quelque chose à portée de main », a expliqué Feiger[46].

Un autre ancien directeur associé de McKinsey qui a planché sur le projet de titrisation de Bryan a déclaré qu'une fois que le travail de McKinsey dans ce domaine a été connu, les banques ont commencé à s'y intéresser. « Les plus grandes banques du monde sont venues nous voir et nous ont posé des questions sur ce qu'elles pouvaient faire à ce sujet, en particulier avec les actifs dont elles disposaient », a encore témoigné Feiger[47].

En 1990, ayant réalisé que la titrisation était en train de révolutionner les marchés financiers, la FED a publié un rapport dont la bibliographie est émaillée de références à des écrits de McKinsey. À propos de l'ouvrage de Rosenthal et d'Ocampo, la FED a aussi noté que « même s'il se veut informatif, ses auteurs sont clairement partisans »[48].

Étant donné que la titrisation a été inventée aux États-Unis, le pays avait une longueur d'avance sur l'Europe et l'Asie. McKinsey y a vu l'occasion d'éduquer au concept les banquiers partout dans le monde. À la mi-juin 1991, des experts du domaine se sont réunis à Londres pour une conférence organisée par le *Financial Times* et présidée par George Feiger.

S'il y aborda tout autant les avantages que les dangers éventuels de la titrisation, il n'y avait cependant pas de doutes quant à savoir de quel côté de la balance se situait la firme qu'il représentait. Après avoir expliqué en préambule l'intérêt qu'une institution financière pouvait avoir à titriser ses actifs, il laissa entendre à quel point le concept avait imprégné la pensée de McKinsey. Le cabinet avait ainsi « conseillé des entreprises industrielles en matière de restructuration de bilan comptable, ainsi que des institutions financières en termes de stratégie d'entreprise et comptable, la titrisation des actifs constituant un élément clé de toutes ces activités »[49].

Bryan a également essayé de vendre cette idée à des avocats. Pour lui, l'introduction de la titrisation du crédit était une véritable révolution qui, en dix à quinze ans « supplante[ra] complètement le système bancaire classique »[50]. Soit en très peu de temps, si l'on considère que les « fondements du système bancaire n'ont pas changé de manière significative depuis le Moyen Âge ». Pour lui, cette révolution était de même nature que celle qui avait permis de passer des tubes à vide aux transistors, puis aux circuits intégrés.

« Plus nous y réfléchissions chez McKinsey, plus nous étions convaincus que le crédit structuré et titrisé était une technologie supérieure », a-t-il écrit[51].

À l'époque, le système financier américain connaissait une crise générale. L'effondrement de Continental Illinois, les faillites de quantité d'établissements d'épargne et de crédit ainsi que les milliards de dollars de prêts douteux accordés à différents pays d'Amérique latine appelaient un changement radical. Bryan pensait tenir la solution : mettre la titrisation au cœur d'un nouveau concept pour les banques américaines. C'est ainsi qu'il a proposé de séparer les banques « noyau dur », spécialisées dans la collecte de dépôts garantis par l'État, des banques « de grande clientèle », axées sur les prêts et utilisant des crédits titrisés[52].

L'idée de banques « noyau dur » ayant séduit quelques législateurs, en 1991, l'idée a été soumise à un vote du Congrès. En juin de la même année, Charles Schumer, un représentant de Brooklyn de quarante ans, a présenté et soutenu la mesure lors d'une audition de la commission bancaire de la Chambre des représentants. Cependant, les banques étaient en majorité vent debout contre cette idée, tout comme le sous-secrétaire au Trésor pour les finances nationales, Jerome Powell, un homme de trente-huit ans, qui, avec Bryan, a également témoigné ce jour-là. La mesure a été rejetée[53].

Malgré tout, Bryan a continué à se faire l'avocat de la titrisation durant une bonne partie des années 1990. En 1996, lui et sa collègue Diana Farell écrivirent ainsi un livre, *Market Unbound : Unleashing Global Capitalism*, un dithyrambe en faveur de la suprématie des marchés contre le gouvernement dans lequel les auteurs soulignaient la croissance spectaculaire de la quantité de prêts titrisés – qui avaient crû de 100 millions de dollars en 1980 à 1 trillion en 1992. Le duo McKinsey prévoyait encore plus de croissance à l'aube du prochain millénaire, en particulier en dehors des États-Unis.

« À l'avenir, la titrisation des prêts contribuera encore plus à la croissance absolue du stock financier liquide mondial que ce n'a été le cas au cours de la dernière décennie », ont-ils écrit[54].

Bryan avait de bonnes raisons de dire cela. À Houston, Jeffrey K. Skilling, un ancien consultant de la firme, était en train de mettre en pratique ses idées sur la titrisation en transformant un classique distributeur de gaz naturel en une société de négoce d'énergie, la future Enron. Chez McKinsey, Skilling avait été « profondément influencé » par Bryan[55]. Désormais, en tant que PDG d'Enron, il avait le pouvoir de mettre ses recommandations en œuvre. Ce qu'il a fait.

Le 2 décembre 2001, Enron a demandé à être placée sous la protection du chapitre 11 de la loi sur les faillites. En dehors de Houston, peu d'Américains ordinaires souffrirent de son effondrement. Quant aux banquiers de Wall Street, avec des taux d'intérêt au plus bas depuis des décennies après les attentats du 11-Septembre, leur but était avant tout de trouver de meilleurs rendements et peu leur importait la déconfiture d'Enron. Ils s'en donnaient à cœur joie pour créer des versions mutantes de prêts hypothécaires titrisés qui, en l'espace de quelques années, allaient déclencher la plus grosse crise économique depuis la Grande Dépression. En collaboration avec les gros prêteurs hypothécaires tels qu'Ameriquest et Countrywide, ils commencèrent à titriser des prêts immobiliers que Fannie et Freddie évitaient, à savoir ceux accordés aux emprunteurs à risque. Les agences de crédit*, qui dépendent de ces mêmes entreprises de Wall Street pour leurs commissions, ne virent pas – ou ne s'en soucièrent pas – qu'un peu partout dans le pays, de plus en plus d'Américains étaient en défaut de paiement sur leurs prêts immobiliers.

Beaucoup des saisies concernaient des individus insolvables. Mais Wall Street avait besoin de prêts à risque pour créer les produits financiers dérivés de plus en plus exotiques adossés à ces créances. Pour attirer les emprunteurs, ils proposèrent donc des prêts hypothécaires à taux variable, des options avec

* NdT : une agence de crédit recueille des informations sur les dettes des particuliers et des entreprises et leur attribue une valeur numérique appelée score de crédit qui indique la solvabilité de l'emprunteur (source : investopedia.com).

remboursement d'intérêts uniquement et des taux d'accroche qui, au bout de deux ans, augmentaient fortement.

Les « *trois* garants » qui, selon Bryan, devaient rendre les prêts titrisés supérieurs aux prêts conventionnels travaillèrent de concert pour injecter de plus en plus de dettes toxiques dans le système financier mondial. Entre 2001 et 2008, plus de 27 trillions furent ainsi titrisés, un montant quasiment deux fois supérieur au PIB des États-Unis en 2007[56].

Sous peu, une bonne partie de cette somme partirait en fumée.

Des semaines après que Schumer et Bloomberg se sont exprimés à la mairie de New York, la débâcle est devenue manifeste avec la faillite du prêteur à risque New Century Financial, suivie en juillet 2007 par l'effondrement de deux fonds spéculatifs de Bear Stearns qui investissaient dans de la dette hypothécaire titrisée[57].

Au mois de mars 2008, Bear Stearns, la cinquième banque d'investissement américaine, fut absorbée par J. P. Morgan dans le cadre d'une vente bradée organisée par le gouvernement. Mais les digues cédèrent vraiment en septembre, quand Lehman Brothers et Washington Mutual se déclarèrent en faillite. Le gouvernement fédéral dut renflouer AIG, submergé par les 182 milliards de dollars de demandes pour les « rehaussements de crédit » qu'elle ne pouvait pas honorer. Quant aux clients de longue date de McKinsey, Merrill Lynch et Wachovia, tous deux terrassés par le poids de leurs avoirs en dette toxique, ils furent vendus à des rivaux plus puissants.

Le dénominateur commun de toutes ces faillites ? La dette titrisée.

Tout cela s'est passé moins de deux ans après que Schumer et Bloomerg ont vanté l'étude McKinsey qui critiquait la lourde régulation étatique du secteur et mettait en garde contre le risque que l'Europe rattrape l'Amérique en matière de titrisation d'actifs.

« En théorie, la titrisation devrait réduire le risque de crédit en le répartissant plus largement. Mais en rompant le lien direct entre les emprunteurs et les prêteurs, elle a érodé les standards de prêt et déclenché, ce faisant, une défaillance du marché qui a alimenté le boom immobilier avant de le faire exploser », ont écrit en 2009 le secrétaire au Trésor Tim Geithner et Larry Summers, le principal conseiller économique d'Obama, alors qu'ils plaidaient en faveur de nouvelles réglementations[58].

Pour les banquiers de Wall Street, tout cela n'était qu'un jeu et les désagréments éprouvés n'ont été que fugaces. Quelques mois après l'effondrement du marché, ils ont tous reçu leurs bonus annuels. En 2013, l'indice S&P 500 a atteint des sommets. Pour des millions d'Américains, cependant, la Grande Récession a été durablement dramatique ; le chômage a atteint son plus haut niveau depuis une génération. En 2013, le Government Accountability Office a déclaré que la crise avait fait perdre 22 trillions de dollars à l'économie[59].

Avec la récession, nombre de ceux qui n'avaient pas été victimes de prêteurs à risque prédateurs ou séduits par des offres trop alléchantes pour être vraies sont eux aussi devenus insolvables. Des millions de biens immobiliers ont été saisis – de manière disproportionnée parmi les minorités –, la crise atteignant son pic en 2010, deux ans après l'effondrement des marchés.

En 2018, dix ans après la crise, le *New York Times* est retourné voir quelques-unes des personnes que ses reporters avaient interviewées à l'époque[60].

À Marietta, en Géorgie, Meg Fisher a perdu son travail de secrétaire juridique à la mi-2009. Diplômée de l'université, elle avait jusqu'alors toujours réussi à trouver des emplois stables. Depuis, cependant, ç'a été mission impossible. Elle et son mari se sont mis en faillite en 2009 avant que leur maison ne soit saisie quelques années plus tard. « Il est probable que je ne retrouve jamais d'emploi à temps plein », a-t-elle témoigné auprès du *New York Times*. Elle a aujourd'hui cinquante-six ans.

Guillermo Gonzalez s'est déclaré en faillite et a perdu sa maison aux alentours de Miami en 2008, quand la crise économique l'a privé de ses commissions de distributeur d'alcool. Dix ans plus tard, il ne s'est toujours pas complètement remis de ce coup dur. « J'avance pas à pas », a-t-il dit.

Cette crise n'a pas touché que les États-Unis. En Chine, vingt millions de travailleurs migrants se sont tout à coup retrouvés sans emploi quand les exportations se sont effondrées. En Irlande, le taux de chômage est monté à 16 % alors qu'il n'était que de 5 % avant le krach. Et en Islande, les banques, qui avaient largement investi dans des actifs américains, ont perdu l'équivalent de 300 000 dollars par habitant du pays.

« La titrisation était basée sur le postulat que chaque minute un idiot naît », a déclaré Joseph Stiglitz, l'économiste de l'université de Columbia lauréat du Nobel d'économie, en octobre 2008. « Avec la mondialisation, il existait un marché global où aller chercher ces idiots ; et il s'en est trouvé partout. »[61]

Si McKinsey et Bryan ont eu des remords d'avoir prêché la titrisation pendant tant d'années, ils n'en ont en tout cas rien laissé paraître. En 2009, Bryan, qui avait longtemps plaidé en faveur d'un allègement des règles étatiques pesant sur les marchés, a déclaré que l'effondrement s'était produit parce que les régulateurs avaient « essentiellement choisi de ne pas réglementer ».

« Si vous regardez la titrisation depuis les années 1970 jusqu'à *grosso modo* l'année 2000, vous verrez qu'elle a surtout été bénéfique », a-t-il écrit dans le *McKinsey Quarterly*. « Si c'est devenu hasardeux, c'est parce que nous avons laissé trop de risques de crédit entrer dans le système. »[62]

De son côté, McKinsey ne nie pas avoir joué un rôle dans la diffusion de cette « technologie ». La firme dit elle-même avoir « contribué à développer les concepts qui sous-tendent la titrisation, qui reste aujourd'hui bénéfique et largement utilisée dans le système financier et l'économie en général ». Cependant, dans les années 1980, c'était un « concept naissant qui ne ressemblait en rien aux instruments complexes en cause en 2008 ». Et « Indirectement attribuer la crise financière de 2008 aux travaux de McKinsey » serait « totalement trompeur ».

Feiger, l'ancien directeur associé de McKinsey qui a aidé à populariser l'idée de la titrisation en Europe, soutient que la firme en a toujours expliqué tous les tenants et les aboutissants à ses clients. « Vous êtes face à une chaîne de confiance. Pour qu'elle fonctionne, toutes les parties prenantes doivent être intègres et compétentes. Ce qui s'est passé lors de la débâcle financière, c'est que ces parties prenantes ne répondaient pas à ces critères. »[63]

Devenu directeur associé, Ocampo, le coauteur de *Securitization of Credit*, a quitté McKinsey en 1995. Comme Bryan, il juge que cette « technologie » a été dévoyée.

Mark Pittman de chez Bloomberg fait partie des rares journalistes de Wall Street à avoir anticipé l'effondrement financier. Après la banqueroute de Lehman Brothers et le sauvetage massif d'AIG, il a écrit au sujet des origines de l'engouement pour la titrisation. Son enquête l'a mené au livre d'Ocampo et aux véhicules d'investissements spéciaux conçus sous la direction Skilling. « C'est une technologie puissante dont certains se sont emparés au mépris des limites de vitesse », a confié Ocampo à Pittman fin 2008[64]. « Ces cinq dernières années, au lieu de rouler à 90 km/h, ils ont foncé à 220, voire 250 km/h. »

Chapitre 10

Les diapositives secrètes d'Allstate

« Gagner sera un jeu à somme nulle »

Un soir de l'été 2000, Dale Deer conduisait vers l'ouest sur l'autoroute 70, dans le centre du Missouri, quand le trafic s'est arrêté pour cause de travaux.

Derrière lui, Jason Aldridge, un étudiant de vingt ans, traversait le pays du Kentucky à Las Vegas avec un ami. Occupé à régler son régulateur de vitesse, il n'avait pas remarqué que les voitures devant lui n'avançaient plus. Quelques secondes plus tard, sa Mercury Cougar percuta violemment l'arrière du pick-up Chevrolet de Deer, blessant gravement ce dernier au dos et au cou.

De tels accidents se produisent tous les jours sur les routes américaines, raison pour laquelle tous les conducteurs doivent être assurés. Allstate, l'assureur d'Aldridge, était l'un des plus connus du pays. En échange de leurs primes, cette vénérable institution promettait à ses assurés de les protéger contre des pertes financières importantes et imprévues. Deer et Aldridge s'attendaient donc tous deux à être indemnisés. Factures à l'appui, Deer présenta une demande de remboursement de frais de 24 000 dollars, bien en deçà du plafond de 100 000 dollars prévu au contrat. C'est alors que le processus prit une étrange tournure. Mary Greene, l'experte en sinistres d'Allstate chargée du dossier, choisit inexplicablement de ne pas le traiter, déclarant plus tard qu'elle avait décidé de le « mettre de côté »[1]. Lassé d'attendre, Deer poursuivit Aldridge en justice.

Toujours étudiant dans le Kentucky, ce dernier ouvrit un jour la porte de son logement pour se retrouver face à un officier de police qui lui tendit une citation à comparaître. La partie adverse lui réclamait 2 millions de dollars.

« J'ai vraiment cru que c'en était fini de ma vie », a déclaré Aldridge[2], qui avait déjà passé une partie de sa vie dans un parc à mobil-homes. « J'ai baissé les bras. » De fait, il a abandonné ses études.

Aldridge finit par traîner Allstate devant la justice au motif que l'assureur avait agi de mauvaise foi en refusant de dédommager Deer. C'est alors que son avocat fit une découverte importante : un cabinet de conseil en management, McKinsey pour ne pas le nommer, avait conseillé Allstate sur la manière de réaliser des économies sur les demandes de règlement, présentation PowerPoint à l'appui[3]. Il demanda donc à Allstate de produire ce document, ce que l'assureur refusa de faire. À son tour, le juge Michael Manners le lui enjoignit, toujours sans effet.

Malgré une condamnation à une amende journalière de 25 000 dollars pour outrage au tribunal qui courait jusqu'à ce que l'assureur se conforme à l'ordonnance du juge, l'assureur resta campé sur sa position. Fin 2007, la Cour suprême du Missouri adressa la même demande à Allstate. De nouveau, celui-ci refusa d'obtempérer, si bien qu'au milieu de l'année 2008, l'assureur avait accumulé plus de 7 millions de dollars d'amendes[4]. Manners a déclaré plus tard qu'il n'avait jamais rien vu de tel en près de treize années de magistrature[5].

Que pouvaient donc bien contenir ces diapositives pour qu'Allstate reste sourde aux ordonnances du tribunal et préfère payer des millions de dollars d'amendes plutôt que d'en dévoiler le contenu ?

C'est également la question que s'est posée David J. Berardinelli, un ancien procureur du Nouveau-Mexique devenu premier avocat du plaignant, à l'origine de la révélation de l'existence de la présentation de McKinsey. Amateur de bolides, de manteaux de fourrure et de bons vins, Berardinelli en avait eu vent alors qu'il représentait un couple âgé, client d'Allstate depuis plus de trente ans, qui avait été grièvement blessé en 2001 lorsqu'un conducteur ivre, un jour de verglas, avait fait faire une sortie de route à leur voiture en la précipitant dans un ravin[6].

En menant son enquête pour comprendre pourquoi Allstate avait rejeté leur demande de règlement, Berardinelli avait découvert que McKinsey avait aidé l'assureur à revoir son système de traitement des déclarations de sinistre de fond en comble et qu'il existait une présentation PowerPoint secrète qui expliquait tout. Il l'avait donc réclamée. Allstate avait refusé de la lui transmettre, au prétexte que les diapositives contenaient des informations confidentielles. L'assureur avait fini par être contraint par la cour de les communiquer à l'avocat, à la condition expresse qu'il ne les rende pas publiques. Par sécurité, Allstate avait ajouté un filigrane aux diapositives, rendant de fait leur numérisation ou leur photocopie illisibles.

Quand une cour d'appel du Nouveau-Mexique avait donné à Berardinelli le droit de rendre publique la présentation, il avait renvoyé celle en sa possession à l'assureur, certain que ce dernier lui fournirait un jeu sans filigrane. Sauf qu'Allstate lui avait tendu un piège. Ils avaient gardé l'exemplaire retourné et refusé de lui fournir une version pleinement lisible.

Pugnace, Berardinelli avait versé au dossier du tribunal un résumé de trois cents pages des diapositives dressé plus tôt. Allstate avait tenté de le faire placer sous scellés, mais le tribunal avait refusé. Entre-temps, la nouvelle de l'existence de ces documents internes, plus de douze mille pages assorties de diapositives – une sorte de Saint-Graal pour les avocats des plaignants, selon un autre avocat[7] – s'était répandue au sein de la communauté judiciaire américaine.

Selon Berardinelli, « ils étaient prêts à attendre des années, à engorger notre système judiciaire et à dépenser des sommes démesurées en frais de justice, tout cela pour que rien ne s'ébruite »[8].

Ayant pris connaissance des pratiques d'Allstate, le commissaire aux assurances de Floride ouvrit une enquête et constata lui aussi que l'assureur s'entêtait dans son refus de produire les documents demandés. « Si Allstate est prête à payer 25 000 dollars par jour d'amende à un tribunal du Missouri pour son refus continu de fournir des documents similaires, il me semble évident qu'il faudra plus qu'une sanction pécuniaire pour l'obliger à se conformer à nos assignations à comparaître », déclara-t-il[9].

En l'occurrence, il suspendit la licence d'Allstate l'autorisant à vendre des assurances automobiles. Étant donné que seuls la Californie et le Texas comptent plus de véhicules en circulation que la Floride, Allstate fut bien obligée de mettre de l'eau dans son vin. En 2008, l'assureur s'exécuta enfin, mettant brièvement en accès libre, sur son site, la présentation demandée.

Pourquoi Allstate s'est-elle battue bec et ongles aussi longtemps ? En guise d'explication, on pourra se référer au titre du livre écrit par Berardinelli : *From Good Hands to Boxing Gloves**.

Depuis 1950, l'assureur clamait, avec son slogan – l'un des plus anciens et des plus connus du monde des affaires américain –, qu'« Avec Allstate, vous êtes entre de bonnes mains »[10]. Pendant des décennies, alors que l'entreprise faisait partie de Sears, Roebuck and Company, ces mots eurent un sens : année après année, Allstate consacrait une part importante de ses revenus issus des paiements des primes d'assurance à dédommager ceux de ses assurés victimes d'un sinistre, tout en réalisant un modeste bénéfice. Les agents de la compagnie se rendaient même personnellement au domicile des assurés pour leur remettre les chèques de règlement.

Mais en 1995, après qu'Allstate devint indépendante de Sears, tout changea[11]. Du moment que l'entreprise a été cotée en Bourse, ses dirigeants ont embrassé avec enthousiasme la financiarisation croissante de l'économie[12]. Maximiser autant que possible la valeur de l'action dont dépendait leur rémunération est alors devenu un but en soi, une situation inimaginable sous la houlette de la très conservatrice société Sears. Puis, pour préparer la vente de l'assureur, une équipe de chez McKinsey avait rencontré la direction d'Allstate à la fin de l'année 1992.

* NdT : Ce qui peut se traduire par « Des bonnes mains aux gants de boxe ».

Trois ans plus tard, les dirigeants étaient prêts à mettre en œuvre le plan destiné à gonfler les profits, en s'appuyant pour ce faire sur les diapositives de McKinsey. « Cela a marché. Cela a été bénéfique pour eux », a commenté le juge Manners à propos du travail de McKinsey pour l'assureur. « Nul doute qu'ils gagnent beaucoup d'argent comme ça », a-t-il ajouté[13].

Dans une diapositive, McKinsey conseillait à Allstate de s'efforcer de traiter 90 % des demandes de règlement aussi rapidement et pour un montant aussi bas que possible. Pour les autres 10 %, les assurés ou les intermédiaires qui rejetaient l'offre d'Allstate ou, pire, qui faisaient appel à un avocat, il fallait enfiler « les gants de boxe ». Allstate se battrait devant les tribunaux pendant des années au besoin, jusqu'à épuisement de quiconque serait assez fou pour emprunter cette voie.

En parallèle, McKinsey avait conçu un système – le Claims Core Process Redesign – qui poussait les experts à faire des offres rapides et basses plutôt qu'équitables. Désormais enchaînés à un système de gestion des sinistres informatisé appelé Colossus, les experts en étaient réduits au rôle d'employés de centres d'appels lisant des scripts préparés à l'avance. Les visites à domicile devinrent des exceptions. Les demandes d'indemnisation pour les habitations étaient, elles, gérées par Xactimate, un autre programme informatique fonctionnant selon le même principe. D'après Allstate, cette caractérisation est « fausse et trompeuse »[14], le système de gestion des sinistres ayant été remanié dans les années 1990 pour « régler les demandes d'indemnisation plus rapidement et de façon plus précise ». Pour sa part, McKinsey s'est refusé à tout commentaire.

Remplies d'affirmations telles que « la façon dont nous approchons les demandeurs et développons des relations modifiera considérablement les taux de représentation et contribuera à réduire les taux de gravité », la plupart des diapositives de McKinsey semblaient, à première vue, anodines. Mais les employés d'Allstate comprenaient très bien de quoi il retournait, parce qu'elles leur avaient été expliquées en anglais de tous les jours.

Voici comment Maureen Reed, avocate pour Allstate entre 1992 et 2003, a décrit une réunion sur ce sujet avec des cadres dirigeants de l'entreprise :

> On nous a raconté lors de cette réunion que McKinsey avait conclu qu'Allstate « indemnisait à l'excès », ce qui avait nourri une culture d'entreprise où les demandeurs s'attendaient à être effectivement indemnisés. Cela nous a été présenté comme une mauvaise chose. McKinsey a dit à Allstate que pour accroître ses profits, la compagnie devait moins indemniser ses assurés[15].

Pour ce faire, il fallait avant tout dissuader les assurés de recourir à des avocats, a-t-elle témoigné, parce que les clients « représentés » recevaient en moyenne des paiements plusieurs fois supérieurs à ceux qui n'engageaient pas d'aide juridique. « On nous a dit qu'Allstate allait changer sa manière de traiter les demandes d'indemnisation de façon que les demandeurs ne puissent pas faire appel à des avocats », a-t-elle encore expliqué. Autrement dit, il s'agissait d'écraser l'avocat de la partie adverse en s'opposant à toutes ses requêtes devant le tribunal et en rendant la procédure si longue et si coûteuse qu'il y réfléchirait à deux fois avant d'intenter de nouveau un procès contre Allstate. Voilà pour la partie « gants de boxe » de la stratégie.

« Plus il y aurait d'individus non représentés, plus les profits seraient conséquents pour l'entreprise », a-t-elle témoigné[16]. En somme, McKinsey avait conseillé à Allstate de *faire de son centre de gestion des sinistres un centre de profit*.

Ces derniers mots méritent d'être soulignés, car ce que McKinsey a fait chez Allstate a fondamentalement transformé le secteur de l'assurance aux États-Unis.

Cela fait des années que les Américains entretiennent une relation ambivalente à l'égard de leur compagnie d'assurances. Ils apprécient leur agent d'assurance local, souvent un pilier de la communauté et un coach sportif pour les plus jeunes, mais ils détestent quand ils doivent avoir affaire aux *compagnies* d'assurances qui les bombardent de paperasse et refusent parfois de les indemniser alors qu'ils estiment être dans leur bon droit. Jusqu'à ce que McKinsey entre en scène, la profession était dominée par des experts en sinistre, tenus par la loi d'accorder des indemnités justes. Dans l'Amérique de l'après-guerre, c'était aussi un métier jugé honorable et envié[17].

Être assuré est absolument vital pour se prémunir contre des événements inattendus et parfois très coûteux, qu'il s'agisse d'un accident de voiture, d'une maison inondée, d'une blessure soudaine et débilitante ou du décès du soutien de famille, par exemple. L'assurance vous permet d'être indemnisé ; elle porte en elle une promesse solennelle et très réconfortante : celle d'être « réparé ».

Sans assurance, le rempart financier qui met à l'abri du désastre des millions d'Américains de la classe moyenne ne tarderait pas à s'écrouler. « L'assurance est le grand protecteur du niveau de vie de la classe moyenne américaine », a écrit Jay M. Feinman, un professeur de droit de l'université Rutgers qui étudie cette industrie[18]. « Mais seulement quand ça marche », a-t-il jugé utile de préciser.

Pendant des décennies aux États-Unis, cela a effectivement fonctionné. Les gens s'assuraient, les compagnies investissaient leur argent et indemnisaient leurs clients selon les termes de leur contrat. La plupart des années, l'industrie réalisait des profits, même si ceux-ci étaient généralement relativement modestes. Des individus compétents, les experts en sinistre, évaluaient les demandes d'indemnisation essentiellement sur la base de leurs mérites.

De son côté, McKinsey conseillait les compagnies d'assurances depuis au moins les années 1950. Dans les années 1980 et avant qu'il ne se concentre sur la Chine, le directeur associé senior Peter Walker a fait de l'activité de conseil en assurance du cabinet son fief, publiant chaque année un rapport qui comparait les performances de chacune des grandes compagnies, un cadeau idéal pour les dirigeants les plus ambitieux de ce secteur[19].

Là aussi, le cabinet puisait dans son savoir-faire : accroître l'efficacité des entreprises en s'attaquant à leurs coûts. Pour le service des indemnisations, cela voulait dire contrôler les dépenses liées à la gestion des sinistres, connues dans l'industrie sous le nom de frais d'ajustement de pertes (LAE, en anglais). Cela pouvait aussi bien signifier une diminution du nombre d'employés ou des frais postaux qu'une négociation du prix du papier pour les photocopieuses ou une réduction du coût associé aux heures supplémentaires.

Mais ce genre d'ajustements à la marge, qu'il s'agisse de rationaliser les bureaux ou de réduire certaines dépenses, ne peut avoir qu'un impact limité. Ce que les assurances dépensent pour traiter les demandes d'indemnisation qui leur sont adressées n'est rien en comparaison des montants qu'elles doivent débourser en indemnités. Ainsi, en 2018, le secteur de l'assurance de dommages a versé 365,9 milliards de dollars en indemnités et dépensé 64,6 milliards de dollars en frais de traitement, ce qui signifie que ces derniers ne représentent en moyenne que 17 % des montants alloués[20].

Dans les années 1990, avec la financiarisation générale de l'économie poussée par McKinsey et une pression croissante de la part des actionnaires activistes sur les entreprises pour qu'elles augmentent leurs bénéfices, le cabinet a proposé une nouvelle idée à ses clients : réduire le montant des indemnités versées. Ce qui donne, en langage McKinsey : « Après des années de compression des coûts, la direction a reconnu qu'il existait d'énormes opportunités de rééquilibrage et a donc investi prudemment dans les LAE pour capturer des économies d'indemnités. »[21] La nouvelle approche pour accroître les profits consistait à diminuer ce que les compagnies d'assurances considéraient comme des montants indûment élevés versés à certains requérants, ou, selon les termes du cabinet, à contrôler les « fuites ».

En somme, McKinsey ne conseillait rien de moins à Allstate que de déclarer la guerre à un pourcentage non négligeable de ses assurés. Ainsi, sur une diapositive, l'on pouvait lire : « Gagner sera un jeu à somme nulle ». Autrement dit, les gains d'Allstate se feraient aux dépens de ses clients. Une autre diapositive présentait l'image d'un alligator. Pourquoi ? Parce que, comme l'alligator, Allstate se contenterait d'attendre que sa victime – le requérant – baisse les bras. « L'argent provenait du seul endroit possible : des poches des assurés et des sinistrés d'Allstate », a écrit Berardinelli.

Bien sûr, avant McKinsey, il y avait des assurés mécontents. Bien sûr, avant McKinsey, des compagnies d'assurances minoraient les indemnisations des requérants. Mais le cabinet a systématisé cette pratique. Et comme la firme n'avait aucun scrupule à conseiller plusieurs acteurs de la même industrie, ses idées ont métastasé. Quand ses concurrents ont vu les profits d'Allstate s'envoler et ses dirigeants s'enrichir, certains ont à leur tour embauché le cabinet de conseil. C'est comme cela que ce dernier fonctionne, et ce depuis ses débuts.

Après Allstate, ç'a été au tour de State Farm, le plus gros assureur multirisque, d'avaler la potion magique. Son système « Accelerating Claims Excellence », conçu par McKinsey, a été présenté pour la première fois à ses agences locales à la mi-1995. AAA lui a emboîté le pas quelques années plus tard, suivi par Liberty Mutual.

« Depuis au moins 1995, il est de notoriété publique dans le secteur de l'assurance multirisque que McKinsey a vendu ouvertement à leurs concurrents les mêmes méthodes d'organisation et de traitement des demandes d'indemnisation que celles développées au début des années 1990 pour State Farm et Allstate », a témoigné Stephen Strzelec, un ancien manager de State Farm dans une déclaration sous serment en 2008[22].

« Ils ont lancé un mouvement », a dit un ancien associé de McKinsey à propos du travail de la firme pour Allstate. « Le système de traitement des demandes d'indemnisation était tout simplement diabolique, et je pense que ce qui se passe aujourd'hui, c'est que cet exemple a été suivi par d'autres compagnies d'assurance »[23].

Durant les dix années qui ont suivi la mise en place du programme de McKinsey, les profits d'Allstate ont été multipliés par plus de six. Le cours de l'action a plus que quadruplé, battant haut la main ceux d'entreprises de son secteur.

Exactement comme l'avait imaginé l'associé de McKinsey Arch Patton un demi-siècle plus tôt, la rémunération des cinq principaux dirigeants de la compagnie d'assurances, du fait de sa corrélation au cours de l'action, est montée en flèche[24]. Entre 1994 et 2004, leur rémunération combinée est ainsi passée de 2,95 à 19,3 millions de dollars[25]. En 2020, sous la direction de Thomas Wilson, les cinq plus hauts dirigeants ont collectivement gagné 38,2 millions de dollars. En 2021, le salaire annuel moyen d'un employé d'Allstate était d'environ 62 000 dollars, tout juste régulièrement ajusté durant les vingt-cinq dernières années pour tenir compte de l'inflation.

Entre-temps, à mesure que les dirigeants d'Allstate et les actionnaires s'enrichissaient prodigieusement, le pourcentage de sinistres indemnisés ainsi que le montant moyen des indemnisations diminuaient. Selon les mots de Russell Roberts, un ancien consultant qui consacre sa retraite à étudier la manière dont McKinsey a transformé le secteur de l'assurance, cela a été « un Robin des bois à l'envers ».

L'envolée du cours de l'action d'Allstate s'est accompagnée d'une chute spectaculaire du « ratio de pertes pures », soit le total des sommes versées à titre d'indemnité divisé par le montant des primes perçues, avant la prise en compte des coûts d'exploitation. En 1987, Allstate allouait 70,9 cents au paiement des indemnités pour chaque dollar encaissé[26]. En 1997, deux années pleines après la révolution McKinsey, le ratio était tombé à 58,2. En 2006, après avoir connu un pic un an plus tôt en raison des gros dégâts provoqués par l'ouragan Katrina, il n'était plus que de 47,6.

Le Congrès a voulu savoir si les assurés étaient lésés par cette quête de profits plus élevés d'Allstate. En 2007, J. Robert Hunter, un expert en assurances auprès de la Consumer Federation of America, a affirmé aux membres de la commission judiciaire du Sénat que les conseils de McKinsey avaient entraîné une réduction du montant des indemnisations. Il a aussi exhorté la commission à réfléchir au fait de savoir si le recrutement d'un même consultant par différents acteurs du secteur pouvait, en dépit de l'exemption partielle par rapport aux lois antitrust dont ils bénéficient, s'apparenter à de la collusion.

« L'utilisation de ces produits pour réduire le montant des indemnités explique en partie pourquoi les assurés reçoivent des montants historiquement bas en contrepartie des primes payées alors que les compagnies d'assurances engrangent des bénéfices record », a-t-il déclaré[27].

C'était certainement le cas pour Allstate. Dans le même temps où l'entreprise faisait tout son possible pour garder les documents de McKinsey secrets, ses dirigeants vantaient le succès de leur nouveau système de traitement des demandes d'indemnisation à Wall Street. Lors d'une conférence pour les investisseurs de 2006, Ed Liddy, le PDG d'Allstate à l'époque, s'est félicité qu'entre 1993, date à laquelle McKinsey a proposé son Claims Core Process Redesign, et 2005, le montant total déboursé par sa compagnie d'assurances au titre des indemnités pour préjudice corporel ait baissé de 10 %[28].

Le moins que l'on puisse dire, c'est que Liddy a profité de cette manne[29]. En 2006, sa rémunération s'est élevée à 24 millions de dollars.

Roberts, l'ancien consultant en management, a estimé qu'entre 1995 et 2018, le système McKinsey s'est soldé par un transfert de 94 milliards de dollars des assurés aux coffres de la compagnie d'assurances. Ajoutez à cela State Farm et les acteurs du secteur qui ont adopté ce système et vous arrivez à un montant proche de 374 milliards de dollars. « Dans une large mesure, c'est une conséquence de la mentalité de McKinsey et de ses efforts continus pour soutirer toujours plus d'argent aux individus tout en les dévalorisant pour s'attribuer ces sommes à lui-même, aux cadres dirigeants et aux actionnaires », a-t-il expliqué[30].

Roberts a commencé à mener des recherches sur l'influence de McKinsey sur la société civile et en particulier sur le secteur de l'assurance après avoir témoigné en tant qu'expert en 2009 pour Berardinelli, l'avocat qui a révélé l'existence de la présentation PowerPoint qu'Allstate tenait tant à garder secrète. Dans cette affaire, le juge a statué en faveur du client de l'avocat, au motif notamment qu'Allstate avait abusé du système juridique. Pour l'assureur, l'analyse de Roberts est « simpliste et non avenue »[31] ; il estime impossible d'extrapoler les chiffres en partant des années 1990, à l'époque des travaux de McKinsey, étant donné que les procédures de règlement des sinistres ont évolué au fil du temps. Selon Allstate, 95 % de chaque dollar encaissé sert à payer les sinistres ou les frais d'exploitation.

Le système de gestion des sinistres de McKinsey s'est malheureusement étendu bien au-delà d'Allstate et bien au-delà des sinistres corporels.

En 2007, le magazine *Bloomberg Markets* a ainsi publié une enquête qui montrait comment Allstate, State Farm et d'autres assureurs, en s'appuyant sur la méthode McKinsey, proposaient systématiquement des offres d'indemnisation basses à ceux de leurs assurés dont l'habitation avait été endommagée ou détruite par une catastrophe naturelle. Personnalité publique bien connue, le sénateur républicain du Mississippi Trent Lott a ainsi poursuivi State Farm en justice lorsqu'il s'est vu refuser une demande d'indemnisation des dégâts subis par sa maison suite au passage de l'ouragan Katrina. La raison invoquée par State Farm ? Les dommages avaient été causés par l'eau (non couverts) et non pas par des vents violents (couverts).

En 2003, un incendie dans la région de San Diego a détruit plus de deux mille habitations, mais les assureurs, y compris Allstate et State Farm, ont refusé de rembourser aux sinistrés le montant nécessaire à leur relogement, leur offre étant parfois inférieure de plusieurs centaines de milliers de dollars à la valeur de remplacement de l'habitation perdue, a rapporté Bloomberg. Ces assurés-là étaient tout sauf « réparés ».

Partout dans le pays, les lois des États obligent les compagnies d'assurance à indemniser de façon juste leurs clients, une police d'assurances étant, après tout, un contrat. Mais ce qui devrait engager encore plus les compagnies d'assurances, c'est que, dans bien des cas, être assuré n'est pas facultatif. Ainsi, la loi oblige tout conducteur à souscrire une assurance automobile et les sociétés de crédit hypothécaire exigent des emprunteurs qu'ils souscrivent une assurance habitation. Chaque fois que le gouvernement impose à ses citoyens d'acheter tel ou tel produit du secteur privé, les sociétés qui les fournissent doivent s'acquitter de leur obligation fiduciaire.

« Retarder, rejeter et défendre viole les règles de gestion des sinistres qui sont reconnues par toutes les compagnies, enseignées aux experts et inscrites dans la loi », a déclaré Feinman, le professeur de droit à l'université Rutgers[32].

Shannon Brady Kmatz a grandi au Nouveau-Mexique, au sein d'une famille Allstate[33]. Son père a travaillé pendant trente-sept ans pour cette entreprise et, enfant, elle l'accompagnait parfois dans ses visites, surtout quand il s'agissait d'aller à Ruidoso, un village de montagne également station de ski, à quelques heures au sud-est d'Albuquerque. Elle était fière de son père. Quand on lui demandait où il travaillait, elle levait les mains au ciel et s'écriait : « chez Bonnes Mains ! »

Mais en 1997, quand elle a décidé de marcher sur ses pas et d'entrer chez Allstate, il lui a conseillé d'y réfléchir à deux fois. Cela faisait un an qu'il avait pris sa retraite parce que l'entreprise avait changé, et pas en mieux.

Shannon Brady a tenu trois ans. Durant ce temps, elle a rencontré, en tout et pour tout, deux assurés. Puis il y en a eu un troisième, qui est venu la voir à son bureau d'Albuquerque. Il est passé en trombe devant la réception du premier étage, armé d'un fusil à canon scié, furieux qu'Allstate fasse traîner sa demande d'indemnisation. « Vous savez que ce genre de situation peut arriver parce que plein de requérants sont furieux », a-t-elle témoigné.

Déçue et échaudée, Brady a quitté le monde de l'assurance pour devenir agent de police. Elle répond aux questions d'un « oui, monsieur » ou d'un « non, monsieur ». Selon elle, l'entreprise n'avait plus rien à voir avec celle qu'avait connue son père.

Reprenant les termes du philosophe anglais Thomas Hobbes, la vie d'un expert en sinistre « McKinseyifié » chez Allstate se résume, pour elle, en trois mots : besogneuse, bestiale et brève.

Les dix experts du bureau d'Albuquerque étaient ainsi entassés dans une pièce au premier étage, en concurrence les uns avec les autres pour leur bonus et leur emploi. Chacun était noté en fonction du nombre de réclamations closes avec un faible dédommagement. Son groupe était appelé « l'unité non représentée » parce qu'aucun requérant n'avait engagé d'avocat. Et c'était sa mission, conformément aux recommandations de McKinsey, que cela continue ainsi.

Brady, qui, en sa qualité d'experte, est devenue un témoin pour les avocats poursuivant l'assureur, a déclaré sous serment qu'il était « de notoriété publique chez Allstate » que les individus qui faisaient appel à des avocats obtenaient des règlements en moyenne deux à trois fois supérieurs à ceux qui n'étaient pas représentés[34].

Elle a donc témoigné avoir menti aux assurés, non de son propre fait, mais parce qu'elle devait leur servir un script conçu par McKinsey intitulé « L'économie de l'avocat » disant ceci : « Certaines personnes choisissent d'engager un avocat, mais nous aimerions vraiment pouvoir travailler directement avec vous pour régler le sinistre à l'amiable. Les avocats prennent généralement entre 25 et 40 % du montant total du règlement que vous recevez d'une compagnie d'assurance, sans compter les frais encourus, alors que si vous vous entendez directement avec Allstate, vous toucherez la totalité de l'indemnité »[35].

Ou, comme une diapositive de McKinsey le clamait en lettres majuscules : « GAGNEZ EN EXPLOITANT L'ÉCONOMIE DE LA PRATIQUE DU DROIT ».

Le facteur temps était aussi essentiel. Le système McKinsey prévoyait des règles strictes pour clôturer les dossiers : la plupart devaient l'être sous trente jours, une part supplémentaire sous deux mois, et aucun ne devait l'être sous plus de trois mois à moins d'être transmis à l'unité « représentée », ou à la division des fraudes. Tous devaient l'être pour des montants aussi faibles que possible. Rapidité de traitement et économies étaient déterminantes pour les bonus et les promotions. *A contrario*, retards et compensations supérieures au minimum prévu vous garantissaient d'être placé dans la case « siège éjectable » par votre chef.

Tous les lundis matin, Brady et ses collègues se voyaient remettre un rapport sur leurs progrès « 30/60/90 ». Les courbes des avancées de chacun des experts étaient reportées sur un tableau blanc, afin que tous puissent se mesurer les uns aux autres.

Ces derniers savaient que leurs meilleurs alliés pour atteindre leurs objectifs 30/60/90 étaient les assurés pauvres et peu éduqués, ceux qui maîtrisaient mal l'anglais, les personnes âgées qui vivaient des minimums sociaux et ceux qui avaient désespérément besoin d'argent pour pouvoir payer leurs factures. « Dès lors que vous saviez qu'ils tiraient le diable par la queue, ils devenaient une cible idéale », a-t-elle révélé[36]. Il suffisait qu'Allstate leur envoie un chèque inférieur à ce à quoi ils auraient pu prétendre et qu'ils l'encaissent pour que le règlement soit considéré comme accepté. « S'ils encaissaient le chèque, c'était ferme et définitif. C'est un peu effrayant, vous ne trouvez pas ? », s'est indignée Brady.

En définitive, l'objectif était de solder le plus grand nombre de sinistres possible avant même que les demandes d'indemnisation aient été évaluées, et de le faire pour un montant inférieur à celui autorisé.

Alors que du temps du père de Brady, le métier d'expert en sinistre faisait appel à de véritables compétences, il s'était depuis fortement dévalorisé. Avec la mise en place de Colossus qui analysait les centaines de cas de dommages corporels entrés dans le système par des experts comme Brady, c'était l'ordinateur qui crachait une proposition chiffrée d'indemnisation. Cependant, comme elle n'a pas tardé à l'apprendre, le système avait été paramétré de façon à proposer des indemnisations inférieures aux sommes autorisées en théorie. Pire encore, le travail des experts consistait à persuader l'assuré d'accepter une indemnisation encore plus basse que celle proposée par Colossus.

Mark Romano, l'un des responsables des paramétrages de Colossus en faveur de l'assureur, travaillait à Northbrook, dans l'Illinois, au siège de la compagnie[37]. Il a expliqué qu'il pouvait « tourner un bouton dans un sens, pour ainsi dire, et accroître le montant par demande d'indemnisation ou le tourner dans l'autre sens pour faire décroître cette valeur ».

Quand les données sur les indemnités mettaient en lumière une anomalie, Romano se rendait dans les bureaux concernés de la compagnie pour essayer de comprendre de quoi il retournait. Ainsi, lui et ses collègues avaient constaté que les experts en sinistre entraient dans Colossus un nombre inhabituel de blessures ayant entraîné une hernie discale, un type de préjudice donnant lieu à une indemnité bien plus élevée qu'une blessure n'impliquant que les tissus mous, comme l'entorse cervicale. Ses supérieurs ont donc enjoint à Romano de « calibrer » les équipes responsables des demandes d'indemnisation partout dans le pays de façon à réduire le nombre des demandes pour hernie discale « même si cette blessure était avérée par un neurologue, un chirurgien orthopédique, un radiologue ou n'importe quel autre professionnel du corps médical ».

Pour Romano, qui avait déjà de sérieux doutes sur son travail, cela a été, de son propre aveu, « la goutte d'eau qui a fait déborder le vase ». Il avait fait part de ses inquiétudes à propos de Colossus aux avocats d'Allstate qui préparaient une défense dans le cadre d'un recours collectif. Puis il a commencé à avoir de violents maux de tête inexpliqués d'un point de vue médical, au point de devoir être arrêté pour invalidité. À son retour, il a été muté et averti du fait qu'il n'avait pas d'avenir dans l'entreprise. En 2009, il est parti en préretraite. « J'étais devenu un boulet », a-t-il témoigné.

Ses maux de tête ont disparu. L'année suivante, il a rejoint l'opposition : la Consumer Federation of America, où son travail consistait à informer les consommateurs sur la nouvelle réalité du secteur américain de l'assurance.

Pourtant, quand il a commencé à y travailler, du temps où il habitait encore dans sa Floride natale, il voyait cela comme un moyen honorable de gagner sa vie en aidant les gens à surmonter des coups durs financiers. « J'étais fier de ce que je faisais », a-t-il ainsi témoigné.

Au début, a-t-il expliqué, le département des sinistres n'était pas considéré comme un centre de coûts, mais comme un élément consubstantiel de l'entreprise : « C'était essentiellement par ce biais que l'entreprise pouvait interagir avec le client, et ils voulaient donc s'assurer que l'expérience était positive. »

« Au fil du temps, ce département est devenu un centre de profit, pour ainsi dire, alors qu'il n'avait pas du tout vocation à l'être. Et comme je l'ai appris sur le tard, c'est en grande partie la conséquence des programmes mis en place par McKinsey », a-t-il encore rapporté.

Allstate affirme que les tribunaux « n'ont pas identifié de problèmes institutionnels qui auraient entraîné une minoration des indemnités versées » par le système Colossus[38] et soutient que « McKinsey n'a pas été impliqué dans le déploiement de ce système ».

Après des années de bataille juridique, Dale Deer et Jason Aldridge ont tous deux fini par gagner leur procès contre Allstate. Le premier a obtenu 750 000 dollars plus les intérêts, somme que l'assureur a versée en octobre 2007, plus de sept ans après l'accident. L'année suivante, cela a été le tour de Jason Aldridge[39]. Les termes de cet accord sont restés confidentiels.

Chapitre 11

« LES ASTROS D'ENRON »

En ce jour de début avril 2000, à 19 h 08 sous un ciel couvert, Octavio Dotel, un joueur de l'équipe des Astros de Houston, lança la première balle du match, marquant ainsi l'ouverture officielle du nouveau stade de baseball de la ville. Doté du premier toit rétractable de la ligue, d'une immense baie vitrée offrant aux supporters une vue sur les tours de bureaux, d'une butte artificielle avec un mât de drapeau au fond du champ centre que les joueurs devaient contourner les rares fois où les balles parcouraient une telle distance et d'un train faisant le tour du stade en sifflant à chaque homerun, c'était un véritable bijou avant-gardiste.

La température avoisinant les 25°, le toit était resté ouvert, permettant aux 41 000 spectateurs de vivre le baseball comme il se doit, c'est-à-dire à l'air libre[1].

À Houston, le centre sportif n'était pas le seul à se faire remarquer et louer pour son côté audacieux : Enron Corporation aussi attirait les regards admiratifs. Occupant un immeuble de cinquante étages à deux pas du stade, cette entreprise était rapidement devenue la coqueluche de Wall Street en surfant sur un courant ascendant d'articles élogieux et de profits en forte hausse. Elle avait fait sien le nouveau concept à la mode de « destruction créative », qui incite les entreprises à se réinventer périodiquement. D'après cette philosophie expliquée en détail dans le livre largement salué sur Enron, *The Smartest Guys in the Room*, la stabilité et le travail en équipe importaient moins dans un marché qui gratifiait la prise de risque immédiate et non future ; l'individu plutôt que l'entreprise régnaient désormais en maître, les récompenses allant à ceux qui craignaient le moins l'échec, capables de se passer de l'approbation du groupe et d'avoir le courage d'agir[2].

Partant de là, quoi de plus naturel pour cette entreprise innovante, symbole d'un Houston en plein boom, que de vouloir attacher son nom au tout nouveau centre sportif ? Le jour de l'ouverture, les amateurs de baseball ont donc regardé leur premier match depuis les gradins d'Enron Field. Les droits de nommage avaient coûté à Enron 100 millions de dollars, une somme modique pour la septième plus grande société américaine cotée en Bourse[3]. Quelques mois plus tard, le cours de l'action d'Enron atteindrait son niveau record à 90,56 dollars.

Malgré tout, le mariage fit long feu. À la fin de l'année suivante, Enron fit une faillite spectaculaire, la plus importante jusque-là de toute l'histoire des États-Unis. Devenue soudain gênante, toute référence à Enron fut retirée du stade. Deux des dirigeants de l'entreprise furent envoyés en prison, un troisième qui devait les rejoindre décédant juste avant son transfert. Alors que les plans grandioses du négociant en énergie prenaient l'eau, les auditeurs du vénérable cabinet Arthur Andersen furent pris en flagrant délit de destruction de documents liés à Enron, ce qui obligea cette dernière à renoncer à sa licence d'exploitation[4]. Au total, plus de soixante-dix mille personnes – la plupart des employés d'Andersen – perdirent leur travail, tandis que de nombreux employés d'Enron virent leur épargne retraite tout bonnement disparaître[5].

Quant à l'équipe des Astros, elle vécut un autre type de disgrâce : quelques années plus tard, elle fut reconnue coupable de tricherie, ce qui donna lieu au plus grand scandale dans le monde du baseball depuis qu'un siècle plus tôt, les joueurs des White Sox avaient accepté de l'argent pour perdre leur match. Le directeur général et le responsable de terrain des Astros furent licenciés.

Enron et les Astros ont tous deux été victimes de leur hubris, mais également de leur foi aveugle en la toute-puissance de la technologie. Enron s'en est servi pour masquer aux yeux du public des activités frauduleuses qui lui permettaient de déclarer de faux profits et de soutenir le cours de son action, les Astros pour relayer à certains de ses joueurs les mouvements de l'équipe adverse et réduire ainsi les sportifs – et le jeu lui-même – à un ensemble de données sans saveur, altérant ainsi la beauté et le côté spectaculaire du sport le plus apprécié du pays. En un clin d'œil à Enron, un magazine les appela « Les plus malins du *club-house* »[6]. Sa suffisance avait réussi à faire d'elle l'équipe la plus détestée de la Ligue majeure de baseball (MLB).

Enron et les Astros avaient un autre point commun : ils avaient tous deux fait confiance à McKinsey. Les deux entités étaient gérées par un ancien de chez McKinsey aidé d'une écurie de consultants toujours en poste. Après qu'Enron est devenue synonyme de scandale, Paul Krugman, chroniqueur au *New York Times*, a expliqué le rôle joué par McKinsey dans la mort de l'entreprise : « D'autres entreprises ont engagé des gourous du management comme consultants, mais Enron les a, de fait, mis aux manettes… Ils ont créé une entreprise si attrayante que les investisseurs ont été aveuglés, ce qui a permis aux dirigeants de s'en tirer malgré leurs malversations financières », a-t-il écrit[7].

Le titre de son billet : « Morte aux mains d'un gourou ».

McKinsey n'a pas été impliqué dans quoi que ce soit d'illégal, au grand soulagement de son directeur général Rajat Gupta, qui était si inquiet qu'il avait dépêché Jean Molino, l'avocat du cabinet, pour évaluer la situation[8].

À titre personnel, cependant, Rajat Gupta n'a pas été aussi chanceux. Après avoir quitté la firme, il a fait de la prison pour délit d'initié.

Avant Enron, le bureau de Houston de McKinsey n'était rien d'autre qu'une modeste antenne au sein de son vaste empire. On était loin de Paris-sur-le-bayou, mais la ville offrait tout de même aux amateurs de risque l'occasion de tirer profit de son boom économique.

Brillant diplômé de la Harvard Business School, Jeffrey Skilling est de ceux qui ont su saisir cette chance[9]. Après juste trois mois passés dans le bureau de Dallas de McKinsey, il a rejoint celui de Houston pour en devenir le troisième employé et mettre en œuvre sa vision de la manière dont les entreprises du pays devaient être gérées.

Le simple fournisseur de gaz qu'était Enron à l'époque lui a offert cette chance, tout d'abord en tant que consultant, puis en tant que dirigeant, durant ce que McKinsey a appelé « l'aube de l'ère de la dérégulation »[10]. Skilling n'a rien fait de moins que d'entreprendre de réorganiser le secteur du gaz. Convaincu que les profits se trouvaient avant tout dans son négoce et non dans son transport, il a inventé le concept de « banque du gaz » permettant à Enron d'acheter cette matière première pour la revendre, en empochant au passage la différence de prix entre les deux opérations, de la même manière que les banques rémunèrent les dépôts avec de faibles taux d'intérêt et prêtent cet argent à des taux plus élevés.

Il n'a pas fallu longtemps pour que cette ancienne compagnie gazière plan-plan se transforme en une plateforme de négoce éclectique traitant aussi bien de l'électricité que de l'acier, des produits pétrochimiques, des plastiques, de l'eau et du papier[11]. L'entreprise est ainsi devenue un acteur technologique sur un vaste marché. Plusieurs années de suite, un grand magazine financier l'a placée en tête du palmarès des entreprises les plus innovantes des États-Unis. Et avec les 10 millions de dollars d'honoraires que lui fournissait Enron, le bureau de McKinsey de Houston est devenu un centre névralgique tandis que le nombre de consultants y travaillant augmentait rapidement[12].

Les consultants se sont infiltrés dans l'entreprise telle une armée de fourmis charpentières, y restant des semaines, voire des mois. Dans l'histoire du cabinet à usage interne, McKinsey a écrit que l'équipe Enron a travaillé « pendant plusieurs années tant au niveau stratégique qu'opérationnel de l'entreprise »[13]. Un directeur associé de McKinsey assistait même aux réunions du conseil d'administration d'Enron.

Alors que le cours de son action ne cessait de grimper, de plus en plus d'articles élogieux paraissaient à son sujet, souvent rédigés par des consultants du cabinet qui se gardaient bien de dire à leurs lecteurs que leur employeur était payé des dizaines de millions de dollars par cette entreprise dont ils tressaient les lauriers[14]. Évidemment, c'était aussi en contradiction avec les nobles déclarations de la firme selon lesquelles elle ne discuterait jamais des activités d'un client ni des conseils qu'elle lui prodiguait. Le *McKinsey Quarterly* a ainsi fait l'apologie des « prétendus succès et de l'ingéniosité de ce client pas moins de 127 fois » sur une période de six ans[15].

Skilling a propagé au sein d'Enron ses idées apprises chez McKinsey, dont celle relative à l'importance de réduire régulièrement la taille du troupeau à l'aide de la politique « vers le haut ou vers la porte », en vigueur dans le cabinet. Chez Enron, cela se disait « *rank and yank* », soit « promouvoir ou arracher ». McKinsey validait la stratégie de son client, y compris la prise de risque, la titrisation des prêts aux acheteurs de gaz et ses efforts en faveur d'une limitation de son « intensité capitalistique ». Comme expliqué dans le *McKinsey Quarterly*, si Enron est devenu un leader mondial de la production privée d'énergie, c'est « parce qu'elle avait compris que les profits ne dépendaient pas de ses compétences en construction et en exploitation, mais de la structuration des transactions et de la gestion des risques ».

Comme il avait été séduit par le concept de titrisation dès ses débuts chez Enron, en 1990, Skilling s'est mis en quête d'un banquier capable de structurer une telle opération, ce qu'il a trouvé en la personne d'Andrew Fastow de la Continental Bank de Chicago, un pionnier de cette technique[16]. Pour sa part, Fastow ne demandait pas mieux que de s'installer à Houston, la ville natale de sa femme.

Trois décennies plus tard, Fastow s'est remémoré ce moment en ces termes : « C'est pour cela que j'ai été contacté, en particulier pour trouver un moyen de titriser les réserves de gaz et de pétrole »[17].

Fastow a aidé le département de Skilling à monter sa première opération de titrisation, qui s'est soldée par la création d'un véhicule particulier dénommé Cactus permettant à l'entreprise de faire disparaître une partie de sa dette de son bilan comptable[18]. 900 millions de dollars d'emprunts auprès de producteurs de gaz naturel ont été regroupés, titrisés et vendus à des investisseurs, dont General Electric. JEDI, une autre entité hors bilan, a aussi été conçue par Fastow et a associé Enron au système de retraite de la fonction publique de Californie pour lui permettre de trouver des investissements dans le domaine de l'énergie.

Les premières réalisations de Skilling chez Enron lui ont valu les éloges de quatre de ses collègues de McKinsey qui, dans un ouvrage publié en 1999, *Race for the World : Strategies to Build a Great Global Firm*, ont distingué Enron Capital & Trade Resources (ECT), la division responsable des opérations de titrisation qu'il dirigeait. « Grâce à une ingénierie financière habile mettant en œuvre des instruments tels que des swaps de matières premières et des options de gré à gré pour compenser le risque inhérent à chaque contrat, ECT a su se prémunir contre les fluctuations et les pénuries du marché », ont-ils écrit[19].

JEDI n'était que l'un des véhicules financiers spéciaux parmi des centaines créés par Fastow chez Enron pour gonfler les bénéfices tout en dissimulant les pertes, en particulier après qu'il est devenu directeur financier de l'entreprise en 1998. Selon Fastow, aucun consultant McKinsey n'était impliqué dans ses projets.

Pour les dirigeants d'Enron, il était important de veiller à ce que les bénéfices augmentent trimestre après trimestre. Cela les enrichissait énormément tout en validant ce qu'ils faisaient aux yeux des investisseurs. Cependant, comme répondre aux attentes de Wall Street devenait de plus en plus difficile, Enron a commencé à louvoyer, en recourant à toute une série de stratagèmes pour gonfler artificiellement ses bénéfices et dissimuler ses pertes. Mais ses victimes n'étaient pas que des investisseurs ou des banques, c'étaient aussi des consommateurs. Ainsi, lorsque le prix de l'électricité a chuté, Enron a livré moins d'électricité, provoquant des baisses de tension en Californie, le service n'étant pleinement rétabli qu'une fois les prix repartis à la hausse.

S'il est vrai que McKinsey n'a jamais été impliqué dans les activités illégales d'Enron, nombre d'employés de la firme et d'ailleurs se sont demandé comment il était possible que des individus si intelligents n'aient pas compris le danger qu'il y avait pour eux à s'associer aussi étroitement avec une entreprise qui avait du mal à expliquer précisément comment elle gagnait de l'argent. Le fait d'avoir gardé Enron comme client soulevait également des questions sur les compétences des gestionnaires de risques de la firme, une vulnérabilité plusieurs fois manifeste au cours des années suivantes.

Avec le temps, le remarquable succès d'Enron s'est révélé n'être guère plus qu'une illusion. L'entreprise s'est effondrée après que le public a appris que ses finances étaient basées sur « un réseau de partenariats et de projets frauduleux, et non sur les bénéfices déclarés aux investisseurs et au public »[20]. Dans son histoire officielle, McKinsey s'est attribué le beau rôle, en qualifiant cet épisode de « comédie noire dans laquelle la firme joue tout d'abord le conseiller avec la tête sur les épaules avant de s'en faire le défenseur enthousiaste pour finir victime involontaire parmi de nombreuses autres ». « La différence entre Enron et McKinsey, a encore écrit la firme, c'est que McKinsey a des valeurs ».

Mais pour les journalistes économiques chevronnés qui ont autopsié la carcasse d'Enron, ce rôle de « victime » qu'a voulu endosser le cabinet n'était pas crédible. « McKinsey ne s'est pas contenté d'encaisser les chèques ; il croyait pleinement au culte et s'est fait le porte-parole de son évangile », a ainsi écrit Duff McDonald dans son histoire du cabinet[21].

Peu après l'implosion d'Enron, un livre intitulé *Moneyball* est sorti qui racontait comment l'équipe frugale des Oakland Athletics avait été à deux doigts de remporter le championnat en 2002 en prenant des décisions basées sur de l'analyse de données plutôt que sur des croyances non scientifiques transmises par des générations de joueurs de baseball[22]. Devenu un best-seller avant de donner naissance à un film dans lequel figurera Brad Pitt, cet ouvrage a annoncé ce qu'un éminent journaliste sportif a qualifié de plus grand changement dans le baseball professionnel depuis la déségrégation un demi-siècle plus tôt.

Pour McKinsey, la popularité du livre a agi comme un sésame en lui permettant de plus facilement vendre ses capacités analytiques dans le monde du sport. Pour ce faire, la firme a désigné Dan Singer, un diplômé de l'école de management d'Harvard et un champion de niveau national de mots croisés. Singer était responsable de deux secteurs liés au divertissement qui coexistaient plutôt bien, nonobstant quelques frictions : le sport et les jeux d'argent[23].

Depuis plusieurs années, les ligues sportives avaient entamé un timide pas de deux avec l'industrie du jeu, un peu effrayées à l'idée de compromettre l'intégrité des matchs tout en reconnaissant que les paris sportifs intensifiaient l'intérêt du public, en particulier depuis que la technologie donnait accès à une vaste palette de divertissements. L'engouement pour les jeux d'argent illégaux sur Internet, une industrie de plusieurs milliards de dollars, n'avait pas non plus échappé aux entrepreneurs qui ambitionnaient de s'octroyer une part *légale* de ce marché. C'est ainsi qu'est né le sport imaginaire, dans lequel les parieurs misent sur les performances à venir des joueurs lors de matchs réels en s'appuyant sur leurs performances passées. Les sportifs étant généralement issus de plusieurs équipes, il est difficile, voire impossible, de truquer les matchs. Il s'agissait toujours de jeux d'argent, seul le nom changeait.

Les paris sur les équipes sont encore autre chose, et c'est l'une des activités de McKinsey qui est peu discutée. Le cabinet a ainsi conseillé l'un des bookmakers les plus célèbres au monde, William Hill, qui lui a versé ces dernières années près de 40 millions de dollars, selon les registres de la société[24]. Durant cette même période, McKinsey a également perçu 14 millions de dollars d'honoraires de la part de Caesars Entertainment, le géant des casinos. Caesars a fini par racheter William Hill, étendant ses activités de paris mobiles à huit États, avec d'autres en perspective. La firme s'est vantée d'avoir aidé les « principaux opérateurs de casinos » à développer leurs activités grâce à des programmes de fidélisation visant à inciter les parieurs à miser davantage.

Avec son programme dénommé « Responsabilisation des employés en première ligne », elle a notamment recommandé qu'un employé puisse offrir 50 dollars à un joueur prêt à quitter la table de jeu. Les clients « à forte valeur » devaient également pouvoir se voir proposer « des billets pour assister à un concert de Céline Dion et/ou un surclassement de leur chambre d'hôtel » tandis que ceux de moindre valeur pouvaient se voir offrir « leur taxi ou leur navette pour l'aéroport »[25].

Singer a joué un rôle clé dans la réorganisation des sports imaginaires quand leurs pratiques ont été attaquées. Selon sa biographie McKinsey officielle, il a été « conseiller stratégique auprès de sept des dix plus grandes ligues sportives du monde, ainsi qu'auprès de nombreuses équipes sportives, de conférences et d'organismes gouvernementaux »[26]. Il a également conseillé des sociétés de jeux, dont des casinos, des sociétés de paris sportifs et de courses de chevaux et des entreprises d'e-sport.

Même si son nom apparaissait rarement dans les comptes rendus des matchs, ses conseils étaient appréciés des analystes de données qui gagnent leur vie autrement qu'en marquant des points ou des essais.

Par ailleurs, McKinsey a assis son expertise en matière de sciences des données en rachetant QuantumBlack, un petit cabinet de conseil d'élite qui évaluait les athlètes aux États-Unis et en Europe à partir de données chiffrées. L'une de ses spécialités était la prédiction des blessures, à l'évidence un sujet d'intérêt pour les parieurs. Il n'y a aucune preuve que ce genre d'informations leur a été divulgué, mais il est évident que connaître la propension qu'ont certains athlètes à se blesser peut influencer les cotes des paris[27].

D'après la page d'accueil du site de QuantumBlack, l'entreprise aidait une équipe de football à évaluer « la santé de ses joueurs et à identifier les facteurs physiques potentiellement indicateurs de blessures imminentes ». Les bilans menés par QuantumBlack étaient si détaillés qu'ils incluaient même des analyses salivaires. « En nous basant sur des marqueurs médicaux objectifs et sur des informations relatives à des blessures antérieures, nous avons identifié les éléments corrélés à l'apparition d'une blessure aux ischio-jambiers, au haut et au bas de la jambe », expliquait ainsi l'entreprise. Comme pour bien différencier son travail du bavardage spéculatif des analystes sportifs à la radio et à la télévision, l'entreprise indiquait que ses tests historiques à l'aveugle avaient « correctement anticipé 170 blessures musculaires sans impact sur 184 ».

En revanche, elle se montrait moins diserte sur ce qu'elle faisait aux États-Unis.

En septembre 2013, les joueurs de l'équipe de basketball des New York Nicks ont eu la surprise de voir des inconnus prendre des notes lors d'entraînements fermés au public ainsi que lors de leurs déplacements en avion[28]. Le propriétaire de l'équipe, James Dolan, a fini par reconnaître que ces inconnus étaient des consultants de McKinsey et que leurs conseils l'avaient amené à licencier Glen Grunwald, l'entraîneur de l'équipe, après que les Knicks avaient atteint le deuxième tour des séries éliminatoires, une performance jamais égalée depuis. Dolan voulait que McKinsey réorganise l'équipe en mettant l'accent sur la technologie, sans cependant préciser ce qu'il entendait par là.

Le moins que l'on puisse dire, c'est que cela a laissé Dave Hopla, l'entraîneur de tir des Knicks, complètement interloqué, ainsi qu'il en a fait part à *The Athletic* : « Je ne verrais pas d'inconvénient à ce qu'un cabinet de conseil comme Hubie Brown, John Thompson ou un autre dans le genre intervienne, mais pas une société de conseil qui envoie une fille du MIT et un gars de Stanford qui n'y connaissent absolument rien au basketball »[29]. Durant toute une période, les entraîneurs ont reçu l'ordre de ne pas regarder les films des matchs avec les joueurs et de remplir à la place des rapports détaillés sur les performances et les attitudes de ces derniers. Hopla était tellement frustré par ce qu'il considérait comme un exercice sans intérêt, qu'un jour il déposa ses rapports dans les toilettes pour hommes, où il pensait qu'ils avaient leur place, plutôt que sur le bureau du consultant de McKinsey. Cette saison-là, les Knicks ratèrent les séries éliminatoires d'un match, ce qui se reproduisit jusqu'en 2021, où ils s'inclinèrent dès le premier tour.

D'anciens employés de QuantumBlack ont confié aux auteurs de ce livre qu'ils utilisaient en secret les informations médicales de l'équipe pour prédire les blessures au bas du corps. « On n'en parlait pas du tout en dehors de l'équipe qui travaillait directement avec le médecin des sportifs », a témoigné un ancien consultant. « Ils ne voulaient pas que les joueurs l'apprennent ». Toujours selon ce consultant, le fait qu'un joueur soit identifié comme susceptible de se blesser pouvait avoir une incidence sur les négociations concernant son contrat. Nul doute que si les joueurs avaient su tout ce que McKinsey faisait, les dissensions au sein de l'équipe, mais aussi de la ligue dans son ensemble, auraient pu être bien plus sévères.

Les conclusions de ces analyses n'ont eu en définitive qu'une valeur marginale, mais elles ont mis en évidence un souci latent sur la question de savoir qui des propriétaires du club ou des joueurs les médecins de l'équipe sont censés servir. La vive controverse qui a surgi au sein de la National Football League quand des médecins du sport ont minoré des preuves concrètes de lésion cérébrale permanente suite au traumatisme crânien d'un joueur en a été une parfaite illustration.

En revanche, McKinsey a joué un rôle considérable auprès d'une équipe de la ligue majeure de baseball, celle des Astros de Houston pour ne pas la nommer. La toute dernière génération d'équipement vidéo permettant de produire des quantités massives de données extrêmement fines sur chaque lancer et balle frappée, des certitudes bien ancrées sur la manière de gagner un match se trouvaient remises en question. Désormais, les batteurs devaient modifier le plan de leur frappe pour produire plus de homeruns que de flèches. Les lanceurs devaient, quant à eux, favoriser les balles courbes au détriment des plongeantes et les balles rapides à quatre coutures haut dans la zone de prise plutôt que celles envoyées au niveau des genoux du batteur. Pour les analystes les plus pointus du baseball, le jeu tout entier pouvait se réduire à des chiffres débarrassés de tout sentiment, d'émotion ou même, comme cela s'est avéré, d'éthique.

La question derrière tout cela est de savoir à quel moment l'analyse des données passe de l'aide aux athlètes pour améliorer leur jeu à la déshumanisation de leur sport, une interrogation en grande partie nourrie par ce qu'un dénommé Jeff Luhnow – un ancien consultant de McKinsey – était en train de faire à Houston.

Diplômé de la Wharton School et titulaire d'un MBA de Northwestern, Luhnow s'intéressait au baseball et aux statistiques sans pour autant aspirer à travailler dans le sport. Durant ses cinq années chez McKinsey, il avait notamment travaillé pour Allstate, un client par ailleurs largement décrié[30]. Comme il n'était à l'époque qu'un consultant junior, il est peu probable qu'il ait participé à la conception du système mis en place chez l'assureur, mais l'on ne peut s'empêcher de se demander quelles leçons il a pu tirer de cette expérience.

Et puis *Moneyball* est sorti et a piqué sa curiosité tout en incitant les Cardinals de Saint-Louis à réformer le fonctionnement de leur équipe de baseball. Avec l'aide d'un ancien collègue de McKinsey – le beau-fils du propriétaire des Cardinals –, Luhnow a décroché un emploi en tant que vice-président de l'équipe responsable de la prospection et du développement des joueurs, un poste étonnamment important pour un nouveau venu sans expérience formelle dans le monde du baseball.

Luhnow a vite montré son intérêt pour l'analyse de données en embauchant Sig Mejdal, un ancien croupier blackjack qui avait également travaillé en tant qu'ingénieur pour Lockheed Martin et la NASA et qui avait décidé de changer de métier à la lecture de *Moneyball*[31]. De fait, sa conception du baseball moderne est aux antipodes de celle d'un Stengel ou d'un Yogi Berra : « Vous aurez besoin d'une base de données et d'individus avec des compétences en base de données, vous aurez besoin de serveurs et d'analystes et puis vous aurez besoin d'analystes ou autres capables de présenter les résultats aux décideurs »[32].

L'arrivée de Luhnow n'a pas plu aux traditionalistes. Dans son dos, les employés des Cardinals le surnommaient « Harry Potter » ou « le comptable ». Malgré tout, Luhnow a considérablement amélioré la qualité des joueurs recrutés par les Cardinals et s'est imposé comme un révolutionnaire dans le monde du baseball.

La croyance de Luhnow dans le pouvoir magique des chiffres a fini par attirer l'attention des Astros de Houston. Comme eux aussi voulaient davantage faire appel aux analyses de données, ils l'ont embauché au poste de directeur général, le plus important dans un club de baseball. Son mandat : définir la mission de l'équipe, prendre les décisions difficiles, mais nécessaires et veiller à ce que tout le monde œuvre dans le sens des principes directeurs de l'équipe. Lesquels étaient, tout simplement, de gagner.

Luhnow a emmené Mejdal, le scientifique de la NASA, avec lui. Brandon Taubman, un banquier d'affaires avec la bosse des maths, a également été engagé très tôt. Lui non plus n'avait aucune expérience dans le baseball, mais il pensait qu'il devait y avoir moyen de choisir les joueurs et la stratégie en cours de match de manière plus rationnelle. Taubman sera promu quatre fois en cinq ans, jusqu'à devenir directeur général adjoint et bras droit de Luhnow, tandis que d'autres scientifiques rejoindront l'entreprise, eux non plus pas vraiment du genre à chiquer du tabac, contrairement aux joueurs.

Luhnow a pris la direction du club imprégné de la philosophie de son ancien employeur McKinsey pour lequel dégager toujours plus de profits est l'alpha et l'oméga de toute mesure du succès, lui-même garantit par une utilisation intensive de l'analyse de données. À propos de cette dernière, Dominic Barton, l'ancien directeur général du cabinet, a déclaré : « Cela peut nous servir à nous assurer que nous recrutons les bonnes personnes. Cela nous permet aussi de mieux anticiper qui nous quittera ou de savoir qui crée de la valeur au sein de la firme. On peut faire des analyses bien plus fines. Le domaine de l'analyse de données autour des personnes a complètement changé »[33].

Comme beaucoup de ses anciens collègues consultants, Luhnow était adepte du concept de « disruption », un terme de plus en plus utilisé pour décrire les changements systémiques, et se disait désireux d'être à « l'avant-garde » de ce changement. Pour cela, il n'a pas fait qu'appliquer les enseignements de son ancien employeur, il a fait appel à lui pour accompagner les Astros sur cette nouvelle voie. Avec, pour conséquence, toujours plus de diplômés des universités d'élite du pays pour expliquer à des professionnels comment jouer.

Tout comme avec Enron, le *McKinsey Quarterly* s'est largement fait l'écho de ces transformations. Dans une interview en deux parties avec Luhnow, le *Quarterly* se proposait de montrer « comment l'analyse de données, l'organisation et la culture se combinent pour créer un avantage compétitif dans une industrie à somme nulle ». Autrement dit, si vous n'avez pas gagné, c'est que vous avez perdu. La publication ne faisait pas mention du fait que les Astros étaient un des clients de McKinsey. Luhnow a expliqué au journaliste ce qu'allait être le futur du baseball[34] :

> Le big data combiné à l'intelligence artificielle, un sujet jusqu'ici à peine effleuré, va bouleverser le baseball. C'est un domaine que je considère comme hautement sensible, donc je n'en discute pas face à mes concurrents. Sachez que nous investissons énormément dans cette question et que je pense que nous ne sommes pas les seuls à le faire parmi tous les clubs de baseball. Il y a quantité d'informations à saisir. Aujourd'hui, il y a des radars et de la vidéo sur chaque terrain d'entraînement, non seulement chez les équipes de la Ligue majeure, mais aussi chez celles de la Ligue mineure et des universités et même, cela commence, dans les lycées. À tout moment, nous savons ce que chaque joueur fait sur le terrain. À tout moment, nous suivons les mouvements de la batte et de la balle.

Le baseball est une activité commerciale et, comme l'a noté le *McKinsey Quarterly*, « à ce titre, son but, c'est de gagner ». En tout cas, c'est ce que Jeff Luhnow voulait. « Si nous ne commettons pas quelques erreurs en chemin, c'est que nous ne sommes pas assez agressifs », a-t-il également précisé.

La fascination de Luhnow pour les chiffres s'étendait à l'étude des corps des joueurs et à leur propension à se blesser, une spécialité de la filiale QuantumBlack de McKinsey qui travaillait également pour les Astros. « Nous mesurons régulièrement les asymétries dans les corps des joueurs, parce qu'elles sont souvent source de blessures », a expliqué Luhnow à deux cents personnes au Singh Center for Nanotechnology de l'université de Pennsylvanie. « Nous avons besoin de pouvoir anticiper les blessures plutôt que d'attendre qu'elles se produisent pour réagir ». Combiner médecine du sport et technologie est intéressant, car cela permet de « maximiser les performances des joueurs »[35].

Bientôt, une autre méthode pour améliorer la performance des joueurs serait dévoilée, mais cette fois, non pas par les Astros, mais par les médias. Et celle-ci coûtera leur emploi à trois directeurs de terrain de ligue majeure et à un directeur général – Luhnow.

Par une chaude soirée de septembre 2017, à Houston, le lanceur des White Sox Danny Farquhar s'est positionné sur le monticule dans le but de protéger l'avance de 3 à 1 de son équipe sur celle des Astros. Les deux équipes évoluaient dans des directions opposées. Les Sox étaient en train de se reconstruire, tandis que les Astros volaient vers une saison victorieuse, avec un total de cent un points.

Le toit rétractable du Minute Maid Park, ex-Enron Field, était fermé et comme le stade était à peine plus qu'à moitié plein, le son voyageait bien, un fait qui allait devenir important pour la suite.

Dans la huitième manche, Evan Gattis, de l'équipe des Astros, est entré dans la boîte du frappeur. « On entendait des coups depuis l'abri des joueurs, un peu comme si une batte frappait le rack à chaque signal annonçant un changeup* »,

* NdT : type de lancer. Au baseball, cette technique est enseignée avant le lancer plus complexe de la balle courbe (source : Wikipédia).

a raconté Farquhar. « Après le troisième, je me suis retiré. J'avais beau lancer de très bons changeups, ça ne passait pas. Après le troisième coup, je me suis retiré. »[36]

Farquhar s'est dit que quelqu'un devait se servir des coups donnés sur le rack comme signal au batteur pour lui indiquer à quoi s'attendre en termes de lancer. Il est courant et tout à fait légal d'essayer de deviner les signaux utilisés par l'équipe adverse depuis la deuxième base, sauf que dans ce cas-ci aucun coureur n'y était positionné.

Prêt à lancer la balle en position de « stretch », Farquhar s'est brusquement interrompu pour aller conférer avec le receveur et convenir de signaux plus complexes. Un autre changeup fut signalé, cette fois-ci sans déclencher de bruit sourd sur le rack. Par la suite, le récit de Farquhar a été confirmé par une vidéo publiée sur Internet par Jomboy Media Corp.

N'importe qui aurait pu visionner la vidéo ou enquêter. Mais personne ne l'a fait. Farquhar était furieux qu'aucun journaliste couvrant le match ne lui ait demandé ce qui s'était passé. Les Astros ont ensuite remporté la Série mondiale, une première victoire historique pour la franchise, dans ce que le *Washington Post* a appelé « le moment où le mouvement analytique a conquis le jeu pour de bon »[37].

En 2018, d'autres incidents inquiétants se produisirent impliquant l'équipe de Houston, l'un des plus graves lors du troisième match des séries éliminatoires contre les Cleveland Indians.

Aucune équipe n'avait passé autant d'années que celle de Cleveland sans remporter la Série mondiale. Deux ans plus tôt, les Cubs de Chicago les avaient battus en prolongation lors du septième et dernier match du championnat. Dix-neuf ans auparavant, Cleveland était devenue la première équipe à perdre, encore une fois en prolongation, alors qu'ils avaient l'avantage dans la neuvième manche du septième match.

Cependant, Cleveland, la malchanceuse avec son économie sinistrée, ses écoles déplorables et son gouvernement corrompu, voulait croire que 2018 lui permettrait de briser la malédiction et de retrouver sa fierté. Les Indians était une grande équipe ; avec vingt-deux victoires consécutives l'année précédente, ils avaient non seulement battu le record de la Ligue américaine, mais ils disposaient également d'un atout maître en la personne de Corey Kluber, lauréat du Cy Young Award du meilleur lanceur de la ligue.

Les choses en étaient là en 2018 quand Cleveland a affronté Houston dans les séries éliminatoires en cinq manches. Les deux premiers matchs se sont déroulés à Houston, et Cleveland les a tous les deux perdus. Le troisième devait se dérouler dans leur stade. Pour Cleveland, ce serait une victoire ou une élimination directe.

C'est alors qu'une chose étrange s'est produite. Un homme avec un badge de l'équipe de Houston a accédé sans autorisation à l'espace réservé aux caméras des médias, juste à côté de l'abri des Indians. Une fois à l'intérieur, il a utilisé son téléphone portable pour enregistrer subrepticement les activités dans l'abri des joueurs. Cet acte effronté a surpris Andre Knott, un journaliste de terrain chevronné qui couvre les matchs des Indians. « J'ai regardé son badge et je me suis demandé ce que quelqu'un des Astros de Houston faisait ici », a-t-il raconté[38].

Était-ce pour espionner Brad Mills, l'instructeur de banc, et comprendre les signaux qu'il utilisait pour communiquer avec ses joueurs ou pour voir les couples lanceurs-frappeurs que Terry Francona, l'entraîneur principal, avait scotchées sur le mur de l'abri ?

Knott avait trouvé le comportement de l'homme si inhabituel qu'il l'avait pris en photo en pleine action puis avait envoyé le cliché aux responsables des Indians qui, à leur tour, avaient averti la sécurité de la MLB. L'espion, identifié comme étant Kyle McLaughlin, avait été escorté hors du terrain et son badge d'accès lui avait été confisqué. Selon un des dirigeants de l'équipe des Indians, Houston aurait de nouveau tenté de les espionner durant le match[39].

Lorsque la rumeur de cet incident s'est répandue dans l'abri des Indians, les joueurs ont été furieux. Cela confirmait leurs soupçons – et ceux d'autres équipes – que les Astros étaient prêts à tout pour gagner.

En effet, quand ils affrontaient les Astros, leurs adversaires disaient qu'ils entendaient parfois des sifflets, des claquements de main ou des bruits sourds avant les lancers, une possible indication à l'équipe adverse du coup en préparation. Après le premier match de Cleveland à Houston, Corey Kluber et son receveur Yan Gomes ont confié à leurs coéquipiers qu'ils étaient choqués qu'aucun n'ait frappé le meilleur lancer de Kluber, une balle glissante fulgurante. Pas du genre à se chercher des excuses ou à se plaindre, Kluber a déclaré en privé qu'il n'avait jamais vu de batteurs ne pas renvoyer ses balles glissantes[40].

Cleveland a perdu le dernier match et a été éliminée. Plus tard, répondant à la question de savoir pourquoi Houston avait gagné, Mike Clevinger, le lanceur des Indians, a déclaré : « Je vais vous répondre en deux mots. Si l'on considère le côté analytique des choses, nous nous sommes en quelque sorte retrouvés… dos au mur avant cette série. »[41] Au cours des semaines suivantes, son commentaire cryptique a alimenté bon nombre de discussions. Ce qu'il voulait dire, a expliqué Knott, c'est que les Astros trichaient, ce que plusieurs autres équipes de la ligue soupçonnaient déjà. En fait, durant le match, Clevinger avait dû être maîtrisé tandis qu'il hurlait à la face d'un joueur des Astros : « On sait que vous trichez ! »[42]

Les Indians ont déposé plainte auprès de la MLB et prévenu les prochains opposants des Astros, les Boston Red Sox. Et à juste titre. Durant leur premier match, l'équipe de Boston a surpris Kyle McLaughlin, l'employé des Astros, en train de faire la même chose qu'à Cleveland.

La MLB a mené son enquête sur les deux incidents et publié un communiqué exonérant Houston : « Une enquête approfondie a conclu qu'un employé des Astros suivait de près ce qui se passait sur le terrain pour s'assurer que le club adverse ne violait pas les règles. » Sans plus de détails.

Peu de gens ont cru à ces explications. Pour Knott, c'était « du pipeau ». Paul Hoynes, un journaliste qui n'a pas l'habitude de mâcher ses mots et qui suivait les Indians depuis trente ans a déclaré : « Non, je n'y crois pas. Je suis stupéfait que cela n'ait eu aucune conséquence »[43]. Ce à quoi il a ajouté que c'était vraiment dommage étant donné que ces incidents ne présageaient rien de bon.

Les Astros n'ont pas démordu de leur version des faits. « Nous étions sur la défensive, pas dans l'offensive. Nous voulions être sûrs que nous étions tous sur un pied d'égalité », a ainsi déclaré Luhnow[44].

Si l'enquête de la MLB n'a pas été aussi diligente qu'elle le prétend, c'est que leurs enquêteurs n'ont pas parlé aux bonnes personnes, ou n'ont pas posé les bonnes questions. Le règlement de la ligue interdit l'utilisation d'appareils électroniques durant les matchs pour « dérober » des signaux alors que Ken Rosenthal et Evan Drellich du journal *The Athletic* ont découvert par la suite qu'un des dirigeants des Astros avait envoyé au mois d'août 2017 un email à des scouts* les *encourageant* à voler ces signaux, qui plus est à l'aide d'appareils photo si nécessaire :

> L'une des choses que nous essayons de faire est de repérer les signaux qui viennent de l'abri. Nous cherchons à savoir ce que nous pouvons voir, comment nous pouvons enregistrer les choses, si nous avons besoin d'appareils photo ou de jumelles, etc. Alors, allez au match, voyez ce que vous pouvez (ou ne pouvez pas) faire et faites-nous part de vos conclusions[45].

Une année plus tard, Kyle McLaughlin de l'équipe de Houston a visé avec son appareil photo – sans être pénalisé – l'intérieur des abris des équipes de Cleveland et de Boston durant les matchs éliminatoires, le moment crucial du championnat.

Les Astros ont de nouveau remporté le championnat en 2019. Mais durant la fête tapageuse qui a suivi la victoire, leur image soigneusement orchestrée d'équipe la plus

---

* NdT : un scout de baseball travaille comme recruteur pour le compte de l'équipe qui l'emploie. Ces agents parcourent le pays pour observer et évaluer les joueurs de baseball afin de déterminer si leurs talents et leurs compétences leur permettent de travailler pour l'organisation qu'ils représentent.

intelligente et la plus coriace des majors a commencé à se fissurer. Cela a commencé lorsque Brandon Taubman, l'ex-banquier devenu directeur général adjoint, a fait part de son mépris à l'égard de tous ceux qui avaient été assez stupides pour douter de la perspicacité de Luhnow quand ce dernier avait échangé un de ses joueurs contre Roberto Osuna, un lanceur de relève hors pair, alors suspendu pendant soixante-quinze matchs pour violences domestiques.

« Dieu merci, nous avons obtenu Osuna. Je suis vraiment content de ça », s'est écrié Taubman dans le vestiaire à l'attention de trois journalistes femmes, dont une qui portait un bracelet de sensibilisation aux violences domestiques. Taubman a réitéré son propos six fois[46].

Selon Ben Lindbergh et Travis Sawchik, les auteurs de *The MVP Machine*, la plupart des employés du club au contact du public s'étaient élevés contre cet échange, mais « Luhnow... avait foncé tête baissée sans tenir compte de leur avis », avec le soutien du propriétaire des Astros, Jim Crane[47]. Alors que d'autres équipes avaient préféré laisser passer l'opportunité de récupérer Osuna, la culture de la gagne de Luhnow, sans considération pour la moralité de ses actions – une attitude retrouvée parfois aussi chez les consultants McKinsey – plaçait les Astros à part. Il a suffi que les chiffres parlent en faveur de l'embauche du lanceur pour que la décision soit prise. Déjà avant, Luhnow avait dû être dissuadé d'engager un pédophile condamné.

Après une avalanche de critiques, les Astros ont renvoyé Taubman, puis l'équipe a perdu la Série mondiale contre les Washington Nationals. Mais ce n'était pas la pire des mauvaises nouvelles. Ken Rosenthal et Evan Drellich de *The Athletic* ont révélé que Houston avait triché pour gagner des matchs. En violation des règles de la ligue, l'équipe s'était servie d'une vidéo en direct pour décoder les signaux du receveur qu'elle communiquait aux batteurs en frappant sur une poubelle dans le tunnel donnant sur l'abri des joueurs.

La MLB mena de nouveau une enquête et conclut cette fois que ce vol de signaux avait eu lieu tout au long de l'année 2017 – y compris au cours de la Série mondiale et du match qui avait opposé les Astros aux Dodgers en 2018. Rob Manfred, un commissaire de la MLB suspendit Luhnow et l'entraîneur de l'équipe A. J. Hinch. Bien que Luhnow ait prétendu ignorer l'existence des tricheries, « des preuves documentaires et des témoignages attestent qu'il était dans une certaine mesure au courant de ce qui se passait », a écrit Manfred[48]. Et si Hinch n'approuvait pas le procédé, il n'a rien fait pour y mettre fin. Peu après l'annonce de leur suspension, ils ont tous deux été licenciés, de même que deux entraîneurs au courant de la tricherie du temps où ils travaillaient pour les Astros.

Les conclusions les plus accablantes du rapport ne concernaient pas la tricherie en soi, mais ce qui se passe quand une obsession pour l'analyse chiffrée dans le seul but de gagner prend le dessus sur tout le reste :

> Il est très clair pour moi que la culture du département des opérations de la franchise, qui se manifeste dans la façon dont ses employés sont traités, dans ses relations avec les autres clubs, les médias et les parties prenantes externes, a été très problématique. Selon moi, cette culture insulaire qui valorisait et récompensait les résultats au mépris de toute autre considération, associée à un personnel qui manquait souvent de direction ou de supervision, a conduit, au moins en partie, à l'incident Brandon Taubman... puis au développement d'une culture propice au type de comportement décrit dans le présent rapport.

Le nom de McKinsey n'apparaissait pas dans le rapport de Manfred et rien n'indiquait que la firme était liée au scandale. Cependant, le rôle qu'elle a joué dans le façonnage de la culture des Astros est indéniable. Comme l'a noté un journaliste confirmé spécialiste du baseball dans *The Athletic*, « les Astros n'ont pas engagé McKinsey pour analyser les ventes de billets, les concessions ou le merchandising. Ils voulaient que le cabinet se penche sur les opérations du baseball et rien d'autre, avec la volonté de révéler la partie la plus essentielle au cœur de l'équipe à des personnes totalement extérieures ».

Mejdal, l'ancien cadre dirigeant des Astros, a déclaré dans un entretien que le travail de McKinsey n'avait pas eu autant d'importance que certains le pensaient. « Globalement, ils ont étudié nos processus, la façon dont nous développons les joueurs, l'infrastructure de nos systèmes de données et de sauvegarde, l'organisation de notre front office, des choses comme ça »[49]. Mejdal n'a pas été impliqué dans le scandale de la tricherie et travaille à présent pour les Orioles de Baltimore.

Un individu connecté au monde du baseball a affirmé que McKinsey s'était servi de ses liens avec les Astros avant tout pour impressionner ses clients et ses prospects plutôt que pour empocher de conséquents honoraires. Ce qui est certain, c'est que la manière dont Luhnow a dirigé le club n'a pas donné une bonne image du cabinet ni même des leçons qu'il a pu apprendre de son ancien employeur. S'il n'avait pas été débarqué, le commissaire de la MLB lui aurait ordonné de suivre « une formation sur la direction d'équipe pour s'assurer que des incidents du type de ceux que décrit le rapport ne se reproduisent pas à l'avenir ».

Plutôt que de mettre fin à la controverse, le rapport du commissaire en a créé une nouvelle. Les joueurs qui avaient joué et perdu contre Houston, y compris les plus discrets et les mieux connus du public, se sont amèrement plaints qu'aucun membre de l'équipe des Astros n'ait eu à souffrir de sanctions disciplinaires. Les Astros ont conservé leur titre de champion de la Série mondiale et José Altuve, leur joueur râblé de deuxième base, celui de Joueur par excellence de la Ligue américaine.

« Le mépris pour les Astros est profond – et cela ne date pas de cet incident. La jalousie en explique une partie, l'arrogance de l'équipe faisant le reste. Les Astros se sont présentés comme des disrupteurs et se sont délectés de l'agitation qu'ils suscitaient », a écrit Jeff Passan d'ESPN[50].

Le scandale n'a pas fait qu'affecter la fierté des joueurs, il a eu des répercussions sur leurs moyens de subsistance.

« C'est triste pour le baseball. Des carrières ont été touchées. Beaucoup de gens ont perdu leur boulot », a déclaré Mike Trout, le meilleur et le plus consensuel des joueurs de baseball[51].

La tricherie a nui aux jeunes lanceurs qui se sont battus pour continuer à faire partie des équipes de la MLB après des sorties médiocres. Elle a aussi sans doute empêché la star des Yankees, Aaron Judge, de remporter le titre de Joueur par excellence et les revenus associés. « Le baseball a perdu son âme sous l'effet d'une technocratie de plus en plus omniprésente. Ce qui est arrivé avec les Astros est le coup de semonce annonciateur de ce qui peut se passer quand les choses vont trop loin », a conclu le journaliste sportif chevronné Tom Verducci[52].

La révolution analytique de l'équipe de Houston a sapé deux des piliers traditionnels du jeu – les scouts et la Ligue mineure de baseball. Les Astros ont vidé de leur substance leur équipe de dénicheurs de nouveaux talents (les scouts) en donnant aux chiffres priorité sur l'observation humaine. Et cela a aidé Houston à éliminer des dizaines d'équipes de Ligue mineure qui constituent souvent le cœur économique et social des petites villes américaines, ainsi que la porte d'entrée par laquelle des générations de jeunes ont développé un intérêt durable pour le jeu.

Il est difficile de dire dans quelle mesure McKinsey a pu contribuer à ces décisions, mais cela n'a été un secret pour personne que le cabinet a rencontré les recruteurs des Astros, dont certains savaient à peine ce que faisait la firme. À la demande du commissaire Manfred, McKinsey a également entrepris un examen « complet » de la MLB avec, pour conséquences, des changements dans la structure et le personnel de la ligue[53].

L'étude des données a conduit les lanceurs à accroître la vitesse de rotation de la balle pour produire plus de mouvements, les batteurs à réussir plus de homeruns et les joueurs défensifs à se repositionner pour étouffer les coups sûrs. En revanche, ce qu'elle n'a pas réussi à faire, c'est trouver un moyen d'attirer plus de monde au stade. L'affluence aux matchs de la Ligue majeure a chuté au cours de six des sept dernières années précédant la crise du Covid. Et les chroniqueurs sportifs qui, il y a peu encore, portaient l'analyse de données aux nues se demandent maintenant si cela ne rend tout de même pas le jeu moins intéressant. En effet, aujourd'hui, le baseball met l'accent sur les homeruns et sur les retraits sur prise plutôt que sur les lanceurs qui réalisent des matchs complets ou des coureurs qui progressent de la première base à la troisième sur des simples.

Un consultant de McKinsey a ainsi déploré l'approche de Luhnow consistant à « éviscérer » la main-d'œuvre mal payée des équipes de la Ligue mineure au profit d'une industrie multimilliardaire.

Entre-temps, McKinsey, reconnaissant qu'elle avait enfourché le mauvais cheval, a retiré l'article qui vantait « les capacités analytiques, l'organisation et la culture » de Luhnow. Et plutôt que de confesser son erreur de jugement, le *McKinsey Quarterly* a offert une piètre explication décorrélée de tout fait : « L'article "Comment les Astros de Houston l'emportent grâce à l'analyse poussée des données" a été retiré à la lumière de développements ultérieurs suggérant que des facteurs autres que l'analyse des données ont contribué de manière significative aux victoires des Astros ».

Autrement dit, les Astros avaient triché.

Chapitre 12

« Matraquer les phoques »

La débâcle sud-africaine

Formé dans un pensionnat d'élite situé sur les contreforts boisés de l'Himalaya, Vikas Sagar s'est très tôt vu inculquer les mêmes valeurs que celles que McKinsey épouse ostensiblement : la justice sociale, l'égalité et le leadership[1]. Son établissement éducatif, l'un des plus anciens et prestigieux d'Asie, attendait de ses élèves qu'ils se conforment à la devise inscrite à son fronton : « Ne jamais capituler ». Et comme pour faire allégeance à cette devise, certains étudiants escaladaient l'Everest[2].

Des années plus tard, toujours armé de cet état d'esprit, Sagar a rejoint le bureau de Johannesburg de McKinsey en tant que consultant. Il courait. Il nageait. Il faisait du vélo[3]. McKinsey estime les athlètes pour leur capacité à endurer de longues heures de travail et de déplacements professionnels et à encaisser un manque de sommeil. De ce point de vue, Sagar correspondait tout à fait à ce que le cabinet recherchait.

Par d'autres côtés, il était cependant différent. Son exubérance – il était prompt à serrer n'importe qui ou presque dans ses bras – dénotait dans cette entreprise définie par les chiffres, les feuilles de calcul et les présentations PowerPoint[4]. Bianca Goodson, dirigeante dans une petite société de conseil, se souvient bien de lui. Selon elle, un soir, après une réunion qui s'était éternisée dans le bureau de Johannesburg, Sagar s'était brusquement mis à danser sur la table, sans que personne s'en étonne[5].

Étant donné qu'il était populaire et agréable à fréquenter, il était apprécié des clients et n'avait aucun mal à ramener de nouvelles missions. Il impressionna ainsi si bien ses supérieurs, qu'il fut propulsé dans la hiérarchie, tout d'abord comme directeur associé, puis comme directeur associé senior[6] avec un salaire de base annuel d'au moins 1 million de dollars, hors bonus[7].

Il faut dire qu'il avait rejoint le bureau de Johannesburg à un moment opportun[8]. L'Afrique du Sud était en train d'ouvrir son portefeuille à McKinsey et la firme dépensait cet argent sans compter. Elle avait ainsi emménagé dans d'élégants locaux situés dans des tours jumelles en verre reliées par une passerelle. Le vendredi, ceux des employés qui n'avaient pas déjà été conviés à des dîners où le bon vin coulait à flots avaient droit à des apéritifs à volonté. L'un des associés conduisait une Ferrari jaune, d'autres des Porsche ou des BMW.

Il n'a pas fallu longtemps pour que les représentants du gouvernement dont dépendait McKinsey pour ses missions se demandent quand viendrait leur tour de goûter à tout ce luxe[9].

Du temps de l'apartheid, l'Afrique du Sud était soumise à un embargo commercial imposé par les Nations unies pour faire pression sur le pays afin qu'il abandonne sa politique raciste[10]. L'Afrique du Sud jouissant d'une économie développée et de nombreuses ressources naturelles, dont des diamants, de l'or, du charbon et du platine, l'envie de briser l'embargo était grande et McKinsey faillit succomber à la tentation, quand, trois ans avant l'abolition de l'apartheid, la Standard Bank of South Africa l'avait sollicité[11]. Intrigué, le cabinet avait dépêché une équipe à Johannesburg, pour tâter le terrain. En même temps, consciente des dommages que cela pourrait causer à sa réputation, la firme avait sollicité l'avis de Susan Rice, une nouvelle recrue appelée à devenir la conseillère à la sécurité nationale de Barack Obama. En définitive, McKinsey avait préféré décliner l'offre de la banque[12].

Des années après, le directeur associé senior David Fine, un Blanc d'Afrique du Sud, évoquera avec fierté le refus de la firme de traiter avec les entreprises nationales tant que des élections multiraciales ne seraient pas organisées[13]. Quand enfin cela arriva en 1994, les consultants de la firme se vantèrent de contribuer à la renaissance du pays[14].

Malgré tout, travailler en Afrique du Sud n'était pas aussi simple que d'aider Allstate à vendre plus de contrats d'assurance ou Philip Morris plus de cigarettes.

L'African National Congress, le parti de Nelson Mandela, avait décidé que le pays avait besoin d'un gouvernement central fort pour transformer la société, une approche qui plaçait un lourd fardeau sur les épaules d'un État dépourvu de tradition démocratique et dont le système judiciaire n'avait pas encore été éprouvé[15]. Le fait que McKinsey ait bâti sa réputation en conseillant des entreprises plutôt que des gouvernements n'a pas non plus aidé.

Depuis qu'en 1970 un journal avait révélé que la firme avait tiré profit de contrats passés avec la ville de New York alors que l'un de ses associés travaillait gracieusement pour le compte du département du budget, McKinsey considérait tout travail pour des agences gouvernementales avec méfiance[16]. À l'époque, New York avait réagi en suspendant le paiement de 1 million de dollars au cabinet de conseil[17]. La ville n'avait pas porté plainte[18] et avait même fini par débloquer les fonds[19], mais McKinsey avait retenu sa leçon : servir le secteur public signifiait davantage de contrôles et un risque accru d'écorner sa réputation.

Au fil des années, le cabinet avait cependant commencé à mettre de l'eau dans son vin, conscient que pour continuer à régner sur le monde du conseil en management, il lui faudrait élargir sa clientèle. Arrivées les années 2000, la firme avait largement réinvesti le secteur public et non seulement aux États-Unis, mais dans le monde entier.

En Afrique du Sud, elle se persuada qu'elle n'avait pas d'autre choix que de travailler avec le gouvernement et d'assumer les risques associés. « Si vous voulez compter dans un pays comme l'Afrique du Sud, vous ne pouvez pas ne pas travailler avec le secteur public », expliqua ainsi l'ex-directeur du bureau de Johannesburg[20].

Cependant, les premières impressions positives liées au sentiment de bien faire en aidant les Noirs d'Afrique du Sud se sont rapidement dissoutes quand il devint clair que la vision de Nelson Mandela d'une nation plus juste et humaine allait être foulée aux pieds par la corruption et la violence endémiques au sein de l'ANC[21]. Après qu'il a été révélé qu'il allait empocher 10 millions de dollars par le biais d'un contrat public, Smuts Ngonyama, le porte-parole national de l'ANC, n'a rien trouvé de mieux à dire que : « Je n'ai pas rejoint le combat pour être pauvre »[22].

De leur côté, les entreprises occidentales n'étaient pas que de simples spectatrices innocentes.

Ainsi, Bell Pottinger, l'une des agences de relations publiques les plus influentes de Londres, n'a pas hésité à souffler sur les braises de la discorde raciale rien que dans le but de détourner l'attention des contrats publics entachés d'irrégularité d'un de ses clients corrompus[23]. Pour cela, les attachés de presse ont créé de faux comptes Twitter pour attiser la colère autour de l'idée de « monopolisation du capital par les Blancs » dans le pays[24].

De son côté, le géant informatique allemand SAP a versé à un intermédiaire 9 millions de dollars pour sécuriser des contrats avec des agences gouvernementales[25]. Quant au cabinet d'audit KPMG, il a aidé le président Jacob Zuma à éviscérer l'agence responsable des impôts[26], une excuse toute trouvée pour se débarrasser du ministre des Finances, un critique d'un puissant allié de Zuma[27].

Pour sa part, McKinsey est entré dans la danse en 2005 quand il a commencé à conseiller Transnet, une agence publique de gestion des chemins de fer et des ports[28]. Pour pouvoir travailler avec une entreprise publique, le cabinet a dû se conformer à une directive gouvernementale obligeant les fournisseurs de service à concéder une part du contrat à une société de sous-traitance dirigée par un Noir, une forme de redistribution économique[29]. Idéalement, le sous-traitant devait monter en compétence et finir par être prêt à voler de ses propres ailes. Cela fonctionnait un peu comme un mariage arrangé, avec tous les problèmes qui peuvent se poser à deux étrangers qui apprennent à mener vie commune.

Il était important pour McKinsey de suivre ces règles, et rapidement, parce que Transnet avait urgemment besoin de se moderniser. Acteur vital de l'économie nationale, l'entreprise publique employait 60 000 travailleurs et soutenait indirectement 200 000 à 300 000 emplois[30]. L'industrie minière avait besoin de ses trains de marchandises pour transporter ses minerais à travers un pays près de deux fois grand comme le Texas, les centrales électriques dépendaient de ses livraisons régulières de charbon thermique pour produire de l'électricité et la ville portuaire de Durban avait besoin de ses cargos pour exporter la marchandise du pays[31].

Le premier sous-traitant avec lequel McKinsey a travaillé était une petite société de conseil dénommée Letsema[32]. Dans l'ensemble, le mariage fut heureux, même s'il y eut des conflits sur la part du travail effectuée par Letsema et sur la manière dont certains consultants de McKinsey traitaient ses employés. En 2013, McKinsey s'est séparé de cet acteur local après avoir appris qu'il conseillait General Electric, un candidat potentiel dans le cadre d'un appel d'offres de fourniture de locomotives que McKinsey supervisait pour Transnet.

La firme devait vite se trouver un nouveau partenaire à un moment où les entreprises permettant aux Noirs de monter en puissance sur un plan économique servaient de plus en plus de couverture à des détournements de fonds[33]. Le pays courait droit à la catastrophe et plus personne ou presque ne l'ignorait ; la toute jeune démocratie sud-africaine était en danger, de même que l'activité en croissance de McKinsey.

Pour ne pas se retrouver prisonnière de ces pratiques corrompues, McKinsey aurait dû s'assurer de la probité de son nouvel associé noir et de celle de son client. Mais il ne l'a pas fait. À la place, la firme a, à tort, traité Transnet comme s'il s'agissait d'une entreprise privée et non publique, ce qui l'aurait obligée à faire preuve de davantage de diligence[34]. Aussi, quand Transnet lui a recommandé de travailler avec Regiments Capital, le cabinet de conseil n'a évalué ce sous-traitant qu'en surface sans trouver rien à redire à son sujet[35].

Pour améliorer les services de Transnet, McKinsey a constitué une équipe qui a fini par compter jusqu'à cent consultants, assistés de quatre-vingt-quatorze experts et de dizaines d'employés de Transnet[36]. Les consultants de la firme ont si bien fait leur trou chez leur client qu'un responsable de chez Transnet s'est demandé comment l'agence avait pu opérer sans eux.

Pour un opérateur aussi important et distant de sa base américaine, McKinsey a souhaité que la mission soit encadrée par un fin connaisseur du pays, ce que la firme a trouvé en la personne de David Fine, le consultant sud-africain. Intelligent, intègre, mais pas particulièrement populaire, Fine était un peu l'opposé de Sagar. Personne ne l'aurait imaginé en train de prendre un étranger dans ses bras sur un coup de tête et encore moins de danser sur une table de salle de réunion. Certains de ses collègues le trouvaient même un peu collet monté[37].

Il s'est avéré que Transnet était un client du genre turbulent. L'agence du rail avait réembauché son ex-responsable du fret, Siyabonga Gama, remercié plus tôt pour irrégularités dans des passations de marchés[38]. Puis Jürgen Schrempp, un ancien dirigeant de DaimlerChrysler, démissionna brusquement du conseil d'administration, furieux que Brian Molefe ait été nommé au poste de président sans qu'on l'ait consulté[39]. Selon lui, cette décision de le contourner était « totalement déplacée » et signe d'une « mauvaise gouvernance »[40] – des mots qui auraient dû parler à McKinsey, notamment quand on sait que Schrempp était bien connu des associés allemands de la firme.

Si Schrempp est resté tenu dans l'ignorance, en revanche, Ajay, Atul et Rajesh Gupta, trois frères émigrés d'Inde au centre de manigances visant à piller le Trésor public par le biais de sociétés-écrans, n'ont pas été surpris : des mois avant son annonce officielle, ils avaient claironné la nouvelle dans un journal leur appartenant[41].

Depuis leur arrivée en Afrique du Sud dans les années 1990, les frères Gupta s'étaient servis de proches du président Zuma pour se bâtir un empire dans l'exploitation minière, les transports, les ordinateurs et les médias[42]. La famille avait même embauché deux des enfants de Zuma.

L'affichage le plus éhonté de leur richesse eut lieu en 2013, avec la mise en scène du « mariage du siècle » pour un membre de leur famille, un événement qui se déroula sur plusieurs jours et pour lequel les parents de la mariée privatisèrent l'intégralité de l'un des resorts les plus luxueux du pays situé à Sun City. Pour y emmener leurs deux cents invités en provenance d'Inde, ils affrétèrent un avion qui fut autorisé à se poser sur une base militaire hautement sécurisée plus proche de Sun City que l'aéroport commercial de Johannesburg. Selon le *New York Times*, les invités furent ensuite transférés à la réception donnée au Palace de la cité perdue « à bord de véhicules de luxe accompagnés d'une escorte de sécurité toutes sirènes hurlantes »[43].

Les Gupta avaient convié au mariage des personnalités en vue du pays, dont David Fine qui affirme ne pas s'y être rendu au motif qu'il ne les connaissait pas et n'avait aucune idée de la raison pour laquelle il avait été invité[44]. D'autres responsables de McKinsey ont assuré ignorer que cette famille avait de l'influence politique[45].

Certains, cependant, se sont montrés plus observateurs.

Fin février 2011, un journal sud-africain se fit l'écho de Sdumo Dlamini, le puissant président d'une association commerciale qui s'inquiétait des Gupta : « Voir que de plus en plus de gros contrats sont passés dans des conditions douteuses nous inquiète », a-t-il dit[46]. Quelques semaines après, le *Mail & Guardian* relaya des préoccupations similaires concernant l'ingérence potentielle de la famille Gupta dans des agences gouvernementales[47].

Sourd à ces signaux d'alarme, McKinsey s'engagea dans la supervision d'un nouveau plan d'infrastructure risqué pour le compte de la division ferroviaire de Transnet dirigée par Siyabonga Gama, le même cadre qui avait été licencié pour irrégularités dans la passation de marchés, puis inexplicablement réembauché[48].

Le plan de Transnet était un véritable pari sur l'avenir.

Plutôt que d'investir dans son infrastructure sur la base de commandes validées, Transnet prévoyait d'investir en fonction de projections de commandes, ce qui revenait à parier des centaines de millions de dollars sur du sable[49]. Pour réussir, le programme avait besoin que McKinsey estime avec précision le volume d'activité à venir. Les prévisions optimistes du cabinet ont conduit Transnet à passer la plus grosse commande d'immobilisations de son histoire, soit 1 064 locomotives[50].

Pour avoir une idée de ce qui se profilait, Transnet n'avait pas besoin de regarder plus loin que chez son agence sœur, la Passenger Rail Agency of South Africa. En mars 2013, la PRASA avait déboursé environ 200 millions de dollars en achat de locomotives dans un accord commercial « entaché de corruption et de truquage des appels d'offres », selon des documents judiciaires[51]. Le résultat s'était avéré risible : trop grandes pour le système ferroviaire d'Afrique du Sud, les locomotives hors de prix n'avaient jamais été livrées. L'une ayant déraillé durant un test, le reste avait été vendu aux enchères.

L'achat de locomotives de Transnet a pesé de façon conséquente sur l'économie de la nation, McKinsey ayant estimé son montant à environ 2,6 milliards de dollars[52]. Après une série de retards, Transnet décida brusquement début 2014 que la commande devait être passée immédiatement. Mal à l'aise avec un délai aussi court, McKinsey cessa de conseiller l'agence sur cette question au moment de l'annonce des prestataires sélectionnés[53].

Du jour au lendemain ou presque, le budget d'achat augmenta de près de 1 milliard de dollars. Selon Fine, ce prix plus élevé était dû à des « facteurs externes inexplicables pour la plupart d'entre eux »[54]. Un autre directeur associé senior de McKinsey ne cacha pas son incrédulité ; « Je n'ai jamais vu de situation où les prix montent après négociations. Vous avez une offre sur la table et le dirigeant la négocie à la hausse ? »[55].

Dans ce fiasco, McKinsey a sa part de responsabilités. La firme avait surestimé la demande finale pour les locomotives, amenant Transnet à en acheter trop à des prix gonflés[56]. Mais contrairement à Transnet, cependant, McKinsey a profité de ses prévisions erronées en se voyant confier la tâche de réparer sa propre bévue. Sa nouvelle mission ? Réduire les coûts et stimuler les ventes[57].

Matthew Chaskalson, un expert en droit constitutionnel membre de la commission judiciaire chargée d'enquêter sur ce qu'elle a qualifié d'« accaparement étatique » – en fait, un coup d'État silencieux – a déclaré que McKinsey a commencé à décrocher de gros contrats avec Transnet après avoir engagé un partenaire sous-traitant, Regiments, qui s'est avéré avoir des liens avec la famille Gupta, très puissante sur le plan politique. « Dès lors, il y a eu une extraordinaire succession de contrats avec fournisseur exclusif », a expliqué Chaskalson[58]. De fait, en moins de dix-huit mois, la firme a bénéficié de sept contrats exclusifs tandis que, dans le même temps, ses honoraires croissaient de manière exponentielle.

Au sein du bureau de Johannesburg, ces contrats commencèrent à susciter de discrètes interrogations[59].

Colin Douglas était chez lui à Cape Town quand il apprit que McKinsey menait une discrète enquête pour savoir si certains n'auraient pas eu vent d'activités suspectes au sein de la firme concernant Transnet. Une des premières recrues du bureau de Johannesburg, Douglas y avait occupé le poste de rédacteur et spécialiste en communications pendant six ans[60] avant de se mettre à son compte en 2004 et il connaissait donc Sagar[61]. Lorsqu'il entendit parler de l'enquête, il se rappela une chose inhabituelle et contacta la firme.

Il en résulta une panique générale non seulement au bureau de Johannesburg, mais dans tout l'empire McKinsey.

Douglas avait raconté que, deux ans plus tôt, Vikas Sagar lui avait fait une demande étrange : aider quelqu'un à rédiger son mémoire de MBA. Cette personne n'était autre que Siyabonga Gama, le fameux responsable de la branche fret du groupe ferroviaire du temps où McKinsey travaillait sur la commande de locomotives. Douglas avait exprimé des réserves, mais il s'était quand même exécuté, écrivant deux chapitres, aidé d'autres employés du bureau.

Pour son travail, Douglas avait été rémunéré 7 000 dollars, facturés à deux entités Transnet différentes, sans compter la valeur des contributions de ses collègues. McKinsey comprit immédiatement que cela pourrait être considéré selon les termes du U.S. Foreign Corrupt Practices Act comme un pot-de-vin, ce qui déclencha une enquête interne fiévreuse[62].

La firme estima que le service rendu à Gama devait être rapporté comme étant possiblement une violation du FCPA. Cependant, le gouvernement américain ne prit aucune mesure après que McKinsey lui assura qu'il n'avait trouvé aucun lien entre le service rendu et l'attribution de contrats.

Les anciens de McKinsey eussent-ils pris le temps de vraiment connaître Sagar, ils auraient peut-être senti qu'il y avait anguille sous roche.

Sagar avait noué des relations avec les dirigeants de Regiments et de Transnet et il avait si bien réussi – l'argent avait coulé à flots – que les associés de McKinsey l'avaient promu au poste de directeur associé senior[63].

Formé aux États-Unis, il avait obtenu un Bachelor de l'université du Michigan puis un MBA de la Wharton School[64]. Après un interlude au bureau de Chicago de la firme, il avait lancé une petite société de gestion de l'information au Koweït avant de rejoindre McKinsey en Afrique en 2001 et d'atterrir au bureau de Johannesburg plusieurs années après Fine. Une dirigeante qui avait assisté à des réunions avec Sagar le décrivait comme un cupidon arrogant façon Bollywood avec ceinture Hermès, boutons de manchette Montblanc et sacoche Louis Vuitton. « La seule fois où Vikas m'a adressé la parole, c'est quand je suis arrivée à une réunion avec un sac Prada tout neuf et qu'il m'a murmuré à l'oreille "Superbe, ton sac !" avant d'ajouter que j'aurais dû acheter un Céline » a témoigné cette femme[65].

Fine et Sagar avaient aussi des approches professionnelles différentes. Fine se conformait aux procédures de l'entreprise et consultait les autres associés sur les questions importantes. Il était rapidement passé du poste de directeur associé à celui de directeur associé senior puis à celui de directeur du bureau de Johannesburg et plus tard à celui de directeur régional. Sagar, de par sa personnalité, préférait interagir directement avec ses clients, à l'exclusion même de ses collègues[66]. Ceux-ci l'avaient prévenu que cette façon de faire était irresponsable, mais ils avaient surtout détourné le regard. Tant que les méthodes de Sagar contribuaient à gonfler les bonus de fin d'année des associés, ses pairs pouvaient bien tolérer quelques entorses aux règles en vigueur.

Le travail embarrassant mais au combien rentable de McKinsey pour Transnet, a servi d'échauffement pour la prochaine mission d'éclat du cabinet : redresser le fournisseur d'énergie public Eskom. Si tout se passait bien, McKinsey serait en position de gagner plus d'argent avec Eskom – potentiellement jusqu'à 700 millions de dollars – qu'avec n'importe quelle autre entreprise au monde[67]. Cependant, voir une firme majoritairement blanche chercher à soutirer une telle somme d'un gouvernement pauvre en dehors de toute procédure d'appel d'offres n'était pas forcément très bon en termes d'image. Aux États-Unis ou en Grande-Bretagne, un tel montant n'aurait peut-être fait sourciller personne, mais pas dans un pays avec des disparités de revenus parmi les plus élevées au monde[68] et un chômage des jeunes à près de 50 %[69]. Que la victime soit une entreprise publique notoirement mal gérée et croulant sous les dettes était tout bonnement inadmissible.

Les problèmes d'Eskom se résumaient à ceci : l'économie la plus avancée du continent ne pouvait plus compter sur son fournisseur d'énergie pour continuer à éclairer le pays. Les six premiers mois de 2015, il y a ainsi eu des pannes complètes d'électricité ou des réductions de puissance plus d'un jour sur deux[70]. Chaque semaine semblait apporter son lot de nouveaux problèmes. Rien que sur un site, Eskom avait licencié mille travailleurs[71]. Vingt et un mille contractuels s'étaient mis en grève pour réclamer de meilleures conditions de vie et des salaires plus élevés et quatre dirigeants avaient été suspendus, amenant Standard & Poor's à rétrograder la cote de crédit d'Eskom à la catégorie « risque élevé »[72]. L'année précédente, une grosse chaudière avait explosé[73].

Prête à tout pour redresser la barre, Eskom n'a rien trouvé de mieux que d'engager au poste de directeur général Brian Molefe, l'individu qui avait présidé au fiasco des locomotives chez Transnet[74].

Sagar connaissait Molefe depuis Transnet tandis qu'un autre directeur associé senior, Alexander Weiss, conseillait Eskom depuis 2005[75]. Titulaire de deux doctorats, l'un en génie civil et l'autre en management des entreprises[76], ce dernier vivait à Berlin, mais prenait sans sourciller presque chaque semaine un vol de vingt-six heures aller-retour pour Johannesburg où il conseillait Eskom au côté de plus d'une dizaine de directeurs généraux et financiers[77].

Pour parvenir à un accord sur ce qu'il convenait de faire et sur le coût associé, Eskom et McKinsey ont négocié durant l'équivalent de plus de vingt jours sur une période de six mois[78]. Ces discussions ont causé des remous au sein de la tour en verre de Sandron[79], le centre financier de Johannesburg, le plus opulent de toute l'Afrique[80].

Des entretiens menés auprès de plus de seize employés actuels et passés, dont des directeurs associés et des directeurs associés seniors, ont mis en lumière un schisme au sein du bureau entre ceux prêts à parier sur l'avenir et qui croyaient en la possibilité de réformer Eskom et ceux qui voyaient dans ce producteur d'électricité un miroir aux alouettes et un risque réputationnel majeur pour la firme[81]. Les partisans du pari sur l'avenir l'ont emporté en justifiant le risque pris par la perspective d'un gain colossal.

Publiquement, McKinsey a qualifié les négociations d'ardues, avec quantité d'allers-retours. En privé, cependant, au moins un ancien associé du cabinet a suggéré que McKinsey avait aisément obtenu ce qu'il voulait. « Ces négociations, c'était la même chose qu'un matraquage de phoques », a-t-il expliqué. Pour un de ses collègues, « la cupidité avait pris le pas sur le sens commun ».

L'absence d'appel d'offres et un système controversé de rémunération basé sur les résultats obtenus avaient cependant de quoi inquiéter la firme. Contrairement aux contrats standard à honoraires fixes, le montant final d'un contrat à risque reste indéterminé tant que le travail n'est pas achevé. McKinsey pourrait travailler pendant des années sans être payé si les objectifs convenus n'étaient pas atteints, mais dans le cas contraire, les gains seraient énormes. « Vous mettez le bureau en danger », a averti un associé à l'adresse de ses collègues. Sans compter que si le paiement final devient public, a ajouté ce dirigeant, « son montant suffira à nous faire clouer au pilori ».

Un contrat basé sur les résultats comportait d'autres risques. À la fin des années 1980, Jeffrey Skilling – l'homme de l'affaire Enron – avait fait partie d'un comité chargé de déterminer s'il était dans l'intérêt de McKinsey de se faire payer en fonction de l'impact de son travail avec, par exemple, des honoraires égaux à un pourcentage des réductions de coût obtenues. Le panel avait jugé l'idée dangereuse, considérant qu'elle pouvait inciter la firme à conseiller à ses clients de réduire leurs coûts quand, en réalité, ce n'était pas dans leur intérêt. « Faire cela pourrait détruire la firme », avait commenté Skilling. Mais étant donné que ses clients étaient eux-mêmes demandeurs d'un tel système de rémunération et que ses concurrents l'utilisaient, McKinsey avait fini par passer outre ces considérations[82].

« S'essayer à un contrat 100 % à risque avec Eskom, c'est vouloir jouer à Dieu », a déclaré un ancien consultant sud-africain. « Cela revient à garantir que vous êtes en capacité de tout remettre à plat, sans problème. » Pour ce faire, le cabinet aurait sans doute besoin de plus d'entregent politique et d'expérience qu'il n'en avait. « Cela va assurément bien au-delà de ce que McKinsey est capable de produire ».

Malgré tout, la perspective de retombées pécuniaires colossales assura la popularité du projet Eskom à Johannesburg et dans d'autres bureaux. Ses partisans incluaient deux directeurs associés seniors responsables des secteurs de l'énergie, Yermolai Soljénitsyne du bureau de Moscou (également le fils aîné du romancier Alexandre Soljénitsyne) et Thomas Vahlenkamp du bureau de Düsseldorf, en Allemagne[83].

Le colossal projet Eskom débuta en janvier 2016, mais se heurta vite à des problèmes. L'équipe McKinsey ne s'était pas fait confirmer par son client que le Trésor national avait approuvé l'accord de rémunération peu orthodoxe, ainsi que l'exige la loi. Ce n'est que plusieurs mois plus tard que McKinsey apprit qu'il travaillait depuis le début dans l'illégalité[84].

Après s'être débarrassé de Regiments en février 2016 en raison de la piètre qualité de son travail, McKinsey dut également trouver un sous-traitant digne de confiance répondant aux critères d'élévation économique des Noirs[85]. Sur la recommandation de Sagar, le cabinet choisit Trillian, une nouvelle société issue de Regiments. Là, McKinsey commit de nouveau une erreur, cette fois en commençant le travail sans contrat ni assurance que Trillian appartenait bien à des Noirs et n'employait pas d'individus indésirables[86].

À cela, il convient d'ajouter le comportement de Trillian qui ne fit qu'empirer la situation. Tout en conseillant Eskom sur l'achat d'une nouvelle chaudière, ce sous-traitant conseillait aussi le vendeur, une société chinoise. « Ce qui était vraiment inquiétant dans cette affaire, c'est que Trillian n'avait pas jugé bon de signaler le possible conflit d'intérêts », a témoigné Weiss[87] qui a par ailleurs expliqué que McKinsey n'avait eu vent de ce problème qu'au détour d'une réunion avec Eskom.

Enfin, Trillian avait ses propres raisons d'être en colère contre McKinsey. Selon Bianca Goodson, la responsable du département conseil de Trillian, McKinsey les traitait, elle et son entreprise, comme un fardeau indésirable[88]. Lors d'une réunion des dirigeants des deux firmes, un soir au siège de McKinsey – celle où Sagar a dansé sur la table de la salle de conférences –, Goodson attendit plusieurs heures avant de pouvoir prendre la parole, et quand son tour vint, Weiss quitta la pièce. Lorenz Jüngling, un associé de McKinsey, lui dit de ne pas s'inquiéter parce que Trillian « recevrait tout de même ses 30 % ». Selon Goodson, le lendemain, Jüngling laissa entendre que Trillian voulait juste empocher l'argent « sans beaucoup se fatiguer en retour ».

Après ces échanges, Gordon s'est souvenu d'un conseil d'un individu très influent au sein de Trillian : « Ces connards de chez McKinsey, s'ils t'embêtent, appelle-moi ».

Cet homme n'était autre que Salim Essa, un des propriétaires de Trillian[89] et une personnalité de l'ombre qui se révélerait être un intermédiaire clé au travers de qui la famille Gupta, d'après ce qu'il se disait, aurait cherché à « s'emparer » du gouvernement du pays.

Le lendemain, Sagar appela pour s'excuser du comportement de son collègue.

Dans le même temps, Fine se faisait de plus en plus de souci à propos des réunions privées qu'organisait Sagar avec les responsables de Trillian et d'Eskom. « C'est une question que moi et mon collègue Norbert Doerr avons soulevée avec lui ; nous avons même dîné ensemble pour en discuter. »[90]

Sagar n'avait pas apprécié la critique : « Vous ne me faites pas assez confiance », leur avait-il alors répondu.

Compte tenu de sa popularité et de sa capacité à générer du revenu en vendant toujours plus de missions à Eskom et à Transnet, deux clients dont on estime qu'ils représentaient à eux seuls près de la moitié des revenus du bureau de Johannesburg[91], confronter Sagar comportait un risque.

Même si Fine ne travaillait pas sur le compte Eskom, en tant que directeur, il tenait tout de même à savoir qui était le propriétaire de Trillian. « Plusieurs fois j'ai demandé qui se cachait derrière Trillian, sans jamais recevoir de réponse », a-t-il témoigné[92]. La seule personne qu'il connaissait dans cette entreprise, c'était Eric Wood, le directeur général de Trillian, un « Sud-Africain blanc qui avait lancé un cabinet de conseil noir », selon ses mots[93].

Poursuivant son idée, Fine organisa deux réunions avec Sagar et Wood chez Tashas, un restaurant de Melrose Arch, une oasis de magasins de mode haut de gamme, de restaurants avec terrasse, complétés par un hôtel, une salle de sport et des bureaux. « Qui sont les investisseurs ? », leur demanda-t-il. Les quelques noms que lui donna Wood ne firent rien pour le rassurer, bien au contraire : une rapide recherche Google lui apprit vite que tous ces individus étaient politiquement connectés.

Que la politique de contrôle préalable de McKinsey pour l'un de ses plus gros projets se soit bornée à une rapide recherche sur Google faite par un associé montre à quel point la firme était mal préparée à assumer cette mission. McKinsey finit tout de même par engager des enquêteurs pour examiner les antécédents de Trillian, ce qui mit en évidence l'implication de Salim Essa, l'associé de la famille Gupta.

Sagar avait assuré à ses collègues qu'il n'avait jamais rencontré ni parlé à Essa, mais c'était faux.

De fait, McKinsey découvrit que Sagar avait caché qu'il communiquait régulièrement avec Essa. Il avait installé un programme pour nettoyer la mémoire de son ordinateur et se servait d'une adresse de courriel privée pour communiquer avec l'homme de confiance des Gupta qui faisait de même de son côté[94]. Il avait aussi envoyé une lettre à Eskom avec le logo de McKinsey autorisant le fournisseur d'énergie à payer Trillian directement pour du travail de sous-traitance et dans laquelle il faisait référence à un « accord » que McKinsey aurait passé avec cette entreprise[95].

En mars 2016, McKinsey informa Eskom qu'après trois mois de partenariat avec Trillian, le cabinet avait rompu les liens avec cette dernière[96]. McKinsey avait fini par prendre position, tout en ne tardant pas à revenir dessus pour reprendre le travail avec Trillian.

Jusqu'alors, McKinsey avait réussi à étouffer toute information concernant son implication dans des contrats pour le moins irréguliers en ne disant rien ou presque. Mais en juin, tout juste six mois après le démarrage de la mission censée s'étaler sur trois ans, Eskom y mit fin pour graves irrégularités contractuelles[97].

Les directeurs associés de McKinsey qui pensaient ne pas trop mal s'en sortir allaient cependant avoir une surprise de taille.

Longtemps, McKinsey a profité de contrats passés avec des agences gouvernementales sans avoir à justifier la façon dont l'argent était dépensé. Aux États-Unis, son prestige et ses connexions politiques, de même que les réglementations, préservaient la firme. Qu'il ait fallu que ce soit l'Afrique du Sud, une fragile démocratie tout juste sortie des limbes, qui apprenne à McKinsey ce que rendre des comptes signifie est donc assez piquant.

Cette éducation commença en octobre 2016, après le lancement par les autorités d'une série d'enquêtes sur « la capture de l'État », définie comme des détournements de fonds de la part d'individus privés ou d'entreprises qui, dans le même temps, s'efforcent d'affaiblir les autorités de lutte contre la corruption.

La première enquête fut menée par le défenseur public Thuli Madonsela et ses conclusions publiées trois mois après que McKinsey cessa de conseiller Eskom. Le rapport citait des irrégularités dans le travail effectué par la firme pour le compte de Transnet et d'Eskom sans cependant donner de précisions, étant donné, écrivit-elle, que les transactions « restent un mystère puisque les parties prenantes refusent de partager les détails des contrats »[98]. McKinsey s'en sortit alors avec des égratignures, mais rien de plus.

Le mois suivant, une autre enquête fut lancée, menée cette fois par le défenseur Geoff Budlender, un militant des droits de l'homme largement respecté. Disposant de plus de temps, il examina les contrats avec attention et demanda à interviewer McKinsey, demande rejetée par la firme au motif qu'elle préférait répondre à des questions écrites[99]. Ce qu'elle fit. L'une des phrases attira alors l'attention du militant : « McKinsey n'a travaillé sur aucun projet où Trillian était présent en tant qu'associé à l'offre de développement ou en tant que sous-traitant de la firme »[100].

Budlender en savait plus qu'il ne le laissait paraître ; il avait tendu un piège au cabinet de conseil. Dès réception de la réponse de McKinsey, il produisit une lettre de Sagar adressée à Eskom prouvant l'exact contraire : « Comme vous le savez, McKinsey a sous-traité à Trillian une partie des services qui doivent être contractuellement produits »[101]. Sagar autorisait également Eskom à payer Trillian directement.

Budlender demanda une explication. Benedict Phiri, un avocat de McKinsey, lui objecta qu'il devait en discuter avec ses collègues avant de revenir vers lui. Malgré de fréquents rappels de l'activiste, les semaines passèrent, sans retour de la part du cabinet. Enfin, deux mois et demi plus tard,

McKinsey répondit qu'il serait « inconvenant » d'accéder à cette demande informelle[102].

« Pourquoi ce serait "inconvenant" reste inexpliqué », a écrit Budlender. « Je dois dire que je trouve cela incompréhensible, en particulier si l'on considère que McKinsey se présente comme le leader international du conseil en management et que ce sujet concerne le public. »[103] Jugement final de Budlender : McKinsey avait fourni de fausses informations[104].

En sous-entendant que McKinsey était malhonnête, le rapport de Budlender fit plus qu'infliger au cabinet une blessure superficielle ; il lui porta une profonde estocade, ce que la firme sentit bien. Mais ce n'était pas tout ; d'autres enquêtes se profilaient. En embuscade, il y avait des enquêteurs du trésor national, du Parlement, des médias et, surtout, de la commission d'enquête sur la capture de l'État présidée par Ryamon Zondo[105], l'adjoint au ministre de la Justice d'Afrique du Sud[106].

La répugnance de McKinsey à discuter de ses contrats publics n'épargnait pas les médias. Dans un article sur le partenariat entre McKinsey et Regiments, amaBhungane, le premier média d'investigation du pays, écrivit : « amaBhungane a demandé six fois en deux mois à McKinsey si le cabinet savait que Regiments versait de généreux honoraires à différents "associés en développement commercial". Chaque fois, la firme a esquivé la question »[107].

La National Prosecuting Authority (l'agence chargée des poursuites judiciaires au niveau de l'État) fit monter la pression en condamnant publiquement McKinsey pour facilitation de corruption. La NPA conclut que le cabinet avait contribué à « créer un voile de légitimité pour ce qui était en réalité un arrangement illégal »[108]. La NPA rendit ce jugement sur le travail de McKinsey sur Eskom au moment même où les auditions sur la corruption gouvernementale battaient leur plein au Parlement[109].

Le silence devenant intenable, McKinsey décida qu'il était temps de prendre position et de le faire non pas au moyen d'un communiqué de presse anonyme, mais en mettant en avant le sympathique visage de David Fine, le loyal associé sud-africain monté en grade jusqu'à diriger le pôle de compétences secteur public et social du cabinet au niveau mondial. Alors qu'il était basé en Europe, Fine prit l'avion pour aller témoigner devant le Parlement de l'immense regret de la firme de ne pas avoir daigné discuter avec le défenseur Budlender et aussi pour reconnaître toute une série d'erreurs.

« D'après ce que je sais, ces demandes ont provoqué une grande consternation en interne quant à la manière dont nous pourrions ou devrions coopérer dans une enquête sans le consentement de notre client », a déclaré Fine[110]. « Nous aurions dû nous expliquer sur ces questions avec lui et je suis gêné que nous ne l'ayons pas fait ». En réalité, Budlender était sans doute moins intéressé de savoir pourquoi McKinsey n'avait pas voulu lui parler que de savoir en quoi le cabinet avait facilité ou pas la captation de fonds publics.

Le droit du public d'être tenu informé de la manière dont le gouvernement dépense son argent est essentiel à la bonne santé d'une démocratie. Même si ce droit ne s'étend pas, de façon générale, aux clients privés de McKinsey, la firme devait savoir que travailler avec des instances gouvernementales impliquait de plus lourdes responsabilités. L'expérience du cabinet en Afrique du Sud a mis cette différence en lumière : la firme devait-elle discuter de clients publics quand bien même il y avait une attente de confidentialité ?

À cette question, il n'y a que deux réponses crédibles : ne pas travailler avec le gouvernement ou répondre à ses demandes. McKinsey en a fourni une troisième en disant que les consultants sont encouragés à poser des questions difficiles en interne[111]. Avec cette réponse, on est loin de l'obligation de rendre des comptes au public.

Au moins, en Afrique du Sud, McKinsey a changé son fusil d'épaule. Menacé de perdre tous ses clients locaux et de devoir très probablement fermer son bureau sud-africain, elle a accepté de répondre à des questions dans un forum public – non pas une fois, mais quatre –, du jamais-vu aux États-Unis.

Fine fut le premier à se soumettre aux questions de la commission pendant quatre heures[112]. Il admit des erreurs, mais pas de crimes. Il présenta aussi des excuses au nom du cabinet et annonça le remboursement de l'intégralité des honoraires versés par Eskom. « Nous aurions absolument dû avoir une structure d'honoraires plafonnés », reconnut-il.

Les dirigeants de McKinsey offrirent Sagar en sacrifice, affirmant qu'il était à l'origine des problèmes du cabinet et annonçant qu'il en était parti alors qu'il était sous le coup d'une suspension[113], tout en omettant de préciser qu'elle lui avait accordé un parachute doré[114]. Et si elle déclara également avoir sanctionné Alex Weiss, le coresponsable de l'équipe Eskom, elle ne révéla cependant pas la nature de cette sanction[115]. Weiss a conservé son emploi[116] et Sagar dirige aujourd'hui une société de logiciels à Londres[117].

Avec une base de clients réduite à peau de chagrin, McKinsey dut redéployer des dizaines de consultants hors d'Afrique du Sud et Dominic Barton, le directeur général, dut faire six fois le voyage jusqu'en Afrique du Sud pour stopper l'hémorragie[118].

Une autre enquête pour corruption et « capture de l'État » – la plus importante de toutes – fut lancée en juin 2018, amenant plus de quatre cents personnes à témoigner[119]. Conduits par l'adjoint au ministre de la Justice Raymond Zondo, les travaux de la commission s'étirèrent jusqu'en 2021.

Alors que des témoins comparaissaient, Kevin Sneader, le successeur de Barton, se dit qu'il ferait bien de faire un saut à Johannesburg pour éteindre tout incendie qui aurait pu encore y couver. S'adressant à un groupe d'hommes et de femmes d'affaires un lundi matin de juillet 2018 – deux semaines après la publication par le *New York Times* d'un article critique sur le travail de la firme en Afrique du Sud –, Sneader prononça le mot « désolé » onze fois[120]. « Les articles écrits sur nous en Afrique du Sud nous ont profondément heurtés étant donné qu'ils mettent en cause ce qui nous tient le plus à cœur, c'est-à-dire la confiance que nous avons construite avec nos clients grâce au jugement, au tempérament et à la réputation de nos employés ».

Sneader admit que McKinsey se trouvait trop loin pour vraiment comprendre la colère qui montait dans le pays.

« Nos processus de gouvernance ont été défaillants. Notre approche commerciale nous a amenés à proposer une structure d'honoraires surdimensionnée. Nous n'avons pas admis que nous avions tort. Pire encore, nous ne nous sommes pas excusés assez vite ni assez clairement. » Sneader reconnut également qu'après avoir échoué à proprement évaluer le sous-traitant, McKinsey n'aurait pas dû continuer d'« interagir » avec Trillian tout en travaillant pour Eskom.

Malgré tout, l'Afrique du Sud n'en avait pas fini avec McKinsey.

Vers la fin 2020, les oreilles de McKinsey sifflèrent de nouveau : de nouvelles auditions de la commission Zondo avaient mis au jour deux contrats supplémentaires entachés d'irrégularités passés avec des entreprises publiques[121].

L'un concernait la compagnie aérienne South African Airways qui avait engagé McKinsey et Regiments pour « débloquer » son fonds de roulement[122]. Dans ce cas, aucun contrat exclusif n'avait été nécessaire étant donné que Regiments avait soudoyé le responsable financier de l'entreprise pour être choisi[123]. Selon la commission judiciaire, Regiments avait obtenu les spécifications du contrat à l'avance, puis fait changer les critères d'évaluation avant la publication de l'appel d'offres[124]. Le sous-traitant avait également reçu des « informations confidentielles » sur le processus d'évaluation, dont les propositions de ses concurrents[125]. La compagnie aérienne avait aussi fait en sorte que le montant du contrat ne dépasse pas un certain seuil pour éviter que les propositions passent devant le conseil d'administration[126].

De fait, 40 % de la part de Regiments du contrat – 6,2 millions de rands, soit plus de 300 000 euros – avaient été versés à une société-écran servant à blanchir de l'argent en faveur de la famille Gupta[127]. McKinsey affirma avoir ignoré que le contrat avait été obtenu par son partenaire par le biais de pots-de-vin[128].

Le deuxième contrat irrégulier concernait Transnet, où là encore, Regiments avait détourné des millions d'euros au bénéfice de sociétés contrôlées par le clan des Gupta[129].

De nouveau, McKinsey assura n'avoir rien su de ces transferts d'argent[130] malgré le travail de ses enquêteurs qui auraient passé au crible plus d'un million d'emails, de documents financiers et autres et interviewé cent quinze personnes[131]. La firme n'avait pas le pouvoir d'assigner à comparaître, mais ses dénégations rappellent fortement Claude Rains dans le film *Casablanca* lorsqu'il s'exclame : « Je suis choqué, vraiment choqué d'apprendre que l'on joue à des jeux d'argent, ici ».

La commission souleva une autre question embarrassante : Weiss avait témoigné avoir demandé à de multiples reprises à Trillian de fournir une preuve documentaire attestant l'identité du propriétaire de la société. « J'ai lourdement et régulièrement insisté pour obtenir cette information », avait-il dit[132]. Si cette preuve était si importante, voulut savoir la commission, alors pourquoi Weiss avait-il antidaté de presque neuf mois sa signature sur le contrat entre McKinsey et Eskom ?[133] Pour Weiss, cela n'était qu'un détail.

La commission ne fut pas de cet avis et pour cause : une signature proprement datée « aurait mis en évidence une irrégularité qui aurait pu déclencher un examen plus approfondi du contrat »[134]. Weiss s'excusa pour la confusion que son acte avait pu générer avant d'ajouter qu'il convenait de ne pas oublier qu'en peu de temps McKinsey avait « eu un impact visible et bien réel sur les performances opérationnelles d'Eskom »[135], en particulier sur l'amélioration de la disponibilité en électricité.

Le cabinet chercha ensuite à désamorcer la découverte de ces contrats irréguliers supplémentaires en accédant à une demande de remboursement de la part de la commission de plus de 40 millions de dollars[136], ce geste lui valant d'être loué par cette dernière pour son comportement « d'entreprise citoyenne »[137]. La commission reconnut que McKinsey n'était pas complice de la fraude, mais combiné au remboursement accordé à Eskom, l'affaire coûta tout de même quelque 100 millions de dollars à McKinsey.

Cependant, les louanges de la commission fâchèrent vraiment David Lewis, le directeur exécutif de Corruption Watch, un groupe de défense sud-africain. « Rendre l'argent parce que vous avez été pris la main dans le pot de confiture ne peut décemment pas s'appeler de la restitution », a-t-il déclaré[138]. « Ce cabinet de conseil est impliqué dans tellement de projets douteux partout dans le monde qu'il mériterait qu'on lui retire sa licence professionnelle, en tout cas dans ce pays. Cela serait une juste mesure de réparation ».

Les ennuis de McKinsey en Afrique du Sud ont amené la firme à se remettre profondément en cause. Ses dirigeants auraient-ils pu désamorcer la crise plus tôt ? Qu'avaient-ils mal fait ? Certaines des critiques les plus sévères sont venues d'anciens collègues du bureau de Johannesburg. « C'était comme un accident de voiture au ralenti », a témoigné un employé.

Tout le monde était aussi d'accord pour dire que le cabinet avait mis trop de temps à saisir à quel point le pays était en colère. Dominic Barton, directeur général au moment de la crise, a déclaré que les directeurs associés seniors avaient été « un peu sourds » aux problèmes[139]. D'après une source bien informée, Ian Davis, le prédécesseur de Barton, a critiqué la firme pour s'être excusée étant donné que, selon lui, cela équivalait à un aveu de culpabilité. (Davis a refusé que ses propos sur la véracité ou non de cette information soient repris.) D'autres ont pensé que Kevin Sneader, le successeur de Barton s'était exagérément confondu en excuses[140].

En Afrique du Sud, Matthew Chaskalson, l'avocat de la commission judiciaire, a demandé à Jean-Christophe Mieszala, le niveau directeur de la gestion des risques de la firme, comment il se faisait que personne chez McKinsey ne se soit posé de questions sur « l'envolée astronomique des honoraires »[141].

Réponse de Mieszala : « À ma connaissance, ce n'est pas quelque chose qui a été remarqué »[142].

La commission n'a pas pu prouver que McKinsey avait eu un comportement pénalement répréhensible[143], mais Mieszala a admis qu'il était « mal d'un point de vue moral » de s'être montré cupide alors que le client était en difficulté[144].

La situation était moins claire pour Sagar, ce que la commission n'a pas manqué de relever : « La relation entre Sagar et Essa a été bien plus qu'inappropriée », a déclaré Chaskalson à Mieszala[145], avant de préciser : « Elle était en fait inappropriée eu égard à Eskom. » Selon lui, les preuves étaient là qui « impliquaient Sagar dans la capture d'État ». Sagar n'était pas un sous-fifre, mais un directeur associé senior de confiance agissant pour le compte de McKinsey.

McKinsey affirme avoir résolu ces problèmes en Afrique du Sud en renforçant sa gouvernance interne, notamment en prêtant davantage attention aux missions réalisées pour des acteurs du secteur public. Pour Chaskalson, cependant, les erreurs commises étaient plus le reflet de la culture d'entreprise qu'un problème de gouvernance défaillante[146]. En cela, *The Economist* était d'accord avec lui, comme l'annonçait le titre d'un article consacré à la firme, « Les plus suffisants de tous »* :

> Pendant près de quatre-vingt-quinze ans, McKinsey a cherché à se présenter comme une éminente société de services aux antipodes d'une entreprise peu recommandable. Contrairement, par exemple, à un banquier âpre au gain de chez Goldman Sachs qui sait qu'en entrant dans une pièce il peut se faire siffler, un consultant de McKinsey s'attend à ce que son auréole soit remarquée. Malgré tout, ses associés seniors ont beau affirmer ne pas être motivés par des profits démesurés, certains gagnent chaque année autant qu'un banquier d'affaires[147].

De fait, les revenus de la firme ont presque doublé en une décennie pour atteindre 10 milliards de dollars, ce qui a amené *The Economist* à conclure : « Les employés de la firme jouissent de l'aura de l'ancien McKinsey – un mélange d'autonomie, de discrétion et de prestige intellectuel – tout en faisant leur la culture de croissance, de profits et de pouvoir qui s'est développée ces dernières années. Quant à savoir s'il

* NdT : clin d'œil au livre sur Enron intitulé *The Smartest Guys in the Room.*

est possible d'avoir le beurre et l'argent du beurre, c'est une question que la firme ne se pose que rarement. »

Mieszala semblait tout de même conscient de cette réalité. « Quand vous avez des gens qui sont des perfectionnistes, cela peut entraîner de mauvais comportements et c'est pour cela que nous devons être vigilants », a-t-il dit[148]. « Il est clair que la situation sud-africaine nous a appris une leçon qui nous a mouchés. »

Eskom a sans doute appris une leçon, aussi. En janvier 2020, l'entreprise a dû réduire sa production d'électricité de façon si drastique que les mines et les usines ont fermé et que les habitations ont été plongées dans le noir[149]. Des semaines plus tôt, le président sud-africain avait dû écourter une visite diplomatique au Moyen-Orient pour gérer la crise[150]. Une année plus tard, c'était rebelote.

Les médias ont fait remarquer qu'en matière de coupures de courant, l'année 2021 pourrait être la pire de toutes depuis près d'un siècle[151].

Chapitre 13

SERVIR L'ÉTAT SAOUDIEN

Pour l'Arabie saoudite, les années 1970 furent particulièrement fastes. Le prix du pétrole brut ayant doublé puis quadruplé à la suite de l'embargo décrété par le royaume, celui-ci avait plus que les moyens de ses ambitions : de nouvelles villes, industries, raffineries et de nouveaux aéroports allaient voir le jour. Pour concrétiser ces projets, cependant, le pays avait besoin d'une expertise étrangère. Des dizaines de milliers d'expatriés y débarquèrent alors, souvent accompagnés de leur famille*.

Parmi les nombreux Américains, il y avait Sandy Apgar, un talentueux consultant McKinsey, ex-officier de renseignements de l'armée. Son travail dans l'immobilier à Londres ayant été réduit à néant par la récession qu'avait contribué à déclencher l'embargo pétrolier saoudien, il avait décidé de se rendre en Arabie saoudite pour « frapper aux portes et à l'entrée des tentes »[1].

Le moins que l'on puisse dire, c'est que pour lui, le travail ne manqua pas. Il conseilla notamment la compagnie publique pétrolière Aramco sur un plan d'expansion massif[2] et convainquit les dirigeants du royaume qu'il pouvait les aider à transformer cette nation de Bédouins nomades en une économie moderne et urbaine. Plus de quarante ans plus tard, le travail de McKinsey en Arabie saoudite repose toujours sur ces deux piliers, ce qui se rapproche le plus en termes de conseil d'une combinaison parfaite : servir Aramco

* Au rang de ces expatriés figure Mike Forsythe, le coauteur de ce livre, qui a passé une bonne partie de son enfance dans la cité portuaire de Djeddah, au bord de la mer Rouge, entre 1970 et 1981.

et le ministère de l'Énergie tout en aidant le gouvernement à passer à une économie moins dépendante de la manne pétrolière.

Apgar, qui sera nommé Secrétaire adjoint aux Armées sous le président Bill Clinton, découvrit vite que le pouvoir économique dans le pays était, selon ses mots, « relativement centralisé entre les mains des ministres, des responsables gouvernementaux seniors et d'une élite entrepreneuriale en grande majorité composée de membres de la famille royale ou proches d'elle »[3]. Ses successeurs en prirent bonne note et se donnèrent beaucoup de mal pour tisser des liens avec cette élite, notamment en embauchant ses enfants.

Pour les consultants américains, les opportunités étaient légion. Pour être au plus près de l'action, McKinsey ouvrit tout d'abord en 1996 un bureau à Dubaï, la plaque tournante commerciale du golfe Persique. Les dirigeants saoudiens voulaient répliquer le succès de Dubaï, le nouveau centre multiculturel financier et de transport mondial alors en pleine émergence. La vague du conseil aux Saoudiens était lancée.

Mais pour remporter de gros contrats en Arabie saoudite, il fallait l'aval du gouvernement, le moteur derrière toutes les économies du golfe Persique. Cela, Kito de Boer, un associé hollandais de chez McKinsey, l'avait bien compris et c'est pourquoi les murs du bureau de Dubaï de ce collectionneur d'art passionné qui fut responsable de la région avant de devenir chef de mission pour le Quartet (le groupe de médiation entre Israéliens et Palestiniens composé des Nations unies, de l'Union européenne, des États-Unis et de la Russie) étaient tapissés d'organigrammes d'un genre particulier : des affiches montrant qui était qui au sein des familles royales régnantes du Moyen-Orient[4].

Quand McKinsey ouvrit un bureau à Riyad, la capitale de l'Arabie saoudite, en 2009, les affaires décollèrent vraiment. La firme gagna comme client l'une des plus grosses entreprises de construction du Moyen-Orient au nom tristement reconnaissable partout dans le monde à cause de l'infâme réputation de l'un de ses membres, – le groupe Binladen[5]. Elle intensifia également sa collaboration avec Aramco en la conseillant sur sa restructuration en vue de son introduction en Bourse.

De deux missions en 2010 en Arabie saoudite, le cabinet en entreprit quarante-sept l'année suivante, selon les données qui figurent sur son Intranet « Know », où les consultants peuvent s'appuyer sur le savoir collectif de la firme en y puisant, par exemple, des présentations PowerPoint toutes faites. Début 2016, McKinsey pouvait s'enorgueillir de cent trente-sept projets dans le pays.

La firme avait si bien réussi à s'incruster dans les affaires du royaume que le ministère de la Planification avait été surnommé le ministère McKinsey et que, selon un témoignage, certains des consultants qui travaillaient pour une filiale saoudienne acquise en 2017 utilisaient des adresses de courriel gouvernementales. Le cabinet, pour sa part, assure n'avoir pas été au courant de cette pratique.

L'énorme succès de McKinsey en Arabie saoudite s'explique en partie par la crainte de la famille royale de voir se propager dans le pays un avatar des printemps arabes. La vague de révoltes qui avait secoué l'Égypte, la Libye, le Bahreïn, le Yémen, la Syrie et la Tunisie en 2011 et 2012 était en effet susceptible de mettre un terme au pouvoir des Al Saoud. « Si le conseil a connu un boom, c'est parce qu'aucun des dictateurs de la région ne voulait devenir le prochain Moubarak », a expliqué un ex-consultant de la firme basé à Dubaï, en référence au dirigeant égyptien aujourd'hui décédé, chassé par les manifestations après des décennies de croissance anémique et de corruption généralisée.

La parade saoudienne que McKinsey et ses concurrents ont largement contribué à élaborer a consisté à assouplir certaines des entraves à la liberté des citoyens, comme l'interdiction faite aux femmes de conduire ou d'aller au cinéma, tout en réprimant encore plus durement toute voix dissidente.

Certains consultants McKinsey, surtout parmi les plus jeunes, étaient mal à l'aise à l'idée que la firme vole si volontiers au secours de la maison des Saoud, la famille régnante originaire de Riyad dont le patriarche avait conquis la majeure partie de la péninsule arabique dans les années 1920 pour y imposer une autocratie théocratique administrée depuis lors par ses fils d'une main de fer. Pour ces jeunes consultants, la firme se devait de réduire voire de totalement cesser son travail avec la monarchie. Selon l'un d'entre eux, l'Arabie saoudite était même « un pays qui ne devrait pas exister ».

Les directeurs associés ne tinrent pas compte de leur avis au prétexte qu'il n'appartenait pas à McKinsey de juger ses clients. L'impact qu'aurait sur les bonus annuels l'abandon d'un tel client ne fut évidemment pas évoqué. Pour défendre leur décision de continuer à collaborer avec l'Arabie saoudite, les associés seniors ne manquèrent cependant pas d'invoquer des arguments politiques, en disant notamment que le travail de la firme permettait d'éviter que le pays ne suive la voie de la Syrie ou d'autres États en faillite. Ils n'étaient pas à une contradiction près.

« Si vous prenez un pays comme l'Arabie saoudite et que vous le projetez vers l'avenir sans que rien ne change, les conséquences pour la région seront terribles », a déclaré un directeur associé senior qui supervise les missions réalisées dans cette partie du monde. Le problème, c'est qu'après 2015, McKinsey a travaillé en Arabie saoudite en étant redevable à un homme qui construisait, selon les mots de Ben Hubbard du *New York Times*, « un laboratoire pour une nouvelle forme d'autoritarisme électronique »[6].

Et c'est McKinsey qui l'a aidé à le faire.

La délégation de cinq membres de la cour royale saoudienne faisait la tournée de Washington, visitant des groupes de réflexion tels que la Brookings Institution et des fabricants d'armes comme Lockheed Martin et Raytheon, le fournisseur des bombes qu'utilisaient les Saoudiens pour tuer des milliers de personnes chez son voisin yéménite, déchiré par une impitoyable guerre civile.

On était en février 2016 et les Saoudiens étaient là pour discuter de « la nouvelle situation politique » du pays suite au décès du roi Abdallah l'année précédente, celle-ci étant à présent incarnée par la figure râblée du jeune Mohammed Ben Salmane (MBS), le fils préféré de feu le roi octogénaire.

À ce moment-là, on en savait déjà assez sur MBS pour que McKinsey ou n'importe quelle autre entreprise occidentale se demande s'il était vraiment judicieux de collaborer avec le royaume. Tous ceux qui suivaient ne serait-ce que de loin la politique saoudienne savaient que ce prince était impitoyable. Il aurait ainsi fait porter une munition à un responsable du cadastre au motif qu'il refusait de lui céder une parcelle, ce qui lui a valu d'être surnommé Abu Rasasa, ou « père de la munition »[7], et il a fait enfermer sa propre mère, pour d'obscurs motifs[8]. Bientôt, le monde entier saurait de quoi il était capable pour réduire au silence ceux qu'il considérait comme ses ennemis.

Cependant, ses émissaires avaient un tout autre message à porter à Washington : le nouveau souverain ambitionnait de refondre la vie des Saoudiens. Leurs guides touristiques – McKinsey et son rival le Boston Consulting Group – dépassaient les Saoudiens en nombre. En silence, les consultants prenaient des notes[9].

Quatre ans plus tard, McKinsey a déposé une déclaration plus que tardive auprès du ministère de la Justice en vertu de la loi sur l'enregistrement des agents étrangers (Foreign Agents Registration Act) pour ce travail. C'est la seule de ce genre que le cabinet de conseil a déposé et qui apparaît sur le site web du ministère. Elle établit que McKinsey ne joue pas qu'un rôle de consultant pour le royaume, il représente également ses intérêts aux États-Unis. Plus tôt, la firme avait déclaré à des journalistes qu'elle n'avait pas jugé nécessaire de faire une déclaration au titre de cette loi.

De fait, McKinsey a contribué à renforcer l'entregent diplomatique du gouvernement saoudien en l'aidant à monter ce qui allait devenir le Saudi Center for International Strategic Partnerships, une entité, selon McKinsey, « dont l'objectif était de gérer et d'améliorer les relations de l'Arabie saoudite avec de nombreux pays dans le monde ». Parmi les consultants stars de la firme impliqués dans ce projet, il y avait Gary Pinkus, alors directeur de la zone Amérique du Nord. Pour son travail, McKinsey s'est fait payer 4,8 millions de dollars, versés par Aramco, son client depuis près d'un demi-siècle[10].

À cette époque, les consultants étaient très occupés en Arabie saoudite. Le jeune prince raffolait d'eux, persuadé qu'ils allaient l'aider à concrétiser ses rêves grandioses, dont celui de la ville du futur. Dénommé NEOM – l'acronyme de « nouveau futur », constitué du mot grec *néo* et du mot arabe *mustaqbal* qui signifie « futur » –, ce projet de cité de l'âge intergalactique posée sur les rives de la mer Rouge était si ambitieux qu'il n'était pas un « méga-projet », mais un gigaprojet, avec drones-taxis, lune artificielle et des sortes de robots-dinosaures à la sauce *Jurassic Park*[11].

Le foyer du Ritz-Carlton de Riyad ne désemplissait pas de consultants de la firme et Dominic Barton, à l'époque son directeur général, se rendait régulièrement dans la capitale saoudienne, surprenant les employés locaux par la fréquence de ses visites. Même les chauffeurs de taxi connaissaient les consultants de vue et savaient pour qui ils travaillaient[12]. Des documents internes du cabinet montrent que McKinsey a facturé des millions de dollars d'honoraires pour cette mission.

Les années d'avant, les consultants cultivaient avant tout des relations au sein des myriades de ministères, contrôlés par différents clans de la famille royale. Désireux à présent de consolider son pouvoir, MBS leur donna accès à sa cour, un privilège rarement concédé par les souverains précédents, selon un consultant de longue date dans la région. « Travailler avec MBS ne leur a pas posé de problème ; ils étaient tous pour », a raconté un autre ancien employé de McKinsey à Ben Hubbard[13].

Peu de temps après l'accession au pouvoir de MBS, McKinsey décrocha un gros projet – une mission de transformation destinée à sevrer le pays de sa dépendance au pétrole. En décembre 2015, le groupe d'étude du cabinet, le McKinsey Global Institute, dévoila une partie du produit de sa réflexion sous la forme d'un rapport intitulé « Saudi Arabia Beyond Oil ». Il montrait que d'ici à 2030, l'Arabie saoudite connaîtrait un chômage de masse si elle continuait sur la même voie, alors qu'en investissant 4 trillions de dollars dans l'extraction minière, le tourisme et la finance, le pays doublerait son PIB et créerait six millions d'emplois. La supervision d'un projet aussi ambitieux reviendrait tout naturellement au ministère de l'Économie et de la Planification.

Malgré tout, McKinsey n'était pas en terrain conquis en Arabie saoudite. Son rival le Boston Consulting Group avait commencé à cultiver une relation avec le jeune prince bien avant McKinsey, notamment en le conseillant sur sa fondation MiSK qui a pour objet de « cultiver et encourager l'apprentissage et le leadership chez les jeunes pour un meilleur avenir en Arabie saoudite ». Le BCG s'est taillé la part du lion de ce projet, en travaillant entre autres avec le fonds souverain du pays ainsi qu'avec le ministère de la Défense. Et c'est le projet de BCG « Vision 2030 » qui a emporté la mise pour la transformation du royaume, pas celui de McKinsey.

Mais McKinsey n'était pas prêt à s'incliner aussi facilement face à son rival. Pour cimenter son influence, le cabinet pourrait s'appuyer sur des recrues bien connectées d'un point de vue politique. Ce qu'il a fait avec brio.

En 2003, la firme avait embauché Mazen Al-Jubeir, le frère cadet d'Adel Al-Jubeir, le futur ambassadeur saoudien aux États-Unis et la face policée du royaume à Washington à la suite des attentats du 11 septembre 2001[14]. Comme nombre de consultants du cabinet, Mazen Al-Jubeir était diplômé du MBA de Harvard et *Baker scholar*. La compétition s'intensifiant avec le BCG, McKinsey a de nouveau appliqué cette recette, sauf que cette fois, toutes ses recrues ne pouvaient pas se prévaloir d'aussi belles réussites académiques.

En 2017, le *Wall Street Journal* a ainsi rapporté que les deux années précédentes, McKinsey avait embauché deux enfants de l'ancien directeur d'Aramco, le fils d'un ministre des Finances, deux enfants d'un ancien dirigeant de la Banque centrale ainsi que le directeur d'une entreprise d'extraction minière publique[15]. Mettant en lumière les liens étroits du cabinet avec le régime, au moins cinq anciens employés de McKinsey ont aussi rejoint la fondation MiSK du souverain, si l'on en croit leur page LinkedIn, dont Sarah Alkhedheiri, la fille de l'ancien ministre de l'Information et de la Culture. Elle et son frère avaient été recrutés par McKinsey après avoir obtenu leur diplôme universitaire de premier cycle de la Northeastern University de Boston.

Début 2017, deux ans après l'accession au pouvoir de MBS, McKinsey prit également une décision hardie en rachetant Elixir, une société de conseil saoudienne très bien connectée pour contrer la dominance du BCG. Fondé en 2005 par Hani Khoja, un ancien dirigeant de Procter & Gamble[16], à la demande pressante d'un associé de chez McKinsey, Elixir avait des bureaux à Djeddah et Riyad et avait noué des relations fortes au sein du ministère de la Planification – Khoja lui-même entretenait des liens étroits avec le ministre –, ce qui lui avait permis de remporter nombre de contrats.

L'annonce du rachat d'Elixir par McKinsey le 1er avril 2017 est un événement suffisamment exceptionnel pour être mentionné étant donné que la firme s'était jusque-là et durant les neuf premières décennies de son existence principalement appuyée sur sa croissance « organique » en évitant les fusions et les acquisitions, même si elle les conseillait et les préconisait souvent à ses clients.

Faisant référence à Elixir, un ex-directeur associé de McKinsey basé dans la région a témoigné que « McKinsey ne rachète jamais ce genre de boîtes où que ce soit dans le monde. Tout le monde savait que ce n'était que pour ses connexions »[17]. D'un coup, le nombre d'employés du cabinet dans la région est passé à cent quarante personnes, soit un quasi-doublement de ses effectifs.

« Après quatre ou cinq mois, vous commencez à comprendre que cette société va servir d'agence de travail intérimaire pour le gouvernement », a aussi témoigné un ancien employé d'Elixir[18].

Les consultants d'Elixir sont si proches des ministères saoudiens qu'il est souvent difficile de les en distinguer, a expliqué un ex-employé de ce cabinet, passé ensuite chez McKinsey. « Il vaut mieux s'adresser à eux avec un courriel à l'adresse du gouvernement pour qu'ils acceptent de vous parler », a révélé cette même personne en parlant des bureaucrates du gouvernement saoudien.

Cette opération a beaucoup rapproché les consultants de McKinsey de leurs clients. Un autre ancien consultant de la firme en Arabie saoudite a décrit la relation comme étant celle d'un employeur avec son employé : fini la relation traditionnelle qui permettait aux consultants – tout du moins, en théorie – de dire leurs quatre vérités à leur client. Cet individu se souvient de Ian Davis, le directeur général de Mckinsey à l'époque, disant aux nouvelles recrues de se considérer comme des « courtisans et des vizirs » des temps modernes.

En réalité, comme en a témoigné cette même personne, la situation se résumait plutôt à : « Ne réfléchissez pas trop. Faites ce que je vous dirai ».

Que des employés de McKinsey assument le rôle de responsables gouvernementaux serait déjà problématique dans une démocratie ; le faire dans une monarchie absolue dont le dirigeant *de facto* fait emprisonner ou assassiner des ennemis politiques n'a pu que placer McKinsey à la merci des caprices d'un despote.

Quelques mois à peine après l'acquisition d'Elixir, cela deviendra flagrant.

La première semaine de novembre 2017, plus de trois cent cinquante princes, ministres et hommes d'affaires convergèrent sur la capitale saoudienne, tous invités, sous divers prétextes, par le nouveau roi ou son fils Mohammed ben Salmane.

Une fois à Riyad, des responsables de la sécurité leur confisquèrent leur téléphone, leurs stylos et leur portefeuille et les confinèrent dans l'enceinte du Ritz-Carlton[19]. Les chambres étaient luxueuses, mais aucune ne contenait quoi que ce soit de pointu ou de tranchant. Tour à tour, ils furent accusés, preuves à l'appui, de corruption, une bonne partie d'entre eux étant forcés de signer un accord dans lequel ils cédaient une énorme portion de leurs avoirs à l'État saoudien. Certains furent battus et au moins une personne fut frappée à mort.

Parmi les détenus, il y avait Hani Khoja, le cofondateur d'Elixir tout juste promu directeur associé de McKinsey[20]. Il fut retenu pendant plus de treize mois et, selon une enquête du *Wall Street Journal*, il fut également molesté.

Accusé de corruption, le ministre de la Planification, celui à la tête du « ministère McKinsey », fut lui aussi victime de la purge du Ritz.

Faire des affaires avec des intermédiaires dans un pays profondément corrompu peut mettre en péril la réputation d'entreprises américaines. McKinsey le sait d'expérience. En Afrique du Sud, la firme a fait face à un dilemme similaire et a tout de même choisi de sauter le pas, sans se soucier des risques[21]. Mais contrairement à l'Afrique du Sud où l'opprobre de la corruption a ruiné ses affaires, rien de similaire ne s'est produit en Arabie saoudite. Sans doute le travail du cabinet était-il jugé trop essentiel à la survie de la Maison des Saoud par MBS et son gouvernement.

L'effondrement des prix du pétrole avait eu un effet dévastateur sur le budget de l'État et les responsables gouvernementaux se demandaient s'ils ne devraient pas diminuer les subventions sur l'essence, notamment en augmentant son prix à la pompe dans le pays. Comme ils ne voulaient pas prendre le risque de déclencher une vague de manifestations susceptible de se transformer en printemps arabe local, les dirigeants saoudiens souhaitaient d'abord tâter le terrain auprès du peuple. Pour ce faire, ils se sont tournés vers McKinsey, le BCG et un autre cabinet de conseil, le SCL Group, basé à Londres, mieux connu pour sa filiale Cambridge Analytica, réputée pour peser sur les élections n'importe où dans le monde dès lors qu'un candidat est prêt à les payer pour cela[22]. Alexander Nix, son PDG, s'est ainsi vanté auprès de journalistes infiltrés du magazine d'information de la chaîne britannique Channel 4 que son entreprise pouvait « envoyer des filles chez les candidats » pour les piéger, en précisant qu'il aimait faire appel à des Ukrainiennes pour ce faire. L'entreprise a également utilisé des données Facebook pour aider l'équipe de campagne de Donald Trump à profiler les comptes de millions de votants qui se sont vus bombardés de contenus ciblés.

En Arabie saoudite, le SCL et Cambridge Analytica étaient essentiellement interchangeables : le travail effectué dans le royaume était supervisé par la personne qui avait pris la tête de Cambridge Analytica à la suite de Nix. Sa mission était d'organiser des groupes de discussion au travers du pays pour recueillir les réactions des gens quant à une possible augmentation des prix du pétrole. McKinsey et le BCG analyseraient ensuite ces informations pour les présenter aux hauts responsables du ministère. Ce travail très politique allait bien au-delà du domaine de compétences habituel du cabinet consistant à conseiller les entreprises sur la manière de faire des économies pour être plus efficaces. Un ex-dirigeant de Cambridge Analytica impliqué dans cette étude avec McKinsey a expliqué que son but était de « minimiser le risque que des soulèvements populaires se produisent ».

En d'autres termes, la mission de la firme consistait à contribuer à garantir la viabilité d'un régime brutal et autoritaire. « Quand je recolle tous les morceaux du puzzle, rétrospectivement je ne me sens pas très fier » a ainsi témoigné un autre ancien consultant de Cambridge Analytica dont le travail recoupait celui de McKinsey. « C'était une sorte de renforcement, cela consolidait le pouvoir en place », a-t-il déclaré.

De son côté, McKinsey dément avoir collaboré avec Cambridge Analytica ou le SCL Group pour le compte du ministère de l'Économie et de la Planification.

En réalité, le travail de la firme pour le royaume est allé bien plus loin que l'organisation et l'analyse de groupes de discussion. La population saoudienne est l'une des plus jeunes du monde et l'une des plus utilisatrices de médias sociaux comme Twitter et Facebook. Avec une nouvelle technique d'« analyse du ressenti » permettant de parcourir les posts à la recherche de certains mots-clés, les entreprises pouvaient désormais mesurer les attitudes envers leurs produits. McKinsey a tellement été séduit par cette idée, qu'elle l'a mentionnée plusieurs fois dans des rapports. Du reste, elle n'a pas été la seule : les Saoudiens aussi s'y intéressaient. Des chercheurs du pays avaient baptisé cette technique « extraction de l'opinion »[23].

Les Saoudiens avaient compris que son potentiel allait bien au-delà de la simple analyse de ressenti pour savoir ce que les gens pensaient de la livraison de leur pizza à domicile. Dans ce pays où apparemment absolument tout le monde discute sur Facebook, Instagram ou Twitter, le gouvernement pourrait s'en servir pour prendre le pouls du public et débusquer d'éventuels agitateurs.

D'après un ancien consultant, à peu près au moment où McKinsey travaillait avec le SCL, Enrico Benni, l'un de ses directeurs associés seniors de Dubaï recherchait des consultants au sein de la firme pour un nouveau projet potentiel pour le gouvernement saoudien : une analyse de ressenti en arabe. Les employés du cabinet basés dans le pays ont ensuite mis ce travail en avant sur leur profil public. Ahmad Alattas, un employé d'Elixir, a mentionné parmi ses tâches la « surveillance des médias sociaux à des fins d'analyse de ressenti du public ». Ce travail d'un nouveau genre n'a pas tardé à porter ses fruits, mais sans doute d'une variété différente de celle que McKinsey avait en tête.

Début 2018, un ressortissant d'Arabie saoudite téléphona à Omar Abdulaziz, un citoyen saoudien installé à Montréal depuis près de dix ans, pour prendre de ses nouvelles. Ces derniers temps, on le voyait très peu sur les réseaux sociaux alors qu'il avait des centaines de milliers de followers sur Twitter et YouTube. Est-ce que tout allait bien ?

Abdulaziz lui répondit par l'affirmative. Cependant, son correspondant avait des raisons de s'inquiéter ; il raconta à son ami qu'il travaillait avec McKinsey sur un projet pour MBS. Le cabinet avait préparé un rapport sur la manière dont les sujets du royaume réagissaient aux mesures gouvernementales. Abdulaziz ainsi que d'autres Saoudiens étaient nommément cités et qualifiés d'influenceurs critiques et potentiellement puissants du pouvoir.

« Je me suis dit : “Ah, c'est super”. Au début, je n'ai pas compris que cela aurait de graves répercussions. Je n'imaginais pas MBS s'intéresser à mon travail. Je n'ai pas pensé que cela aurait la moindre conséquence », s'est remémoré Abdulaziz plus de deux années après[24].

Le titre inoffensif du rapport, « Les mesures d'austérité en Arabie saoudite », dissimulait en réalité un contenu explosif[25]. L'analyse de ressenti avait été transformée en arme au service du pouvoir. On pouvait notamment y lire : « Omar a écrit une multitude de tweets critiques sur des sujets tels que l'austérité et les décrets royaux ».

Au mois de mai de la même année, des émissaires saoudiens se rendirent à Montréal pour inviter instamment Abdulaziz à rentrer dans son pays en insistant sur son statut de jeune star YouTube. Pour achever de le convaincre, ils avaient emmené son frère.

Abdulaziz temporisa. Le mois suivant, son téléphone fut piraté[26]. Selon un rapport du Citizen Lab, une association de l'université de Toronto qui enquête sur l'espionnage numérique ciblant la société civile, Abdulaziz n'en sut rien pendant des mois. En août, ses deux frères furent jetés en prison, ainsi qu'une autre voix critique du gouvernement sur les réseaux sociaux mise en avant dans le rapport de McKinsey, tandis qu'un troisième compte jugé négatif par le cabinet disparaissait de Twitter.

Le piratage du téléphone d'Abdulaziz compromit également les communications de ce dernier avec un important journaliste saoudien. Tous deux avaient discuté d'un plan pour contrer le projet de MBS de faire du royaume un régime techno-autoritaire soutenu par une armée de trolls surnommés « mouches » destinée à identifier et réduire au silence toute voix dissonante.

En septembre, le journaliste vira 5 000 dollars à Abdulaziz pour lancer le projet. Celui-ci consistait à lutter contre les « mouches » en lâchant un essaim d'« abeilles » – des individus chargés d'abattre les trolls saoudiens.

Le nom de ce journaliste ? Jamal Khashoggi.

Le 2 octobre 2018, Khashoggi, un chroniqueur pour le compte du *Washington Post*, se rendit au consulat d'Arabie saoudite d'Istanbul pour récupérer des papiers dont il avait besoin pour son mariage. Sa fiancée turque l'attendait à l'extérieur.

Alerté de sa visite au sein de l'ambassade, un commando d'assassins s'était mis en place.

Dès son arrivée, Khashoggi est prévenu qu'il va être renvoyé en Arabie saoudite. Un agent lui ordonne d'écrire un message à son fils, lui disant de ne pas s'inquiéter « si tu n'as pas de nouvelles de ma part pendant un moment ». Face à son refus, un des membres du commando lui lance : « On va vous anesthésier »[27]. Des bruits de lutte s'ensuivent, Khashoggi disant « Je ne peux pas respirer, je ne peux pas respirer » avant d'être réduit au silence par l'injection d'une drogue. Ensuite, l'on entend le bruit d'une scie électrique alors que son corps est démembré. Pour les services de renseignements américains, le commanditaire du meurtre n'était autre que MBS.

L'existence du rapport McKinsey ciblant Omar Abdulaziz est devenue publique quelques semaines après l'assassinat de Khashoggi par le biais d'un article du *New York Times* sur l'armée de trolls saoudiens. L'histoire a provoqué un tollé mondial ; aux États-Unis, la sénatrice du Massachusetts Elizabeth Warren a envoyé une lettre à Kevin Sneader, le directeur général de McKinsey à l'époque, pour qu'il informe sur qui aurait pu avoir connaissance de son rapport.

« Je m'inquiète du fait que le rapport de McKinsey sur le ressenti du public ait pu être détourné par le gouvernement saoudien pour écraser les critiques des politiques gouvernementales du royaume, indépendamment de l'usage initialement prévu pour cette information », a-t-elle écrit.

Sur le coup, McKinsey s'est dit « horrifié par la possibilité, même ténue, que [son] travail ait pu être détourné en quelque manière que ce soit »[28]. Selon le cabinet, le rapport était destiné à un public interne et avait été rédigé par un chargé d'études à Riyad. « Comme nombre de grandes entreprises, y compris nos concurrents, nous nous efforçons de naviguer dans un environnement géopolitique changeant, mais nous ne soutenons ni ne nous impliquons dans aucune activité politique », a déclaré la firme.

Cependant, un ancien consultant a mis en lumière une réalité bien différente : « La réponse du cabinet sur la question de l'extraction de données à partir des réseaux sociaux en Arabie saoudite est du grand n'importe quoi. J'ai assisté à des discussions qui ont mené à ce travail avec le royaume saoudien et c'était bien plus vaste et connu des dirigeants de la région que cette histoire ridicule de "rapport rédigé par un chargé d'études" qu'ils ont mise en avant »[29].

Selon McKinsey, le rapport ne contenait que « des informations publiques » et rien ne prouvait qu'il avait été « détourné de son objectif premier ».

En fait, ce rapport « interne » était tout ce qu'il y avait de plus « externe ». La source d'Abdulaziz qui travaillait avec McKinsey sur le projet lui a dit qu'il avait été présenté en 2017 aux associés de MBS[30] ; il en avait envoyé une copie numérique à Abdulaziz, rendue publique lors d'un procès. Le *New York Times* en a eu connaissance par le biais d'une autre source.

McKinsey collaborait avec le gouvernement saoudien depuis 2015 sur le sujet même du rapport : une analyse de la manière dont le public réagirait à une diminution des subventions. Il est évident que ce travail qui visait à préserver la monarchie saoudienne, un des régimes les plus répressifs au monde, était *éminemment politique*.

Kevin Sneader l'a cependant défendu sur CNBC en le présentant sous un jour géopolitique et non strictement politique : « Le monde ne souhaite pas que l'Arabie saoudite se retrouve avec un chômage massif et une situation où les choses pourraient très mal tourner », a-t-il déclaré sur la chaîne télévisée en mars 2019, en ajoutant qu'il pensait que la firme contribuait « de manière positive » au pays[31].

Cette révélation a généré quantité de réponses mordantes de la part d'employés de McKinsey de par le monde surpris par l'article du *New York Times* à cause du fonctionnement en silos de la firme. Dans un bureau en particulier, une session de formation prit un tour particulièrement caustique :

Votre client est le gouvernement d'Arabie saoudite. Il a engagé McKinsey pour trouver des moyens de supprimer des journalistes et des dissidents qui critiquent les politiques autocratiques du royaume.
Votre mission est de déterminer combien de dissidents vous pouvez caser dans une cuve remplie d'acide pour dissoudre et cacher les corps. Partant de l'hypothèse que vous disposez d'une cuve de 3x3x3 mètres remplie d'acide chlorhydrique, combien de dissidents pourrez-vous faire disparaître ? Justifiez votre approche[32].

Abdulaziz finit par intenter un procès à McKinsey, ses avocats écrivant dans leur plainte que la firme avait « *de facto* placé une cible dans le dos du plaignant »[33]. Le cabinet réussit à convaincre le juge de Californie de classer l'affaire pour motif juridictionnel. McKinsey déclara aussi devant la cour que si le rapport citait plusieurs des tweets publics d'Abdulaziz, c'est parce qu'il était depuis des années un critique bien connu du régime saoudien et que c'était d'ailleurs à ce titre qu'il avait obtenu l'asile politique au Canada.

De nouveau en 2021, Abdelaziz intenta un procès à McKinsey, cette fois-ci devant une cour fédérale de New York, au motif qu'il était cité dans la présentation PowerPoint du cabinet comme un critique du régime et que, les représentants du prince en ayant pris connaissance, il avait été « obligé de se cacher et de sans cesse changer d'hôtel pendant des mois pour éviter d'être kidnappé ou meurtri »[34]. De nouveau, McKinsey demanda un classement de l'affaire, ce que la juge fit en septembre 2021, en invoquant, entre autres, d'une part la prescription et d'autre part l'incapacité d'Abdulaziz à démontrer que McKinsey contrôlait la façon dont le gouvernement saoudien utiliserait les informations contenues dans le jeu de diapositives.

Après l'assassinat de Khashoggi, l'Arabie saoudite est devenue radioactive. D'éminentes personnalités comme Stephen Schwarzman, le PDG de Blackstone, Jamie Dimon de la banque JP Morgan Chase et Christine Lagarde, alors présidente du FMI, se sont désistées d'une conférence à Riyad soutenue par MBS – surnommée le Davos du désert – qui s'est tenue quelques semaines seulement après le meurtre du journaliste.

En revanche, McKinsey et certains autres cabinets de conseil ont choisi de maintenir leur présence[35]. Le programme indique que la firme a animé des tables rondes sur l'argent et l'énergie.

En 2019, un an après l'assassinat de Khashoggi, les revenus du cabinet en Arabie saoudite étaient en hausse par rapport à l'année précédente si l'on en croit un de ses indicateurs internes. Sa liste de clients ainsi que les heures facturées concernaient essentiellement des agences gouvernementales.

D'autres documents internes de 2018 et 2019 révèlent que le cabinet a surtout travaillé pour les ministères des Finances, de l'Économie, de la Santé et de l'Éducation et que plusieurs projets concernaient NEOM, la ville du futur sur la mer Rouge. Rien n'indique que la firme ait collaboré avec les ministères de l'Intérieur, de la Justice ou de la Défense qui jouent un rôle clé dans la chasse aux dissidents et dans la capacité du gouvernement à se maintenir au pouvoir. Cependant, d'après un ancien employé du cabinet qui connaît bien le travail réalisé par ce dernier dans ce pays, ce n'est pas faute d'avoir essayé. McKinsey a soumis des propositions à ces agences, mais elles n'ont tout simplement pas été retenues. « C'est le BCG qui a remporté la mise », a commenté ce même employé[36].

Des documents internes de 2019 montrent que McKinsey a commencé à conseiller une entreprise publique, l'Al-Elm Information Security Company, qui travaille pour les ministères de l'Intérieur et de la Justice. Malgré tout, le cabinet prétend ne pas avoir de rapport avec ces ministères ni conseiller d'entreprises « sur la façon de traiter avec lesdits ministères ».

« *A posteriori*, je me sens si naïf », nous a confié, via une plateforme de messagerie sécurisée, un ex-consultant de McKinsey impliqué dans la mission sur l'analyse du ressenti. « Rétrospectivement, il est ÉVIDENT que ce travail pouvait être détourné, mais sur le coup cela ne m'a pas traversé l'esprit. Je pensais qu'en aidant le gouvernement à être à l'écoute de son peuple l'on faisait quelque chose de bien, que c'était un petit pas vers la démocratie ».

Interrogé sur CNBC en mars 2019 sur le fait de savoir ce que McKinsey ferait s'il s'avérait qu'un de ses clients était un assassin, Sneader, le directeur général, a eu une réponse qui tient en trois mots : « Vous vous retirez ».

Malgré tout, en Arabie saoudite ce n'est pas du tout ce qui s'est passé.

Ce qu'a fait McKinsey en Arabie saoudite et en Chine fait partie d'un ensemble plus large qui s'est développé au sein du cabinet ces dernières années. La firme travaille de plus en plus pour des gouvernements autoritaires partout dans le monde ou pour des entreprises publiques qui contribuent à consolider le pouvoir de ces derniers. De plus, comme en Arabie saoudite, elle recrute les élites de ces pays.

En Russie, la banque publique VTB Bank, sous le coup de sanctions américaines et européennes depuis 2014, est un des plus gros clients de la firme depuis quelques années, tout comme Gazprom, le géant de l'énergie sous contrôle étatique, ainsi que l'indiquent des documents internes. Et Kirill Dmitriev, l'homme à la tête du fonds souverain russe, est un ancien de McKinsey.

En Ukraine, l'oligarque le plus riche du pays avait engagé McKinsey pour conseiller le président prorusse Viktor Ianoukovytch et aider à faire passer cet individu profondément corrompu pour un réformiste économique[37]. Au même moment, Paul Manafort, l'ex-responsable de campagne de Donald Trump, s'employait aussi à polir l'image politique de l'autocrate. Toujours d'après des documents internes, McKinsey a également travaillé directement avec d'autres régimes autoritaires, dont ceux d'Azerbaïdjan et du Kazakhstan.

En 2019, suite aux enquêtes du *New York Times* sur le travail de la firme en Afrique du Sud, en Chine, en Ukraine et en Arabie saoudite, McKinsey a mis en place de nouvelles règles qui renforcent les procédures de contrôle relatives au processus de sélection de ses clients.

Chapitre 14

Le gouvernement des copains

Un demi-siècle au sein du National Health Service britannique

Sur fond de bruit statique, la nouvelle s'est diffusée à travers toute l'Angleterre au travers de la radio : les nazis avaient été défaits en Égypte. Après les déroutes sur les champs de bataille d'Europe et d'Asie, après que le Blitz avait réduit des villes entières à des tas de décombres, cette annonce d'un jour de novembre 1942 était tout simplement merveilleuse. Pour célébrer la victoire, partout dans le pays l'on fit sonner les cloches, une première depuis plus de deux ans.

Avec les Américains désormais entrés en guerre et l'Afrikakorps du Feldmarschall Erin Rommel en déroute, l'espoir renaissait. De sa façon unique et propre à lui, Winston Churchill, le Premier ministre de l'époque, s'en fit l'écho : « Ce n'est pas la fin. Ce n'est même pas le commencement de la fin. Mais c'est peut-être la fin du commencement »[1].

Quelques jours plus tard, les Britanniques eurent droit à une autre bonne nouvelle : après la victoire, une société plus juste les attendait. Un rapport gouvernemental annonçait la mise en place d'un État-providence, avec des aides pour les plus pauvres et, au cœur du dispositif, des soins de santé gratuits pour tous. Selon les mots d'Aneurin « Nye » Bevan, le mineur gallois devenu membre du Parti travailliste à l'origine de la conception de ce grand service public, « aucune société ne peut légitimement se prétendre civilisée si un malade ne peut se faire soigner faute de moyens »[2].

Jusqu'à la création du NHS en juillet 1948, le système de santé britannique était le reflet de la société de classes inégalitaire bâtie sur le dos des ouvriers ; pour avoir accès à « quelque service médical que ce soit, aussi rudimentaire fût-il »[3], il fallait avoir de l'argent. En septembre de cette année, 93 % des Britanniques s'étaient enrôlés dans le nouveau service.

Pour se rendre compte des manquements de l'ancien système, il suffit de voir ce sur quoi les gens se sont rués dès qu'ils ont pu : au cours des neuf premiers mois d'existence du service, quelque trente-trois millions de prothèses dentaires[4] – soit deux pour trois Britanniques à l'époque – ont été commandées, de même que quantité de paires de lunettes, considérées jusqu'alors par les plus modestes comme un luxe. Dans le même temps, la plupart des hôpitaux furent nationalisés.

Le NHS n'était pas un système d'assurance médicale national. Les soins de santé étaient gratuits là où ils étaient prodigués et ils étaient financés par les contribuables. Ce n'était pas parfait, mais cela fonctionnait. Pour Nye Bevan, le ministre de la Santé de l'époque, le NHS « devait constamment évoluer, croître et s'améliorer ; il devait toujours sembler inadapté »[5].

Depuis 1948, le NHS a bien servi la Grande-Bretagne. Pour un plus petit pourcentage de son PIB que celui que les États-Unis consacrent à la santé, le pays a obtenu de bien meilleurs résultats. Le taux de mortalité maternelle est le tiers de celui des États-Unis[6]. L'espérance de vie a également régulièrement augmenté, comme partout dans le monde, alors qu'aux États-Unis – le seul de tous les pays développés – les gens décèdent plus jeunes[7].

Année après année, les sondages ont montré que le NHS était l'institution la plus chérie de tout le pays, devant l'armée et même la reine, au point d'avoir figuré dans la cérémonie d'ouverture des Jeux olympiques de Londres de 2012. Comme pour la sécurité sociale aux États-Unis, la NHS est le troisième pilier de la politique anglaise ou, comme l'ont écrit deux historiens de l'Angleterre d'après-guerre, le « Saint des saints »[8].

Malgré cela, ces dernières années, les dirigeants du pays ont transformé cette institution en profondeur en l'ouvrant de plus en plus au secteur privé, et notamment à des entreprises américaines.

McKinsey a joué un rôle démesuré dans la définition et la mise en œuvre de ces changements et deux de ses plus gros clients américains en ont directement profité. L'histoire de la manière dont le cabinet de conseil s'est octroyé une place centrale dans la refonte du NHS nous en dit autant sur la Grande-Bretagne que sur la firme.

Car avec ce pays, McKinsey s'est trouvé un hôte parfait.

Il y a plus de six décennies, McKinsey a infiltré le corps de la nation à une vitesse stupéfiante en subjuguant sa psyché d'une manière jamais vue aux États-Unis.

À la fin des années 1950, les entreprises européennes se remettaient tout juste des ravages de la guerre et étaient impatientes d'apprendre de leurs cousines américaines telles que General Motors et General Electric, les deux leaders incontestés du monde des affaires de l'époque. Pour McKinsey, il était temps de s'internationaliser et pour ce faire, fidèle à lui-même, il formula cette décision en termes nobles et généreux.

Dans un mémorandum qui débutait avec des citations du penseur et politologue français Alexis de Tocqueville, Charles H. Lee, un directeur associé senior de la firme, écrivit que le monde était entré « dans une ère qui consacre le leadership de l'Amérique sur le monde »[9].

« Nos activités transcendent à présent les frontières nationales et sont pensées en fonction du monde dans son ensemble. Nos responsabilités civiques ont été élargies et notre nouveau rôle nous amène à exercer ces responsabilités dans ce contexte élargi », a-t-il encore écrit[10].

En 1957, McKinsey réalisa une mission pour le compte de la Royal Dutch Shell – l'entreprise pétrolière anglo-hollandaise – pour l'aider à développer une structure organisationnelle inaugurée par GM qui accordait plus d'autonomie aux différents départements. Mesuré en termes d'honoraires – quelque 720 000 dollars, un montant considérable pour l'époque –, ce projet fut un véritable succès, au point d'inciter la firme à ouvrir un bureau à Londres dans l'espoir de conquérir d'autres clients de même calibre[11].

McKinsey s'installa donc sur King Street, une adresse au cœur de la structure du pouvoir de l'Empire britannique en déclin. Ses bureaux se trouvaient à quelques pas du réseau de clubs privés où se réglaient moult affaires d'État, tout près des ministères et du Parlement.

Encore plus important fut le choix de l'homme désigné pour prendre la tête de ce bureau : Hugh Parker, un Américain diplômé de l'université de Cambridge qui, au côté de celle d'Oxford, forme les élites du pays depuis des siècles. Étudiant, Parker avait fait de l'aviron et une fois devenu directeur il s'est tourné vers le Leander Club, l'un des plus anciens clubs d'aviron au monde, pour y recruter ses premiers consultants britanniques. Avec son costume à fines rayures et son accent américain mâtiné de précision britannique, Parker se fondait parfaitement dans le paysage de la haute société britannique[12].

« Bien entendu, la première chose à laquelle je me suis attelé a été de me faire connaître en Angleterre. Je peux même dire que durant les dix années suivantes de ma vie je n'ai fait que cela. [...] Je me suis fixé comme objectif d'être vu et entendu, j'ai prononcé des allocutions, j'ai écrit des articles, tout mon temps a été passé à me faire connaître et à être reconnu. Après quelques années, cela a commencé à porter ses fruits », s'est remémoré Parker dans un entretien pour *Masters of the Universe*, un documentaire sur les consultants diffusé sur la chaîne britannique Channel 4 en 1994. L'homme est décédé en 2008[13].

Délivrer la bonne nouvelle en matière de management par le truchement de jeunes consultants faits du même matériau que les membres des clubs les plus selects a été une formule gagnante. Les barons de l'industrie britannique se sont empressés de rechercher les conseils de la firme. Après son succès avec la Shell, d'autres grandes entreprises se sont pressées à ses portes pour apprendre les secrets des prouesses managériales américaines. C'est ainsi que le géant de la chimie ICI, l'un des plus gros industriels du pays, est devenu client du cabinet en 1961, suivi par d'autres poids lourds comme

Rolls-Royce, Cadbury Schweppes, Unilever, Rio Tinto, et Tate & Lyle.

Puis, ç'a été le tour du secteur public avec la BBC, l'Atomic Energy Authority et, de manière significative, Bank of England[14]. McKinsey a même contribué au projet de nationalisation de British Steel (et, des années plus tard, à sa privatisation).

McKinsey était partout et cela se savait. « Si Dieu voulait refaire le monde, il appellerait McKinsey à la rescousse », écrivit ainsi le correspondant à Londres du magazine *Science*. Selon Stephen Aris, un journaliste qui avait brossé un portrait de Hugh Parker pour le *Sunday Times* en 1968, « tout comme Hoover est devenu synonyme d'aspirateur, McKinsey est en passe de devenir synonyme de réforme managériale ». Il en offrit même une définition : « McKinsey : n. et v.t. Secouer, réorganiser, déclarer redondant, abolir la règle du comité. S'applique avant tout aux grosses entreprises industrielles, mais aussi à toute organisation connaissant des problèmes managériaux »[15].

McKinsey avait conquis l'Angleterre à la vitesse de l'éclair. Au début de 1970, le cabinet avait aidé à restructurer vingt-cinq des cent premières entreprises britanniques. « Une fois que les affaires ont été lancées en Angleterre – vers la moitié ou la fin des années 1960, dix ans après l'ouverture du bureau –, on a eu le vent en poupe », a témoigné Parker[16].

McKinsey n'avait pas fait que rejoindre le club ; il était devenu, en quelque sorte, *le* club. Hugh Parker et Roger Morrison, un autre associé de chez McKinsey, inaugurèrent alors ce qu'ils dénommèrent les « dîners du Président » qui se tenaient dans une suite sur le toit de l'hôtel Dorchester, un immeuble Art déco classé monument historique dans le quartier londonien huppé de Mayfair. L'idée, si l'on en croit l'histoire à usage interne de la firme, était de discuter avec les capitaines d'industrie du pays au lieu « de leur être présenté ». Sous peu, ces déjeuners se transformèrent en un mini-prototype du Forum économique mondial, où les dirigeants d'entreprise se réunissaient pour échanger.

Cependant, une agence – le plus gros employeur du pays – échappait toujours au cabinet de conseil. Le NHS. Mais cela n'allait pas tarder à changer.

Au tournant des années 1970, après plus de deux décennies de fonctionnement, le besoin de réforme du NHS devint patent. Comme le système de santé anglais comportait trois branches – les soins primaires, les hôpitaux publics et les services locaux tels que les maisons de retraite et les services psychiatriques –, coordonner les traitements s'avérait compliqué et source de gaspillage. Le « monstre tripartite »[17] accouchait aussi de décisions irrationnelles telles que celle d'accueillir des personnes âgées dans des hôpitaux surpeuplés plutôt que dans des maisons de retraite.

Les deux principaux partis politiques du pays – le Labour et le Parti conservateur – étaient conscients du problème, mais en désaccord sur la manière d'y remédier. Le gouvernement se tourna donc vers McKinsey. Ainsi que l'a dit un responsable politique des décennies plus tard : « Vous étiez les gourous du management. Contrairement au ministère, vous connaissiez le management »[18].

En 1972, McKinsey participa ainsi à la rédaction du « Livre gris » qui expliquait comment fusionner les trois composantes du système de santé selon des critères géographiques. Chapeautant le tout, il y aurait des équipes de médecins, d'infirmières et de gestionnaires d'hôpitaux qui prendraient leurs décisions par consensus. Mais, comme l'a noté un participant, « quand tout le monde est responsable, personne n'est responsable »[19].

Mise en œuvre en 1974, la réforme s'est révélée largement inefficace. McKinsey s'est désolé de la « prolifération de la paperasserie »[20] associée à des bureaucraties concurrentes et prêtant à confusion. Mais elle aura au moins eu un intérêt pour le cabinet : elle lui a permis de faire son entrée dans le NHS, l'un des plus grands organismes au monde, marquant ainsi un tournant pour la firme. Celle-ci y restera cinq décennies, faisant la démonstration de sa capacité à s'adapter aux alternances politiques du pays.

Cependant, un changement de taille ne tardera pas à arriver. À la remorque de la plupart des pays d'Europe, le Royaume-Uni était considéré par beaucoup comme « l'homme malade » du continent, au point qu'un chroniqueur respecté émit l'idée que le pays pourrait devenir le premier de l'histoire moderne à passer du statut de pays développé à celui de pays sous-développé[21]. Puis, en 1979, les citoyens optèrent pour un changement radical en élisant à la tête du pays Margaret Thatcher, une farouche adepte de l'économie de marché.

Pour McKinsey, les années Thatcher ont été plus que fastes. La philosophie de la Première ministre épousait parfaitement celle que le cabinet de conseil était en train de se forger, à savoir qu'il n'y a pas ou presque de problématique publique que le secteur privé ne puisse résoudre.

Thatcher a œuvré pour que des industries nationales vitales – dont celles de l'acier, des chantiers navals, de l'aviation et des télécommunications – précédemment nationalisées par les gouvernements travaillistes successifs soient reprivatisées. Et McKinsey a été là pour l'aider. Selon Andrew Sturdy, un professeur à l'université de Bristol qui étudie les cabinets de conseil, dont McKinsey, « la saison de la chasse était ouverte ».

Les plus brillants tenants de l'économie de marché se pressaient aux portes du cabinet pour venir y travailler, comme William Hague, le futur leader du Parti conservateur et le futur secrétaire d'État aux Affaires étrangères, et Adair Turner, qui prendra la tête de l'organisme de régulations des marchés financiers du pays.

Bien que sujettes à controverse, les privatisations étaient tout de même soutenues par une partie du peuple, convaincu par les médias relayant la propagande du gouvernement qui faisait la promotion de l'actionnariat populaire. Des millions de citoyens acquirent ainsi des actions de ces monopoles publics fraîchement privatisés tels que British Telecom, British Gas et British Airways, tandis que d'autres entreprises étaient vendues au secteur privé.

Mais pour certaines de ces industries, en particulier celles fournissant un service public, la privatisation eut l'effet inverse de celui escompté en renchérissant sensiblement leurs coûts. Sous le mandat de John Major, le successeur de Margaret Thatcher, la privatisation de British Rail, la compagnie ferroviaire nationale fut ainsi un désastre notable.

Transformer le système ferroviaire d'un pays qui avait donné naissance aux chemins de fer près de deux siècles plus tôt et qui comptait plus de seize mille kilomètres de voies n'était en effet pas une mince affaire. Ne craignant pas les grands mots, McKinsey avait dénommé ce projet « Destinée »[22]. En 1994, sur les conseils de la firme, l'infrastructure de la compagnie fut placée sous le contrôle d'une nouvelle entité baptisée Railtrack dont les actions furent mises en vente en 1996.

McKinsey recommandait aussi de réduire les dépenses de maintenance et de remplacer l'infrastructure comme les rails et la signalisation uniquement en cas de casse ou de panne avérée ou imminente. De plus, les tâches principales ne seraient plus effectuées par des employés de l'entreprise, mais sous-traitées. Selon un prestataire, le cabinet voulait « exploiter davantage les actifs existants »[23].

Jusqu'à ce qu'en août 1999, un haut responsable de Railtrack délégué à la maintenance examine lui-même une longue portion de la ligne très fréquentée entre Londres et Édimbourg et se rende compte de son piètre état. Le mois de novembre de la même année, il prévint ses supérieurs, sous la forme typiquement britannique d'une litote, que l'état de la ligne « se rapprochait de la limite de l'acceptable », et que « l'équilibre entre les critères commerciaux et la sécurité penche actuellement de manière écrasante en faveur des critères commerciaux »[24].

Ses supérieurs auraient dû l'écouter. Le 17 octobre 2000, un train de passagers dérailla sur cette ligne près de la ville de Hatfield, tuant quatre personnes et en blessant plus de soixante-dix. Une enquête gouvernementale montra que de multiples fissures avaient compromis l'intégrité structurelle des rails. Railtrack fut jugée coupable de négligence dans ses tâches de maintenance[25] tandis que plusieurs rapports sortis au même moment citaient le projet Destinée de McKinsey. Railtrack fut vite renationalisée.

Privatiser une compagnie aérienne, ferroviaire ou un réseau de distribution d'essence était déjà compliqué, mais le bien-aimé NHS constituait une cible encore plus grosse et risquée pour n'importe quel parti politique.

Malgré tout, contrairement à Margaret Thatcher qui avait attendu la huitième année de son mandat pour apporter de petites modifications au NHS avec la privatisation des services de nettoyage et de restauration, John Major n'a pas hésité à se jeter complètement à l'eau en permettant aux patients de choisir leurs centres de soins. Dorénavant en concurrence, les hôpitaux les moins performants seraient, en théorie, perdants.

En réalité, la mise en concurrence ne fonctionnait pas bien en milieu hospitalier[26]. Ce n'était pas un secret : Kenneth Arrow, l'un des économistes les plus renommés du XXe siècle, avait déjà conclu des décennies plus tôt que la magie du marché ne fonctionnait pas dans le secteur de la santé de la même manière que dans celui de la boulangerie, de l'automobile ou de l'aérien. Les patients ne disposaient tout simplement pas des informations nécessaires pour déterminer de façon rationnelle le prix des soins de santé et, la plupart du temps, ils cherchaient avant tout à se faire bien soigner le plus vite possible et non pas à trouver le cancérologue le moins cher.

Pour superviser ce nouveau marché interne, de nouvelles strates bureaucratiques furent alors créées, ce qui fit monter les coûts administratifs du NHS en flèche. Alors que, selon une étude, dans les années 1970, ils absorbaient environ 5 % du budget de l'agence, en 2003, ce chiffre était passé à 13 %.

Major introduisit également une réforme connue sous le nom de Private Finance Initiative, qui permettait au NHS de faire appel à des entreprises privées pour la construction d'hôpitaux[27]. Il en résulta des dépassements budgétaires massifs et un endettement du NHS à hauteur de 80 milliards de livres sterling pour des projets qui devaient à l'origine n'en coûter que 11,4[28].

Quand les travaillistes revinrent au pouvoir, on aurait pu s'attendre à ce qu'ils préservent le NHS, ne serait-ce que parce que c'était leur bébé. Sauf que, comme son homologue américain Bill Clinton, Tony Blair, le nouveau Premier ministre, avait décidé de tourner le dos à la tradition sociale-démocrate de son parti. Durant son mandat, les meilleurs hôpitaux du NHS connurent ainsi encore plus de changements poussés par McKinsey et destinés à caler leur mode de fonctionnement sur celui du secteur privé. Pour éviter tout profit excessif, une agence de surveillance appelée Monitor fut également mise en place pour les superviser.

Parfois, l'on aurait dit que les consultants McKinsey et les responsables gouvernementaux étaient interchangeables. Ainsi, une jeune médecin, Penny Dash, aida Blair à définir la politique du NHS avant de rejoindre le cabinet de conseil deux ans plus tard, en 2002[29]. Suivant le chemin inverse, David Bennett, un directeur associé senior de McKinsey, devint, en 2005, le conseiller politique en chef de Tony Blair. Gordon Brown, son successeur, s'appuya également beaucoup sur McKinsey pour ses conseils en matière de politique de santé.

Puis la crise financière frappa. Après des années d'investissement dans le NHS dont les rangs s'étaient beaucoup étoffés et qui avait vu les files d'attente se réduire, le robinet fut brusquement fermé. Confronté à un énorme déficit budgétaire, le gouvernement se tourna de nouveau vers McKinsey pour réaliser des économies. En mars 2009, le cabinet livra sa proposition sous forme d'une présentation PowerPoint de cent vingt-trois diapositives[30].

Elle décrivait la voie à suivre pour faire économiser au NHS pas moins de 20 milliards de livres sterling en supprimant environ 10 % de ses effectifs, soit près de 140 000 emplois, et ce au beau milieu de la pire crise économique depuis des décennies.

Ceux qui resteraient devraient travailler plus. McKinsey avait ainsi calculé que 1,7 % du temps d'un médecin était perdu au profit de pauses thé et qu'il serait possible d'économiser 400 millions de livres sterling si les soignants les moins efficaces « se mettaient à niveau »[31].

Mais supprimer des emplois ne suffisait pas. La firme appelait également de ses vœux la fin des « interventions médicales à faible valeur ajoutée ». Traduction : il fallait diminuer le nombre des procédures que le cabinet jugeait inutiles. Par exemple, réduire certaines hystérectomies de 70 % et certaines opérations du genou de 30 % permettrait d'économiser respectivement 80,6 et 118 millions de livres sterling[32].

Dans une autre diapositive, McKinsey faisait aussi l'éloge de Kaiser Permanente, l'organisation américaine de gestion des soins de santé, connue pour être un parangon d'économie[33]. Et peu importe si la diapositive suivante montrait qu'un séjour hospitalier moyen au Royaume-Uni coûtait à peine plus du tiers de son équivalent américain.

Certains des plus éminents médecins britanniques se joignirent à des politiciens pour critiquer les réductions budgétaires proposées par McKinsey. « Nombre de ces procédures peuvent sembler présenter peu d'avantages au moment où elles sont faites, mais elles sont susceptibles de prévenir des problèmes bien plus graves à moyen et long terme », a ainsi déclaré John Black, le président du Collège royal de chirurgie à l'époque[34].

Le porte-parole du Parti conservateur pour les questions de santé, Andrew Lansley, sauta sur l'occasion pour éreinter le Parti travailliste qui dénonçait depuis des années toute tentative de réduction du budget du NHS[35].

Le gouvernement finit par désavouer le travail de McKinsey, mais les idées contenues dans la présentation étaient loin d'être enterrées.

Le lundi 10 mai 2010, Londres fut le théâtre d'une transition. Quatre jours plus tôt, le Parti travailliste au pouvoir depuis treize ans avait été largement battu aux élections et d'ici quarante-huit heures, le conservateur David Cameron allait être nommé Premier ministre.

À 13 h 18 ce jour-là, deux représentants gouvernementaux reçurent un courriel du bureau londonien de McKinsey les invitant à aller voir *La Traviata* de Verdi au Royal Opera House la semaine suivante[36]. Ces deux représentants n'étaient pas de simples gratte-papiers. Ils occupaient des postes à responsabilité au sein de Monitor, l'agence de contrôle des performances des hôpitaux du NHS, eux-mêmes au cœur des recommandations du cabinet. L'un d'eux, Adrian Masters, avait été employé de la firme avant de devenir responsable de la stratégie de Monitor.

Bientôt, une autre invitation fut envoyée, cette fois-ci pour aller voir en famille, et en compagnie du directeur associé senior de McKinsey Nicolaus Henke, le Cirque du Soleil, la troupe canadienne d'acrobates. Cette entreprise de séduction n'était pas gratuite : Andrew Lansley, le nouveau ministre de la Santé, s'apprêtait à annoncer des changements au sein de la NHS « si gros qu'on les verrait de l'espace »[37]. La grandiose idée des conservateurs ? Introduire encore plus de compétition dans le NHS par le biais du vote d'une loi au Parlement.

En vertu de ses connexions et de ses phalanges d'experts en soins de santé formés à Oxford et à Harvard, McKinsey se trouvait dans une position privilégiée pour contribuer à l'élaboration de cette législation.

Juste quelques jours après la formation du nouveau gouvernement, McKinsey décrocha un contrat de 330 000 livres sterling pour conseiller Monitor. Plus tard, le cabinet en remporta un bien plus gros de 6 millions de livres sterling pour des « services à l'équipe dirigeante du NHS ». Le 31 mai, un consultant de McKinsey envoya un courriel à deux responsables de Monitor pour les informer que la firme avait « rassemblé ses réflexions sur les implications du nouveau programme gouvernemental pour le NHS [et] *commencé à les partager avec ses clients* (italiques ajoutés par les auteurs) » et leur demander s'ils seraient disposés « à rencontrer le cabinet pour en discuter »[38].

Les destinataires étaient Adrian Masters et son chef, David Bennett, l'ancien directeur associé senior de McKinsey devenu président exécutif de Monitor.

Cet échange est révélateur du lien étroit qui existe entre les responsables gouvernementaux britanniques et les dirigeants d'entreprise. « Les convictions de nombre de ministres sont si proches de celles des PDG de multinationales qu'il est virtuellement impossible de les en distinguer », a ainsi écrit dans un livre paru en 2014 la journaliste britannique Tamasin Cave, qui a mis au jour les courriels de McKinsey[39].

McKinsey bombarda alors les dirigeants de Monitor d'invitations à venir s'exprimer en public. En juin, Masters accepta de prononcer une allocution à l'occasion du dîner des responsables de la stratégie organisée par le cabinet au St. Stephen's Club, un club privé, naguère réservé aux membres du Parti conservateur. Des courriels montrent que Masters a participé à au moins deux autres événements du même genre alors que la loi de réforme du NHS était en discussion au Parlement[40].

La firme était si proche de Monitor qu'elle l'a aidé à choisir des intervenants pour ses événements. En octobre 2010, un consultant de McKinsey invita également Ian Dalton, un responsable de haut rang du ministère de la Santé et futur directeur de Monitor, à prendre la parole lors d'une occasion similaire. L'année suivante, Dalton prononça une allocution à l'occasion d'un événement organisé par McKinsey à Paris sur le thème des soins de santé. Les participants étaient logés au luxueux Westin Paris et conviés à dîner au restaurant Alain Ducasse de l'hôtel Meurice, un deux-étoiles Michelin.

Toutes ces attentions furent prodiguées alors que des réunions étaient organisées par ces mêmes responsables politiques – dans les ministères voire dans les bureaux de McKinsey – pour donner corps à la réforme du NHS.

L'étude McKinsey de 2009, réalisée sous le gouvernement travailliste et largement critiquée sur le moment, revint alors sur le devant de la scène, portée par les conservateurs qui vantaient son potentiel de baisse des coûts.

Nick Seddon, un haut responsable du groupe de réflexion droitier Reform qui rejoindrait bientôt le gouvernement de James Cameron en tant que conseiller, recommanda de diminuer les effectifs du NHS de quelque 150 000 personnes, de fermer jusqu'à 32 000 lits d'hôpitaux et de réduire le nombre des interventions médicales discrétionnaires « tels les pontages coronariens ou les mastectomies ».

Dans une tribune publiée par le quotidien *The Guardian*, Seddon précisa que Mckinsey avait calculé que ces mesures, entre autres, permettraient d'économiser plus de 20 milliards de livres sterling en 2014 et 2015[41].

Selon lui, la solution à la disette budgétaire consécutive à la crise financière était de privatiser encore plus les soins de santé. « S'engager en faveur de la santé au niveau national n'est pas synonyme de s'engager en faveur du NHS, sinon tous les pays auraient une institution équivalente, ce qui n'est pas le cas. Il est temps que nous nous alignions sur le reste du monde », a-t-il écrit.

L'étude McKinsey fut toilettée et présentée sous forme d'un nouveau rapport gouvernemental avec des solutions pour économiser 20 milliards de livres sterling sur le budget du NHS[42].

Deux mois après son arrivée au pouvoir, le gouvernement publia un livre blanc de cinquante-sept pages exposant ses recommandations. Il voulait notamment que les médecins prennent en charge la part du lion des 100 milliards de dollars et plus du budget annuel du NHS en décidant de la manière de dépenser cette somme ou, selon le jargon du NHS, de la « commissionner »[43]. Jusqu'alors, ces décisions étaient prises par un ensemble d'agences gouvernementales.

L'idée que les médecins sont les mieux placés pour déterminer l'affectation des fonds alloués aux soins de santé peut paraître raisonnable, mais c'est oublier qu'ils sont déjà notoirement surchargés de travail et qu'ils n'ont ni le temps ni l'envie de peaufiner des budgets[44]. Quelqu'un – ou bien une firme comme McKinsey – devrait les y aider. De nouveau, à en croire le PDG de Monitor David Bennett, la privatisation semblait offrir une solution :

« Au Royaume-Uni, d'autres secteurs en ont déjà bénéficié. Nous l'avons fait pour le gaz, l'électricité et aussi pour les télécoms. Nous l'avons fait pour le transport ferroviaire et pour l'eau. Cela fait donc vingt ans que l'on s'attaque à des marchés et à des fournisseurs monolithiques et monopolistiques et qu'on les soumet aux règles du marché », a-t-il déclaré lors des discussions sur la réforme du NHS[45].

L'une des façons de libéraliser ce dernier était de permettre à des entreprises privées de racheter les hôpitaux du NHS, en particulier les moins performants. Le 17 décembre 2010, Ian Dalton, le haut fonctionnaire spécialiste des questions de santé qui faisait l'objet de toutes les attentions du cabinet, rencontra les consultants de McKinsey pour évaluer les options possibles. La firme avait un acheteur potentiel en tête, Helios, une chaîne privée allemande de gestion d'hôpitaux. Des documents internes montrent que McKinsey avait récemment travaillé pour sa société mère.

Conscient qu'une brusque privatisation des hôpitaux du NHS – et donc de leur personnel – pourrait générer une levée de boucliers, le gouvernement décida d'y aller pas à pas. L'objectif était d'en privatiser dix à vingt, mais de le faire « un à la fois, avec différentes contraintes politiques », écrivit un consultant de la firme à Dalton[46].

Le temps que les députés et les hauts fonctionnaires commencent à étudier le projet de loi, McKinsey avait déjà largement fait son trou au sein du gouvernement. En 2010, le NHS dépensa ainsi à lui seul quelque 313 millions de livres sterling en frais de conseil en management[47]. Des décennies plus tôt, le gouvernement britannique avait conçu et mis en place son programme de soins de santé sans aucune aide extérieure, mais, visiblement, que ce fût au Royaume-Uni ou aux États-Unis, les temps avaient changé.

Le 14 février 2011, McKinsey distribua une présentation de quarante-sept diapositives portant le logo du NHS qui décrivait le projet gouvernemental de refonte de l'agence[48].

Apparemment, la réforme s'inspirait directement de ce qui se pratiquait aux États-Unis, notamment avec le gestionnaire de soins de santé Kaiser Permanente, un client de longue date du cabinet. Tournant le dos au modèle honoraires contre service, cette entreprise contrôlait ses coûts en plafonnant les paiements des services médicaux et en salariant les médecins. Ce modèle a d'ardents supporters aux États-Unis, mais aussi des détracteurs qui lui reprochent de manquer de transparence et d'occasionner des frais administratifs trop élevés. Six diapositives surchargées de graphiques expliquaient en détail le modèle économique de Kaiser. Deux autres options étaient juste survolées.

Alors que la réforme prenait forme, McKinsey se retrouva à travailler avec des individus que la firme connaissait bien : Paul Bate, un ex-consultant McKinsey à la tête du comité de politique de santé du Premier ministre et Nicolaus Henke, le directeur associé senior de McKinsey également membre de ce qui s'appelait le cabinet d'arrière-cuisine en charge de la santé du gouvernement Cameron[49].

Ne restait plus au gouvernement – et à McKinsey – qu'à vendre le projet aux législateurs qui le voteraient et aux fonctionnaires qui le mettraient en œuvre.

Place aux plans de bataille.

Pour commencer, le 4 mars 2011, certains des plus hauts responsables de la santé à Londres furent invités par McKinsey à participer à un exercice de simulation sur le fonctionnement du nouveau système dans un centre de conférence situé à côté de la Tour de Londres[50]. Selon la présentation du cabinet préparée pour cette occasion – portant, cette fois-ci, le logo de la firme –, les participants se prêtèrent à un jeu de rôles simulant « le futur de l'économie des soins de santé de Londres », chacun se voyant remettre une carte figurant l'entité à incarner pour l'occasion.

La présentation faisait l'éloge du projet de loi, soulignant que la réforme du NHS permettrait de « mettre les patients au cœur du dispositif » et d'améliorer les résultats en matière de santé. Dans ce système imaginé par McKinsey, de grands groupes de médecins privés superviseraient des milliers de patients.

La firme soutenait aussi l'idée que l'Angleterre, qui jouissait de l'un des systèmes de soins les plus économes au monde, avait tout de même besoin de tailler dans les dépenses de son budget santé. Selon le cabinet, « le pays n'aura bientôt plus les moyens de financer son système de santé actuel – des changements radicaux doivent être rapidement mis en œuvre ».

En réalité, le gouvernement conservateur avait choisi la voie de l'austérité budgétaire dans un contexte de ralentissement économique, une décision qui allait à l'encontre des enseignements de l'économiste anglais de renom, John Maynard Keynes. Un groupe critique des projets du gouvernement conservateur déclara alors : « À ceux qui prétendent que le NHS est devenu hors de nos moyens, je pose cette question fondamentale : "Si nous n'avons plus les moyens d'avoir le service de santé le plus économique au monde, de quoi avons-nous donc les moyens ?" »[51]

McKinsey se joignit au chœur du gouvernement conservateur qui, tout comme David Bennett, l'ancien directeur associé senior de la firme, voulait livrer le secteur de la santé à la loi du marché. Pour enfoncer encore le clou, le 8 juin 2011, le cabinet sponsorisa une conférence au Royal College of Nursing qui avait transformé le magnifique bâtiment géorgien qu'il possédait en un lieu de réception pour événements professionnels.

Organisée par le groupe de réflexion droitier Reform, elle était intitulée « Beaucoup plus pour beaucoup moins : l'innovation disruptive dans le secteur des soins de santé »[52], le terme « disruptive » étant entendu comme le fait de laisser davantage de place aux entreprises privées. Pour le groupe de réflexion, « les entreprises à but lucratif et les organisations à but non lucratif fournissent des services de santé partout dans le monde pour une valeur supérieure avec une qualité égale, voire supérieure ». Nicolaus Henke, l'associé de McKinsey qui faisait partie du cabinet d'arrière-cuisine du gouvernement sur la santé y participa, avec deux autres consultants de la firme. De nouveau, ils vantèrent les mérites du système Kaiser Permanente et suggérèrent que le NHS « donne aux patients les moyens de prendre leur santé en main ». « Qu'il s'agisse de l'enregistrement en ligne mis en place par les compagnies aériennes ou des caisses automatiques dans les supermarchés, dans d'autres secteurs les clients jouent dorénavant un rôle plus important, ce qui se traduit par des entreprises plus efficaces et un taux de satisfaction plus élevé », ont écrit Henke et l'un de ses collègues.

Selon les deux consultants McKinsey, des maladies chroniques comme le diabète pourraient, par exemple, être traitées par les patients eux-mêmes « en partenariat avec des professionnels » et au travers de consultations téléphoniques plutôt que de visites médicales.

La date du vote de la réforme approchant, les nombreux anciens de McKinsey confortablement implantés dans la bureaucratie du système de santé britannique continuèrent à recevoir des courriels de la firme les invitant à assister à des événements conçus pour les « anciens ». Le 14 septembre 2011, ils furent ainsi conviés à la soirée annuelle du bureau de Londres qui se tenait à la National Gallery, sur Trafalgar Square. L'invité d'honneur, le directeur général de la firme Dominic Barton, y présenterait son article récent publié dans la *Harvard Business Review*, « Un capitalisme pour le long terme ».

Écrit dans le sillage de la crise financière mondiale, l'essai de Barton invitait les dirigeants d'entreprise à regarder au-delà du court terme pour réfléchir à l'objectif supérieur du capitalisme. Pour cela, il citait l'économiste écossais du XVIIIe siècle Adam Smith selon qui « l'homme sage et vertueux est toujours disposé à sacrifier son intérêt privé à l'intérêt général »[53].

Le nouveau projet de loi – le Health and Social Care Act – fut voté début 2012. La grande majorité des dépenses de santé du pays serait dorénavant sous la responsabilité de groupements médicaux. Le paragraphe 75 de la loi les obligeait à soumettre leurs propositions via un appel d'offres, ce qui voulait dire que les entreprises privées allaient avoir accès à la plus grosse ligne budgétaire du pays.

Comme de bien entendu, ces groupements de médecins avaient besoin d'aide pour devenir des experts en gestion de budget. Sans surprise, McKinsey fit donc partie d'un groupe de consultants qui remporta un contrat de 7,1 millions de livres sterling pour les conseiller[54].

McKinsey a aidé le gouvernement à échafauder sa loi tout en faisant payer les groupes les plus affectés par elle. « Ils mangeaient donc à tous les râteliers », a commenté Jacky Davis, un médecin qui a fait campagne contre la privatisation du NHS[55].

D'autres entreprises américaines, dont le groupe UnitedHealth, le géant américain de l'assurance santé qui opérait en Grande-Bretagne sous le nom d'Optum, conseillaient également les groupements de médecins. Cet assureur, qui s'était récemment hissé au rang des 10 % meilleurs clients du cabinet en termes de revenus, a ainsi directement bénéficié des recommandations de McKinsey sur la réforme des soins de santé de 2012.

En 2014, Simon Stevens, un ancien vice-président de UnitedHealth, fut nommé à la tête du NHS. À Washington, il avait pris parti contre l'Obamacare, au motif que les États-Unis n'avaient pas besoin d'un système similaire au NHS[56].

Au cours de l'année 2012, la part du budget du NHS affectée au secteur privé ne fit qu'augmenter, notamment parce que les groupements de médecins devaient se soumettre à des procédures d'appels d'offres, un système que McKinsey avait aidé à concevoir. Sous le mandat de John Major dans les années 1990, le gouvernement dépensa chaque année quelque 96 millions de livres sterling au profit d'entreprises de santé privées[57]. Sous les travaillistes, ce chiffre se monta à 8,4 milliards puis, après une décennie de gouvernement conservateur, à 14,4 milliards, selon des données publiées en 2021 par le Parti travailliste.

Malgré tout, la privatisation avait ses limites. De nombreuses prestations assurées par le NHS, comme les urgences, n'avaient pas d'intérêt pour le secteur privé. Beaucoup d'entreprises qui avaient signé des contrats avec le NHS jetèrent donc l'éponge après avoir constaté qu'elles n'étaient pas rentables. L'une d'elles abandonna même la gestion d'un hôpital du NHS dès 2015 dans un contexte de dégradation des soins et de dépassements de budget[58].

« Toutes ces entreprises privées veulent pouvoir compter sur un rendement garanti », a écrit John Lister, un expert du NHS qui surveille les transferts de fonds des mains du public à celles d'entreprises privées[59]. Or, « la moins bonne façon d'être assuré de faire du profit est de gérer l'ensemble des soins que propose le NHS ».

Selon McKinsey, son travail avec le NHS visait à soutenir « les objectifs stratégiques » de l'agence. Le cabinet « ne s'est ni fait l'avocat d'intérêts privés ni n'a tenté d'influencer la position du gouvernement et n'œuvre pas non plus en coulisses pour que le NHS soit privatisé », a-t-il répondu à ceux qui s'interrogeaient sur ses motivations.

Au NHS, le recours à des consultants avait aussi ses limites. Selon une étude qui a fait autorité, ils ont plutôt *amoindri* l'efficacité de l'agence ; le budget moyen alloué aux consultants par chaque hôpital aurait permis de payer les salaires de trente-cinq infirmières ou de dix médecins[60].

Même Stevens, avec son passé chez UnitedHealth, a fini par voir les limites de la privatisation et par proposer d'annuler le paragraphe 75. En 2015, en tant que directeur du NHS de l'Angleterre, il tenta une approche différente en invitant McKinsey à participer à la conception d'un système de « partenariat pour la durabilité et la transformation », qui devait réunir le NHS, les médecins, le gouvernement local et les établissements psychiatriques de chaque zone géographique du NHS en Angleterre. En d'autres termes, on demandait à McKinsey d'aider à résoudre à peu près le même problème que celui auquel le NHS avait été confronté lorsqu'il avait fait appel au cabinet près d'un demi-siècle plus tôt et de revenir sur de nombreuses dispositions de la loi de 2012 qu'il avait contribué à élaborer[61].

Londres constitua un banc d'essai capital pour ce système intégré[62]. En son centre, se trouvait Penny Dash, une ex-McKinsey nommée en 2020 présidente non exécutive du partenariat du nord-ouest de Londres avec lequel la firme travaillait depuis des années à la mise en place d'un projet pilote pour le nouveau système avec un grand groupe de médecins appelé AT Medics, responsable de la santé de plus de 300 000 Londoniens (avec la nouvelle loi, certains de ces groupements de professionnels de santé s'étaient rapidement développés). Selon McKinsey, Dash avait accepté le poste parce qu'elle se préparait à quitter le cabinet et, pendant la période de chevauchement, elle n'avait travaillé sur aucune mission de conseil pour le NHS ni n'avait été impliquée, côté agence, dans des décisions relatives à l'attribution de contrats à des cabinets de conseil.

En février 2021, l'on apprit qu'AT Medics avait été racheté par Operose Health, la filiale britannique de Centene, l'assureur mastodonte de santé américain qui faisait partie des plus gros clients de McKinsey[63]. Craignant la mainmise d'une entreprise américaine sur une telle portion du système de santé britannique, les médecins s'efforcèrent de s'opposer à ce rachat. Mais il était trop tard ; l'affaire était déjà bouclée.

La crise du Covid-19 a représenté un test majeur pour des services de santé réformés. Le Premier ministre Boris Johnson lui ayant confié la mission capitale de concevoir et de mettre en œuvre un dispositif de tests et de traçabilité, Dido Harding, une ancienne de chez McKinsey (aujourd'hui baronne Harding), assistée des principaux responsables santé du pays, se tourna pour ce faire vers des entreprises privées plutôt que vers le NHS. De son côté, McKinsey factura 563 000 livres sterling pour définir « une vision, une mission et un récit » en lien avec ce programme[64].

Le résultat fut catastrophique[65]. Plus d'un quart des individus exposés au Covid-19 ne furent pas informés qu'ils devaient s'isoler, un problème majeur directement lié à l'échec du pays à contrôler le développement de la pandémie. Durant une bonne partie du temps que dura cette dernière, le taux de mortalité du Royaume-Uni excéda même celui des États-Unis.

George Monbiot, chroniqueur du *Guardian*, ne fut pas tendre à l'égard des responsables de santé gouvernementaux : « Le gouvernement a court-circuité l'efficace et aiguisé NHS pour créer un système de sous-traitance privé caractérisé par l'incompétence et l'échec. Le gâchis ne se mesure pas qu'en livres sterling, il se mesure aussi en vies perdues »[66].

Le « Monsieur Anticorruption » du gouvernement, aussi chargé d'examiner le grand nombre de contrats passés sans appel d'offres directement avec des sociétés privées, était alors John Penrose, un élu conservateur du Parlement qui se trouvait être également l'époux de la baronne Harding. Tous deux s'étaient connus du temps où ils travaillaient pour McKinsey[67].

Harding avait étudié à Oxford, tout comme Johnson, David Cameron et vingt-six autres Premiers ministres anglais[68]. Le réseau d'influence britannique, à présent mixte, portait un nouveau nom : le copinage.

Au printemps 2021, notamment grâce à l'incontestable succès de la campagne nationale de vaccination contre le Covid, la popularité de Johnson a rebondi. Mais si le Royaume-Uni est devenu un champion mondial en la matière, c'est avant tout le NHS, avec ses compétences organisationnelles et ses médecins et infirmiers qui ont pratiqué les injections gratuitement, qu'il faut remercier.

Épilogue

De tous les défis que pose l'écriture d'un livre sur McKinsey, aucun ne semble plus formidable que sa culture du secret, le fondement même de la firme. Dès leur arrivée dans le cabinet, les consultants sont dressés à taire en toutes circonstances l'identité de leur client et à ne rien révéler des conseils qui leur sont prodigués. La plupart prennent cet engagement très au sérieux. Des décennies après leur départ, que celui-ci ait été volontaire ou pas, peu s'avèrent enclins à se dédire.

Libre de tout contrôle étatique, McKinsey ne rend des comptes qu'à ses clients qui s'attendent à ce que leurs vulnérabilités, leurs erreurs et leur stratégie d'entreprise – en d'autres termes, leurs secrets – soient préservées. De fait, il est difficile d'imaginer une organisation qui en sache plus sur ces secrets que McKinsey. Compte tenu de cela, rendre compte des activités du cabinet revient à chasser des ombres, que ce soit aux États-Unis ou ailleurs dans le monde. Cependant, rien n'intéresse plus les journalistes d'investigation que les institutions puissantes qui se croient à l'abri de tout examen public.

Un ancien consultant de la firme a ainsi écrit, sous couvert d'anonymat : « Pour ceux qui sont convaincus qu'une cabale secrète contrôle le monde, que les *usual suspects* sont les Illuminati ou les reptiliens, ils se trompent. Il n'existe pas de société secrète façonnant chaque décision majeure ou déterminant le cours de l'histoire humaine. Cela dit, il y a McKinsey & Co. ».

Sous ce trait humoristique, le consultant faisait passer un message : McKinsey est comme un invité invisible à la table de décision des plus grosses multinationales et des gouvernements.

Malgré le verrouillage de l'information par le cabinet, renforcé par des accords de confidentialité, nous avons tout de même pu interviewer près d'une centaine d'employés actuels et anciens de McKinsey. S'ils ont choisi de parler, ce n'est pas par déloyauté, mais parce qu'ils représentent exactement le type de consultants que le cabinet recherche : des individus intelligents avec des principes, attirés par la firme en vertu des valeurs qu'elle affiche.

McKinsey se donne beaucoup de mal pour mettre en avant ses bonnes actions qui, de fait, sont multiples. Dans un rapport de 2018 intitulé « Créer un changement impactant », le directeur général de la firme a écrit : « Protéger notre planète, faire en sorte que le travail ait du sens dans nos communautés et créer des sociétés inclusives qui honorent notre diversité est fondamental ».

Mais comme le cabinet l'a découvert, embaucher des individus qui ne se soucient pas uniquement de gagner des tonnes d'argent peut avoir ses inconvénients. Lorsque ces idéalistes constatent que l'écart entre les paroles et les actions de McKinsey est par trop béant, ils déchantent, voire posent des questions. Certains ont même accepté de nous parler.

Cette enquête va cependant bien au-delà de déclarations verbales. Nous avons été les premiers non-initiés à percer le secret de la chambre forte des clients et des honoraires facturés du cabinet – autant d'informations tenues cachées aux yeux des gouvernements, des clients, des concurrents et même, des employés. Ces informations nous ont permis de mettre en lumière, strate après strate, de potentiels conflits d'intérêts, y compris la « politique historique » du cabinet d'accepter de servir des clients en concurrence ou présentant « des intérêts divergents en cas d'opportunités de fusion, d'acquisitions et d'alliances ».

Selon Bain & Company, un concurrent du cabinet, cette approche n'est pas la bonne ; lui-même ne sert qu'un acteur à la fois d'un secteur d'activité donné. McKinsey défend son point de vue en mettant en avant le mur parfaitement étanche qui isole chaque client du cabinet.

La politique du laisser-faire en vigueur au sein du cabinet a permis à ses consultants d'encaisser de gros chèques en faisant la promotion de substances addictives, en recommandant la mise en place de politiques salariales qui accroissent les inégalités de revenus et en conseillant des acteurs pernicieux sur le plan international, dont de gros pollueurs. Nul doute que la firme désire faire le bien et contribuer positivement à la société. Mais, comme l'a dit un ancien consultant, McKinsey devrait aussi réussir à être moins nuisible.

Notes sur les sources

Notre enquête sur McKinsey a vraiment commencé au début de l'année 2018, en plein scandale sur le travail mené par la firme en Afrique du Sud. Nous sommes extrêmement redevables à la coriace presse sud-africaine et notamment à *amaBhungane*. Sous pression, certains consultants de la firme se sont mis à parler. Au début, McKinsey nous a donné accès à plusieurs de ses directeurs associés, y compris à son directeur général sur le départ, Dominic Barton. Ils avaient un message à transmettre : ce qui s'était passé en Afrique du Sud était un événement isolé, essentiellement dû à quelques pommes pourries, dont la firme avait tiré des leçons. McKinsey assurait avoir pris des mesures pour qu'une telle situation ne se reproduise jamais.

Après cet article initial, publié à la fin juin 2018, les rangs du cabinet se sont resserrés. Son porte-parole restait ouvert à la discussion, mais il était désormais hors de question d'interviewer des associés seniors. Toutefois, l'enquête sud-africaine ayant aussi mentionné le travail du cabinet pour l'ICE, une vague d'indignation l'a traversé au moment même où la tragédie qui se déroulait à la frontière mexicaine des États-Unis faisait la une des médias. D'autres individus se sont alors montrés désireux de parler et de nouveaux articles sont parus dans la presse, notamment sur le travail de McKinsey avec l'Arabie saoudite et avec les dirigeants corrompus de l'Ukraine pré-Zelensky et de la Chine. De nouveau, des employés ou ex-employés ont voulu s'ouvrir aux journalistes. Avec nombre de ces sources, nous avons communiqué par messagerie et téléphonie cryptées.

Alors que nous considérions la débâcle sud-africaine comme le pire scandale de toute l'histoire de la firme, il aura fallu moins d'un an pour qu'il soit relégué au second rang. En 2019, les détails de son travail pour Purdue Pharma – sa campagne pour « booster » les ventes de l'antalgique addictif OxyContin – furent mis en lumière.

Ce scandale n'a pas été révélé par des sources internes, mais par le pouvoir d'assignation à comparaître du procureur général du Massachusetts, Maura Healey. Tout à coup, des centaines, puis des milliers de pages de courriels, de fichiers Excel et de diapositives ont été portés à la connaissance du public, chroniquant le travail de McKinsey pour Purdue et d'autres fabricants d'opioïdes.

Dans chacune de ces histoires, les écrits mêmes de la firme, souvent sous la forme de présentations PowerPoint dont le public n'aurait jamais dû avoir connaissance, ont joué un rôle central. Ainsi, une présentation faite à Riyad, la capitale d'Arabie saoudite, expliquait comment identifier les influenceurs critiques du gouvernement sur les médias sociaux. Des centaines de documents, certains vieux de plus de soixante ans, mettaient également en lumière les liens étroits de la firme avec les majors du tabac. D'autres témoignaient de son travail pour Juul, le fabricant de produits de vapotage leader sur son marché. Enfin, des milliers de pages de documents détaillaient les accointances de McKinsey avec les responsables gouvernementaux britanniques qui supervisaient le NHS.

En menant nos recherches pour ce livre, nous sommes aussi tombés sur une source d'information inattendue : des documents internes hautement confidentiels répertoriant les clients de la firme ainsi que la facturation associée. Cela nous a permis de comprendre l'étendue de l'empire McKinsey et de voir la place proéminente qu'y occupaient les entreprises de soins de santé américaines et les agences gouvernementales qui les régulent.

Plusieurs fois au cours de notre enquête, nous avons contacté McKinsey pour demander à interviewer ses responsables. La plupart de nos requêtes ont été rejetées. Nous avons également envoyé à la firme une liste de questions.

Ce livre reflète les réponses de McKinsey, en particulier sur les points de notre enquête que la firme conteste. Certaines sont révélatrices : McKinsey, par exemple, affirme avoir récemment cessé de conseiller les cigarettiers, tout en évitant de répondre à la question de savoir depuis quand exactement ou pourquoi elle avait continué à travailler avec eux des dizaines d'années après que la recherche avait démontré la nocivité de la cigarette.

En réponse à notre chapitre consacré aux questions de sécurité au travail, U.S. Steel a déclaré travailler aujourd'hui différemment du passé. « Nos efforts de transformation globaux ont amélioré les performances de l'entreprise, créé un programme de maintenance durable et amélioré la sécurité des employés au fil des ans », a ainsi écrit l'entreprise. Quant à McKinsey, le sidérurgiste assure qu'il n'a jamais eu aucun pouvoir décisionnel. Pour sa part, Disney n'a pas voulu commenter nos écrits.

McKinsey a répondu à nos questions sur les conflits d'intérêts potentiels, y compris ceux consistant à conseiller des entreprises concurrentes au sein d'un même secteur ainsi que les agences de régulation dont elles dépendent. « Nous informons nos clients de notre politique de confidentialité et de gestion des conflits d'intérêts », a réitéré le cabinet. « Les clients travaillent avec nous parce qu'ils savent que leurs informations confidentielles le resteront. »

La firme reconnaît qu'elle a « pour principe, et ce depuis toujours, d'accepter de conseiller des entreprises concurrentes y compris en cas de fusions, d'acquisitions ou d'opportunités d'alliances » et qu'elle le fait « sans compromettre la responsabilité professionnelle de McKinsey qui est de garantir la confidentialité des informations que ses clients partagent avec le cabinet ». De plus, « si un employé enfreint ces règles, nous pouvons et prenons des mesures disciplinaires appropriées allant jusqu'au licenciement de la personne si cela s'avère justifié », a expliqué la firme. En revanche, elle n'a pas voulu nous dire combien de fois cela s'est produit.

Enfin, en ce qui concerne son travail pour l'industrie pharmaceutique et la FDA, McKinsey a répondu qu'étant donné que le cabinet n'avait pas conseillé l'agence sur des questions relatives à des médicaments ou des produits tabagiques, le travail réalisé pour leurs fabricants ne posait pas de conflits d'intérêts. Néanmoins, McKinsey a reconnu que ses propositions commerciales mentionnaient souvent les travaux réalisés pour le compte de l'industrie pharmaceutique.

Remerciements

Il y a plusieurs années, Dean Baquet, le rédacteur en chef du *New York Times*, a fait irruption dans l'une des réunions de notre unité d'investigation pour savoir ce que nous préparions. Avant de repartir, il nous a dit qu'il serait intéressé par une enquête approfondie sur une grosse entreprise, pour aider les lecteurs à mieux comprendre comment le pouvoir s'exerce dans nos sociétés. Nous avons considéré sa demande et décidé d'enquêter sur McKinsey, le *consigliere* non pas d'un puissant, mais de *milliers* de centres de pouvoir dans le monde.

Nous sommes redevables à Dean d'avoir planté cette graine qui allait devenir cet ouvrage et pour son soutien sans faille au journalisme d'investigation partout dans la salle de rédaction.

De l'idée au livre, il y a eu plusieurs étapes. Avec l'aide de deux des meilleurs chefs de l'information du pays, Paul Fishleder et Matt Purdy, nous avons commencé à rendre compte des fruits de notre enquête pour le *New York Times*. David McCraw, l'avocat du quotidien, nous a également soutenus. Ce n'est pas pour rien qu'il est considéré comme un héros par tous les journalistes du *Times* : il a une colonne vertébrale en acier, une capacité de jugement sans égale et un attachement viscéral au premier amendement. Lorsque notre enquête s'est étendue à l'étranger, nous avons bénéficié de la sagesse de Michael Slackman et de Greg Winter, deux chefs de l'information de notre bureau international.

Parmi les milliers de personnes qui ont lu et commenté nos articles sur McKinsey, deux agents littéraires d'ICM Partners, Alexandra Machinist et Amelia Atlas, ont estimé qu'il y avait une histoire plus vaste à raconter. Peut-être un livre ? Nous n'y étions pas prêts, mais nous avons continué à discuter avec elles à cause de leur enthousiasme – et aussi parce que l'on passait de bons moments en leur compagnie. Quand M & A, comme nous les surnommions affectueusement, nous ont appris que l'un des éditeurs les plus renommés du secteur, William Thomas de Doubleday, voulait un livre sur McKinsey, nous avons compris qu'il s'agissait d'une opportunité extraordinaire, et ce d'autant plus que cet homme publie plusieurs de nos auteurs préférés. Son implication dans ce projet n'a jamais faibli. Il nous a maintenus concentrés, nous encourageant et nous guidant quand nous en avions besoin. Force est de constater que son travail d'édition a considérablement amélioré ce livre. Daniel Novack, notre courageux avocat de Doubleday, a su nous informer sur les aspects juridiques liés à la publication de ce livre avec des pointes d'humour à propos, une qualité rare parmi les membres de nos deux professions. Nous tirons tout particulièrement notre chapeau à Nicole Pedersen, qui a fait de son mieux pour convaincre les lecteurs que nous étions capables d'écrire en anglais. Nous remercions également Michael Goldsmith, Todd Doughty, Kathy Hourigan et Khari Dawkins, ainsi que tous ceux qui ont joué un rôle essentiel dans la publication de ce livre.

De nombreuses personnes ont contribué d'une manière ou d'une autre à nos reportages. Tout d'abord, Kate Bakhtiyarova, notre chercheuse en chef, diplômée de l'école de journalisme de l'université de Columbia. Nous n'aurions pu rêver meilleure aide à nos côtés. Une autre étudiante de Columbia, Bridget Hickey, a coécrit l'un de nos articles pour le *Times*. Nous tenons également à remercier d'autres anciens de Columbia : Champe Barton, Sachi McClendon, Caterina Elly Barbera, Natasha Rodriguez, Eileen Marie Grench et Grace Ashford.

Duff McDonald, le plus grand chroniqueur de l'histoire secrète de McKinsey, a été d'une aide infaillible. Son travail nous a inspirés. Au rang des auteurs qui ont su percer l'image policée qu'aime à donner de lui le cabinet McKinsey, l'on citera : Bethany McLean, Anita Raghavan,

Anand Giridharadas, Garrison Lovely, Erik Edstrom et Ian MacDougall de ProPublica.

Un conseil éculé court dans le monde de la presse : ne pas enterrer l'accroche. Sur ce point, nous plaidons coupables, étant donné que ce livre n'aurait jamais pu être écrit sans l'aide de courageux consultants de McKinsey qui ont rompu leur vœu de silence parce qu'ils pensaient que l'entreprise devait se réformer. Trois d'entre eux se distinguent particulièrement, mais une qui s'est surpassée nous a donné un pseudonyme juste pour cette occasion. Merci, Cooper G. Duncan.

Les individus dotés d'une conscience et capables d'indignation sont essentiels à ceux qui poursuivent la vérité partout dans le monde. Sans eux, la démocratie n'aurait aucune chance. Nous sommes très reconnaissants d'en avoir trouvé autant chez McKinsey.

WALT BOGDANICH et MICHAEL FORSYTHE

REMERCIEMENTS DE WALT BOGDANICH

Lorsque j'ai demandé à Mike Forsythe s'il voulait se joindre à moi pour mener cette enquête en profondeur sur McKinsey, je le connaissais bien sûr de réputation, notamment pour son courageux travail d'investigation sur la direction autocratique chinoise et son refus de céder aux menaces, mais pas personnellement. Mais comme je l'apprendrai, Mike est bien plus que cela. C'est un homme bon et généreux, prêt à tout pour aider un collègue qui en a besoin. Je le sais parce que j'ai été l'un de ceux-là. Il me fallait un associé qui ne reculerait pas devant le défi colossal que représentait une enquête sur la présence fantomatique de McKinsey dans nos vies. Mike avait la fortitude et les compétences nécessaires. Son enquête a enrichi ce livre bien au-delà de ce que j'aurais pu faire. Merci, Mike, de m'avoir appris de nouvelles compétences et de nous avoir permis de garder ce train sur ses rails et à l'heure.

Ce livre n'aurait jamais vu le jour si je n'avais pas travaillé pour le *New York Times*, la meilleure plateforme de tout l'univers pour le journalisme d'investigation. Pour cela, je remercie Arthur Sulzberger, A. G. Sulzberger, Joe Lelyveld, Bill Keller, Jill Abramson et Dean Baquet. Je suis particulièrement reconnaissant à Glenn Kramon qui m'a embauché pour superviser les enquêtes sur le monde des affaires. Parmi tous ceux qui m'ont aidé en chemin, je tiens à citer Phil Zweig et Hank Gilman, des amis qui me sont chers depuis notre rencontre au *Wall Street Journal* ; également Ellen Pollack, qui m'a encouragé à écrire sur McKinsey ; Joseph Pete et James Lane qui m'ont permis de retourner voir ma ville natale de Gary, dans l'Indiana ; et Mark Rachkevych qui m'a guidé dans Kiev alors que j'enquêtais sur un des clients de McKinsey. J'ai aussi bénéficié de la sagesse de mes collègues talentueux de l'unité d'investigation du *New York Times*, notamment de celle de Willy Rashbaum, Mike McIntire, Michael LaForgia, Rebecca Corbett, Dean Murphy, Rory Tolan, Lanie Shapiro, Rebecca Ruiz, Jo Becker, Susan Beachy, et tous les habitués de nos réunions Zoom qui me rappelaient qu'il y avait une vie en dehors du bunker dans lequel je me suis terré pendant des mois. Sans oublier Bojan, une lumière vive en ces temps sombres et une présence bien connue dans l'immeuble du *Times*.

Et puis il y a ceux qui méritent encore plus de remerciements que ce que je peux leur offrir ici : John Martin, un ancien collègue d'ABC News, présent à mes côtés en toutes circonstances, Dave Capp, Jim Procter, John Lawler, Frank Koughan, Rick Tulsky, Jacqueline Williams, Sheila Kaplan, Brent Larkin, Burt Graeff, James Neff, Tyler Kepner, feu Bob Green, mon frère George, qui a été le premier à me conseiller de me lancer dans le journalisme, Sid Wolfe, Paul Steiger, et enfin, l'organisme de formation le plus respecté de notre profession, l'Investigative Reporters and Editors.

Pour finir, je tiens à remercier plus que tout ma famille. Ma femme depuis quarante ans, Stephanie Saul, un grand reporter extraordinairement doué et volontaire, m'a aidé de toutes sortes de manières à mener ce projet de livre à terme.

Elle comprendra ce que je veux dire quand je dis qu'elle m'a servi de pot catalytique. Mes fils, Nicholas, un auteur de fiction talentueux, et Peter, un futur avocat, ne cessent de faire ma fierté de père.

Remerciements de Michael Forsythe

Jamais je n'aurais pu participer à ce projet qui s'est étiré sur un an sans les conseils, le soutien et les encouragements de ma femme, l'écrivaine et universitaire Dr Leta Hong Fincher. Ses commentaires sur de nombreux chapitres ont été plus que précieux.

Alors que nous venions tout juste de commencer à rédiger ce livre, Walt et moi avons été invités dans la charmante maison de Russ et Mary Roberts à Santa Fe, au Nouveau-Mexique. Russ, un ancien consultant en management, a passé deux longues journées avec nous à partager tout ce qu'il savait sur la relation de McKinsey avec Allstate. Ron et son coéquipier en écriture Don Phillips ont été aussi généreux avec leur temps qu'avec tous leurs classeurs de documents.

Je tiens également à remercier ma chère amie Nerys Avery avec qui j'ai travaillé chez Bloomberge News à Pékin. Chef de l'information et reporter accomplie, elle a le net avantage d'être britannique, qui plus est de la variété galloise. Sa relecture attentive du chapitre sur le NHS a permis d'y supprimer toutes les bourdes typiquement yankees.

J'ai été plus à mon aise pour rédiger le chapitre sur l'Arabie saoudite étant donné que j'y ai passé toute mon enfance. Pour cela, je dois remercier mes parents, le Dr Dale Forsythe et le Dr Sandra Forsythe. Ce chapitre n'aurait jamais vu le jour sans la prouesse journalistique de nos collègues du *New York Times* Katie Benner, Mark Mazzetti, Ben Hubbard et Mike Isaac, qui ont révélé au monde entier, en octobre 2018, un jeu de diapositives explosif de McKinsey. Nous nous sommes également appuyés sur le superbe livre de Ben, *MBS : The Rise to Power of Mohammed bin Salman*.

Audrey Jiajia Li nous a aidés avec son travail d'enquête initial pour ce qui allait devenir le chapitre sur la Chine, et Richard Heede, du Climate Accountability Institute, nous a généreusement fourni un riche ensemble de données appelé à former la colonne vertébrale du chapitre sur l'environnement « Transformer une mine de charbon en diamant ». L'un des consultants de McKinsey les plus reconnus, le regretté Carter Bales, a contribué à renforcer notre certitude morale que le travail de l'entreprise avec les pires pollueurs de la planète était un sujet dont il fallait parler. L'ami et ancien collègue de Walt, Phillip L. Zweig a écrit deux livres d'enquêtes superbement documentés sur le secteur bancaire qui nous ont aidés à rédiger le chapitre 9, « Dette toxique ».

Merci à mes principaux chefs de l'information au *Times*, Rebecca Corbett et Dean Murphy, qui nous ont permis de poursuivre un projet au long cours et aux mains assurées des chefs de l'information Rory Tolan et Lanie Shapiro. Rebecca Corbett nous a donné des conseils cruciaux sur la manière de cadrer notre couverture du travail de McKinsey pour Purdue Pharma alors que, comme cela s'est souvent produit au cours de la rédaction de ce livre, de nouvelles révélations éclataient au grand jour.

Enfin et surtout, je tiens à remercier mon collègue, ami et coauteur Walt. Pour moi et sans aucun doute, ce que le *New York Times* offre de mieux, c'est de pouvoir travailler entouré de talentueux collègues contents de partager leur sagesse et leur expérience, Walt étant le meilleur d'entre tous.

Notes

Introduction

1. U.S. Steel Corporation. Ohio State University Department of History, "1912: Competing Visions for America," "Gentlemen's Agreements," ehistory.osu.edu.

2. Communication opérationnelle de U.S. Steel.

3. Visite de l'auteur à Gary Works en mai 2021.

4. Joseph S. Pete, *The Human Toll of the Steel Mill*, dans *The Gary Anthology*, éd. Samuel Love (Cleveland: Belt, 2020), 17.

5. Paul A. Samuelson a reçu le prix Nobel d'économie en 1970 ; Joseph E. Stiglitz en 2001.

6. Charlie Burton, "Inside the Jackson Machine," *GQ*, 7 février 2018.

7. P. Hicks, "An Industrial Comeback Story: U.S. Is Competing Again in Steel," *New York Times*, 31 mars 1992.

8. B. Lane, *City of the Century: A History of Gary*, Indiana (Bloomington: Indiana University Press, 1978), 38.

9. Ben Clement (directeur du Gary Office of Film & Television), interview de l'auteur.

10. Paul Sloan, "Gary Takes Over as Murder Capital of U.S.," *Chicago Tribune*, 3 janvier 1994.

11. Dan Carden, "NWI Population Steady over Past Decade; Gary's Plummets 14 %, Census Finds," *Times of Northwest Indiana*, 12 août 2021. Selon le U.S. Census bureau, Gary comptait 78,000 habitants en 2014.

12. "Shackled by Lust?": panneaux publicitaires sur la route qui passe devant le site de U.S. Steel. Visite de l'auteur à Gary, en Indiana, en mai 2021.

13. Christakis Vrakas *et al.* v. United States Steel Corporation, W.D. Pa. (2017) No. 17-579, 2.

14. Walt Bogdanich et Michael Forsythe, "How McKinsey Lost Its Way in South Africa," *New York Times*, 26 juin 2018.

15. U.S. Steel formulaire 10-K pour la Securities and Exchange Commission, 2016.

16. Edwin Bierschenk, "Gary's Roots Founded in Steel," *Times of Northwest Indiana*, 19 mars 2016.

17. James B. Lane, *Gary's First Hundred Years* (Home Mountain Printing, 2006), 19.

18. Art Collection of the Late Elbert H. Gary (New York: American Art Association, 1928).

19. Lane, *Gary's First Hundred Years*, 37.

20. *Ibid.*, 25.

21. Duff McDonald, *The Firm* (New York: Simon & Schuster, 2013), 37.

22. George David Smith, John T. Seaman Jr. et Morgan Witzel, *A History of the Firm* (New York: McKinsey, 2011), 52. Ce livre est à strict usage interne.

23. *Ibid.*, 59.

24. Biographie de Longhi selon l'entreprise UGI qu'il dirige depuis avril 2020.

25. Len Boselovic, "The Outlook for U.S. Steel: Bleak and Bleaker," *Pittsburgh Post-Gazette*, 1er novembre 2015.

26. 9121 SW Sixty-Second Court, Pinecrest, Fla., liste de propriétés à vendre de l'agent immobilier Zillow.

27. Brian Bandell, "Former U.S. Steel Corp. CEO Mario Longhi Sells Pinecrest Mansion," *South Florida Business Journal*, 13 mai 2021.

28. Cette propriété est listée dans *Bieryla v. United States Steel Corp.*, W.D. Pa. (2019) 2:19 – cv-00468-CB.

29. *Christakis Vrakas et al. v. United States Steel Corporation*, W.D. Pa. (2017) No. 17-579, 28.

30. U.S. Steel formulaire 10-K pour la Securities and Exchange Commission, 2014.

31. Vera Blei, "Mario Longhi: 'Phenomenal Change,'" *Metal Bulletin Magazine*, déc. 2015/jan. 2016.

32. Tom Taulli, "U.S. Steel: 'Carnegie Way' Is More Than a Slogan," *InvestorPlace*, 29 octobre 2014.

33. John W. Miller, "U.S. Steelmakers Take Hit from Drilling Cutbacks," *Wall Street Journal*, 27 janvier 2015.

34. Len Boselovic, "U.S. Steel Reports $75 Million First Quarter Loss," *Pittsburgh Post-Gazette*, 28 avril 2015.

35. Joseph S. Pete, "USW Says U.S. Steel Layoffs Jeopardize Safety," *Times of Northwest Indiana*, 31 août 2016.

36. *Ibid.*

37. Le rapport du coroner sur le décès de Kremke nous a été fourni par le secrétariat du coroner de Lake County.

38. Safety Order suivant le décès de Kremke déposé par l'Indiana Occupational Safety and Health Administration, 4 octobre 2016.

39. U.S. Steel, Questions & Réponses à l'attention de la Securities and Exchange Commission, troisième trimestre 2016.

40. Photos de la manifestation du 26 août 2016, fournies par Joseph S. Pete.

41. Joseph S. Pete, "Steelworker Who Died Told Wife Mill Was Getting Less Safe," *Times of Northwest Indiana*, 3 octobre 2016.

42. Rapport détaillé de l'Occupational Safety and Health Administration, 3 octobre 2016.

43. Pete, "Human Toll of the Steel Mill," 17.

44. Interview de McCall réalisée par l'auteur.

45. Rapport détaillé de l'Occupational Safety and Health Administration, 3 octobre et 16 juin 2016.

46. Liste des actions fournie par l'Indiana Occupational Health and Safety Administration.

47. Interview de Finkel, qui enseigne à présent à la School of Public Health de l'université du Michigan.

48. *Christakis Vrakas et al. v. United States Steel Corporation*, W.D. Pa. (2017) No. 17-579, 79. McKinsey ne faisait pas partie des prévenus de ce procès.

49. *Ibid.*, 3. Dans le cadre du procès, un compte rendu plus complet de ces allégations a été placé sous scellés par décision de justice.

50. *Ibid.*, 19–22. Les onze employés dont l'identité n'a pas été dévoilée travaillaient dans plusieurs départements et sites de l'entreprise.

51. *Ibid.*, 45.

52. *Ibid.*, 47.

53. Interview de McCall.

54. *Christakis Vrakas et al. v. United States Steel Corporation*, W.D. Pa. (2017) No. 17-579, 6.

55. Michelle Fox, "US Steel Wants to Accelerate Investments, Bring Back Jobs, CEO Says," CNBC, 8 décembre 2016.

56. *Christakis Vrakas et al. v. United States Steel Corporation*, W.D. Pa. (2017) No. 17-579, 7.

57. *Ibid.*

58. *Ibid.*, 13.

59. Formulaire 10-K de U.S. Steel pour la Securities and Exchange Commission, 2017.

60. *Ibid.*

61. Interview de McCall.

62. Documents de McKinsey.

63. Matt Gentzel, Brian Green et Drew Horah, "Save Money, Raise Asset Productivity: Why Maintenance Staffing Matters," McKinsey & Company, 1er avril 2018.

64. Disney cité sur Twitter le 15 mars 2017 par le Walt Disney Family Museum.

65. Harry Trimborn, "Wizard of Fantasy Walt Disney Dies," *Los Angeles Times*, 16 décembre 1966.

66. David Koenig, *More Mouse Tales* (Irvine, Calif.: Bonaventure Press, 1999).

67. Chris Woodyard, "After a Successful Stint at Disney Stores, Paul Pressler Is Becoming...: the New Mayor of Disneyland," *Los Angeles Times*, 20 novembre 1994.

68. James B. Stewart, *Disney War* (New York: Simon & Schuster, 2005), 320.

69. "Transforming Maintenance: Defining the Disney Standard," mémorandum de McKinsey à l'attention de Pressler du 13 mai 1997.

70. Mike Anton et Kimi Yoshino, "Disney Ride Upkeep Assailed," *Los Angeles Times*, 9 novembre 2003. Klostreich a réitéré ses propos lors d'une interview accordée à l'auteur.

71. *Torres v. Walt Disney Company*, SCOC (2004) No. 04CC10092, 12–13.

72. *Ibid.*

73. Aitken Aitken Cohn, "$25,000: Husband Killed and Wife Disfigured by Disney's Sailing Ship Columbia," 3 juin 2010. Le cabinet d'avocats représentait les blessés. Dans ce communiqué de presse, le superviseur est appelé assistant manager.

74. *Ibid.*

75. Interview d'Aitken par l'auteur.

76. Aitken Aitken Cohn, "$25,000: Husband Killed and Wife Disfigured by Disney's Sailing Ship Columbia." Les postes de responsable d'attraction ont été recréés, mais d'aucuns ont prétendu qu'ils ont été occupés par des employés moins expérimentés que ceux qu'ils remplaçaient.

77. Entretien avec Aitken.

78. Klostreich a envoyé sa note interne "Attraction Maintenance" à son supérieur hiérarchique Scott Smith le 28 octobre 1997. Il l'a renvoyée à Cynthia Harris, la présidente de Disleyland Resort, le 17 février 1999.

79. *Robert Klostreich v. Disneyland Resort*, C.D. Cal. (2000) No. 00CC09137.

80. *Torres v. Walt Disney Company*, SCOC (2004) No. 04CC10092, 13.

81. Kimi Yoshino, "Brandon Zucker Dies at 13; Injury at Disneyland Brought Focus to Amusement Park Safety," *Los Angeles Times*, 27 janvier 2009.

82. Interview de Koenig : selon lui, durant trois décennies, il aurait discuté avec quelque huit cents employés de Walt Disney.

83. Interview de Lawler par l'auteur.

84. Jerry Hirsch, "Mr. Pressler's Wild Ride at Disney," *Los Angeles Times*, 8 février 2001.

85. *Torres v. Walt Disney Company*, SCOC (2004) No. 04CC10092, 4–5.

86. *Ibid.*, 5.

87. Amusement Ride Unit of the Division of California Occupational Safety and Health, "Accident Investigation Report Narrative") à la suite du déraillement du manège Thunder Mountain, le 5 septembre 2003, 1.

88. *Ibid.*, 4.

89. *Ibid.*, 6.

90. *Ibid.*, 11.

91. *Ibid.*, 19–20.

92. *Torres v. Walt Disney Company*, SCOC (2004) No. 04CC10092, 10.

93. Aitken Aitken Cohn, "Confidential Settlement Involving Disneyland's Big Thunder Mountain," 2003.

94. Michael Barbaro et Andrew Ross Sorkin, "Under Fire, Gap Chief Steps Down," *New York Times*, 23 janvier 2007.

Chapitre 1 – La fortune sans mauvaise conscience

1. McKinsey gère ce qu'il appelle le McKinsey Alumni Center, le point de contact officiel pour ses anciens employés à travers le monde.

2. Une analyse réalisée par Menlo Coaching B.V., une société de conseil en admission aux MBA basée aux Pays-Bas, a révélé que McKinsey a embauché 5,9 % de tous les diplômés de MBA des vingt-quatre meilleures universités en 2018, 2019 et 2020, devançant ainsi tous les autres employeurs.

3. Sur son site internet mckinsey.com, le cabinet met en avant son rôle d'agent du changement social.

4. Les recherches menées par les auteurs de ce livre incluent des documents hautement confidentiels jusqu'à présent jamais dévoilés au public.

5. Edmund Lee, "*New York Times*' Digital Subscription Growth Story May Be Ending," *Recode*, 25 août 2014.

6. Walt Bogdanich et Michael Forsythe, "How McKinsey Lost Its Way in South Africa," *New York Times*, 26 juin 2018.

7. Voir MIO Partners Inc. SEC Form ADV, enregistrée le 29 juillet 2021, rapport de la SEC.

8. Au rang des anciens et éminents consultants de la firme, l'on compte aussi Susan Rice, conseillère à la sécurité nationale de Barack Obama et Lael Brainard, un gouverneur de la Réserve Fédérale, candidat à la présidence de l'institution.

9. George David Smith, John T. Seaman Jr. et Morgan Witzel, *A History of the Firm* (New York: McKinsey, 2011), 7.

10. Marvin Bower, *Perspective on McKinsey* (New York: McKinsey, 1979), 177–78.

11. Les « Baker scholars », les diplômés les plus distingués du MBA de Harvard, sont ainsi nommés en mémoire de George F. Baker (183061831). Connu comme le doyen de la banque américaine, Baker a doté la Harvard Business School en 1924.

12. Duff McDonald, *The Golden Passport: Harvard Business School, the Limits of Capitalism, and the Moral Failure of the MBA Elite* (New York: HarperCollins, 2017), 199.

13. Manish Chopra, *Learning Curve: Tips and Tricks I Learned, Often the Hard Way, in Navigating the Firm During My Years from Associate to Partner* (New York: McKinsey, 2011).

14. Interview de Karma par l'auteur.

15. Marco De Novellis, "Consulting Salaries for MBA & Master's Graduates," *BusinessBecause*, 2 mars 2021.

16. Chopra, *Learning Curve*, 23.

17. "What's Ahead for McKinsey? A Conversation with Bob Sternfels," McKinsey Blog, 1er juillet 2021.

18. McKinsey affirme prendre des précautions particulières pour éviter que des informations confidentielles passent d'un client à l'autre.

19. Smith, Seaman et Witzel, *History of the Firm*, 454.

20. Courriel d'au revoir d'Erik Edstrom du 18 juillet 2019.

21. Notes sur l'élection d'un nouveau directeur général, 30 mars 1968, extrait de Smith, Seaman et Witzel, *History of the Firm*, 171.

22. Ces quinze valeurs sont expliquées dans une vidéo disponible sur www.youtube.com/watch?v=6aDPocw72JY.

23. Smith, Seaman et Witzel, *History of the Firm*, 85.

24. D'après les factures du cabinet.

25. Interview de Rosenthal par l'auteur.

26. Interview de Karma.

27. Après la dernière mise à jour du code des valeurs du cabinet, cette deuxième valeur est devenue la troisième.

28. Interview de Rosenthal.

29. Interview de Green par l'auteur.

30. Seth Green, "I Worked at McKinsey. Here's How the Firm Needs to Change," *Fortune*, 11 décembre 2019.

31. Garrison Lovely, "McKinsey & Company, Capital's Willing Executioners," *Current Affairs*, septembre 2019. Lors de sa première publication, l'essai de Lovely était signé "Anonyme". Il a ensuite accepté d'être nommé par l'auteur de ce livre. Un extrait de son essai est également repris dans l'épilogue.

32. Walt Bogdanich et Michael Forsythe, "How McKinsey Has Helped the Stature of Authoritarian Governments," *New York Times*, 3 février 2021.

33. Michael Forsythe et Walt Bogdanich, "McKinsey Settles for Nearly $600 Million over Role in Opioid Cases," *New York Times*, 3 février 2021. (Le règlement initial s'élevait à moins de 600 millions de dollars, mais il a ensuite augmenté à cause de paiements à d'autres États.)

34. Walt Bogdanich et Michael Forsythe, "McKinsey Proposed Paying Pharmacy Companies Rebates for OxyContin Overdoses," *New York Times*, 27 novembre 2020.

35. Interview par l'auteur d'un ancien associé qui n'a pas souhaité être identifié.

36. Sydney Ember, Reid J. Epstein et Trip Gabriel, "Buttigieg Struggles to Square Transparency with Nondisclosure Agreement," *New York Times*, 7 décembre 2019.

37. "Pete Buttigieg on How He Plans to Win the Democratic Nomination and Defeat Trump," *New Yorker*, 2 avril 2019.

38. Michael Forsythe, "When Pete Buttigieg Was One of McKinsey's Whiz Kids," *New York Times*, 5 décembre 2019.

39. Thomas J. Peters et Robert H. Waterman Jr., *In Search of Excellence: Lessons from America's Best-Run Companies* (New York: Harper Business, 1982).

40. Interview de Peters par l'auteur.

41. Interview de Karma.

42. Chopra, *Learning Curve*.

43. *Ibid.*, 26.

44. *Ibid.*, 25.

45. Déclaration de Pechman dans un entretien accordé à l'auteur et dans un post Facebook en réponse à "The Smuggest Guys in the Room: McKinsey Suffers from Collective Self-Delusion," *The Economist*, 25 février 2018.

46. "Kevin Sneader Elected Global Managing Partner of McKinsey & Company," communiqué de presse, 25 février 2018.

47. L'argent a fini par être remboursé.

48. "Kevin Sneader Elected Global Managing Partner of McKinsey & Company."

49. McKinsey & Company, "Living Our Values: McKinsey's Code of Professional Conduct."

50. Les auteurs ont eu accès à un enregistrement de cette discussion.

51. Pjotr Sauer, "McKinsey Bans Moscow Staff from Attending Pro-Navalny Protest," *Moscow Times*, 23 janvier 2021.

52. Ramiro Prudencio (associé et directeur général de la communication de McKinsey), lettre au rédacteur en chef, *Financial Times*, 4 février 2021.

53. Michael Forsythe, "Head of McKinsey Is Voted Out as Firm Faces Reckoning on Opioid Crisis," *New York Times*, 24 février 2021.

54. Goldman Sachs Group Inc. a annoncé le 8 septembre 2021 que Sneader allait devenir coprésident de l'Asie Pacifique, Ex-Japan.

Chapitre 2 – Les gagnants et les perdants

1. Walter W. Ruch, "G.M., Auto Workers, Reach 5-Year Pact on Pensions, Wages," *New York Times*, 24 mai 1950.

2. Le magasin de Sam Walton à Bentonville, Walton's 5&10, a ouvert ses portes le 9 mai, 1950. Voir www.walmartmuseum.com

3. George David Smith, John T. Seaman Jr. et Morgan Witzel, *A History of the Firm* (New York: McKinsey, 2011), 106.

4. Lawrence Mishel et Jori Kandra, "CEO Pay Has Skyrocketed 1,322 % Since 1978," *Economic Policy Institute*, 10 août 2021.

5. Arch Patton, *Men, Money, and Motivation: Executive Compensation as an Instrument of Leadership* (New York: McGraw-Hill, 1961), lx.

6. Smith, Seaman et Witzel, *History of the Firm*, 107.

7. Patton, *Men, Money, and Motivation*, 46.

8. *Ibid.*, 197.

9. Smith, Seaman et Witzel, *History of the Firm*, 52.

10. *Ibid.*, 59.

11. *Ibid.*, 107.

12. *Ibid.*

13. *Ibid.*, 233.

14. *Ibid.*

15. *Ibid.*, 299.

16. John Kenneth Galbraith, *The New Industrial State* (Boston: Houghton Mifflin, 1967), 189.

17. Louis Hyman, *Temp: How American Work, American Business, and the American Dream Became Temporary* (New York: Viking, 2018), 4.

18. Louis Hyman, "It's Not Technology That's Disrupting Our Jobs," *New York Times*, 19 août 2018.

19. Interview de l'auteur.

20. Hyman, *Temp*, 7.

21. Smith, Seaman et Witzel, *History of the Firm*, 188.

22. Thomas J. Peters et Robert H. Waterman Jr., *In Search of Excellence: Lessons from America's Best-Run Companies* (New York: HarperBusiness Essentials, 2006), 14.

23. Duff McDonald, *The Firm: The Story of McKinsey and Its Secret Influence on American Business* (New York: Simon & Schuster, 2013), 151.

24. Ford a aussi engagé McKinsey, mais selon l'ouvrage de David Halberstam *The Reckoning*, Lee Iacocca, son président visionnaire a tout de suite « détesté les gens de chez McKinsey ». « Qu'est-ce que c'est que cette merde ? » a-t-il demandé. « Pourquoi diable avons-nous besoin que des étrangers viennent nous dire qui nous sommes ? Les consultants, pensait-il, ne comprenaient pas à quel point ils savaient peu de chose sur la construction d'une voiture parce qu'ils ne l'avaient jamais fait. Iacocca a perdu cette bataille, parmi d'autres, ce qui l'a poussé à quitter Ford, avant de connaître un grand succès chez Chrysler en tant que directeur général. » Voir David Halberstam, *The Reckoning* (New York: William Morrow, 1986), 539.

25. McDonald, *Firm*, 183–84.

26. Les Leopold, *Runaway Inequality: An Activist's Guide to Economic Justice* (New York: Labor Institute Press, 2015), 53.

27. Leopold, interviewé par Bogdanich.

28. Ed Michaels, Helen Handfield-Jones et Beth Axelrod, *The War for Talent* (Boston: Harvard Business School Press, 2001), 7.

29. Daniel Markovits, "How McKinsey Destroyed the Middle Class," *Atlantic*, 3 février 2020.

30. Sarah Kaplan et Richard N. Foster, *Creative Destruction: Why Companies That Are Built to Last Underperform the Market–and How to Successfully Transform Them* (New York: Currency/Doubleday, 2001), 10.

31. McDonald, *Firm*, 8.

32. U.S. Bureau of Labor Statistics, Union Members Survey, 22 janvier 2021.

33. Digital McKinsey, Sourcing, n.d.

34. Steven Greenhouse, *The Big Squeeze: Tough Times for the American Worker* (New York: Alfred A. Knopf, 2008), 203.

35. Anita Raghavan, *The Billionaire's Apprentice: The Rise of the Indian-American Elite and the Fall of the Galleon Hedge Fund* (New York: Grand Central Publishing, 2013), 139–41.

36. Gupta et Kumar manquaient tous deux d'éthique. Après avoir quitté l'entreprise, Gupta a été condamné et emprisonné pour délit d'initié. Son crime ne concernait pas les activités de McKinsey, contrairement à Kumar, qui a profité du partage d'informations confidentielles sur des clients avec un fonds spéculatif de 7 milliards de dollars. Ce dernier a échappé à la prison en témoignant contre Gupta.

37. Le nom de ce facilitateur est 31 West. Cinq entreprises sont listées sur son site internet.

38. Diana Farrell, éd., *Offshoring: Understanding the Emerging Global Labor Market* (Boston: Harvard Business Review Press, 2006). Farrell a été directeur du McKinsey Global Institute.

39. "Offshoring: Is It a Win-Win Game?," McKinsey Global Institute, 2.

40. Michael Bloch, Shankar Narayanan et Ishaan Seth, "Getting More out of Offshoring the Finance Function," McKinsey & Company, 1er avril 2007.

41. Selon McKinsey, l'université de Pennsylvanie estimait que le groupe de réflexion du cabinet était le meilleur de tous.

42. Bivens, interviewé par l'auteur.

43. House of Representatives, Committee on Ways and Means, Promoting U.S. Worker Effectiveness in a Globalized Economy, 14 juin 2007.

44. Témoignage de Marcus Courtney, en tant que représentant de la Washington Alliance of Technical Workers, Committee on Ways and Means, 14 juin 2007.

45. "Who Wins When Jobs Move Overseas?," McKinsey & Company, 26 octobre 2003.

46. Farrell, *Offshoring*, 57.

47. *Ibid.*, 59.

48. Joseph E. Stiglitz, "On the Wrong Side of Globalization," *New York Times*, 15 mars 2014.

49. Michaels, Handfield-Jones et Axelrod, *War for Talent*, xiii.

50. *Ibid.*, 6.

51. "Pay Madness at Enron," *Forbes*, 22 mars 2002, à partir d'une analyse réalisée par Charas Consulting.

52. "CEOs don't just get salaries" : Déclaration préliminaire du représentant démocrate de Californie Henry A. Waxman, Chambre des représentants, Committee on Oversight and Government Reform, *Executive Pay: The Roles of Compensation Consultants*, 5 décembre 2007.

53. Mishel et Kandra, "CEO Pay Has Skyrocketed 1,322 % Since 1978."

54. Kevin P. Coyne et Jonathan W. Witter, "Taking the Mystery out of Investor Behavior," *Harvard Business Review*, septembre 2002.

55. Anne Gast *et al.*, "Purpose: Shifting from Why to How," *McKinsey Quarterly*, 22 avril 2020.

56. Peter Coy, "Globalization 'Cheerleader' McKinsey Global Institute Has Second Thoughts," *Bloomberg*, 15 juillet 2016.

57. Charles Fishman, *The Wal-Mart Effect: How the World's Most Powerful Company Really Works–and How It's Transforming the American Economy* (New York: Penguin, 2006). Avant de s'écrire Walmart, le nom de l'entreprise s'écrivait Wal-Mart.

58. Données du Census Bureau, https://www.census.gov/library/publications/2009/acs/acsbr08-2.html. Dans un ménage, il est possible que plus d'une personne travaille. Mais même si deux personnes travaillent à temps plein chez Walmart leur revenu combiné sera toujours inférieur au revenu médian des ménages.

59. Steven Greenhouse et Michael Barbaro, "Wal-Mart Memo Suggests Ways to Cut Employee Benefit Costs," *New York Times*, 26 octobre 2005.

60. Mémorandum de vingt-cinq pages avec annexes envoyé par Susan Chambers au conseil d'administration de Walmart que les auteurs se sont procuré.

61. Andy Miller, "Wal-Mart Employees Have Highest Number of Kids on Supplemental Health Insurance," *Cox News Service*, 29 février 2004.

62. Fishman, *Wal-Mart Effect*, 245.

63. Walker, interviewé par Tucker Carlson, *Tucker Carlson Tonight*, Fox News.

64. Fishman, *Wal-Mart Effect*, 227.

65. *Ibid.*, 269.

66. Abha Bhattarai, "'The Status Quo Is Unacceptable': Walmart Will Stop Selling Some Ammunition and Exit the Handgun Market," *Washington Post*, 3 septembre 2019.

67. Melissa Repko, "Walmart Ends Quarterly Bonuses for Store Employees as It Raises Employees' Hourly Pay," CNBC, 9 septembre 2021.

68. Source confidentielle.

69. Julia La Roche, "AT&T CEO Says They'll Invest 'at Least $1 Billion' and Create 7,000 New Jobs If Tax Reform Passes," *Yahoo News*, 29 novembre 2017.

70. Tomi Kilgore, "AT&T to Pay $1,000 Bonuses over Holidays If Trump Signs Tax Bill by Christmas," *MarketWatch*, 20 décembre 2017.

71. Jane C. Timm, "Trump Signs Tax Cut Bill, First Big Legislative Win," NBC, 22 décembre 2017.

72. Interview par l'auteur d'un porte-parole d'AT&T.

73. Documents internes de McKinsey.

74. Communications Workers of America, communiqué de presse du 16 juin 2020.

75. Source confidentielle.

76. Michael Sainato, "Bosses Pocket Trump Tax Windfall as Workers See Job Promises Vanish," *Guardian*, 16 juin 2019.

77. Michael Sainato, "'They're Liquidating Us': AT&T Continues Layoffs and Outsourcing Despite Profits," *Guardian*, 28 août 2018.

78. Communications Workers of America, communiqué de presse du 16 juin 2020, basé sur une analyse de documents de la Securities and Exchange Commission.

79. McDonald, *Firm*, 197. La période de cinq ans se situe entre 1989 et 1994.

80. Source confidentielle. Ce paiement n'avait jamais été mentionné.

81. Interview réalisée par l'auteur.

82. Interview de Geiser par l'auteur.

83. Anand Giridharadas, *Winners Take All: The Elite Charade of Changing the World* (New York: Alfred A. Knopf, 2018), 4.

84. Isabel Cairo et Jae Sim, *Market Power, Inequality, and Financial Instability*, Conseil des gouverneurs de la Réserve fédérale des États-Unis, juillet 2020.

85. Gast *et al.*, "Purpose: Shifting from Why to How."

86. André Dua, associé de McKinsey et auteur de "The Zip Code Reality," intervenant au McKinsey's Ideas Festival, ainsi que rapporté par le McKinsey Blog, 31 janvier 2019.

87. Anand Giridharadas (@anandwrites), Twitter, 12 novembre 2019.

88. Gast *et al.*, "Purpose: Shifting from Why to How."

89. Dana Canedy, "Arch Patton, 88; Devised First Survey of Top Executives' Pay," *New York Times*, 30 novembre 1996.

Chapitre 3 – Jouer sur deux tableaux

1. Gary MacDougal, *Make a Difference: A Spectacular Breakthrough in the Fight Against Poverty* (New York: St. Martin's Press, 2005), 274.

2. *Ibid.*, 24.

3. *Ibid.*, 33.

4. *Ibid.*, 29.

5. *Ibid.*, 3.

6. *Ibid.*, 105.

7. *Ibid.*, 274–75. Certains détails fournis sont issus d'interviews menées par les auteurs.

8. *Ibid.*, 275.

9. *Ibid.*, 285.

10. Rick Pearson, “GOP Taps a Conservative; Gary MacDougal Is Charged with Mending Party,” *Chicago Tribune*, 27 juillet 2002.

11. Appel d’offres du Medicaid Managed Care Organization de l’État de l’Illinois, 27 février 2017.

12. Kim Geiger, “Rauner Names Former Comptroller Munger to Deputy Governor Post,” *Chicago Tribune*, 3 février 2017.

13. Page LinkedIn et témoignage de Felicia Norwood à l’audition de la Appropriations–Human Services Committee, Chambre des représentants de l’Illinois, le 9 mars, 2017, 2.

14. Documents internes de McKinsey.

15. Susana A. Mendoza, “Consequences of Illinois’ 2015–2017 Budget Impasse and Fiscal Outlook,” bureau du contrôleur de l’Illinois.

16. Contrôleur de l’État de l’Illinois, “Comptroller Mendoza Prioritizes Payments to Senior Care Givers,” communiqué de presse, 28 mars 2017.

17. Interview de Mendoza par l’auteur.

18. Julie Bosman et Monica Davey, “Everything’s in Danger: Illinois Approaches 3rd Year Without Budget,” *New York Times*, 29 juin 2017.

19. Contrôleur de l’État de l’Illinois, “Comptroller Mendoza Freezes Spending on ERP Pending Answers from Rauner Administration,” communiqué de presse du 14 mars 2017. Les fonds gelés ont fini par être transférés à McKinsey trois ans plus tard.

20. Bureau du contrôleur de l’État de l’Illinois.

21. Données sur les contrats publics issues du bureau du contrôleur de l’Illinois.

22. *Ibid.*

23. Audition de l’Appropriations–Human Services Committee, Chambre des représentants de l’Illinois, 30 novembre 2017, 13.

24. Norwood a attribué les contrats en tant que directrice du Department of Family and Health Services de l’État de l’Illinois. *Ibid.*, 19.

25. *Ibid.*, 5.

26. *Ibid.*, 12.

27. John O’Connor, “Illinois Procurement Chief Cancels Rauner Consulting Pact,” *Associated Press*, 5 décembre 2017.

28. “Illinois Comptroller Nixes Pay on a 2nd Rauner Contract,” *Associated Press*, 6 décembre 2017.

29. Audition de l’Appropriations–Human Services Committee, Chambre des représentants de l’État de l’Illinois, 30 novembre 2017, 1.

30. Audition de l’Appropriations–Human Services Committee, Chambre des représentants de l’État de l’Illinois, 10 mai 2017, 2.

31. Audition de l'Appropriations–Human Services Committee, Chambre des représentants de l'État de l'Illinois, 30 novembre 2017, 16. McKinsey a inséré des termes similaires dans des contrats avec d'autres agences gouvernementales. Quand les auteurs de ce livre ont déposé une demande au titre de la loi sur la liberté de l'information (Freedom of Information Act) pour obtenir les détails d'un contrat de McKinsey avec la Food and Drug Administration, l'agence – après un an d'attente – a répondu qu'elle devait d'abord vérifier auprès de McKinsey quelles informations elle pouvait divulguer.

32. Audition de l'Appropriations–Human Services Committee, Chambre des représentants de l'État de l'Illinois, 9 mars 2017, 2. Des représentants de l'État ont déclaré n'avoir pas le droit de dévoiler le nom des personnes ayant évalué les contrats.

33. *Ibid.*, 5.

34. Documents internes de McKinsey.

35. Eddie Baeb, "Consulting Firm McKinsey Signs Big Lease at Blue Cross Building," *Crain's Chicago Business*, 22 juin 2011.

36. Audition de l'Appropriations–Human Services Committee, Chambre des représentants de l'État de l'Illinois, 30 novembre 2017, 15–19.

37. Interview de Harris par l'auteur.

38. Audition de l'Appropriations–Human Services Committee, Chambre des représentants de l'État de l'Illinois, 30 novembre 2017, 16–19.

39. La page LinkedIn de Norwood indique qu'elle a rejoint Anthem en juin 2018 ; la dernière audience du Appropriations–Human Services Committee s'est tenue en décembre 2017.

40. Documents internes de McKinsey.

41. Documents internes de McKinsey.

42. Audience de l'Appropriations–Human Services Committee, Chambre des représentants de l'État de l'Illinois, 30 novembre 2017, 29–30.

43. Jack Suntrup et Kurt Erickson, "Embattled Missouri Gov. Eric Greitens Resigns; Prosecutor Drops Computer Tampering Charge," *St. Louis Post-Dispatch*, 30 mai 2018. Greitens a démissionné avant la fin de son mandat à la suite d'allégations d'irrégularités, aucune ne concernant McKinsey.

44. Benjamin Peters, "Greitens Names Drew Erdmann as New COO," *Missouri Times*, 11 janvier 2017.

45. Courriel de Joel M. Walters (directeur des revenus du Missouri) envoyé à l'équipe du département des Revenus du Missouri, cité dans une présentation PowerPoint du département des Revenus, à propos de l'« index de santé organisationnel » de McKinsey, 6.

46. Will Schmitt, "Missouri Revamps HR Policy for State Workers After Research Project by COO's Former Firm," *Springfield News-Leader*, 6 janvier 2018 ; accord signé entre la commissaire Sarah Steelman, Missouri Office of Administration et McKinsey & Company, 14 juin 2017.

47. Mémorandum de Stacia Dawson à l'attention du Missouri Office of Administration Division of Purchasing, "Cooperative Contract Award Memo".

48. Déclaration du département des Services sociaux du Missouri du 2 avril 2018, "Rapid Response Review–Assessment of Missouri Medicaid Program".

49. Proposition technique à l'intention du département des services sociaux du Missouri pour l'« examen de la réponse rapide », publiée initialement à l'intention du public. Une version non expurgée a depuis été rendue publique conformément à la Sunshine Law du Missouri ; la version expurgée n'est plus accessible au public.

50. Offres initiales de quatre entreprises concurrentes (Deloitte, KPMG, Navigant, Accenture) publiées sur le site du Missouri Office of Administration Awarded Contract and Bid Documents Search, appel d'offres CPPS30034901802660.

51. Tony Messenger, "Missouri COO's Former Company Wins Medicaid Bid Despite Being 3 Times Higher Than Others," *St. Louis Post-Dispatch*, 18 juin 2018.

52. Témoignage de la commissaire Sarah Steelman devant le Missouri House Budget Committee, le 17 juillet 2018.

53. Propositions initiales des quatre firmes concurrentes (Deloitte, KPMG, Navigant et Accenture) publiées dans la base de données du Missouri Office of Administration Awarded Contract and Bid Documents Search, Bid CPPS30034901802660. Les offres les plus basses étaient celles de KPMG pour un montant de $750,000, Navigant pour un montant de $898,725 et Deloitte pour un montant de $981,000. Au-delà de son montant en dollars, le contrat était important parce que les recommandations de McKinsey allaient avoir d'importantes répercussions sur une grande partie de l'appareil de soins de santé de l'État.

54. Evaluation Narrative, "Rapid Response Review–Assessment of Missouri Medicaid Program," 4.

55. *Ibid.*, 2–11.

56. Karen Boeger (directrice du Missouri Office of Administration Division of Purchasing) à David Mosley (Navigant Consulting), le 27 septembre 2018.

57. Contestation de Navigant contre l'attribution du Rapid Response contract à McKinsey & Company, 12 juin 2018, 2.

58. *Ibid.*, 3.

59. Réponse de Boeger à Mosley, le 27 septembre 2018.

60. Blake Nelson et Summer Ballentine, "Gov. Parson Stands By Contract for COO's Former Employer," *Associated Press*, 18 juin 2018.

61. Interview de Merideth par l'auteur.

62. Missouri Health Care for All, "The McKinsey Report on Missouri's Medicaid Program: The Good, the Bad, and the Ugly for Consumer Health", 9 mars 2019.

63. Documents internes de McKinsey.

64. Jason Clayworth, "Iowa's New Private Medicaid Manager Has Paid Millions of Dollars in Penalties in a Dozen States," *Des Moines Register*, 1er juillet 2018. McKinsey n'a pas été accusé d'actes répréhensibles en rapport avec le travail de Centene.

65. Documents internes de McKinsey.

66. Missouri Health Care for All, "McKinsey Report on Missouri's Medicaid Program," 5.

67. Interview de D'Abreu par l'auteur.

68. Missouri Health Care for All, "McKinsey Report on Missouri's Medicaid Program," 9.

69. *Ibid.*, 1.

70. Phil Galewitz, "Shrinking Medicaid Rolls in Missouri and Tennessee Raise Flag on Vetting Process," *Kaiser Health* News, 8 février 2019.

71. Interview de Merideth.

72. Rapport obtenu par l'auteur. Joel Ferber, directeur de la promotion de Legal Services of Eastern Missouri, a déclaré dans un entretien avec l'auteur que le rapport de McKinsey « visait principalement à trouver des moyens d'économiser de l'argent ».

73. Interview de Merideth.

74. Interview de Sharfstein par l'auteur.

75. Arkansas Legislative Audit, "Review of Selected Software Procurements and Cooperative Purchasing Agreements," 24 juin 2015, 12–13.

76. Interview d'Allison par l'auteur.

77. Arkansas Legislative Audit, "Review of Selected Software Procurements and Cooperative Purchasing Agreements," 24 juin, 2015, 14.

78. *Ibid.*, 13.

79. Interview d'Allison.

80. Arkansas Legislative Audit, "Review of Selected Software Procurements and Cooperative Purchasing Agreements," 24 juin 2015, 14.

81. Par exemple, la proposition de McKinsey d'être ajouté à la liste des fournisseurs agréés de l'État du Missouri dans la catégorie « Services de conseil en management », 1.

82. Robert Pear et David M. Herszenhorn, "Obama Hails Vote on Health Care as Answering 'the Call of History,'" *New York Times*, 21 mars 2010.

83. Un ancien membre du gouvernement Obama a déclaré que les compagnies d'assurances n'appréciaient pas de se voir obligées de consacrer 80 % des primes collectées aux soins de santé et de reverser le reste aux clients. Rick Ungar, "Busted! Health Insurers Secretly Spent Huge to Defeat Health Care Reform While Pretending to Support Obamacare", *Forbes*, 25 juin 2012.

84. Wendell Potter, "Elimination of 'Public Option' Threw Consumers to the Insurance Wolves," Center for Public Integrity, 16 février 2015.

85. Shubham Singhal, Jeris Stueland et Drew Ungerman, "How US Health Care Reform Will Affect Employee Benefits," McKinsey & Company, 1er juin 2011.

86. Jonathan Cohn, "McKinsey Insider: Survey 'Not a Good Tool for Prediction,'" *New Republic*, 14 juin 2011.

87. U.S. House of Representatives Ways and Means Committee, "Key House Democrats Ask McKinsey to Release Methodology of Potentially Biased Health Reform," communiqué de presse, 16 juin 2011.

88. U.S. Senate Committee on Finance, "Baucus Calls on McKinsey to Release Methodology Behind Survey Results," communiqué de presse, 16 juin 2011.

89. Greg Sargent, "Incoming: Dems Dropping Bombs on McKinsey," *Washington Post*, 16 juin 2011.

90. U.S. House of Representatives Ways and Means Committee, "McKinsey Changes Its Tune, Acknowledges Survey Is Not Predictive," communiqué de presse, 20 juin 2011.

91. U.S. Senate Committee on Finance, "Baucus Blasts McKinsey for Unjustifiable Explanations, Efforts to Back Away from Claims," communiqué de presse, 20 juin 2011.

92. Nancy-Ann DeParle, "Not a Prediction," résumé du billet publié sur le site internet de la Maison-Blanche, 20 juin 2011.

93. Conversation téléphonique de DeParle avec l'auteur.

94. "Center for US Health System Reform," McKinsey & Company Healthcare Systems & Services.

95. Proposition de McKinsey & Company au Missouri Department of Social Services en réponse à l'appel d'offres "Rapid

Response Review–Assessment of Missouri Medicaid Program," 16 avril 2018, 2.

96. Analyse par l'auteur des données publiques sur les campagnes de dons compilées par le Center for Responsive Politics de Washington.

97. Les contributions d'Elling favorisaient massivement les démocrates. Elles représentaient environ un quart de tous les dons des employés de McKinsey aux candidats et comités fédéraux, selon les chiffres de la Commission électorale fédérale compilés par le Center for Responsive Politics de Washington.

98. Courriels intitulés « Convention Packages » de Daniel Parish à Elling, datés du 4 mai 2016 et la réponse « Merci » de Parish à Judith Hazlewood, datée du 4 mai 2016.

99. Page LinkedIn de Vivian Riefberg.

100. Wes Venteicher, "Paul Mango Appointed to Trump Administration Post at CMS," *Associated Press*, 29 juillet 2018.

101. Montants annuels versés à McKinsey par la FDA, usaspending.gov.

102. Source confidentielle. McKinsey a également conseillé la FDA sur des questions relatives à des équipements médicaux, à des traitements par radiation, au tabagisme, au vapotage et à un ensemble de questions organisationnelles et d'ordre réglementaire.

103. Offre d'emploi publiée sur le site internet de McKinsey.

104. Biographie d'Evgeniya Makarova publiée sur le site internet de McKinsey.

105. Michael A. Carome (directeur du Public Citizen's Health Research Group) à Christi A. Grimm (premier adjoint à l'inspecteur général de l'Office of Inspector General), 9 décembre 2020, 1.

106. Pam Belluck, "FDA Panel Declines to Endorse Controversial Alzheimer's Drug," *New York Times*, 6 novembre 2020.

107. Thomas M. Burton, "FDA's Approval Decision of Alzheimer's Drug Leads to Third Adviser's Resignation," *Wall Street Journal*, 10 juin 2021.

108. Rebecca Robbins et Pam Belluck, "In a Reversal, FDA Calls for Limits on Who Gets Alzheimer's Drug," *New York Times*, 8 juillet 2021.

109. Lettre de Public Citizen, 16 juin 2021.

110. Document McKinsey du 15 avril 2021.

111. Interview de Carome par l'auteur. Carome a été informé de ce fait par l'auteur.

112. Documents obtenus par le biais du Freedom of Information Act et de bases de données sur les contrats publics.

113. Documents obtenus par le biais du Freedom of Information Act et de bases de données sur les contrats publics.

114. Événement BioNJ: "Cell and Gene Therapy Manufacturing 'Crack the Code,'" 20 septembre 2019.

115. U.S. Food and Drug Administration, Center for Biologics Evaluation and Research Responsibilities Questions and Answers. L'unité du Dr Marks n'a pas été impliquée dans l'évaluation du produit Biogen.

116. Événement BioNJ: "Cell and Gene Therapy Manufacturing 'Crack the Code,' 20 septembre 2019.

117. "Helping to Accelerate Cures," Pharmaceuticals & Medical Products, McKinsey, janvier 2019.

118. Documents obtenus par le biais du Freedom of Information Act.

119. L'accord est appelé "Federal Supply Schedule Contract" (contrat d'approvisionnement fédéral). Office of Audits, Office of Inspector General, U.S. General Services Administration, "Improper Pricing on the McKinsey Professional Services Contract May Cost the United States an Estimated $69 Million", 23 juillet 2019, 10.

120. Ce type de contrat d'achat global (blanket purchase agreement) s'apparente à un compte de facturation. Les agences fédérales ont la possibilité de s'approvisionner auprès de plusieurs fournisseurs ou d'un seul. U.S. General Services Administration, "Blanket Purchase Agreements and the GSA MAS Program".

121. Office of Audits, Office of Inspector General, U.S. General Services Administration, "Improper Pricing on the McKinsey Professional Services Contract May Cost the United States an Estimated $69 Million," i.

122. *Ibid.*, 8. Ni McKinsey ni le fonctionnaire de la GSA n'ont été inculpés au sujet de ces contrats.

123. *Ibid.*, 3.

124. *Ibid.*, 5.

125. Interview du porte-parole de l'inspecteur général.

126. Office of Audits, Office of Inspector General, U.S. General Services Administration, "Improper Pricing on the McKinsey Professional Services Contract May Cost the United States an Estimated $69 Million," 11.

127. *Ibid.*, 12.

128. *Ibid.*, 11. Le contrat informatique a été annulé.

129. *Ibid.*, 13.

130. Une recherche approfondie dans les archives a permis de découvrir le nom de l'homme ; il s'agit de Jacob Bertram. Au cours de l'entretien que l'auteur a eu avec lui, il a nié avoir agi de manière inappropriée.

131. Toutes les informations concernant des événements organisés par McKinsey ont été obtenues par le biais du Freedom of Information Act.

132. "Coronavirus in the U.S.: Latest Map and Case Count," *New York Times*, 7 avril 2022.

133. Kevin Sneader et Bob Sternfels, "From Surviving to Thriving: Reimagining the Post-COVID-19 Return," McKinsey & Company, 1er mai 2020.

134. *Ibid.*

135. Ian MacDougall, "How McKinsey Is Making $100 Million (and Counting) Advising on the Government's Bumbling Coronavirus Response," *ProPublica*, 15 juillet 2020.

136. Bases de données sur les contrats publics des États.

137. Les sénateurs Elizabeth Warren, Richard Blumenthal et Thomas R. Carper à Scott Gast (conseiller principal du président et responsable de l'éthique à la Maison-Blanche), 15 avril 2020.

138. Après avoir promu la vente d'opioïdes pendant des années, McKinsey a fini par reconnaître qu'elle avait commis une erreur. Michael Forsythe et Walt Bogdanich, "McKinsey Settles for Nearly $600 Million over Role in Opioid Crisis," *New York Times*, 3 février 2021.

139. Nicholas Florko, "Are You an American, Sir? Lawmakers Interrogate Amgen, Novartis, Mallinckrodt Executives on Why U.S. Prices Are So High," *Stat+*, 1er octobre 2020.

Chapitre 4. McKinsey dans les bureaux de l'ICE

1. Les articles sur le travail de McKinsey en Afrique du Sud, avec les fabricants d'opioïdes et avec les autocrates ont été publiés dans le *New York Times* et rédigés par les auteurs de ce livre. Le *Wall Street Journal* a publié des articles sur les pratiques de McKinsey en matière de faillite, de même que le *Times*. Voir Gretchen Morgenson et Tom Corrigan, "McKinsey Is Big in Bankruptcy-and Highly Secretive", *Wall Street Journal*, 27 avril 2018.

2. Walt Bogdanich et Michael Forsythe, "How McKinsey Lost Its Way in South Africa," *New York Times*, 26 juin 2018.

3. Note de Sneader à l'attention des anciens de MacKinsey citée dans l'article de Michael Forsythe et Walt Bogdanich, "McKinsey Ends Work with ICE amid Furor over Immigration Policy," *New York Times*, 10 juillet 2018.

4. Ginger Thompson, "Listen to Children Who've Just Been Separated from Their Parents at the Border," *ProPublica*, 18 juin 2018.

5. Ian MacDougall, "How McKinsey Helped the Trump Administration Detain and Deport Immigrants," *ProPublica*, 3 décembre 2019.

6. Déclaration du bureau de presse de l'ICE envoyée par courriel et réexpédiée aux auteurs le 4 mars 2020.

7. Michael Forsythe, "When Pete Buttigieg Was One of McKinsey's 'Whiz Kids,'" *New York Times*, 6 décembre 2019. Andy Slavitt, dans un Tweet du 4 décembre 2019 a déclaré : « Les recommandations de McKinsey visant à réduire la nourriture, la surveillance et les soins médicaux prodigués aux immigrants en garde à vue étaient si cruelles qu'elles ont mis le personnel de l'ICE mal à l'aise ».

8. Discours intégral d'annonce de la candidature de Donald Trump à l'élection présidentielle (C-SPAN), 16 juin 2015, https://www.youtube.com/watch?v=apjNfkysjbM.

9. Décret présidentiel : Enhancing Public Safety in the Interior of the United States, Jan. 25, 2017, www.whitehouse.gov.

10. La citation d'Elder est un souvenir d'un entretien avec un ancien employé de McKinsey présent lors de l'appel et qui a souhaité rester anonyme. Elder, qui a quitté McKinsey en 2019, n'a pas répondu à une demande de commentaire et de vérification envoyée par courriel.

11. George David Smith, John T. Seaman Jr. et Morgan Witzel, *A History of the Firm* (New York: McKinsey, 2011), 176.

12. Sur l'intranet "Know" de McKinsey, la mission était catégorisée "Police-Service Operations" et le nom du client anonymisé comme c'est le cas pour toutes les missions, mais un employé de McKinsey a confirmé que le travail avait été effectué pour l'ICE.

13. MacDougall, "How McKinsey Helped the Trump Administration Detain and Deport Immigrants."

14. Information sur ICE obtenue par ProPublica dans le cadre du Freedom of Information Act, 323.

15. Interview d'un consultant McKinsey qui souhaite garder l'anonymat.

16. "McKinsey Statement on *New York Times* and *ProPublica* Article Regarding ICE and CBP," 4 décembre 2019.

17. 289.

18. *Ibid.*, 296.

19. Interview d'un ancien haut fonctionnaire de l'ICE, 8 mars 2020.

20. Il s'agit d'un souvenir de ce que D'Emidio a dit au haut fonctionnaire de l'ICE. Les auteurs du livre l'ont contacté sur LinkedIn pour l'informer de la manière dont cela serait exposé. Par la suite, par l'intermédiaire d'un porte-parole de McKinsey, il a nié que ces événements aient eu lieu.

21. Interview d'un ancien haut fonctionnaire du Department of Homeland Security, 25 février 2020.

22. "One Detained Baby Remains in ICE Custody," *CBS News*, 6 mars 2019.

23. Information sur l'ICE obtenue dans le cadre du Freedom of Information Act, 74.

24. Federal Tort Claims Act–Form 95–plainte datée du 27 novembre 2018 pour le compte de Yazmin Juárez, www.arnold-porter.com.

25. Arnold & Porter, communiqué de presse du 27 novembre 2018, www.arnoldporter.com.

26. Interview de Garbus par l'auteur, 28 février 2020.

27. Martin Garbus, "What I Saw at the Dilley, Texas, Immigrant Detention Center," *Nation*, 26 mars 2019.

28. Information sur l'ICE obtenue dans le cadre du Freedom of Information Act, à partir de la page 309.

29. *Ibid.*, 642.

30. La déclaration a été faite à *ProPublica* pour inclusion dans son article du 3 décembre 2019, "How McKinsey Helped the Trump Administration Detain and Deport Immigrants."

31. "McKinsey Statement on *New York Times* and *ProPublica* Article Regarding ICE and CBP."

32. Scott Elfenbein, "The Best Story I Know," billet publié sur Medium.com le 24 mai 2018.

33. *Ibid.*

34. Terry Aguayo et Julia Preston, "Students' Family Members Are Deported," *New York Times*, 31 octobre 2007.

35. Julia Preston, "In Increments, Senate Revisits Immigration Bill," *New York Times*, 3 août 2007.

36. Ce compte rendu a été reconstitué à partir d'un enregistrement de la réunion réalisé par un participant.

37. Courriel du 12 décembre 2019 de D'Emidio à ses collègues.

Chapitre 5 – Faire ami-ami avec le gouvernement chinois

1. Plusieurs blogs ont publié la position du *Tian Jing Hao* en mer de Chine méridionale à la fin de l'année 2013 et au début de l'année 2014, en s'appuyant sur les données de positionnement du navire analysées par IHS Jane's. Voir garudamiliter.blogspot.com/2014/06/world-news-china-goes-all-out-with.html. Pour une description du navire et de son propriétaire, voir Charles Clover, "South China Sea Island-Maker Seeks Foreign Flotation", *Financial Times*, 11 juin 2015.

2. James Hardy et Sean O'Connor, "China Completes Runway on Fiery Cross Reef," *IHS Jane's Defence Weekly*, 25 septembre 2015.

3. Pour une liste des *zhongyang qiye*, voir le site web du State-Owned Asset Supervision and Administration Commission of the State Council (la commission de supervision et d'administration des actifs appartenant à l'État du Conseil d'État). Les chiffres concernant les clients de McKinsey sont tirés de sites internet en langue chinoise et de documents internes de McKinsey.

4. "公司召开'十三五' 战略咨询视频会" (Treizième vidéoconférence sur le conseil stratégique concernant le plan quinquennal de l'entreprise), China Communications Construction Company, 29 septembre 2015, www.ccccltd.cn/xwzx/gsyw/201509/t20150929_41727.html.

5. Luis Martinez, "Chinese Warship Came Within 45 Yards of USS Decatur in South China Sea: US," *ABC News*, 1er octobre 2018.

6. Michael Forsythe, "Possible Radar Suggests Beijing Wants 'Effective Control' in South China Sea," *New York Times*, 24 février 2016. Ce groupe de réflexion est le Center for Strategic and International Studies.

7. "SECNAV Nominee Del Toro's Written Statements to the Senate," *USNI News*, 13 juillet 2021.

8. Le travail de McKinsey avec l'armée américaine sur l'industrie des munitions est bien documenté. Voir "Franz's Efforts Backstop Contract Award" sur le Joint Program Executive Office for Armaments & Ammunition, 21 janvier 2016. Voir également l'ordre du jour d'une réunion d'octobre 2017 de la National Defense Industrial Association : www.ndia.org/-/media/sites/ndia/meetings-and-events/divisions/munitions-technology/proceedings/final-icap-108-hilton-nj-16 -apr-18-distro-a.ashx.

9. Voir U.S. DOD, contrats numéros N001789D8088 et N0017819F8088.

10. "McKinsey Wins $15M for Six Months' Work to Lower F-35 Costs," *Defense-Aerospace.com*, 11 février 2019, www.defense-aerospace.com.

11. "不同寻常的入党礼物" (Un cadeau inhabituel pour venir à la fête), *People's Daily Online*, 1er juin 2016.

12. George David Smith, John T. Seaman Jr. et Morgan Witzel, *A History of the Firm* (New York: McKinsey, 2011), 347.

13. L'auteur a suivi un programme d'apprentissage intensif du chinois à Tsinghua University en 1998-1999 avec trois étudiants qui allaient rejoindre McKinsey.

14. Interview téléphonique de Kayser par l'auteur du 8 juillet 2021.

15. Extraits du discours du président Bill Clinton à la Paul H. Nitze School of Advanced International Studies, *New York Times*, 9 mars 2000.

16. Interview téléphonique avec Kayser.

17. Pour plus de détails sur le travail de McKinsey pour Ping An à ses débuts, voir Smith, Seaman et Witzel, *History of the Firm*, 389–91. Et un entretien téléphonique mené le 3 septembre 2018 avec un consultant anciennement basé à Pékin qui a demandé à rester anonyme pour pouvoir partager des informations clients.

18. L'embauche de Liu par McKinsey est décrite en détail par les auteurs dans "Turning Tyranny into a Client," *New York Times*, 16 décembre 2018. La fortune de la famille du Premier ministre Wen constitue le sujet d'un article de David Barboza vainqueur d'un prix Pulitzer paru en 2012, "Billions Amassed in the Shadows by the Family of China's Premier," *New York Times*, 26 octobre 2012. En 2021, un témoignage de première main de l'époux de l'associée de la famille Wen au moment de l'acquisition des actions Ping An a corroboré l'article de Barboza. Voir Desmond Shum, *Red Roulette: An Insider's Story of Wealth, Power, Corruption, and Vengeance in Today's China* (New York: Scribner, 2021).

19. La connexion était encore plus étroite : Yu Jianming, un associé d'affaires de Winston Wen, le fils de Wen Jiabao, était un ancien du cabinet.

20. Smith, Seaman et Witzel, *History of the Firm*, 348.

21. *Ibid.*, 435.

22. David Barboza, "China Passes Japan as Second-Largest Economy," *New York Times*, 16 août 2010.

23. Pour le travail réalisé par le bureau de Shanghai, voir Zhang Lulu, "Foreign Consulting Firms in China," sur le site internet China.org, publié le 19 février 2014. Pour l'accord de Davis avec MOFCOM, voir "3月20日,易小准副部长在京会见麦肯锡公司总裁戴颐安" (20 mars, le vice-ministre Yi Xiaojun rencontre le président de McKinsey Ian Davis à Pékin), publié le 21 mars 2009 sur le site du ministère.

24. Barton a parlé de son travail à l'occasion d'un panel qui s'est tenu en 2016 au Council on Foreign Relations de New York. Voir www.cfr.org.

25. Entretien téléphonique du 9 août 2021 avec un ancien consultant de McKinsey du bureau de Beijing qui a demandé à garder l'anonymat ;

26. Voir "隐身'十二五'背后的 '洋外脑':章鱼麦肯锡" (Le « cerveau étranger » derrière le furtif douzième plan : la pieuvre McKinsey), *China Economic Weekly*, 10 novembre 2010, www.chinanews.com.

27. Leaked Speech Shows Xi Jinping's Opposition to Reform," *China Digital Times*, 27 janvier 2013.

28. Voir le compte rendu de la caméra de surveillance de la réunion du parti communiste avec les entreprises publiques du pays, 10–11 octobre 2016 à Pékin, tv.cctv.com/2016/10/11/VIDEvVXA50DJio6WTkuNjUKv 161011.shtml.

29. Michel Rose, "China's New 'Silk Road' Cannot Be One-Way, France's Macron Says," Reuters, 8 janvier 2018.

30. Le discours de Barton est disponible en chinois, mais il l'a prononcé en anglais, de sorte que ses remarques au forum ne sont pas entre guillemets, mais plutôt paraphrasées. Pour ses commentaires publics sur le fait que l'initiative "la Ceinture et la Route" ne représente pas une menace, voir "专访麦肯锡董事长鲍达民：建议设立'一带一路'风险防范机制" (Interview exclusive du directeur général de McKinsey Dominic Barton : Proposition d'établissement d'un mécanisme de prévention des risques afférent au projet « La Ceinture et le Route », *Yicai*, 9 avril 2015).

31. Voir la discussion entre le directeur associé senior de McKinsey Zhang Haimeng et les hauts fonctionnaires chinois (en chinois) sur le site internet de McKinsey Chine : "'一带一路'圆桌论坛：倾听一线的声音" (Table ronde « Une ceinture, une route » : écouter l'avant-poste), publiée le 10 août 2015. Commentaires de Cao Honghui de la China Development Bank.

32. Pour les commentaires de Barton sur l'initiative « Une ceinture, une route » (en chinois), voir "多赢的'一带一路'：让梦想化作现实" (« Une ceinture, une route », un projet gagnant : Faire advenir les rêves), publié sur le site internet de McKinsey Chine le 27 mai 2015.

33. "East Coast Rail Line." La diapositive 7 montre comment le rail peut renforcer les liens avec la Chine. La numéro 17 est consacrée aux modes de financement.

34. Rozanna Latiff et Joseph Sipalan, "Malaysia Had Plan to Use Chinese Money to Bail Out 1MDB, Court Hears," Reuters, 4 septembre 2019.

35. Voir la déclaration de McKinsey à propos de l'article du *New York Times* du 16 décembre 2018, www.mckinsey.com /about-us/ media/statement-on-new-york-times-article.

36. Les chiffres concernant les entreprises contractantes du projet BRI ont été compilés par le RWR Advisory Group basé à Washington et sont reproduits tels que présentés en août 2021.

37. Voir U.S. Trade Representative, 2021 National Trade Estimate Report on Foreign Trade Barriers, 96, ustr.gov.

38. Informations tirées de la page LinkedIn de Chen Guang.

39. Voir "集团领导力专项培训在深圳举行" (Formation à la conduite d'équipes qui s'est tenue à Shenzhen), déclaration de la China Merchants Group, www.cmhk.com.

40. Pour plus de détails sur la conférence, y compris la participation de McKinsey, voir Hexun News, m.hexun.com/news/2018-08-15/193787173.html ; McKinsey a présenté les remarques de Sha Sha sur son site web. Voir "打开智慧城市2.0时代的想象空间" (Ouvrir le champ de l'imagination à l'ère des villes intelligentes 2.0), publié sur le site web de McKinsey Chine le 21 juin 2019 ; le travail de Ping An avec McKinsey est détaillé dans "平安智慧城市，新旅程新机遇" (Les villes intelligentes de Ping An : nouvelles découvertes, nouvelles opportunités), publié sur le site web de Sohu.com, le 7 septembre 2018, www.sohu.com.

41. Katherine Atha *et al.*, "China's Smart Cities Development" (rapport d'étude préparé pour le compte de la U.S.-China Economic and Security Review Commission, janvier 2020), 2, www.uscc.gov.

42. Christopher Buckley et Paul Mozur, "How China Uses High-Tech Surveillance to Subdue Minorities," *New York Times*, 23 mai 2019.

43. Bogdanich et Forsythe, "Turning Tyranny into a Client."

44. Voir la lettre du Comité pour l'élimination des discriminations raciales, observations finales sur les quatorzième et dix-septième rapports périodiques combinés de la Chine (y compris Hong Kong, Chine et Macao, Chine), 30 août 2018, 7-8. Pour en savoir plus sur l'évolution du système de détention de masse, voir Megha Rajagopalan, Alison Killing et Christo Buschek, "Built to Last", *BuzzFeed News*, 27 août 2020. L'article fait partie d'une série portant sur le Xinjiang qui a remporté le prix Pulitzer en 2021.

45. "China Cuts Uighur Births with IUDs, Abortion, Sterilization," *Associated Press*, 29 juin 2020.

46. Voir 2020 Country Reports on Human Rights Practices: China, U.S. State Department, www.state.gov.

47. Voir le site internet de Walker, peterbwalker.com, dans lequel il est décrit comme un expert des questions sino-américaines.

48. L'entretien du 24 avril 2020 de Walker avec Tucker Carlson est visible sur video.foxnews.com/v/6151714336001#sp=show-clips.

49. Déclaration de McKinsey du 16 décembre 2018.

50. Interview du 1er juillet 2020 d'un consultant McKinsey qui a demandé à garder l'anonymat.

51. Lettre de Rubio à Sneader du 17 juin 2020.

52. Un porte-parole du bureau de Rubio a confirmé le 14 juillet 2021 que McKinsey ne lui avait donné aucune information sur ses clients chinois.

53. "省国资委邀请麦肯锡咨询公司与部分省属企业开展战略规划编制交流工作" (La SASAC de cette province a invité McKinsey Consulting Co. à travailler sur une mission de planification stratégique et à travailler avec certaines entreprises de la province), Sohu.com, 30 juin 2020.

54. Shenhua a fusionné avec une autre entreprise et fait partie, depuis 2021, de la China Energy Investment Corporation (国家能源投资集团).

55. Voir « Client Selection » sur le site internet de McKinsey, www.mckinsey.com.

Chapitre 6 – Garder les portes des Enfers

1. Audition sur l'Oversight of Tobacco Products, comité sur l'énergie et le commerce, sous-comité sur la santé et l'environnement de la Chambre des représentants, 113th Congress, 15 avril 1994. Sept dirigeants de l'industrie du tabac ont témoigné : Donald S. Johnston, directeur général d'American Tobacco Company ; Thomas Sandefur Jr, directeur général de Brown and Williamson Tobacco Company ; Edward A. Horrigan Jr, directeur général de Liggett Group Inc ; Andrew H. Tisch, directeur général de Lorillard Tobacco Company ; Joseph Taddeo, président de United States Tobacco Company ; James W. Johnston, directeur général de R. J. Reynolds ; et William I. Campbell, directeur général de Philip Morris. Les dirigeants de l'industrie ont déclaré qu'ils ne pensaient pas que les cigarettes créaient une dépendance.

2. David A. Kessler (commissaire de la Food and Drug Administration) à la Coalition on Smoking or Health, 25 février 1994.

3. Témoignage de David A. Kessler, commissaire de la Food and Drug Administration, sous-comité sur la santé et l'environnement, 21 juin 1994.

4. Amended Final Opinion, U.S. District Judge Gladys Kessler, 17 août 2006, Civil Action No. 99-2496, *United States of America and Tobacco-Free Kids Action Fund, American Cancer Society, American Health Association, American Lung Association, Americans for Nonsmokers' Rights, and National African American Tobacco Prevention Network v. Philip Morris USA Inc. et al, defendants,* 383 (ci-après dénommée la décision de la juge Gladys Kessler).

5. William L. Dunn Jr., Motives and Incentives in Cigarette Smoking, R107, 1972, Philip Morris Records, Master Settlement Agreement, Truth Tobacco Industry Documents, disponible à la bibliothèque de l'université de Californie à San Francisco. Disponible à l'adresse www.industrydocuments.ucsf.edu (ci-après dénommées « archives de l'UCSF sur le tabac »).

6. *Philip Morris Co., v. American Broadcasting Co.*, 36VA Circuit, Richmond, Va. (1994) LX-816-3.

7. “Smoke Screen,” *Day One, ABC News*, 28 février 1994, John Martin, correspondant, Walt Bogdanich, producteur.

8. Allan M. Brandt, *The Cigarette Century: The Rise, Fall, and Deadly Persistence of the Product That Defined America* (New York: Basic Books, 2007), 368.

9. Le Master Settlement Agreement conclu entre quarante-six États et quatre grandes compagnies de tabac, le 23 novembre 1998, prévoyait, entre autres concessions, le versement de 206 milliards de dollars sur vingt-cinq ans. Disponible à l’adresse suivante : publichealth-lawcenter.org.

10. “Getting Answers on Drug Prices,” *New York Times*, 25 février 2019.

11. Richard Kluger, *Ashes to Ashes: America’s Hundred-Year Cigarette War, the Public Health, and the Unabashed Triumph of Philip Morris* (New York: Alfred A. Knopf, 1996); Brandt, *Cigarette Century*. Kluger a remporté l’édition 1997 du prix Pulitzer dans la catégorie non-fiction générale.

12. Transcription, assemblée générale annuelle de Berkshire Hathaway, 5 mai 1997.

13. Archives sur le tabac de UCSF.

14. “Planning Facilities for Profitable Growth Philip Morris, Incorporated 56100,” rapport de McKinsey & Company, 11 octobre 1956, archives sur le tabac de UCSF.

15. “Plan of Organization Research Division,” graphique recommandant une restructuration de Philip Morris, McKinsey & Company, 19 août 1957.

16. L’étude pionnière qui a ouvert les vannes a été publiée en 1950. Ernest L. Wynder et Evarts A. Graham, “Tobacco Smoking as a Possible Etiologic Factor in Bronchiogenic Carcinoma : A Study of Six Hundred and Eighty-Four Proved Cases”, *Journal of the American Medical Association*, 27 mai 1950. Beaucoup d’autres suivront.

17. Note d’Andrew C. Britton concernant le “Five Year Research Program–McKinsey Report,” 21 mars 1957, archives sur le tabac de UCSF.

18. Dans sa conférence de presse du 11 janvier 1964, Terry a annoncé les conclusions de l’étude *Smoking and Health : Report of the Advisory Committee to the Surgeon General of the Public Health Service* du U.S. Public Health Service (Washington, D.C. : U.S. Department of Health, Education, and Welfare, 1964).

19. National Library of Medicine Profiles, rapports de l’administrateur de la santé publique des États-Unis, National Library of Medicine.

20. "Building Competitive Advantage in Key Channels," note confidentielle de McKinsey & Company à William Campbell (vice-président exécutif du marketing, Philip Morris) et Vincent Buccellato (vice-président des ventes, Philip Morris), archives sur le tabac de UCSF.

21. *Ibid.*, 4.

22. *Ibid.*, 13.

23. Interview de LeDoux par l'auteur.

24. "Developing RJR's Program to Build a Sustainable Competitive Position," discussion de McKinsey avec l'équipe de direction de RJR, 27 mars 2003, archives sur le tabac de UCSF.

25. Décision et opinion du juge de district H. Lee Sarokin, 6 février 1992, dans *Susan Haines v. Liggett Group Inc.*, Civil Action 84-678, District of New Jersey, 140 F.R.D. 681, 683 (D.N.J. 1992).

26. Faye Rice *et al.*, "Leaders of the Most Admired," *Fortune*, 29 janvier 1990.

27. Brandt, *Cigarette Century*, 430.

28. Note d'Andrew H. Tisch au personnel annonçant que Lorillard avait engagé McKinsey, 16 juin 1993, archives sur le tabac de UCSF.

29. Stephanie Saul, "A Flavoring Seen as a Means of Marketing to Blacks," *New York Times*, 13 mai 2008.

30. "Developing RJR's Program to Build a Sustainable Competitive Position," 36.

31. Stuart Elliott, "Camel's Success and Controversy," *New York Times*, 12 décembre 1991.

32. "Developing RJR's Program to Build a Sustainable Competitive Position."

33. "Building RJR International's Position and Capabilities in Germany," mémorandum de McKinsey à l'attention de RJR International, 7 janvier 1993, archives sur le tabac de UCSF.

34. Au cours des années 1990, l'Organisation mondiale de la santé a lancé des stratégies mondiales de lutte antitabac, qui ont fini par porter leurs fruits en 2005, comme le décrivent Ruth Roemer, Allyn Taylor et Jean Lariviere dans "Origins of the WHO Framework Convention on Tobacco Control", *American Journal of Public Health* 95, no. 6 (2005) : 936-938.

35. Des collaborateurs de Kissinger Associates sont intervenus lors de la réunion de lancement du Project Cerberus: Regaining the Initiative, le 10 janvier 1999, à Grosvenor House, archives sur le tabac de UCSF.

36. Selon un document du cabinet, McKinsey a préparé un plan de travail pour une réunion la semaine du 11 janvier 2000, archives sur le tabac de UCSF.

37. Hadii M. Mamudu, Ross Hammond et Stanton A. Glantz, "Project Cerberus: Tobacco Industry Strategy to Create an Alternative to the Framework Convention on Tobacco Control," *American Journal of Public Health* 98, no. 9 (2008): 1630–42.

38. Marc Lacey, "Tobacco Industry Accused of Fraud in Lawsuit by U.S.," *New York Times*, 23 septembre 1999.

39. Décision de la juge Gladys Kessler.

40. *Ibid.*, 4.

41. *Ibid.*

42. Des documents internes de McKinsey montrent que les personnes suivantes ont travaillé sur le compte d'Altria : Ford Halbardier, Brandon Brown, Ignacio Felix, Travis Reaves, Matt Deimund, Jonathan McClain, Jeffrey Salazar, Megan Pacchia, Brian Henstorf et Robert Levin. Les documents n'indiquaient pas ce qu'ils faisaient pour ce client.

43. Documents McKinsey.

44. Documents de la Food and Drug Administration.

45. *Ibid.*

46. Teresa W. Wang *et al.*, "Tobacco Product Use and Associated Factors Among Middle and High School Students–United States, 2019," MMWR Surveillance Summaries 68, no. 12 (2019): 1–22.

47. Jeff Zeleny, "Occasional Smoker, 47, Signs Tobacco Bill," *New York Times*, 22 juin 2009.

48. Pour un récit plus détaillé de l'histoire de Juul, il existe deux excellents livres sur le sujet : Lauren Etter, *The Devil's Playbook : Big Tobacco, Juul, and the Addiction of a New Generation* (New York : Crown, 2021) et Jamie Ducharme, *Big Vape : The Incendiary Rise of Juul* (New York : Henry Holt, 2021).

49. Sheila Kaplan, "Juul Targeted Schools and Youth Camps, House Panel on Vaping Claims," *New York Times*, 25 juillet 2019.

50. Témoignage du sénateur démocrate de l'Illinois, Richard J. Durbin, devant le House Committee on Oversight and Reform et le Subcommittee on Economic and Consumer Policy, *Examen du rôle de JUUL dans l'épidémie de nicotine chez les jeunes : Part 1,* 24 juillet 2019 (ci-après cité comme le témoignage de Durbin).

51. Feuille de calcul compilée par les élèves de la classe de journalisme d'investigation de Walt Bogdanich de la Graduate School of Journalism de l'université Columbia.

52. Témoignage écrit du Dr Jonathan P. Winickoff au nom de l'American Academy of Pediatrics, devant le House Committee on Oversight and Reform, Subcommittee on Economic and Consumer Policy, *Examining JUUL's Role in the Youth Nicotine Epidemic* (examen

du rôle de JUUL dans l'épidémie de nicotine chez les jeunes), 24 juillet 2019.

53. Témoignage de Durbin.

54. La lettre adressée à Margaret Hamburg, commissaire de la Food and Drug Administration, a été envoyée le 16 avril 2013 par cinq sénateurs démocrates : Richard J. Durbin (Illinois), Frank Lautenberg (New Jersey), Richard Blumenthal (Connecticut), Sherrod Brown (Ohio) et Jack Reed (Rhode Island).

55. Communiqué de presse de l'American Academy of Pediatrics, 2 janvier 2020.

56. Joshua M. Sharfstein, "Why the FDA Was Unable to Prevent a Crisis of Vaping Among Kids," *Stat*, 21 novembre 2019.

57. Témoignage de Durbin.

58. Katie Thomas et Sheila Kaplan, "E-cigarettes Went Unchecked in 10 Years of Federal Inaction," *New York Times*, 1er novembre 2019.

59. Statistiques de la FDA.

60. Wang *et al.*, "Tobacco Product Use and Associated Factors Among Middle and High School Students–United States, 2019."

61. Témoignage de Mitch Zeller, directeur du Center for Tobacco Products devant le House Committee on Oversight and Reform, Subcommittee on Economic and Consumer Policy, *Examining JUUL's Role in the Youth Nicotine Epidemic: Part 1*, 24 juillet 2019.

62. Thomas et Kaplan, "E-cigarettes Went Unchecked in 10 Years of Federal Inaction."

63. "Juul Labs, Marketing, Sales Practices and Products Liability Litigation," Case No. 19-md-2913-WHO. Alfonso Pulido, directeur associé de McKinsey dans une déposition classée comme « hautement confidentielle ».

64. *Ibid.*

65. Déposition de Pulido. Il a déclaré que l'enquête sur les noms d'arômes avait été réalisée pour nourrir l'« activité de prévention de Juul auprès des jeunes et introduire un ensemble spécifique d'arômes sur le marché ».

66. Interview par l'auteur d'un employé de McKinsey qui a demandé à garder l'anonymat.

67. Déposition de Pulido.

68. Siddharth Breja v. Juul Labs, civil action number 3:19-cv-07148-WHO, U.S. District Court of Northern California.

69. Interview de l'auteur.

70. Chui n'a pas répondu aux messages que nous lui avons envoyés sur LinkedIn.

71. Le 28 septembre 2021, l'Organisation mondiale de la santé a publié la déclaration suivante sur l'organisation : « La Foundation for a

Smoke-Free World (Fondation pour un monde sans fumée) fait l'objet d'un certain nombre de conflits d'intérêts évidents étant donné qu'elle est financée par un fabricant de tabac qui promeut la vente de cigarettes et d'autres produits figurant dans son portefeuille de marques. L'OMS ne s'associera pas à la Fondation. Les gouvernements et le secteur de la santé publique devraient faire de même ».

72. Formulaire 990 de l'Internal Revenue Service soumis par la Foundation for a Smoke-Free World en 2017 et 2018.

73. Formulaire 990 de l'Internal Revenue Service soumis par la Foundation for a Smoke-Free World en 2017.

74. Tess Legg *et al.*, "The Philip Morris–Funded Foundation for a Smoke-Free World: Tax Return Sheds Light on Funding Activities," *Lancet* 393, no. 10190 (2019): 2487.

75. Documents de la Food and Drug Administration records obtenus par les auteurs.

76. Annie Karni, Maggie Haberman et Sheila Kaplan, "Trump Retreats from Flavor Ban for E-cigarettes," *New York Times*, 17 novembre 2019.

77. Katie Robertson, "Juul's Meltdown Cost Tobacco Giant Altria $4.5 Billion," *New York Times*, 20 novembre 2019.

78. Abby Goodnough, "With Partial Flavor Ban, Trump Splits the Difference on Vaping," *New York Times*, 2 janvier 2020.

79. R. J. Wickham, "How Menthol Alters Tobacco-Smoking Behavior: A Biological Perspective," *Yale Journal of Biology and Medicine* 88, no. 3 (2015): 279–87. See also Shakir Alsharari et al., "Effects of Menthol on Nicotine Pharmacokinetic, Pharmacology and Dependence in Mice," *PloS One* 10, no. 9 (2015), doi:10.1371/journal.pone.0137070.

80. Déclaration de l'American Academy of Pediatrics du 2 juin 2020, critiquant la décision du président Trump de ne pas interdire le goût menthol.

Chapitre 7 – Booster les ventes des opioïdes

1. Martin E. Elling *et al.*, "Making More of Pharma's Sales Force: Pharmaceutical Companies Have Lost Their Focus on Doctors. The Key to Higher Sales Is Regaining It," *McKinsey Quarterly*, no. 3 (2002).

2. Les deux médecins étaient Pasha Sarraf, titulaire d'un doctorat en médecine et d'un doctorat de Harvard, et Arnab Ghatak, titulaire d'un doctorat en médecine et d'un MBA de l'université de Pennsylvanie.

3. Michael Forsythe et Walt Bogdanich, "McKinsey Settles for Nearly $600 Million over Role in Opioid Crisis", *New York Times*, 20 juillet 2021.

4. Jan Hoffman et Mary Williams Walsh, "Purdue Pharma, Maker of OxyContin, Files for Bankruptcy," *New York Times*, 15 septembre 2019.

5. "Understanding the Epidemic," Centers for Disease Control and Prevention, National Center for Injury Prevention and Control. Disponible sur www.cdc.gov.

6. Art Van Zee, "The Promotion and Marketing of Oxycontin: Commercial Triumph, Public Health Tragedy," *American Journal of Public Health* 99, no. 2 (2009): 221–27, doi.org/10.2105/AJPH.2007.131714.

7. Beth Macy, *Dopesick: Dealers, Doctors, and the Drug Company That Addicted America* (New York: Little, Brown, 2018), 31.

8. Témoignage de Jay P. McCloskey, procureur des États-Unis dans l'État du Maine, devant la commission judiciaire du Sénat, "Evaluating the Propriety and Adequacy of the OxyContin Criminal Settlement," 31 juillet 2007.

9. Cet éditeur était Walt Bogdanich.

10. Francis X. Clines et Barry Meier, "Cancer Painkillers Pose New Abuse Threat," *New York Times*, 2 février 2001.

11. Barry Meier, *Pain Killer: An Empire of Deceit and the Origin of America's Opioid Epidemic* (New York: Random House, 2018), 140.

12. McKinsey & Company, "About This Practice," (à propos de ce pôle de compétences) www.mckinsey.com.

13. Walt Bogdanich, "McKinsey Advised Johnson & Johnson on Increasing Opioid Sales," *New York Times*, 25 juillet 2019.

14. *Ibid.* Selon McKinsey, son travail pour Johnson & Johnson devait permettre d'aider au développement légal d'un patch qui, à l'époque, était largement considéré comme moins addictif.

15. Réquisitoire définitif de Mike Hunter, procureur général de l'Oklahoma, dans le dossier de l'État contre Johnson & Johnson, CJ-2017-816, District Court of Cleveland County, Oklahoma.

16. Jan Hoffman, "Johnson & Johnson Ordered to Pay $572 Million in Landmark Opioid Trial," *New York Times*, 26 août 2019. (La sanction a ensuite été minorée à 465 millions de dollars par le juge de district de l'Oklahoma, Thad Balkman).

17. Jan Hoffman, "Oklahoma's Top Court Throws Out $465 Million Opioid Ruling Against J&J," *New York Times*, 10 novembre 2021.

18. Pour lire l'intégralité du credo de Johnson & Johnson, rendez-vous sur le site internet de l'entreprise : www.jnj.com.

19. Meier, *Pain Killer*, 183.

20. "FDA Warns OxyContin Maker over Ads," *Associated Press*, 22 janvier 2003.

21. Mariages/Célébrations, "Anu Gupta and Arnab Ghatak," *New York Times*, 27 novembre 2005.

22. Macy, *Dopesick*, 70.

23. Patrick Radden Keefe, *Empire of Pain: The Secret History of the Sackler Dynasty* (New York: Doubleday, 2021), 273.

24. Plainte relative au Premier amendement, Commonwealth of Massachusetts v. Purdue Pharma, Civil Action No. 1884-cv-01808, Suffolk Superior Court, Jan. 31, 2019, 249.

25. Reuters, "Harder to Break OxyContin Pill Wins Approval," *New York Times*, 5, avril 2010.

26. Document 2012-1, Maria Gordian, courriel à ses collègues de McKinsey Rob Rosiello et Martin Elling, U.S. Bankruptcy Court for the Southern District of New York, Purdue Pharma Case No. 19-23649-RDD, filed Nov. 18, 2020.

27. Matthew Perrone, "Revamped OxyContin Was Supposed to Reduce Abuse, but Has It?," *Associated Press*, 24 juillet 2019.

28. Massachusetts v. Purdue Pharma, plainte relative au Premier amendement, 31 janvier 2019, 97.

29. Note de McKinsey & Company à John Stewart et Russell Gasdia (Purdue Pharma), 13 juillet 2013, cité dans l'affidavit de Jenny Wojewoda, assistante du procureur général, dans Commonwealth of Massachusetts v. Purdue Pharma, Exhibit 4 (ci-après cité comme affidavit Wojewoda).

30. *Ibid.*

31. Plainte dans l'affaire *United States of America v. $67,906.43 in U.S. Currency et a*l, case 2:16-cv-362-JEM, déposée le 11 août 2016 par le procureur David A. Capp à Hammond, Indiana. Le bureau de Capp a voulu saisir l'argent liquide, l'or et les armes à feu reçus par Cozzi en paiement de substances réglementées. Le juge John E. Martin a ordonné la confiscation de ces pièces au profit du gouvernement fédéral le 13 août 2019. À cette date, Cozzi était décédé – tué dans un accident de tracteur en 2018.

32. Plainte dans *State of Indiana v. Purdue Pharma*, no. 49D01-1811-PL-045447, Circuit Court for Marion County, Indiana, Nov. 14, 2018, 16.

33. *Ibid.*, 10.

34. Note de McKinsey à Purdue, 18 juillet 2013, citée dans la plainte *Commonwealth of Massachusetts v. McKinsey & Company Inc.*, No. 21-0258H, Suffolk Superior Court, Feb. 4, 2021.

35. Note de McKinsey & Company citée en annexe 4 de la déclaration sous serment de Wojewoda.

36. *Ibid.*

37. Michael Forsythe et Walt Bogdanich, "McKinsey Advised Purdue Pharma to 'Turbocharge' Opioid Sales, Lawsuit Says," *New York Times*, 1er février 2019.

38. Maura Healey, Massachusetts Attorney General, communiqué de presse du 4 février 2021, www.mass.gov/news/ags-office-secures-573-million-settlement-with-mckinsey-for-turbocharging-opioid-sales-and.

39. Forsythe et Bogdanich, "McKinsey Advised Purdue Pharma to 'Turbocharge' Opioid Sales, Lawsuit Says."

40. Dossier de déclaration de faillite de Purdue Pharma, document 2012-2, 24.

41. *Ibid.*, 23.

42. *Ibid.*, 32.

43. Ce sont les auteurs de ce livre qui ont découvert l'existence de ce contrat.

44. Dossier de déclaration de faillite de Purdue Pharma, document 2012-2, 17.

45. Forsythe et Bogdanich, "McKinsey Advised Purdue Pharma to 'Turbocharge' Opioid Sales, Lawsuit Says".

46. Déclaration sous serment de Wojewoda, 13.

47. Walt Bogdanich et Michael Forsythe, "McKinsey Proposed Paying Pharmacy Companies Rebates for OxyContin Overdoses," *New York Times*, 27 novembre 2020.

48. Déclaration de McKinsey, www.mckinseyopioidfacts.com.

49. Chiffres du CDC de décès par overdose entre 1999 et 2018, www.cdc.gov/drugoverdose/epidemic/index.html.

50. Dossier de déclaration de faillite de Purdue Pharma, document 2012-1, 48–49.

51. Gordian a quitté McKinsey pour rejoindre son concurrent Bain & Company.

52. Bogdanich et Forsythe, "McKinsey Proposed Paying Pharmacy Companies Rebates for OxyContin Overdoses."

53. Note confidentielle du 4 février 2021 de Sneader à ses collègues de McKinsey.

54. Jeff Overley, "McKinsey Opioid MDL Has a Need for Speed, Judge Say," *Law 360 Legal News*, 29 juillet 2021.

55. Sarun Charumilind *et al.*, "Why We Need Bolder Action to Combat the Opioid Epidemic," McKinsey & Company, 6 septembre 2018.

56. Sarun Charumilind, Elena Mendez-Escobar et Tom Latkovic, "Ten Insights on the US Opioid Crisis from Claims Data Analysis," McKinsey & Company, 5 juin 2018.

57. Franklin Crawford, "Man on a Mission," *Cornell Alumni Magazine*, sept./oct. 2017.

58. Latkovic n'a pas répondu à nos demandes de commentaires.

59. Suite à sa mise en faillite, Purdue a été dissoute en tant que société. Jan Hoffman, "Purdue Pharma Is Dissolved and Sacklers Pay $4.5 Billion to Settle Opioid Claims," *New York Times*, 1er septembre 2021.

60. Jayne O'Donnell, "FDA Chief Supports Opioid Prescription Limits, Regrets Agency's Prior Inaction," *USA Today*, 23 octobre 2019.

61. Interview par l'auteur du Dr Andrew Kolodny (scientifique principal à l'université Brandeis et expert en toxicomanie qui a témoigné devant de nombreuses commissions gouvernementales).

62. Courriels échangés avec l'auteur.

63. Abby Goodnough et Margo Sanger-Katz, "As Tens of Thousands Died, F.D.A. Failed to Police Opioids," *New York Times*, 30 décembre 2019.

64. James Heyward *et al.*, "Evaluation of the Extended-Release/Long-Acting Opioid Prescribing Risk Evaluation and Mitigation Strategy Program by the US Food and Drug Administration: A Review," *JAMA Internal Medicine* 180, no. 2 (2020). Alexander a également été un expert rémunéré dans le cadre d'un litige impliquant des fabricants et des distributeurs d'opioïdes.

65. Les sénateurs Margaret Wood Hassan (Democrat of New Hampshire), Charles Grassley (Republican of Iowa), Sheldon Whitehouse (Democrat of Rhode Island), Joe Manchin III (Democrat of West Virginia), Edward J. Markey et Elizabeth Warren (Democrats of Massachusetts) à Janet Woodcock, commissaire remplaçante pour la U.S. Food and Drug Administration), 23 août 2021.

66. Analyse de l'auteur des données disponibles sur USAspending.gov.

67. Interview de Kolodny par l'auteur.

68. Chris Hamby, Walt Bogdanich, Michael Forsythe et Jennifer Valentino-DeVries, "McKinsey Opened a Door in Its Firewall Between Pharma Clients and Regulators," *New York Times*, 13 avril 2022.

69. Anne Case et Angus Deaton, *Deaths of Despair and the Future of Capitalism* (Princeton, N.J.: Princeton University Press, 2020).

70. Atul Gawande, "The Blight: How Our Economy Has Created an Epidemic of Despair," *New Yorker*, 23 mars 2020.

71. Danny Hakim, Roni Caryn Rabin et William K. Rashbaum, "Lawsuits Lay Bare Sackler Family's Role in Opioid Crisis," *New York Times*, 1er avril 2019.

72. Matt Stout, "Maura Healey Attacks Charles Baker for Contracts with McKinsey in Wake of Opioid Settlement: 'It's Outrageous,'" *Boston Globe*, 25 mars 2021.

Chapitre 8 – Transformer une mine de charbon en diamant

1. ExxonMobil, "Five Big Ideas from the Aspen Ideas Festival," communiqué de presse du 9 juillet 2019.

2. "This Is Not Rocket Science: Rutger Bregman Tells Davos to Talk About Tax–Video," *Guardian*, 29 janvier 2019. L'édition 2020 du Forum économique mondial de Davos s'est tenue avant le déclenchement de la pandémie de Covid-19.

3. Pour une description des associés de McKinsey qui ont pris la parole à Aspen, voir "A Festival of Ideas, Shaped by McKinsey Insight", publié le 31 juillet 2019 sur le site internet de McKinsey, www.mckinsey.com

4. Les citations de Pinner, Tett et Waldeck figurant dans cette section sont extraites d'une vidéo du panel d'Aspen auquel ils ont participé mise en ligne par McKinsey, dans Dickon Pinner, "Dispatch: Climate Breaking Points at the Aspen Ideas Festival," McKinsey.com, 30 juillet 2019.

5. Cinq des six plus grands incendies que la Californie avait connus jusqu'alors se sont produits en 2020, le gigantesque incendie de 2021 prenant ensuite la deuxième place. La liste des principaux incendies de l'État peut être consultée sur le site www.fire.ca.gov. Pour en savoir plus sur les incendies russes de 2021, voir "Russia's 2021 Wildfires Now Largest in Its Recorded History", *Moscow Times*, 7 septembre 2021. 1,7 million d'hectares représente 170 000 kilomètres carrés. La Tunisie, par comparaison, a une superficie de 163 610 kilomètres carrés.

6. Pour plus de détails sur les orages et les pluies record de 2021 à New York, voir "Flooding from Ida Kills Dozens of People in Four States," *New York Times*, 2 septembre 2021. Voir aussi Olivia Rosane, "Greenland's Ice Sheet Has Reached 'Point of No Return,'" *EcoWatch*, 17 août 2020.

7. Informations issues du site internet de McKinsey, sous la rubrique « sustainability ». En 2018, les émissions de McKinsey se sont montées à 743 $ktCO_2e$ (équivalent de kilotonnes de dioxyde de carbone).

8. Code de conduite de McKinsey, www.mckinsey.com.

9. "GHG Emissions and Climate Change," document de discussion de McKinsey, mars 2019.

10. Pilita Clark, "The Job Interview of the Future Is Already Here," *Financial Times*, 15 décembre 2018.

11. "Climate Math: What a 1.5-Degree Pathway Would Take," *McKinsey Quarterly*, 30 avril 2020.

12. Naina Dhingra, Robin Nutall et Matt Stone, "Embedding Purpose: Fewer Slogans, More Action," publié sur McKinsey's Strategy & Corporate Finance blog, 28 août 2019.

13. Anand Giridharadas, "The Thriving World, the Wilting World, and You" (discours, Action Forum de l'Aspen Institute, 29 juillet 2015), publié sur on Medium.com.

14. Voir « Five Big Ideas from the Aspen Ideas Festival », sur le site internet d'ExxonMobil, publié le 9 juillet 2019. ExxonMobil parle du potentiel du captage et du stockage du carbone depuis au moins 2008. Cette année-là, l'entreprise a lancé un projet de captage du dioxyde de carbone dans une usine de gaz naturel du Wyoming. Voir Josie Garthwaite, "Exxon to Spend $170M on Carbon Capture, Storage Technology", *New York Times*, 29 décembre 2008.

15. Kevin Crowley et Akshat Rathi, "Exxon's Plan for Surging Carbon Emissions Revealed in Leaked Documents," *Bloomberg Green*, 5 octobre 2020.

16. Les informations biographiques sur Edstrom viennent de sa page LinkedIn et de son autobiographie.

17. Erik Edstrom, *Un-American: A Soldier's Reckoning of Our Longest War* (New York: Bloomsbury, 2020).

18. George David Smith, John T. Seaman Jr. et Morgan Witzel, *A History of the Firm* (New York: McKinsey, 2011), 127–98.

19. Selon l'année et l'organisme qui effectue les mesures, c'est soit l'Australie soit l'Indonésie qui se place en tête du classement des plus grands exportateurs de charbon du monde. Pour les émissions de carbone par habitant, voir le site web de l'Union of Concerned Scientists, "Each Country's Share of CO_2 Emissions", mis à jour le 12 août 2020.

20. Extraits de plusieurs entretiens menés avec Edstrom après son départ de McKinsey et son courriel d'adieu de juillet 2019.

21. Les chiffres sur le travail de McKinsey pour les fournisseurs d'énergie verte et les gros pollueurs proviennent de documents internes et d'entretiens menés avec des employés actuels et passés du cabinet.

22. Interview de Shahinian par l'auteur, 29 juin 2018.

23. Une nouvelle mine de charbon dans le bassin de Galilée devait commencer à exporter du charbon à la fin de 2021. Voir Nickolas Zakharia, "Bravus Breaks First Coal Milestone at Carmichael," *Australian Mining*, 25 juin 2021.

24. Capture d'écran d'un SMS d'Edstrom.

25. Paroles extraites de "Killing in the Name," du groupe Rage Against the Machine. Sortie in 1992.

26. Les commentaires de McKinsey sur le fait d'être « plus réfléchi » sur ses choix de retraites d'entreprise sont lisibles dans "Statement on New York Times Article on McKinsey Work in Southeast Asia, China, Eastern Europe, and the Middle East", 16 décembre 2018, www.mckinsey.com. Le compte rendu de la journée des valeurs australiennes est basé sur les entretiens menés avec Edstrom et les courriels échangés avec lui.

27. Une mégatonne correspond à 1 000 kilotonnes. Les grosses mines de charbon fournissent suffisamment de charbon pour rejeter des gigatonnes (1 million de kilotonnes) de dioxyde de carbone dans l'atmosphère au cours de leur exploitation. Une gigatonne équivaut au poids de trois Empire State Buildings. Par exemple, certaines des mines qui seraient ouvertes dans le bassin de la rivière Powder, dans le Wyoming, auraient des émissions de CO_2 estimées à plus de 2 gigatonnes pour toute leur durée de vie. Voir www.nwf.org. L'Empire State Building pèse environ 331 millions de tonnes.

28. Les réponses à son courriel de départ du 18 juillet 2019 nous ont été fournies par Edstrom.

29. Voir le rapport du Climate Accountability Institute sur les majors du charbon mis à jour en 2020. Le nombre de grands pollueurs pour lesquels McKinsey a travaillé est compilé à partir de documents internes, de sources disponibles sur Internet (en particulier en Chine) et d'entretiens avec des consultants actuels et anciens de McKinsey.

30. International Energy Agency, "Global CO_2 Emissions in 2019," 11 février 2020.

31. La liste des entreprises provient de documents internes de McKinsey.

32. Les détails du travail de McKinsey pour Chevron proviennent de documents internes du cabinet.

33. Kevin Crowley et Bryan Gruley, "Chevron's Answer to Climate Change Is to Keep Drilling for Oil," *Bloomberg Businessweek*, 13 août 2020.

34. Pour se rendre compte de la taille de Teck par rapport à d'autres exportateurs de charbon sidérurgique, voir "Teck : Fiche d'information : Steelmaking Coal". Pour les émissions "Scope 3" de Teck en 2019, voir Teck Resources, "Climate Change and Energy Use", 59. Le Canada a émis 730 mégatonnes de CO_2 en 2019. Voir Environment and Climate Change Canada, "National Inventory Report 1990–2019: Greenhouse Gas Sources and Sinks in Canada: Executive Summary", 1.

35. Chloe Williams, "From Canadian Coal Mines, Toxic Pollution That Knows No Borders," *Yale Environment* 360, 1er avril 2019.

36. Les détails du travail de Mckinsey pour Teck proviennent de documents internes au cabinet.

37. Quan Chong, qui a accédé à un poste de vice-ministre au sein du ministère chinois du Commerce, est administrateur depuis octobre 2021. Il est très rare que d'anciens hauts fonctionnaires chinois siègent au conseil d'administration d'entreprises nord-américaines. Comme en chinois le nom de famille vient en premier, cet homme s'appelle donc Chong Quan. Voir www.teck.com. Teck a annoncé le 4 septembre 2019 que Barton quittait ses fonctions. Invité à commenter son rôle chez Teck par l'intermédiaire des attachés de presse du gouvernement canadien, Barton n'a pas répondu. Dans une déclaration envoyée le 25 octobre 2021, le porte-parole de Teck, Chris Stannell, a déclaré : « Teck s'est engagé à lutter contre le changement climatique et nous prenons des mesures pour réduire nos émissions de GES, notamment en visant la neutralité carbone pour l'ensemble de nos activités d'ici à 2050 ».

38. La liste des clients chinois provient de documents internes de McKinsey records des annonces (en chinois faites par les entreprises clientes). Voir le rapport annuel 2019 du CNOOC (édition en chinois), 12.

39. Voir Banpu, "Sustainability Report, 2018," 15.

40. Pour connaître les chiffres relatifs aux exportations de charbon américain, voir www.eia.gov.

41. Enquête interne portée à la connaissance des auteurs. L'enquête inclut peut-être d'anciens consultants et de nouvelles recrues pas encore en poste.

42. Lettre ouverte datée du 23 mars 2021 dont les auteurs ont eu connaissance.

43. Transcription de la conférence téléphonique fournie aux auteurs par un ancien employé de McKinsey.

44. Courriel de Sneader et Sternfels, sujet : "Climate Action at McKinsey", 5 avril, 2021.

45. Le précédent record de température de Las Vegas était de 47 °C.

46. Courriel de Praveen, sujet : "EPC Contractors for Building a Coal Power Plant," 26 juillet 2021.

47. Courriel de Naveed à ses collègues. Sujet : "Goodbye, and a call to action on our posture towards client emissions,"30 juillet 2021;

48. Bob Sternfels a publié dans la section opinion du *Wall Street Journal* une réponse de l'article du *New York Times*. Bob Sternfels, "Why McKinsey & Co. Does Business with Greenhouse-Gas Emitters", *Wall Street Journal*, 27 octobre 2021. Il répondait à cet article : Michael Forsythe et Walt Bogdanich, "At McKinsey, Widespread Furor over Work with Planet's Biggest Polluters", *New York Times*, 27 octobre 2021.

49. Interview de Bales du 14 mai 2018 par l'auteur à son adresse de Park Avenue, à New York.

Chapitre 9 – Dette toxique

1. Jeffrey Toobin, "The Senator and the Street," *New Yorker*, 26 juillet 2010.

2. Martin Crutsinger, "Existing Home Sales Plunge in 2006," *Associated Press*, 25 janvier 2007.

3. Bethany McLean et Joe Nocera, *All the Devils Are Here* (New York: Portfolio/Penguin, 2010), 274–76.

4. Voir Toobin, "The Senator and the Street."

5. Ian Lowitt, directeur financier de Lehman au moment de son effondrement, était un boursier Rhodes et un vétéran de McKinsey ; James P. Gorman, directeur général de Morgan Stanley et coprésident pendant la crise financière, était un ancien directeur associé senior de McKinsey ; Peter Wuffli, ancien directeur associé de McKinsey, était directeur général d'UBS jusqu'à la mi-2007.

6. McKinsey & Company, *Sustaining New York's and the US' Global Financial Services Leadership*, jan. 2007, 13, graphics8.nytimes.com/images/2008/12/12/business/SchumerBloomberg.pdf.

7. George David Smith, John T. Seaman Jr. et Morgan Witzel, *A History of the Firm* (New York : McKinsey, 2011), 30. Aujourd'hui encore, McKinsey, ainsi que ses rivaux Bain et BCG, perçoivent d'importants honoraires pour la rédaction de rapports de "due diligence", c'est-à-dire pour évaluer des entreprises en vue d'un investissement ou d'un rachat éventuel pour les sociétés de courtage, de capital-risque et de capital-investissement.

8. Phillip L. Zweig, *Wriston: Walter Wriston, Citibank, and the Rise and Fall of American Financial Supremacy* (New York: Crown, 1995), 133.

9. Pour une explication, se référer à John R. Walter, "The 3-6-3 Rule: An Urban Myth?," *Economic Quarterly* (hiver 2006): 51–78.

10. En 1980, avec une compensation globale de $710,440, Anderson a raflé la première place de ce classement à Walter Wriston de la Citibank. Voir *American Banker*, "Banking as a Career," archives de UPI, 28 mai 1981.

11. Sridhar Natarajan, "Goldman Sachs CEO David Solomon's Pay Rockets to $35 Million," *Bloomberg News*, 28 janvier 2022.

12. Zweig, *Wriston*, 244.

13. *Ibid.*, 245.

14. *Ibid.*, 249.

15. *Ibid.*, 365.

16. Smith, Seaman et Witzel, *History of the Firm*, 113.

17. Ce qu'a fait McKinsey pour Continental et l'histoire de la banque sont en grande partie tirés du récit de l'ascension et de l'effondrement de la banque par l'un de ses anciens dirigeants, James P. McCollom. Voir James P. McCollom, *The Continental Affair* (New York : Dodd, Mead, 1987). L'histoire de la banque sous Cummings commence à la page 28.

18. *Ibid.*, 185.

19. Voir Phillip Zweig, *Belly Up: The Collapse of the Penn Square Bank* (New York: Crown, 1985), 75.

20. Federal Deposit Insurance Corporation, *History of the Eighties–Lessons for the Future* (Washington, D.C.: Federal Deposit Insurance Corporation, 1997), 1:237.

21. Zweig, *Belly Up*, 73.

22. *Ibid.*, 72.

23. "Failure of Continental Illinois," Federal Reserve History website, www.federalreservehistory.org.

24. Allan Johnson et John Gorman, "Ex–Bank Executives Get Prison Terms," *Chicago Tribune*, 31 août 1988, 1.

25. Gillian G. H. Garcia, "Failing Prompt Corrective Action," *Journal of Banking Regulation*, 9 juin 2010.

26. Thomas J. Peters et Robert H. Waterman Jr., *In Search of Excellence: Lessons from America's Best-Run Companies* (New York: HarperCollins Ebooks), 49.

27. McCollom, *Continental Affair*, 233.

28. Smith, Seaman et Witzel, *History of the Firm*, 189.

29. Michael Quint, "A Bank Expert's Plan for Change," *New York Times*, 22 août 1990.

30. Entretien oral avec Bryan en 1997 cité dans *ibid.*

31. Smith, Seaman et Witzel, *History of the Firm*, 302.

32. *Ibid.*, 268.

33. *Ibid.*, 269–273.

34. Interview téléphonique du 4 décembre 2020 de Feiger par l'auteur.

35. Smith, Seaman et Witzel, *History of the Firm*, 277.

36. Pour une discussion aisément compréhensible des origines de la titrisation des créances hypothécaires, lire le chapitre 1 de l'ouvrage de McLean and Nocera, *All the Devils Are Here*.

37. Lowell L. Bryan, *Breaking Up the Bank* (Homewood, Ill.: Dow Jones–Irwin, 1988), xiii

38. *Journal of Applied Corporate Finance* 1, no. 3 (automne 1988). Cette publication émanait de Continental Bank qui, à l'époque, était soutenu par le gouvernement suite à son sauvetage en 1984 par la Fed.

39. Citation de Bryan issue de l'ouvrage de Bethany McLean et Peter Elkind, *The Smartest Guys in the Room: The Amazing Rise and Scandalous Fall of Enron* (New York: Portfolio, 2003), 66–67.

40. Bryan, *Breaking Up the Bank*, 72.

41. *Ibid.*, 87.

42. James A. Rosenthal et Juan M. Ocampo, *Securitization of Credit: Inside the New Technology of Finance* (New York: Wiley, 1988), 227.

43. Bryan, *Breaking Up the Bank*, 87.

44. Interview téléphonique du 19 novembre 2020 de Kravitt par l'auteur.

45. Mark Pittman, "Evil Wall Street Exports Boomed with 'Fools' Born to Buy Debt," *Bloomberg News*, 27 octobre 2008.

46. Interview du 4 décembre 2020 de Feiger par l'auteur.

47. Interview du 16 novembre 2020 d'un ancien directeur associé de McKinsey qui a accepté de témoigner sous couvert d'anonymat.

48. Conseil des gouverneurs du Federal Reserve System, *An Introduction to Asset Securitization* (Washington, D.C.: Federal Reserve System, Supervision and Regulation, Task Force on Securitization, 1990), vol. 1 sur 2. La citation se trouve page 1 de la bibliographie.

49. George M. Feiger, "Why a Bank or Building Society Should Want to Securitise Its Assets", article présenté à l'occasion de "The Market in Asset-Backed Securities," une conférence organisée les 19 et 20 juin 1991 à Londres, par le *Financial Times*.

50. Bryan, *Breaking Up the Bank*, 65.

51. *Ibid.*, 66.

52. Restructuring of Banking Industry, audition de la Chambre des représentants, 18 juin 1991, www.c-span.org/vide/?18461 -1/ restructuring-banking-industry.

53. Vote par appel pour H.R. 6, 4 novembre 1991.

54. Lowell Bryan et Diana Farrell, *Market Unbound: Unleashing Global Capitalism* (New York: Wiley, 1996), 67.

55. McLean et Elkind, *Smartest Guys in the Room*, 66.

56. Les chiffres sur la titrisation figurent dans Pittman, "Evil Wall Street Exports Boomed with 'Fools' Born to Buy Debt".

57. Début mars 2007, New Century Financial a déclaré qu'elle faisait l'objet d'enquêtes fédérales puis s'est placée sous la protection du chapitre 11 de la loi sur les faillites le 2 avril 2007. Voir Julie Creswell et Vikas Bajaj, "Home Lender Is Seeking Bankruptcy", *New York Times*, 3 avril 2007.

58. Timothy Geithner et Lawrence Summers, "The Case for Regulatory Reform," *Washington Post*, 15 juin 2009.

59. Ce chiffre inclut 13 trillions de dollars de perte de production et 9,1 trillions de dollars de dépréciation d'actifs. Bien entendu, il faut

tenir compte de l'augmentation de la valeur des actifs lors de la reprise après la crise financière et dans les années qui ont suivi. Voir "Financial Regulatory Reform: Financial Crisis Losses and Potential Impacts of the Dodd-Frank Act", Government Accountability Office, janvier 2013.

60. Ben Casselman, Patricia Cohen et Doris Burke, "The Great Recession Knocked Them Down. Only Some Got Up Again," *New York Times*, 12 septembre 2018.

61. Pittman, "Evil Wall Street Exports Boomed with 'Fools' Born to Buy Debt."

62. Discussion entre le professeur Richard Rumelt et Lowell Bryan dans "Weighing the US Government's Response to the Crisis: A Dialogue," *McKinsey Quarterly*, juin 2009.

63. Entretien téléphonique du 4 décembre 2020 avec Feiger.

64. Pittman, "Evil Wall Street Exports Boomed with 'Fools' Born to Buy Debt." Pittman est décédé en 2009.

Chapitre 10 – Les diapositives secrètes d'Allstate

1. Entretien téléphonique du 10 janvier 2020 de Jeff Bauer (l'un des avocats d'Aldridge) avec l'auteur.

2. Entretien téléphonique du 27 janvier 2020 d'Alridge avec l'auteur.

3. Interview de Bauer.

4. Associated Press, "Allstate Settles Dispute on Claims Documents," *Chicago Tribune*, 12 juillet 2008, sec. 2, 3.

5. Interview de Manners par l'auteur, 31 décembre 2019.

6. David J. Berardinelli, *From Good Hands to Boxing Gloves* (Portland, Ore.: Trial Guides, 2008), 6.

7. Joe Lombe, "Allstate Won't Produce Records Despite $25,000-a-Day Fine," *Kansas City Star*, 20 décembre 2007, trouvé sur le North Carolina Trial Law Blog.

8. Berardinelli, *From Good Hands to Boxing Gloves*, 13. Berardinelli est décédé en 2018.

9. Florida Insurance Commissioner Kevin McCarty, communiqué de presse, 16 janvier 2008, floir.com/PressReleases/viewmediarelease.aspx?ID=1630.

10. Mae Anderson, "53 Years Later, Still in Good Hands," *Adweek*, 3 février 2003.

11. "Sears Formally Spins Off Allstate," *Chicago Tribune*, 1er juillet 1995.

12. On dit que l'économie se financiarise quand la finance supplante l'industrie en termes d'importance économique.

13. Interview de Manners.

14. Courriel du 15 février 2022 de Nicholas Nottoli, porte-parole d'Allstate.

15. Déposition sous serment de Maureen Reed, faite dans le comté de Bernalillo, Nouveau-Mexique, le 12 avril 2003.

16. Déposition sous serment de Maureen Reed du 12 avril 2003.

17. Jay M. Feinman, *Delay, Deny, Defend: Why Insurance Companies Don't Pay Claims and What You Can Do About It* (New York: Portfolio, 2010), 68.

18. *Ibid.*, 3.

19. Entretien du 16 décembre 2019 avec l'ancien directeur associé de McKinsey.

20. National Association of Insurance Commissioners, "U.S. Property and Casualty Insurance Industry: 2018 Full Year Results."

21. "Factory and Firm: The Future of Claims Handling," McKinsey & Company.

22. Stephen Strzelec, déclaration sous serment du 4 août 2008.

23. Entretien du 16 décembre 2019 avec un ancien directeur associé de McKinsey qui a requis l'anonymat pour pouvoir s'exprimer librement.

24. Documents préparatoires à l'assemblée générale du 28 mars 1997, www.allstateinvestors.com.

25. Les données sur les compensations financières 2020 des dirigeants d'Allstate proviennent du site internet salary.com : www1.salary.com/ALLSTATE-CORP-Executive-Salaries.html; les données sur le salaire moyen chez Allstate en 2019 proviennent du site internet payscale.com: www.payscale.com/research/US/Employer=Allstate_Insurance_Compan /Salary.

26. J. Robert Hunter, "The 'Good Hands' Company or a Leader in Anti-consumer Practices? Excessive Prices and Poor Claims Practices at the Allstate Corporation," *Consumer Federation of America*, 18 juillet 2007, 11.

27. J. Robert Hunter, témoignage devant la Commission judiciaire du Sénat à propos du McCarran-Ferguson Act, 7 mars 2007.

28. Présentation PowerPoint donnée par Liddy lors d'une conférence sur l'investissment de 2006.

29. Becky Yerak, "Allstate Outlines CEO Pay Package," *Chicago Tribune*, 3 avril 2007.

30. Interview du 26 août 2019 de Roberts par l'auteur.

31. Courriel du 15 février 2022 de Nicholas Nottoli, porte-parole d'Allstate.

32. Feinman, *Delay, Deny, Defend*, 5.

33. Interview de Brady par l'auteur du 26 août 2019. Elle préfère être appelée Brady, qui était le nom qu'elle portait quand elle travaillait chez Allstate.

34. Shannon Brady, déposition sous serment, État du Nouveau-Mexique, comté de Bernalillo, 2003.

35. Feinman, *Delay, Deny, Defend*, 89.

36. Interview de Brady.

37. Entretien téléphonique du 28 octobre 2019 avec l'auteur.

38. Courriel du 15 février 2022 de Nicholas Nottoli, porte-parole d'Allstate.

39. Deer v. Aldridge est évoqué dans le résumé d'un dossier lié, consultable sur le site internet de Leagle : www.leagle.com/decision/inksco20100416250.

Chapitre 11 – « Les Astros d'Enron »

1. *Baseball Reference.*

2. Bethany McLean et Peter Elkind, *The Smartest Guys in the Room: The Amazing Rise and Scandalous Fall of Enron* (New York: Portfolio/Penguin, 2013), 32.

3. Associated Press, "Enron's Founder Oversaw Company's Rise and Collapse," *New York Times*, 5 juillet 2006.

4. Jeffrey Zaslow, "How the Former Staff at Arthur Andersen Is Faring Two Years After Its Collapse," *Wall Street Journal*, 8 avril 2004.

5. Richard A. Oppel Jr., "Employees' Retirement Plan Is a Victim as Enron Tumbles," *New York Times*, 2 novembre 2001.

6. David Roth, "The Smartest Guys in the Clubhouse," *New Republic*, 3 décembre 2019.

7. Paul Krugman, "Death by Guru," *New York Times*, 18 décembre 2001.

8. George David Smith, John T. Seaman Jr. et Morgan Witzel, *A History of the Firm* (New York: McKinsey, 2011), 418.

9. McLean et Elkind, *Smartest Guys in the Room*, 32.

10. Smith, Seaman et Witzel, *History of the Firm*, 416.

11. *Ibid.*, 417.

12. Duff McDonald, *The Firm: The Story of McKinsey and Its Secret Influence on American Business* (New York: Simon & Schuster, 2013), 239.

13. Smith, Seaman et Witzel, *History of the Firm*, 417.

14. Conclusion de l'auteur à la lecture des rapports trimestriels de McKinsey, des livres écrits par les consultants de McKinsey et compte tenu de la politique de McKinsey consistant à ne pas divulguer les paiements effectués par les clients.

15. Smith, Seaman et Witzel, *History of the Firm*, 508.

16. McLean et Elkind, *Smartest Guys in the Room*, 66–67.

17. Interview de Fastow du 11 novembre 2020, par le biais de la messagerie LinkedIn.

18. McLean et Elkind, *Smartest Guys in the Room*, 67.

19. Lowell Bryan *et al.*, *Race for the World: Strategies to Build a Great Global Firm* (Boston: Harvard Business School Press, 1999), 292.

20. Associated Press, "Enron's Founder Oversaw Company's Rise and Collapse."

21. McDonald, *Firm*, 242.

22. Michael Lewis, *Moneyball: The Art of Winning an Unfair Game* (New York: Norton, 2003).

23. Pendant des années, les principales ligues sportives ont combattu les efforts du New Jersey pour autoriser les paris sportifs, au motif qu'elles subiraient un « préjudice irréparable » si des paris sportifs étaient autorisés à Atlantic City. Mais après que la Cour suprême des États-Unis a ouvert la voie à la légalisation des paris sportifs ailleurs que dans le Nevada, les équipes sportives et leurs ligues ont commencé à s'associer à ces mêmes entreprises de paris sportifs, comme le journaliste d'ESPN David Purdum l'a raconté le 1er novembre 2018.

24. Les chiffres cités dans ce paragraphe sont tirés de documents et d'interviews réalisées par l'auteur.

25. Sources confidentielles.

26. Biographie de McKinsey.

27. Ni McKinsey ni QuantumBlack n'a été accusé d'avoir transmis des informations aux parieurs.

28. Mike Vaccaro, "James Dolan Dishes on Knicks, Rangers, and Isiah," *New York Post*, 22 novembre 2013.

29. Mike Vorkunov, "'It Was Crazy': How a Famous Consulting Firm Contributed to the Chaos of the 2013–14 Knicks," *Athletic*, 25 novembre 2019.

30. Documents internes obtenus par l'auteur.

31. Jake Kaplan, "Known as Astros Science Guy, Sig Mejdal to Experiment with Role as Minor League Coach," *Texas Sports Nation*, 13 mars 2017.

32. "Analytically Speaking: Conversations with Thought Leaders," www.youtube.com/watch?v=p3HqSMhY46Q.

33. Podcast de McKinsey du 15 mai 2017.

34. "How the Houston Astros Are Winning Through Advanced Analytics," *McKinsey Quarterly*, juin 2018.

35. "Astros GM Jeff Luhnow Explains How Data Analytics Helped Houston Win the World Series," *Wharton Stories*, 29 mars 2018.

36. Ken Rosenthal et Evan Drellich, "The Astros Stole Signs Electronically in 2017," *Athletic*, 12 novembre 2019.

37. Dave Sheinin, "Astros World Series Win May Be Remembered as the Moment Analytics Conquered MLB for Good," *Washington Post*, 2 novembre 2019.

38. Interview de Knott par l'auteur.

39. Interview de l'auteur.

40. Interview de l'auteur avec deux sources présentes dans l'abri.

41. Interview de Knott.

42. Interview de l'auteur.

43. Interview de Hoynes par l'auteur.

44. Bob Nightengale, "MLB Clears Astros of Cheating," *USA Today*, 17 octobre 2018.

45. Ken Rosenthal et Evan Drellich, "Astros Executive Asked Scouts for Help Stealing Signs and Suggested Using Cameras, Email Shows," *Athletic*, 16 novembre 2019.

46. Stephanie Apstein, "Astros Staffer's Outburst at Female Reporters Illustrates MLB's Forgive and Forget Attitude Toward Domestic Violence," *Sports Illustrated*, 21 octobre 2018.

47. Ben Lindbergh et Travis Sawchik, *The MVP Machine: How Baseball's New Nonconformists Are Using Data to Build Better Players* (New York: Basic Books, 2019), 196.

48. Robert D. Manfred Jr, "Statement of the Commissioner", 13 janvier 2020. Luhnow a intenté une action en justice au Texas contre les Astros, au motif qu'il était un bouc émissaire. Une fois de plus, il a nié avoir eu connaissance du système de tricherie. L'action en justice a été rejetée après que les deux parties ont résolu leurs différends.

49. Interview de Mejdal par l'auteur.

50. Jeff Passan, "Inside the Astros Culture That Bred Brandon Taubman's Comments," ESPN, 25 octobre 2019.

51. Marc Carig, "Mike Trout Uncharacteristically Takes Aim at Astros, Rob Manfred," *Athletic*, 17 février 2020.

52. Tom Verducci, "Baseball's Fight to Reclaim Its Soul," *Sports Illustrated*, 3 mars 2020.

53. Eric Fisher, "Changes Expected at MLB," *Street and Smith's Sports Business Journal*, 13 novembre 2017.

Chapitre 12 – « Matraquer les phoques »

1. Plaquette de présentation de la « vision » de la Lawrence School, Sanawar, district de Solan, Himachal Pradesh, Inde. Selon sa biographie LinkedIn, Sagar Y a été élève de 1977 à 1986.

2. "Sanawar School Boys Become the Youngest Team to Scale Mount Everest," *India Today*, 21 mai 2013.

3. Biographie de Sagar figurant, en tant qu'administrateur, sur le site web de Capital Kids Cricket.

4. Interviews de collègues de Sagar menées par l'auteur.

5. Interview de Goodson par l'auteur.

6. Page LibkedIn de Sagar.

7. Interviews de directeurs associés McKinsey actuels et anciens.

8. *Ibid.*

9. Interview de l'auteur avec un consultant McKinsey qui s'est remémoré des réflexions entendues à ce sujet.

10. Philip I. Levy, "Sanctions on South Africa: What Did They Do?," Yale University Economic Growth Center, février 1999.

11. George David Smith, John T. Seaman Jr. et Morgan Witzel, *A History of the Firm* (New York: McKinsey, 2011), 338, 339.

12. *Ibid.*

13. Biographie de Fine telle qu'exposée sur le site internet de McKinsey & Company.

14. Smith, Seaman et Witzel, *History of the Firm*, 339.

15. Saki Macozoma, "The ANC and the Transformation of South Africa," *Brown Journal of World Affairs* (hiver 1994).

16. Martin Tolchin, "City Paid $75-Million in 1969 in Fees to Private Consultants," *New York Times*, 1er juillet 1970.

17. Martin Tolchin, "Beame Withholds Fee to Consultant; Questioning Ethics," *New York Times*, 3 juillet 1970.

18. Michael C. Jensen, "McKinsey & Co.: Big Brother to Big Business," *New York Times*, 30 mai 1971.

19. Smith, Seaman et Witzel, *History of the Firm*, 184.

20. L'un des seize entretiens menés par l'auteur avec des partenaires ou d'anciens partenaires ayant travaillé en Afrique du Sud ou ayant eu des liens avec ce pays.

21. Aodhan Beirne, "Corruption in South Africa: A Guide to Our Recent Reporting," *New York Times*, 22 décembre 2018.

22. Martin Williams, "Mantashe Misses the Point, Rich People Can Steal," *Citizen*, 10 janvier 2018. Soit, rapportés à 2021, 10 millions de dollars.

23. Ed Caesar, "The Reputation-Laundering Firm That Ruined Its Own Reputation," *New Yorker*, 18 juin 2018.

24. Andrew Cave, "Deal That Undid Bell Pottinger: Inside Story of the South Africa Scandal," *Guardian*, 5 septembre 2017.

25. Alexander Winning, "Exclusive: South Africa Tries to Recover $23 Million from SAP for 'Unlawful' Contracts," Reuters, 7 août 2020.

26. Jeanette Chabalala, "Ntsebeza Inquiry: Claims That KPMG 'Rogue Unit' Report Was Cut-and-Paste Job," *News24*, 27 juin 2018.

27. Joseph Cotterill, "KPMG South Africa Executives Dismissed over Gupta Scandal," *Financial Times*, 15 septembre 2017.

28. Déclaration de David Fine au Parliamentary Monitoring Group, enquête sur la gouvernance d'entreprise d'Eskom, 11 novembre 2017, 3 (ci-après citée comme l'enquête sur Eskom).

29. South African National Treasury, "Code of Good Practice for Black Economic Empowerment in Public-Private Partnerships."

30. Déclaration de Fine devant la commision d'enquête sur Eskom, 11 novembre 2017, 3.

31. *Ibid.*, 3–5.

32. *Ibid.*, 5.

33. Simon Mantell, "BEE Inadvertently Became 'Prime Enabler of State Capture and Corruption in South Africa," *Daily Maverick*, 3 avril 2019.

34. Déclaration de David Fine au Portfolio Committee on Public Enterprises, 15 novembre 2017, 15.

35. Déclaration de Fine lors de l'enquête sur Eskom, 11 novembre 2017, 6–7.

36. *Ibid.*, 3.

37. Interviews de directeurs associés McKinsey actuels et anciens.

38. "Gama Reinstated to Transnet Executive Committee," *Mail & Guardian*, 23 février 2011.

39. Transnet Inquiry Reference Book, publié par la commission d'enquête sur la Capture de l'État, 10.

40. Lettre de démission de Jürgen Schrempp à l'attention de Malusi Gigaba, ministre des entreprises publiques, 17 février 2011.

41. Témoignage de Popo Simon Molefe devant la commission d'enquête sur la Capture de l'État, 7 mai 2019, 15.

42. "The Guptas and Their Links to South Africa's Jacob Zuma," BBC, 14 février 2018.

43. Lydia Polgreen, "South Africa Is Outraged by a Shortcut to a Wedding," *New York Times*, 3 mai 2013.

44. Témoignage de David Fine devant la commission d'enquête sur Eskom, 15 novembre 2017.

45. Déclaration de Fine devant la commission d'enquête sur Eskom, 11 novembre 2017, 10.

46. Matuma Letsoalo, "Cosatu Raises Red Flag on Guptas," *Mail & Guardian*, 25 février 2011.

47. Sam Sole, "Going off the Rails?", *Mail & Guardian*, 4 mars 2011.

48. Déclaration de Fine devant la commission d'enquête sur Eskom, 11 novembre 2017, 4.

49. *Ibid.*

50. *Ibid.*, 14.

51. Pieter-Louis Myburgh, "Come on Baby, Do the Locomotion," *Daily Maverick*, 23 juillet 2019.

52. Déclaration de Fine devant la commission d'enquête sur Eskom, 11 novembre 2017, 14. Sommes converties du rand en dollars.

53. *Ibid.*, 15. McKinsey s'est retiré en février 2014. Les contrats ont été attribués le mois suivant. Transnet a imputé le prix plus élevé à un calendrier de production accéléré et à la décision de répartir le contrat entre quatre entréprises différentes.

54. Déclaration de Fine devant la commission d'enquête sur Eskom, 11 novembre 2017, 247-48.

55. Interview de l'auteur.

56. Lameez Omarjee, "Excessive Costs for 1064 Locomotive Contract Not Justifiable, Says Acting Transnet CEO," *New24*, 15 mai 2019.

57. Susan Comrie, "The McKinsey Dossier, Part 5–How Transnet Cash Stuffed Gupta Letterboxes," *amaBhungane*, 23 octobre 2017.

58. Matthew Chaskalson, témoignage de David Fine devant la commission d'enquête sur la capture de l'État, 10 décembre 2020, 143.

59. Matthew Chaskalson, témoignage de Jean-Christophe Mieszala devant la commission d'enquête sur la capture de l'État, 10 décembre 2020, 148.

60. Documents Internes de McKinsey.

61. *Ibid.* Safroadu Yeboah-Amankwah de McKinsey a déclaré dans un communiqué que le cabinet avait appris l'aide apportée par Sagar pour la rédaction de la thèse de MBA de Gama en juillet 2017. McKinsey a déclaré n'avoir « trouvé aucun lien entre cette aide et les contrats accordés à McKinsey » ; Gama soutient n'avoir reçu d'aide que sur la formulation de ses idées.

62. Déclaration de Safroadu Yeboah-Amankwah à la commission d'enquête sur la capture de l'État, 8 avril 2019, 9.

63. Interview avec un directeur associé senior.

64. Données issues de la page LinkedIn de Sagar.

65. Mosilo Mothepu, *Uncaptured* (Cape Town: Penguin Books, 2021).

66. Interviews avec des collègues de McKinsey de Sagar.

67. "The McKinsey Dossier Part 1–How McKinsey and Trillian Ripped R1.6bn from Eskom," *amaBhungane* et *Scorpio*, 14 septembre 2017. Ce montant a été converti en utilisant le taux de change de 2017 du rand en dollars américains.

68. Index Gini de la Banque mondiale. Classement des pays en fonction de leur coefficient Gini.

69. Banque mondiale.

70. Déclaration de Yeboah-Amankwah devant la commission d'enquête sur la capture de l'État, 8 avril 2019, 12.

71. "About 1,000 Workers at S. Africa's Eskom's Medupi Fired–Eskom," Reuters, 26 mars 2015.

72. Wendell Roelf, "South Africa's Eskom Chairman Under Fire as Power Crisis Deepens," Reuters, 25 mars 2015.

73. Ted Blom de l'association Undoing Tax Abuse, "Unplugging Corruption at Eskom," soumis au Parliamentary Monitoring Group, 18 octobre 2017.

74. "Transnet CEO Brian Molefe Now Acting CEO of Eskom," *News24*, 17 avril 2015.

75. Déclaration d'Alexander Weiss devant la commission d'enquête sur la capture de l'État, 2.

76. Selon la biographie de Weiss telle qu'elle apparaît sur le site internet de McKinsey & Company.

77. Déclaration d'Alexander Weiss devant la commission d'enquête sur la capture de l'État, 2.

78. Déclaration de Yeboah-Amankwah devant la commission d'enquête sur la capture de l'État, 8 avril 2019, 22.

79. Discours récupéré sur le site internet de McKinsey & Company.

80. "The History of Africa's Richest Square Mile," *Sun International*, 26 octobre 2014.

81. Anita Raghavan, *The Billionaire's Apprentice: The Rise of the Indian-American Elite and the Fall of the Galleon Hedge Fund* (New York: Grand Central Publishing, 2013).

82. Paul Solman, "Consulting Fees Based on Results Begin to Challenge Old-Style Bills," *Financial Times*, 10 novembre 2014.

83. Interviews de l'auteur avec des employés actuels et anciens de McKinsey.

84. McKinsey a déclaré avoir cru l'affirmation d'Eskom selon laquelle l'autorisation avait été obtenue. Déclaration de Yeboah-Amankwah à la commission d'enquête sur la capture de l'État, 8 avril 2019, 25.

85. Déclaration de Fine devant la commission d'enquête sur Eskom, 11 novembre 2017, 8.

86. Déclaration de Weiss devant commission d'enquête sur la capture de l'État, 10-13.

87. *Ibid.*, 12.

88. Interview de Goodson.

89. Déclaration de Yeboah-Amankwah devant la commission d'enquête sur la capture de l'État, 8 avril 2019, 42.

90. Témoignage de Fine devant la commission d'enquête sur Eskom, 15 novembre 2017.

91. Interview de l'auteur avec un dirigeant de chez McKinsey.

92. Témoignage de Fine devant la commission d'enquête sur la capture de l'État, 10 décembre 2020, 236.

93. Témoignage de Fine devant la commission d'enquête sur Eskom, 15 novembre 2017.

94. Déclaration de Mieszala à la commission d'enquête sur la capture de l'État, 10 décembre 2020, 11-12.

95. *Ibid.*, 10. McKinsey a déclaré que la lettre affirmait à tort que la firme utilisait Trillian comme sous-traitant.

96. Déclaration de Yeboah-Amankwah à la commission d'enquête sur la capture de l'État, 8 avril 2019, 46.

97. Rapport financier annuel d'Eskom, 31 mars 2019, 120.

98. Thuli Madonsela, "Capture de l'État: rapport du protecteur public", 14 octobre 2016, 57.

99. Geoff Budlender, "Report on Allegations with Regard to the Trillian Group of Companies, and Related Matters," 33.

100. *Ibid.*, 35.

101. *Ibid.*, 36.

102. *Ibid.*, 37.

103. *Ibid.*, 38.

104. *Ibid.*, 40.

105. Information provenant de la page sur le Comité exécutif du site Internet de la commission d'enquête sur la capture de l'État.

106. Déclaration de Mieszala à la commission d'enquête sur la capture de l'État, 10 décembre 2020, 2.

107. Comrie, "McKinsey Dossier, Part 5."

108. Angelique Serrao, "NPA Concludes Eskom Payments to McKinsey and Trillian Were Criminal," *News24*, 17 janvier 2018.

109. Archives des réunions de la commission de l'Assemblée nationale sur les entreprises publiques du Groupe de contrôle parlementaire (Parliamentary Monitoring Group).

110. Témoignage de Fine devant la commission d'enquête sur Eskom, 15 novembre 2017.

111. Déclaration de Mieszala à la commission d'enquête sur la capture de l'État, 10 décembre 2020, 13.

112. Témoignage de Fine devant la commission d'enquête sur Eskom, 15 novembre 2017.

113. Déclaration de Mieszala à la commission d'enquête sur la capture de l'État, 10 décembre 2020, 11.

114. Athandiwe Saba, “Firms Shrug Off Corruption,” *Mail & Guardian*, 8 décembre 2017.

115. Bogdanich et Forsythe, “How McKinsey Lost Its Way in South Africa.”

116. Biographie de Weiss sur le site internet de McKinsey & Company.

117. Page LinkedIn de Sagar. Sagar n’a pas répondu aux demandes de commentaires que lui ont adressées les auteurs to messages.

118. Bogdanich et Forsythe, “How McKinsey Lost Its Way in South Africa.”

119. “Commission d’enquête judiciaire sur les allégations de capture de l’État (appel à témoignages/informations)”, Groupe de suivi parlementaire, 22 juin 2018. Le nombre de personnes ayant témoigné est tiré de la page des statistiques de la commission.

120. “Speech by Kevin Sneader, Global Managing Partner of McKinsey & Company, at Gordon Institute of Business Science Seminar, 9 July 2018,” site internet de McKinsey & Company.

121. “Media Statement Released at the Chairperson’s Instance on Wednesday, 9 December 2020,” commission d’enquête sur la capture de l’État, 9 décembre 2020.

122. “Report on the South African Airways Contract with McKinsey/Regiments Consortium,” commission d’enquête sur la capture de l’État, 11 novembre 2020, 5.

123. *Ibid.*, 4.

124. *Ibid.*, 5.

125. *Ibid.*, 7.

126. *Ibid.*, 8.

127. *Ibid.*, 7.

128. *Ibid.*, 4.

129. “Report on Laundering of Regiments’ Proceeds of Contracts Alongside McKinsey for the Benefit of Essa/the Guptas,” commission d’enquête sur la capture de l’État, 13 novembre 2020, 5.

130. Déclaration de Mieszala à la commission d’enquête sur la capture de l’État, 10 décembre 2020, 2.

131. *Ibid.*, 4–5.

132. Témoignage d’Alexander Weiss à la commission d’enquête sur la capture de l’État, 10 décembre 2020, 30.

133. *Ibid.*, 52.

134. *Ibid.*, 53.

135. Déclaration de Weiss à la commission d’enquête sur la capture de l’État, 7.

136. “McKinsey & Company Makes Further Voluntary Commitment to Repay Fees”, site internet de McKinsey & Company.

137. "Media Statement Released at the Chairperson's Instance on Wednesday, 9 December 2020", commission d'enquête sur la capture de l'État, 9 décembre 2020.

138. Melody Emmett, "Athol Williams on Why Companies Involved in State Capture Should Be Prosecuted", *Daily Maverick*, 18 janvier 2021. McKinsey a publié une déclaration citant l'avocat Chaskalson : « Je peux confirmer que, du côté de la commission, nous n'avons aucune plainte à formuler sur la manière dont McKinsey a interagi avec nous. Nous l'avons trouvé très transparent dans ses interactions avec nous. Lorsque nous avons demandé des documents, nous les avons toujours reçus et parfois, même quand nous n'avions rien demandé… nous en avons également reçus ».

139. Interview de Barton par l'auteur.

140. Interviews de l'auteur.

141. Témoignage de Mieszala à la commission d'enquête sur la capture de l'État, 10 décembre 2020, 163.

142. *Ibid.*, 155.

143. Déclaration de Mieszala à la commission d'enquête sur la capture de l'État, 10 décembre 2020, 2.

144. Témoignage de Mieszala à la commission d'enquête sur la capture de l'État, 10 décembre 2020, 142. Mieszala, un directeur associé senior du bureau de Paris est devenu directeur de la gestion des risques en janvier 2018 et n'a pas travaillé en Afrique du Sud.

145. *Ibid.*, 179.

146. *Ibid.*, 142. McKinsey a travaillé pour des individus et des gouvernements corrompus en Ukraine, en Malaisie, en Azerbaïdjan, en Angola et en Russie.

147. "McKinsey's Partners Suffer from Collective Self-Delusion," *Economist*, 4 mars 2021.

148. Témoignage de Mieszala à la commission d'enquête sur la capture de l'État, 10 décembre 2020, 157.

149. Eskom Misled Ramaphosa About Extent of Load-Shedding: David Mabuza," *TimesLIVE*, 9 janvier 2020.

150. "President Cuts Short Egyptian Visit to Attend to Electricity Crisis," South African Government News Agency, 11 décembre 2019.

151. Jackie Cameron, "Loadshedding: 2021 to Be Worst Year Yet for SA Electricity Crisis–Chris Yelland, Energy Expert," *BizNews*, 20 janvier 2021.

Chapitre 13 – Servir l'État saoudien

1. "Interview with Sandy Apgar by Debbie Hepton," *Journal of Corporate Real Estate* 11, no. 4 (2009).

2. Biographie d'Apgar consultable sur le site internet du Wilson Center : www.wilsoncenter.org

3. Mahlon Apgar IV, "Succeeding in Saudi Arabia," *Harvard Business Review*, janvier–février 1977.

4. Deux anciens consultants de McKinsey dans la région confirment que de Boer avait affiché ces organigrammes sur les murs de son bureau de Dubaï. De Boer a décliné toute demande d'interview.

5. Cette information provient d'une interview menée en avril 2020 avec un ancien consultant McKinsey basé en Arabie saoudite.

6. Ben Hubbard, *MBS: The Rise to Power of Mohammed bin Salman* (New York: Tim Duggan Books, 2020), 140.

7. Dexter Filkins, "A Saudi Prince's Quest to Remake the Middle East," *New Yorker*, 2 avril 2018.

8. Hubbard, MBS, 33.

9. Michael Forsythe, Mark Mazzetti, Ben Hubbard et Walt Bogdanich, "Consulting Firms Keep Lucrative Saudi Alliance, Shaping Crown Prince's Vision," *New York Times*, 4 novembre 2018.

10. Déclaration FARA enregistrée auprès du ministère de la Justice, le 10 août 2020.

11. Les sites internet consacrés à NEOM listent plusieurs "giga-projets" en construction ou planifiés. Voir www.neom-property.com.

12. Interview du 14 avril 2020 avec un ancien consultant de McKinsey basé à Dubaï.

13. Hubbard, MBS, 65.

14. Voir page LinkedIn de Al-Jubeir.

15. Justin Scheck, Bradley Hope et Summer Said, "In Growing Saudi Business, McKinsey Hired Officials' Children," *Wall Street Journal*, 10 novembre 2017.

16. Hani Ibrahim Khoja, *A Global Nomad in Search of True Happiness* (Publication à compte d'auteur, 2016), 199.

17. Entretien téléphonique du 13 avril 2020 avec un ancien directeur associé de McKinsey qui a demandé à garder l'anonymat. Voir "McKinsey Has Acquired Elixir, a Saudi Arabian Consultancy," une annonce datée du 1er avril, 2017 sur mckinsey.com.

18. Interview du 30 avril 2020 d'un ancien consultant d'Elixir consultant qui a demandé à garder l'anonymat.

19. Pour un récit de la détention dans le Ritz, voir Hubbard, *MBS*, à partir de la page 186.

20. Summer Said, Justin Scheck et Bradley Hope, "Former McKinsey Executive Imprisoned by Saudis," *Wall Street Journal*, 28 décembre 2018.

21. Walt Bogdanich et Michael Forsythe, "How McKinsey Lost Its Way in South Africa," *New York Times*, 26 juin 2018; Michael

Forsythe, Kyra Gurney, Scilla Alecci et Ben Hallman, "How U.S. Firms Helped Africa's Richest Woman Exploit Her Country's Wealth," *New York Times*, 20 janvier 2020.

22. Interviews menées en avril et en mai 2020 de deux anciens employés de Cambridge Analytica qui ont confirmé les liens de Mckinsey avec SCL.

23. Abdullah Alsaedi, Roobaea Alroobaea et Sepi Chakaveh, "Twitter-Based Reporting System for Public Infrastructure in Saudi Arabia," *Journal of Technology Research* 8 (jan. 2019).

24. Ce récit est tiré d'un entretien enregistré avec Abdulaziz en juin 2020. Abdulaziz n'a pas révélé l'identité de sa connaissance, craignant que cela ne la mette en danger.

25. La journaliste du *New York Times* Katie Benner a obtenu une copie de ce rapport à la fin de l'année 2018 et une version identique a été présentée comme pièce à conviction dans un procès intenté par Abdulaziz contre McKinsey. La présentation PowerPoint a été examinée par un ancien consultant de McKinsey qui connaissait l'analyse du ressenti et qui a confirmé qu'il s'agissait bien de la technique employée.

26. Citizen Lab, "How a Canadian Permanent Resident and Saudi Arabian Dissident Was Targeted with Powerful Spyware on Canadian Soil," 22 octobre 2018.

27. Récit du meurtre de Khashoggi à partir d'enregistrements audio, extrait de l'ouvrage d'Hubbard, *MBS*, 262–64.

28. Commentaire de McKinsey cité dans l'article de Katie Benner, Mark Mazzetti, Ben Hubbard et Mike Isaac, "Saudis' Image Makers: A Troll Army and a Twitter Insider," *New York Times*, 20 octobre 2018.

29. Interview du 21 avril 2020, au travers d'une application de messagerie sécurisée, d'un ancien consultant McKinsey qui a demandé à garder l'anonymat.

30. Craignant que cette personne ne soit exposée à des représailles de la part du gouvernement saoudien, Abdulaziz n'a pas révélé le nom de sa connaissance qui travaillait pour McKinsey.

31. Propos tenus par Sneader lors de l'émission de CNBC *Squawk Box*, le 1er mars 2019.

32. Courriel du 26 septembre 2019 d'un ancien consultant de McKinsey basé en Australie.

33. *Omar Abdulaziz v. Twitter Inc., McKinsey & Co., and DOES 1-10, Inclusive,* 3:19 CV: 06694-LB. L'affaire a été close en août 2020, le juge acceptant l'argument de McKinsey selon lequel la plainte ne pouvait pas être examinée en Californie, où elle avait été déposée.

34. Voir *Abdulaziz v. McKinsey & Company Inc. et al.*, District Court for the Southern District of New York, 1:21-cv-01219-LGS.

35. Forsythe, Mazzetti, Hubbard et Bogdanich: "Consulting Firms Keep Lucrative Saudi Alliance, Shaping Crown Prince's Vision".

36. Pour plus de détails sur le travail du BCG avec le ministère saoudien de la Défense, voir *ibid.* Dans le cadre de cet article, le BCG a déclaré à travers son porte-parole qu'en Arabie saoudite son travail avait pour but de « contribuer positivement à la transformation économique et sociétale » du pays et que la firme avait refusé des missions qui allaient à l'encontre de ce principe, notamment des missions relatives à la stratégie militaire ou au renseignement.

37. Walt Bogdanich et Michael Forsythe, "Turning Tyranny into a Client", *New York Times*, 16 décembre 2018. Après le renversement de Ianoukovitch en 2014, les Ukrainiens ont été stupéfaits de découvrir l'opulence de son vaste domaine, qui comprenait une ménagerie d'animaux exotiques et des accessoires de salle de bains en or.

Chapitre 14 – Le gouvernement des copains

1. Discours de Churchill du 10 novembre 1942 à la Mansion House de Londres, www.churchill-society-london.org.uk.

2. Tiré d'un essai de 1952 de Bevan, "In Place of Fear."

3. Susan Cohen, *The NHS: Britain's National Health Service, 1948–2000* (Londres : Bloomsbury, 2020), 15.

4. "The Story of NHS Dentistry." Sur le site internet de la British Dental Association.

5. Michael Foot, *Aneurin Bevan: A Biography* (Londres : Davis-Poynter, 1973), vol. 2, 273.

6. En 2018, chaque 100 000 naissances, 6.5 mères britanniques décédaient. Aux États-Unis, ce chiffre se montait à 17.4. Voir "Maternal Mortality and Maternity Care in the United States Compared to 10 Other Developed Countries," site internet du Commonwealth Fund.

7. En 2012, les États-Unis ont consacré 16,3 % de leur PIB à la santé, une proportion qui est passée à 16,9 % en 2018. Au Royaume-Uni, les chiffres étaient respectivement de 8,3 % et 9,8 %. L'espérance de vie aux États-Unis est passée de 78,8 ans en 2012 à 78,6 ans en 2017, tandis que celle du Royaume-Uni est passée de 81 ans à 81,2 ans au cours de la même période. L'espérance de vie des États-Unis était la plus faible des onze pays étudiés. Voir Roosa Tikkanen et Melinda K. Abrams, "U.S. Health Care from a Global Perspective, 2019: Higher Spending, Worse Outcomes", Commonwealth Fund, 30 janvier 2020. En 2020, l'espérance de vie a diminué dans de nombreux pays, dont le Royaume-Uni, en raison de la pandémie de Covid-19.

8. Alan Sked et Chris Cook, *Post-war Britain: A Political History* (Londres : Penguin Books, 1993), 523.

9. Jusqu'à récemment, les directeurs associés seniors étaient appelés « directeurs » et les associés étaient des « principaux ». Par souci de clarté, nous utilisons les appellations actuelles.

10. George David Smith, John T. Seaman Jr. et Morgan Witzel, *A History of the Firm* (New York: McKinsey, 2011), 126.

11. Smith, Seaman et Witzel, *History of the Firm*, 130.

12. *Ibid.*, 139.

13. Entretien avec Parker pour la série de Channel 4 de 1999 *Masters of the Universe*, dirigée par Roger Graef.

14. Smith, Seaman et Witzel, *History of the Firm*, 137.

15. *Times* (London), 1er septembre 1968, cité dans *ibid.*

16. Citation de Parker tirée du premier épisode de la série *Masters of the Universe*.

17. Philip Begley et Sally Sheard, "McKinsey and the 'Tripartite Monster': The Role of Management Consultants in the 1974 NHS Reorganisation," *Medical History* 63, no. 4 (2019): 390–410.

18. Souvenirs du Dr Eric Caines dans une transcription d'un séminaire de témoins, *The 1974 NHS Reorganization*, tenu à l'Université de Liverpool à Londres le 9 novembre 2016, 34.

19. *Ibid.*

20. Begley et Sheard, "McKinsey and the 'Tripartite Monster,'" 403.

21. Le chroniqueur du *Guardian* Peter Jenkins, cité dans Sked et Cook, *Post-war Britain*, 327.

22. Projet Destinée semble être un nom de code courant pour les missions de McKinsey. C'est également le nom donné au plan de McKinsey visant à remanier l'organisation du géant de l'assurance AIG après la crise financière mondiale.

23. "Railtrack Rethinks Spending," *New Civil Engineer*, Oct. 22, 1998. Et aussi Gerald Crompton et Robert Jupe, "'Basically a Halfway House': Not-for-Profit in British Transport" (document de travail, Canterbury Business School, University of Kent, U.K.), citeseerx.ist.psu.edu/viewdoc/download?doi=10.1.1.198.3447&rep=rep1&type=pdf.

24. *Train Derailment at Hatfield: A Final Report by the Independent Investigation Board*, Office of Rail Regulation, juillet 2006, 114.

25. *Ibid.*, 10. Voir aussi Richard Thompson, "Time to Switch Track," *Construction News*, 26 octobre 2000.

26. Kenneth J. Arrow, "Uncertainty and the Welfare Economics of Health Care," *American Economic Review* 53, no. 5 (déc. 1963).

27. Voir John Lister, *The NHS After 60: For Patients or Profits?* (Londres : Middlesex University Press, 2008).

28. John Furse, "The NHS Dismantled," *London Review of Books*, 7 novembre 2019.

29. Voir la page LinkedIn de Dash.

30. "Achieving World-Class Productivity in the NHS 2009/10–2013/14: Detailing the Size of the Opportunity" (préparé par le ministère de la Santé, mars 2009), présentation McKinsey.

31. *Ibid.*, diapositive 29.

32. *Ibid.*, diapositives 51 et 52.

33. *Ibid.*, diapositives 70 et 71.

34. Randeep Ramesh, "Health Secretary, Lansley Publishes NHS Report Disowned by Labour," *Guardian*, 3 juin 2010.

35. Owen Bowcott, "NHS Advised to Lose One in 10 Workers," *Guardian*, 2 septembre 2009.

36. Ce récit est tiré de courriels publiés à la suite de demandes faites par Tamasin Cave, une journaliste d'investigation, dans le cadre de la loi sur la liberté d'accès à l'information (Freedom of Information Act, (FOI)). D'après les courriels, Masters a refusé les billets d'opéra, mais il a assisté à l'événement du Cirque du Soleil avec Henke, tout comme le directeur des opérations de Monitor, Stephen Hay.

37. Polly Toynbee, "The Tories' Massive NHS U-Turn Won't Undo the Damage They Inflicted," *Guardian*, 8 février 2021.

38. Courriel du 31 mai 2010 de McKinsey à David Bennett (PDG de Monitor ancien directeur associé de McKinsey). Sujet : "Future of the NHS." Courriels obtenus par Tamasin Cave via le FOI. Lien vers le cache du courriel : powerbase.info/images/6/6b/2010_Emails_-_redacted.pdf.

39. Tamasin Cave et Andy Rowell, *A Quiet Word: Lobbying, Crony Capitalism, and Broken Politics in Britain* (Londres : Bodley Head, 2014), loc. 1564, Kindle.

40. Masters a exprimé ses regrets pour certains événements tels que le dîner pour les Health Investors Awards. Les détails sont tirés de courriels obtenus par la journaliste Tamasin Cave par le biais du FOI.

41. Nick Seddon, "Getting Value out of the Health Budget," *Guardian*, 16 juin 2010.

42. "Delivering Efficiency Changes in the NHS," briefing du ministère de la Santé à l'attention de la commission sur la santé de la chambre des Communes, septembre 2011.

43. Le budget du NHS pour l'ensemble du Royaume-Uni en 2010 était de 120 milliards de livres sterling, soit 184 milliards de dollars au taux de change moyen de l'année. Cependant, une partie de ce montant concerne l'Écosse et le Pays de Galles, qui ont des structures NHS distinctes. Voir Nigel de Kare-Silver, "NHS Cuts and Services :

Can We Afford It ?", *British Journal of General Practice* 60, no. 572 (2010) : 218-19.

44. Jackie Applebee, un médecin généraliste dans l'est de Londres, a expliqué dans une interview : « Nous sommes des médecins, nous voulons nous occuper des patients, pas gérer les services de santé. Nous ne voulons pas être à la botte du gouvernement ».

45. Jane Lewis, "Government and NHS Reform Since the 1980s," document de travail 05-20, LSE Department of Social Policy, avril 2020, citant "Gas and Power Markets Are a 'Model' for the Health Service," *Times*, 25 février 2011.

46. Courriel du 9 novembre 2010 de McKinsey à Dalton. Sujet : Collaboration. Extraits de courriels échangés entre des employés de McKinsey et Ian Dalton, 2010–11. Obtenus par le biais du FOI à la demande de Tamasin Cave.

47. Ce chiffre aurait plus que doublé pour atteindre 640 millions de livres sterling en 2014. Ian Kirkpatrick, Andrew Sturdy et Gianluca Veronesi, "Using Management Consultancy Brings Inefficiency to the NHS", LSE Blog, 10 mars 2018, blogs.lse.ac.uk.

48. "NHS Commissioning Board: Organisational Design" (brouillon de discussion – OD workshop, 14 février 2011), Présentation PowerPoint de McKinsey obtenue par Tamasin Cave par le biais du FOI.

49. David Rose, "The Firm That Hijacked the NHS," *Mail on Sunday*, 12 février 2012.

50. Ces informations sont tirées de la présentation de McKinsey "Simulating the Future of the London Health Economy" (avant-lecture en simulation de l'événement, mars 2011).

51. Jacky Davis, John Lister et David Wrigley, *NHS for Sale: Myths, Lies, and Deception* (Londres : Merlin Press, 2015), loc. 916, Kindle.

52. Faits tirés du programme de la conférence sur la réforme parrainée par McKinsey "A Lot More for a Lot Less : Disruptive Innovation in Healthcare". Henke et le consultant de McKinsey Tom Kibasi ont écrit un bref article pour le programme intitulé "Disruptive Innovation".

53. Dominic Barton, "Capitalism for the Long Term," *Harvard Business Review*, mars 2011.

54. Daniel Boffey, "NHS Reforms: American Consultancy McKinsey in Conflict of Interest Row," *Guardian*, 5 novembre 2011.

55. Interview téléphonique du 11 mai 2021 de Davis par l'auteur.

56. Stevens est cité par Chad Terhune et Keith Epstein dans "The Health Insurers Have Already Won," *Bloomberg Businessweek*, 6 août 2009.

57. Les chiffres de la période John Major proviennent d'un entretien de John Lister mené par l'auteur. Les chiffres de 2010 et 2020

figurent dans l'article de Denis Campbell, "Non-NHS Healthcare Providers Given £96bn in a Decade, Says Labour", *Guardian*, 3 mai 2021.

58. "Hinchingbrooke Hospital Asks for £9.6 Million Bailout as Circle Withdraws," BBC, 10 février 2015, www.bbc.com.

59. Entretien téléphonique du 12 mai 2021 avec John Lister mené par l'auteur.

60. Ian Kirkpatrick *et al.*, "The Impact of Management Consultants on Public Service Efficiency," *Policy and Politics* 47, no. 1 (2019): 77–95. La première mise en ligne date du 20 février 2018.

61. Voir le site internet du NHS sur l'Integrated Care System (ICS) : www.england.nhs.uk.

62. Voir la page 17 de l'ordre du jour de la réunion du conseil d'administration du Barnet, Enfield, and Haringey Mental Health NHS Trust du 27 janvier 2020, à propos de la nomination de Dash. Pour le rôle d'AT Medics dans l'ICS du nord-ouest de Londres, voir la présentation du Dr Aumran Tahir au secrétaire d'État à la santé Andrew Lansley du 21 juin 2012, sur le site internet d'AT Medics. Pour plus de détails sur la participation de McKinsey au projet, voir le document de recherche d'octobre 2015 du Nuffield Trust et de la LSE Personal Social Services Research Unit rédigé par Gerald Wistow *et al.*, "Putting Integrated Care into Practice : The North West London Experience".

63. Voir Nick Bostock, "US Company's Subsidiary to Hold Nearly 1 % of GP Contracts in England," *GP Online*, 18 février 2021.

64. Voir Andrea Downey, "McKinsey Bags £560K Deciding 'Vision' for New NHS Test and Trace Body," *Consulting Point*, 27 août 2020.

65. *Ibid.*

66. George Monbiot, "The Government's Secretive Covid Contracts Are Heaping Misery on Britain," *Guardian*, 21 octobre 2020.

67. La biographie officielle de Penrose accessible depuis le site internet gov.uk fait mention de son expérience passée chez McKinsey et de son rôle en tant que M. Anticorruption.

68. Pour une liste des Premiers ministres britanniques qui ont étudié à Oxford, voir www.ox.ac.uk/about/oxford-people/british-prime-ministers.

Table

cet ouvrage a été mis en pages par Nord Compo
reproduit et achevé d'imprimer en novembre 2023
dans les ateliers de Normandie Roto Impression s.a.s.
61250 Lonrai

N° d'imprimeur : 2304862
Dépôt légal : octobre 2023
Imprimé en France